Lexikon des
Mönchtums und der Orden

Lexikon des Mönchtums und der Orden

Von Isnard W. Frank OP

Philipp Reclam jun. Stuttgart

Dieses Lexikon ist die von
Isnard W. Frank OP völlig neu bearbeitete Fassung
des *Kleinen Lexikons des Mönchtums und der Orden*
von Johanna Lanczkowski, das erstmals 1993 in
Reclams Universal-Bibliothek erschien.

Satz und Druck: Reclam, Ditzingen
Buchbinderische Verarbeitung: IBB GmbH, Weinsberg
Printed in Germany 2005
RECLAM ist eine eingetragene Marke
der Philipp Reclam jun. GmbH & Co., Stuttgart
ISBN 3-15-010524-2

www.reclam.de

Inhalt

Vorwort

Die völlig neu bearbeitete Ausgabe des von Johanna Lanczkowski (gest. 1993) erarbeiteten und 1993 erschienenen Bandes *Kleines Lexikon des Mönchtums und der Orden* folgt in formaler Hinsicht der Erstauflage, erschließt also den Stoff durch alphabetisch geordnete Stichworte. Bei deren Auswahl wurde jedoch gestrafft und zentriert hin auf die abendländische monastische Geschichte mit ihren vielfältigen Ausformungen. Berücksichtigt wurden dabei auch Eigenheiten der Ordensgeschichte des deutschen Sprachraumes (z.B. Reichsabtei) und Ordensgemeinschaften dieses Raumes. Ein besonderes Augenmerk wurde auf die vielen neuzeitlichen Frauengemeinschaften und ihre zeitgeschichtliche soziale und frömmigkeitliche Verwurzelung gerichtet. Aus diesem Grunde kam es zur Vermehrung der entsprechenden »Ordens-Artikel« von 174 auf 275, der Stichworte insgesamt von 588 auf 626. Ausgeschieden wurden Stichworte mit unwichtigem Bezug zur Sache bzw. nicht geläufige Begriffe des Mönchtums der Orthodoxie. Auf Hinweise monastischen Lebens und monastischer Institutionen des reformatorischen Christentums (und der anglikanischen Glaubensgemeinschaft) wurde überhaupt verzichtet, nicht, weil dieser monastische Zweig unwichtig und uninteressant wäre, sondern in seiner Wichtigkeit ausführlicheren Niederschlag finden müsste, als das im Rahmen dieses Lexikons möglich ist (Hinweise zum Thema werden im Literaturverzeichnis gegeben). Hinweise auf das außerchristliche »Mönchtum« (im Hinduismus, Buddhismus usw.) dagegen erübrigen sich, da dieses »Mönchtum« außer formalen Ähnlichkeiten mit dem Wesen des christlichen Mönchtums (Nachfolge Jesu in Gemeindeverbundenheit; vgl. Apg 4,32–39) nichts gemein hat. Angebracht jedoch sind Stichworte auf außerchristliche bzw. innerkirchliche (und da häretisch gewordene) Strömungen mit Einfluss auf das Mönchtum. Die wenigen aufgenommenen Stichworte dienen der Verdeutlichung dieses Zusammenhangs, auf den auch in der Einleitung aufmerksam gemacht wird. Diese dient überhaupt der Aufhellung der zeitgeschichtlichen Kontextierung der monastischen »Formierungsgeschichte«.

Der Zielsetzung nach ist das Lexikon so etwas wie eine erste Information und Hinführung zur Thematik; auch Anregung zur weiteren Beschäftigung, wofür auch die Literaturhinweise im Anhang gedacht sind. Wegen des einführenden Zuschnitts des Lexikons wurde auf einen Anmerkungsapparat verzichtet. Die in der Einführung genannten Personen, Ereignisse usw. sind im Stichwortverzeichnis zu finden. Bei den Ordensgemeinschaften sind – soweit es sich um solche päpstlichen Rechts handelt – ungefähre statistische Angaben angefügt (nach dem *Annuario Pontificio* 2003), um damit auf die zahlenmäßige Größe des Verbandes zu verweisen. Die statistischen Angaben geben den Stand um 2000 an; bei fast allen Ordensgemeinschaften ist jedoch, worauf in der Einleitung hingewiesen wird, die Mitgliederzahl fallend.

Die Geschichte des Mönchtums und der Orden (besonders des Mittelalters) ist seit einiger Zeit Gegenstand intensiver internationaler und interdisziplinärer Forschung mit neuen Forschungsansätzen und Ergebnissen, ausgebreitet in einer dem Einzelforscher nicht mehr zur Gänze überschaubaren Literatur. Selbst in einigen Bereichen der Ordensgeschichtsforschung tätig, hofft der Verfasser, die wichtigen Forschungsergebnisse berücksichtigt und die wichtigen Daten und richtigen Sachinformationen gegeben zu haben.

Wien, im August 2004 *Isnard W. Frank OP*

Einleitung

Im allgemeinen Sprachgebrauch werden Ausdrücke wie Mönchs-, Ordens- und Klosterwesen (mönchische und klösterliche Lebensweise) meist synonym gebraucht. So kann es nicht ausbleiben, dass mit der Redensart »er/sie ist ins Kloster gegangen« voneinander sehr unterschiedliche Lebensformen und Tätigkeiten gemeint sein können. Im Ordens- und Kirchenrecht der römisch-katholischen Kirche werden dagegen die verschiedenen Lebensformen mit ihren besonderen Zielen und Aufgaben klassifiziert und nach jeweils gemeinsamen Merkmalen zusammengefasst und voneinander abgehoben. Danach wird unterschieden z. B. zwischen Kongregationen und Orden, bei diesen differenziert zwischen Kanonikern, Mönchen, Mendikanten, Regularklerikern. Der die verschiedenen Institute zusammenfassende Oberbegriff war früher »Religiosen« (Religiosentum); im neuen Kirchenrecht (von 1983) wird dafür die Formel »Institute des gottgeweihten Lebens« gebraucht.

Differenzierung und Klassifizierung der verschiedenen »Orden« beziehen sich nicht nur auf die unterschiedlichen Lebensformen und Aufgaben, sondern spiegeln in etwa auch den historischen Gestaltwandel des institutionalisierten »gottgeweihten Lebens«. Denn dieses ist historisch vermittelt. Soziokulturelle und sozioökonomische Bedingungen und Möglichkeiten waren es, die besonders in der lateinischen Kirche des antiken, mittelalterlichen und neuzeitlichen Europas zu diesem Gestaltwandel mit dem dazugehörenden vielfältigen Formenreichtum führten. Dieser Entwicklungsprozess mit den dazugehörenden Gestaltwandlungen des Mönchtums ist daher in dieser Einleitung kurz nachzuzeichnen.

Ursprung und Formung des Mönchtums in der Spätantike

Den Urgrund des christlichen Religiosentums wird man in dem von einer christologischen Eschatologie geprägten Gemeindeverständnis zu sehen haben. Als geistgewirkter Organismus ist die Gemeinde (Kirche) auf ihr Haupt, den zur Herrlichkeit des Vaters erhöhten Christus, ausgerichtet, dessen Wiederkunft sie entgegenharrt im Gebet, dem eucharistischen Mahl und dem von einem strengen Ethos geprägten Gemeindeleben (vgl. Apg 2,44–45; 4,32–34; 1 Kor 11,4–34; Eph 4,4–6.11–13). Maßgabe dieser Lebenspraxis sollte die Nachfolge Jesu sein, beflügelt von der Mahnung des Apostels, sich nicht dieser Welt anzugleichen (vgl. Röm 12,2). Der asketische Grundton, der auf Verzicht und Entsagung um des Himmelreiches willen hinausläuft, ist dabei nicht zu überhören. Herausragende Bedeutung kamen in der asketischen Ausrichtung Besitzlosigkeit (Armut) und Ehelosigkeit zu. Diese war dazu noch als Jungfräulichkeit in besonderer Weise christologisch begründet (vgl. 1 Kor 7,6–9.25–27.32–38; 2 Kor 11,2; Eph 4,13; Offb 14,4). Christen dieses Lebensstils – anfänglich mehrheitlich Frauen und Witwen? – scheinen in den Gemeinden sehr früh auch *monachi/monachae* genannt worden zu sein. Mit dieser Bezeichnung (von griech. μόνος »allein, für sich«) umschrieb man deren »allein leben« (d. h. unverheiratet sein) sowie deren »eins sein« (geeint sein) mit dem himmlischen Christus. Auch ist nicht auszuschließen, dass es neben den Asketinnen/Asketen im Familienverband (Familienasketismus) zu Zusammenschlüssen unter ihnen kam, mit partiellem oder totalem Besitzverzicht zugunsten der Gemeinschaft nach dem Vorbild von Apg 4,32–34. Nach diesem Idealbild von Gemeinde weitete sich dann im Begriff *monos* die vertikale Einheit des Einzelnen mit Christus zur horizontalen Einheit untereinander (eines Sinnes in Christus, ein Herz und eine Seele).

So ist zu folgern, dass in frühchristlicher Zeit in den Gemeinden »Mönche/Mönchinnen« lebten und wohl auch als eigener Stand in ihrem Wirken im Gemeindeleben eingebunden waren, bevor es den speziellen Stand des Mönchtums gab. Mit einem gewissen Recht konnte daher eine spätere Zeit den Ursprung des Mönchtums in apostolische Zeit zurückprojizieren. So schrieb Eusebius von Caesarea (gest. um 340) in einem Kommentar zu Ps 68,7: »Denn der erste Rang derer, die in Christus voranschreiten, kommt jedenfalls dem der Monachoi zu. Diese aber sind selten. […] Sie alle richten das einsame und keusche Leben auf, sie, deren Erste die Jünger unseres Erlösers gewesen sind. Ihnen hatte er gesagt: Nehmt nicht Gold und Silber in eure Gürtel.«

Von Pachomius ist ein Gebet überliefert, in dem Gott angesprochen wird mit Blick auf ein Kloster: »Du hast diesen heiligen Ort versammelt, nämlich diese heilige *koinonia*, die von Anfang an gegründet worden ist von unseren Vätern, den heiligen Aposteln, die du erwählt und geliebt hast.« Von den Aposteln als den ersten Mönchen spricht auch Cassian (*Conlationes* 18,4–6). Ganz diesem Verständnis entsprechend präzisierte Symeon von Thessalonich (gest. 1429) die Auffassung über den apostolischen Ursprung des Mönchtums noch genauer: Dieses ist von den Propheten geweissagt und von Christus und den Aposteln eingesetzt worden. Im Mönchtum kommt den Anachoreten der Vorrang vor den Koinobiten zu; denn das Urbild jener ist Christus, das der Koinobiten sind die Apostel. Was am Anfang galt, so kann man zu dieser Sicht der Dinge hinzufügen, wird auch von der Zukunft gelten: Nach Joachim von Fiore wird es im Zeitalter des Heiligen Geistes nur noch die Kirche der Mönche geben! Und in einer russischen Überlieferung der »Konstantin-Legende« gibt es (die auf Moskau bezogene) Figur des wahren Petrus-Nachfolgers mit der Mönchskappe!

Die monastische Lebensform gab es also früher als den von der Gemeinde abgehobenen und gesonderten monastischen Lebensraum. Den Umrissen nach ist dieser erst gegen Ende des 3. Jahrhunderts zu fassen in den zwei großen frühmonastischen Gestalten Antonius d. Gr. (251–356) und Pachomius (287–347); dieser idealisiert zum Gründer des koinobitischen, jener zum Gründer des anachoretischen Mönchtums. Im historischen Ablauf werden die Übergänge zwischen Gemeinde und monastischen Sondersiedlungen wie auch zwischen anachoretischen und koinobitischen Eremitorien fließend gewesen sein.

Mit der Verortung der Anfänge des Mönchtums in der frühchristlichen Gemeinde sind die verschiedenen älteren Forschungsmeinungen über die Entstehung des Mönchtums obsolet geworden. Das gilt in erster Linie von der im 19. Jahrhundert aufgekommenen und verbreiteten These vom außerchristlichen Ursprung des Mönchtums. Es sei als fremdes Reis dem Christentum aufgepfropft worden und sei als heidnische Religiosität unevangelisch. Betroffen ist jedoch auch die »Verweltlichungsthese«, d. h., das Mönchtum sei entstanden als Reaktion auf die sich rapide verweltlichende Großkirche im Zuge der »Konstantinischen Wende«. Auch die verbreitete Meinung, es habe in den ersten drei Jahrhunderten kein Mönchtum gegeben (und die Kirche sei auch ohne diese Institution ganz gut zurechtgekommen), fällt darunter.

Ganz erledigt sind freilich die erwähnten Entstehungsthesen nicht. In Bezug auf die »Verweltlichungsthese« ist ja die Fragestellung nur verschoben und lautet in anderer Form: Warum kam es Ende des 3. Jahrhunderts zu der mählichen Aussonderung der monastisch-asketischen Lebensform aus dem bislang gemeinsamen Lebensraum durch Bildung anachoretischer und koinobitischer Eigenräume? Wurden die »Asketen« aus der Gemeinde gedrängt oder drängten sich die Asketen hinaus in ihren monastischen Sonderraum?

Zur Beantwortung dieses Fragenkomplexes ist etwas weiter auszuholen. Das Gemeindechristentum bzw. Frühchristentum und das Christentum der Spätantike überhaupt war keine einheitliche Größe, sondern war von verschiedenen geistigen Strömungen und Vorstellungen seiner Umwelt mitbestimmt. In dieser Beeinflussung spielte die Interpretation des biblischen asketischen Untergrundes des Gemeindeverständnisses mit dem Motivationshorizont seiner christologischen Eschatologie und den daraus zu ziehenden praktischen Folgerungen eine herausragende Rolle. Die damit zusammenhängenden Fragen betrafen die Abgrenzung von der »Welt« nach der Mahnung des Apostels, »sich nicht dieser Welt anzugleichen« (vgl. Röm 12,2) und sich als »Fremde« in dieser Welt zu wissen (vgl. 1 Petr 2,11; Eph 2,19). Dass es in der christlichen Lebensform Apotaxie (von griech. ἀποτάσσειν »sich von etwas trennen, verzichten, entsagen«) geben müsse, dürfte klar gewesen sein, strittig jedoch, was alles in der Nachfolge Jesu um des Himmelreiches willen zu verlassen sei. Gleiches gilt von der Forderung nach Enkratie (von griech. ἐγκράτεια »Enthaltsamkeit, Selbstbeherrschung«). In immer wieder aufbrechenden enthusiastischen Erweckungsbewegungen, oft verbunden mit der Erwartung von der Wiederkunft Christi und dem Ende dieser Welt, verdichteten sich Vorstellungen und Forderungen eines rigoristischen Asketismus. Es ging dabei nicht nur um strenges Fasten, um rigorose Enthaltung von Speis und Trank, sondern auch um Verzicht auf Besitz und vor allem auf die Ehe: Man forderte also rigorose asketische Lebensform für alle ein. Wie in den zeitweise heftigen Bußstreitigkeiten in einzelnen Landschaften ging es auch in den angedeuteten asketischen Forderungen um das Problem »Kirche aus Heiligen und Sündern«. Die asketischen Rigoristen pochten auf die »Kirche der ethisch Reinen und Heiligen«.

Der rigoristische Asketismus schien vor dem Horizont bestimmter spätantiker Weltsichten und -deutungen plausibel zu sein. In diesem ging es – vereinfacht gesagt – um einen metaphysischen Dualismus. Danach ist das Weltgeschehen von zwei sich gegenseitig ausschließenden Prinzipien – dem »Guten« und dem »Bösen« – im Widerspiel gegeneinander geprägt. Da das »Böse« sich im Materiellen ausdrückt und bewegt, das »Gute« dagegen im Geiste, ist die ethische Folgerung klar: Von aller Verhaftung ins Materielle (also auch vom Leiblich-Körperlichen) zu lassen, sich ins »Geistige« emporzuheben bzw. sich aus der Finsternis des Materiellen zu befreien und in das Licht des Geistigen zu erheben, in dem der Erleuchtete aus aller Entfremdung zu sich und damit zur wahren Erkenntnis findet. In verschiedenen Schul- und Lehrinstitutionen – meist benannt nach Lehrmeistern – war dieser Gnostizismus (von griech. γνῶσις »Erkenntnis«) in der Umwelt des Frühchristentums weit verbreitet und beeinflusste auch christliche Lehrer. Über den so genannten Manichäismus, ein von dem aus einer rigoristischen christlich-jüdischen Sekte kommenden persischen Religionsstifter Mani (216–277) begründetes Lehr- und Lebenssystem, fand der gnostische Dualismus weite Verbreitung mit Nachwirkungen auch ins europäische Mittelalter hinein (z.B. bei den Katharern). Dualistische Vorstellungen verschiedener Schattierung waren also präsent und übten auf rigoristische Asketengruppen (und auch »Systemkritiker«) starken Einfluss aus.

Es ist nicht verwunderlich, dass es unter dem Einfluss der verschiedenen dualistischen Lehren und Praktiken in den christlichen Gemeinden zu Spannungen kam, die den Konsens in Sachen Apotaxie und Enkratie belasteten und nach Klärung verlangten. Gegenüber den auf den harten und harschen Forderungen des Evangeliums (wie z.B. Mk 10,11; Lk 14,26.29) beharrenden Rigoristen verwiesen die »Gemäßigten« auf andere Schriftstellen, die für unterschiedliche Lebenspraxis in der Gemeinde sprachen. So schälte sich ein neuer Konsens über die »zwei Wege« heraus, d. h., dass es verschiedene Formen der Nachfolge Jesu, verschiedene Ausfächerungen christlicher Lebensgestaltung gibt. Eine davon ist die der »Mönche«. Um ihren Weg

der Nachfolge Jesu in Ruhe und ohne Streit mit der Gemeinde gehen zu können, kam es dann zur Absonderung. Die überlieferte monastische Lebensform fand (zunächst) im Eremos auch einen neuen Lebensraum.

In diesem Lebensraum bildeten sich zwei Lebensformen heraus, die der Anachoreten und Koinobiten. Bei den Anachoreten dürften die außerchristlichen Einflüsse auf ihre asketische Lebensform zeitweise und auch nach Landschaften verschieden stark gewesen sein. So gab es bei den Anachoreten auch absonderliche asketische »Hochleistungen«. Nach dem Prinzip: wenn schon die nichtchristlichen Asketen mit ihren Leistungen über die natürlichen Lebensbedingungen triumphieren, um wie viel mehr müssen dann wir, die wir in der wahren Gnosis leben, auch solche – und noch größere – vollbringen! Besonders im syrischen Raum mit seinen verschiedenen Einflüssen (auch vom hinduistischen Asketentum Indiens?) scheint zeitweise unter den Anachoreten ein radikaler und quantitativ messbarer Asketismus in Blüte und beim Volk in hohem Ansehen gestanden zu haben: Heimat- und Ortlosigkeit, gesteigert bei den Säulenstehern (Styliten), den Dendriten (Baumbewohnern), den Kavioten (Höhlenbewohnern) usw.; Abstinenzler und Hungerkünstler in Speis und Trank wie die Xerophagen usw.; körperliche Bedürfnislosigkeit bis zur körperlichen Verwahrlosung; dürftige Kleidung (nach dem Vorbild Johannes des Täufers, den Hinweisen in Hebr 11,37f.) bis zur Nacktheit aus kynischer Verachtung bzw. Vorwegnahme des paradiesischen Zustandes. Es ging da um Lebensformen, die der hl. Augustinus als Anwalt des christologisch und ekklesiologisch ausgerichteten Gemeinschaftslebens nach Apg 4,32–34 mit Schweigen (und Verachtung?) überging.

Unabhängig von den Exzessen so exaltierter Askese ist festzuhalten: Sein Profil gewann das Mönchtum im eigenen Lebensraum, abgesondert von der Gemeinde, aber nicht ohne Bezug zu ihr. Das gilt für Koinobiten wie für Anachoreten. In besonderer Weise gilt das von den sich isolierenden Anachoreten, wollten sie ihre Christlichkeit nicht durch dualistisch motivierte asketische Überwucherung ersticken lassen. Zum christlichen Anachoretentum gehörte der Glaube. Sie mussten also auf die apostolische Überlieferung hören, deren Treuhänder die bischöfliche Gemeinde war. Durch Hören auf diese Botschaft entstand das »Dazu-Gehören«. Die Gemeinde der »Dazu-Gehörenden« war zudem eine eucharistische Kultgemeinschaft, mit der auch der Anachoret durch (gelegentliche?) Teilnahme verbunden blieb. Auf die Vermittlung des eigentlich heilbringenden Wortes und Sakramentes in der Gemeinde war also auch der Anachoret angewiesen. Auf seine asketische Leistung allein konnte er sich nicht verlassen. In der Gemeinde der »Dazu-Gehörenden« gab es auch den Gehorsam der Lebensordnung gegenüber, überwacht von der bischöflichen Disziplinar- und Bußgewalt. So war der Anachoret in Lehre, Leben und Kult auf verschiedene Weise der Gemeinde eingebunden. Das Diktum *extra ecclesiam nulla salus* (»außerhalb der Kirche kein Heil«) von Cyprian von Karthago (gest. 258), gemünzt auf Schismatiker und Abweichler, blieb also auch für die Anachoreten gültig. Der isolierte Einzelgänger und Eigenbrötler konnte keine Leitfigur der Nachfolge Jesu sein; einer, der nur auf sich hörte und daher auch nur sich gehört, gehörte nicht zur Gemeinde.

Der Bezug der Anachoreten zur Gemeinde war also auf vielfältige Weise gegeben. In Solidarität mit der Gemeinde und für sie kämpften sie in der Wüste, dem Ort der Dämonen, gegen diese. Mit ihrer Spiritualität, geprägt und getragen von oft hochgebildeten eremitischen »Vätern«, wirkten sie in die Gemeinden hinein. Für viele waren sie Berater und Beichtväter.

Durch ihre gemeinschaftsstützende Siedlungsform und Lebensweise waren die Koinobiten vor asketischer Exaltiertheit besser gefeit. Konsistenter zusammengefügt, konnten sie auch selbstbewusster der Gemeinde gegenübertreten und eine eigene »Gemeinde-Ordnung« entwickeln. Zuständig für die Gemeindeordnung war an sich der Bischof kraft seiner Hirtengewalt. Dass Mönche »Kloster-Ordnungen« erließen, war eigentlich eine Anmaßung. Nicht von ungefähr wurde in der monastischen Überlieferung Pachomius die himmlische Inspiration seiner Regel angedichtet: Ein Engel habe ihm dazu im Namen Gottes den Auftrag gegeben! Es lag in der Konsequenz des monastischen Koinonia-Gedankens, dem Leiter einer Mönchsgemeinde (dem Abt) in Analogie zum Gemeinde-Bischof »Hirtengewalt« zuzusprechen; im Abt den »Platzhalter Christi« zu sehen, wie das vom Bischof für seine Gemeinde galt (vgl. Benedikt-Regel zum Abt). Am Ende dieser Entwicklung wurde dann im Mittelalter dem Abt zum Hirten- und Lehramt (in seiner Gemeinde) auch das Priesteramt übertragen. Bis dahin war jedoch noch ein weiter Weg. Da die coenobitischen Mönche an sich Laien waren, unterstanden sie der bischöflichen Zuständigkeit und gehörten zur bischöflichen Kultgemeinde. Wenn in ihren Gemeinschaften Priester lebten und die Eucharistie feierten, taten sie das im bischöflichen Auftrag. Die Mahnung Cassians an die Mönche: »Hüte dich vor der Frau und vor dem Bischof«, ist in Bezug auf diesen auch von Spannungen her zu deuten, die den Priester als »Fremdkörper« im Kloster erscheinen lassen. Denn durch die Weihe gehörte der Priester zum bischöflichen Klerus, war also an bischöfliche Weisung gebunden.

Durch die zahlenmäßige Zunahme, wirtschaftliche Stärkung, spirituelle Kompetenz, verbunden meist auch mit hohem Ansehen im Volk, wurde das Mönchtum insgesamt selbstbewusster. In theologischen und disziplinären Streitigkeiten pochte es auf Mitsprache und Einfluss, oft gepaart mit Widerstand und Unbotmäßigkeit den Bischöfen gegenüber. Als Reaktion darauf sind z. B. die Bestimmungen des Konzils von Chalkedon (451) anzusehen, die bischöfliche Zuständigkeit und Kontrolle der Klöster in ihrem jeweiligen Amtsbereich hervorhoben. Diese Unterordnung der Klöster unter die bischöfliche Autorität bestätigte dann nachdrücklich die Gesetzgebung Kaiser Justinians.

Das Verhältnis von Mönchtum und bischöflicher Gemeinde war jedoch in der Regel ein schiedlich-friedliches Nebeneinander. Nicht wenige Bischöfe waren Gründer monastischer Männer- oder Frauengemeinschaften; einige verfassten auch Klosterregeln oder warben literarisch für das monastische Leben (besonders in Traktaten über die Jungfräulichkeit). Nicht wenige Bischöfe kamen aus dem Kloster, waren also monastisch geprägt. In verschiedenen Landschaften rekrutierte sich der bischöfliche Klerus aus dem Mönchtum, das auch subsidiär seelsorgliche Dienste übernahm und zuweilen missionarisch tätig war.

Das Mönchtum entwickelte sich im Verlauf der Spätantike zu einer wichtigen Institution, integriert in das Gefüge der bischöflich verfassten Reichskirche und damit auch des Reiches. Ähnlich verlief die Entwicklung im nicht zum (byzantinischen) Römischen Reich gehörenden Mönchtum. Von Landschaft zu Landschaft gab es unterschiedliche monastische Prägungen, die von dem Konsens getragen wurden, bei aller Varietät in Einzelheiten in und aus der Überlieferung der »Väter des Mönchtums« zu leben, unabhängig von der jeweiligen Regel, die man gerade befolgte. Die *sententia patrum monachorum* wurde auch in einem breiten Schrifttum (*Apophthegmata* usw.) tradiert; dazu kamen spirituelle Anreger wie Basilius und Augustinus u. a.

Arten von Lebensformen gab es im spätantiken Mönchtum verschiedene. Im Verlauf der Zeit setzte sich eine wertende Klassifizierung durch, die im 1. Kapitel der Benedikt-Regel klassischen und normierenden Ausdruck fand. Pejorisiert wurden Gyrovagen und Sarabaiten; »in den Himmel gehoben« als oberste Stufe mönchischen Lebens Eremiten, als maßgebliche mönchische Lebensform in einem entsprechenden Lebensraum herausgehoben und beschrieben die unter Leitung eines Abtes und durch eine Regel in ihrer

Nachfolge Christi diszipliniert miteinander lebenden Coenobiten. Die *vita communis* nach dem Idealbild der Apg 4,32–34 also als Aufgabe für das Mönchtum. Insofern war die Mönchsgemeinde auch als Vorbild für die bischöfliche Gemeinde gedacht. Als *ordo monachorum* (zu dem natürlich auch die *monachae* gehörten) hatte das Mönchtum in Kirche und Reich seinen festen Platz gefunden.

Monastischer Gestaltwandel im abendländischen Mittelalter

Beim Vergleich der monastischen Entwicklung in Mittelalter und Neuzeit hinein fällt der große Unterschied zwischen dem griechisch geprägten Osten und dem lateinisch geprägten Westen auf. Trotz aller inneren und äußeren Gefährdungen blieb noch für lange Zeit mit dem Byzantinischen Reich ein stabiles staatliches Gefüge für diesen Großraum erhalten, das politische, soziale und kulturell-religiöse Kontinuität sicherte. In diesem Kontinuitätsverbund hatte die Kirche ihren festen Platz, organisiert in den ortsbezogenen bischöflichen Gemeinden, die zu überlokalen Metropolitanverbänden zusammengefasst und ihrerseits dem Patriarchat von Konstantinopel zugeordnet waren. Synoden auf Provinz- und Reichsebene bildeten weitere Scharniere des inneren Zusammenhalts, der nach außen hin durch das Reich gewährleistet war.

In diesem staatlich-kirchlichen Gefüge hatte sich das Mönchtum – wie erwähnt – als Institution eingerichtet; weitgehend koinobitisch formiert, allerdings mit fließenden Übergängen zur Anachorese. Dies meistens in lockerer Zuordnung auf ein Koinobion. Der Hauptsache nach auf die kontemplative Gottsuche ausgerichtet, gab es in den städtischen monastischen Zentren auch Einrichtungen für sozialkaritative Dienste. Missionarische Aktivitäten drängten sich von der Sache her auf bei den Slawen des Balkans sowie in den weiten Räumen zuerst des Kiewer, dann des Moskauer Rus, bis die bischöflich verfassten Lokalkirchen pastoral voll funktionsfähig wurden. Auch gab es immer wieder schulische und wissenschaftliche Anstrengungen in einzelnen Klöstern, wie z. B. im Studios-Kloster von Konstantinopel unter Theodoros Studites. Durch theologisches Schrifttum präsent war das Mönchtum sowieso, da ein Großteil schriftstellerisch tätiger Bischöfe aus dem Mönchtum kam. Insgesamt aber lebte das Mönchtum der byzantinischen Orthodoxie meist friedlich in seiner von der Bischofskirche abgehobenen Sonderwelt.

Die Beharrung auf dem überlieferten monastischen Status galt erst recht in den Kirchenlandschaften mit Überherrschaftung durch die Araber, dann die Osmanen; ihr folgte (außer auf dem Balkan) eine – wenn zunächst auch langsame – intensive Islamisierung der Gesellschaft, die den verbleibenden Christen enge Grenzen setzte. Zwar blieb das Binnenleben der Gemeinden unter bischöflicher Leitung und patriarchaler Zuständigkeit geschützt, missionarische Aktivitäten nach außen aber waren nicht erlaubt. Generell respektiert war auch die Sonderwelt des Mönchtums. Des schrumpfenden Anteils der christlichen Bevölkerung wegen kam es jedoch zu zahlenmäßigem Rückgang; wo das Christentum völlig verschwand, wie in Nordafrika, gingen auch die Klöster ein. Anders verlief die Entwicklung auf dem Balkan (besonders bei Griechen und Serben). Durch die enge Verbindung von Kirche und Ethnie bildete sich eine resistente und konsistente nationale Identität heraus, an der das Mönchtum einen gewichtigen Anteil hatte. Gleiches wird zu sagen sein von den christlichen Ethnien der Georgier und Armenier.

Vitalität und Stagnation, Zerfall und Erneuerung lösten im Laufe der Jahrhunderte auch im östlichen Mönchtum einander ab. Spirituelle Bewegungen im spätmittelalterlichen griechischen Mönchtum waren der Hesychasmus und die Idiorrhythmie; ihres stark individualistischen Zuschnitts wegen trugen sie jedoch nicht wenig zur zeitweiligen Zersetzung der koinobitischen Lebensweise bei.

Herausragende Bedeutung kam seit dem Spätmittelalter dem Berg Athos zu, der sich zum geistigen Zentrum des orthodoxen Mönchtums entwickelte; eines Mönchtums, das sich in seinem Selbstbewusstsein vom »verweltlichten« des Westens abhob und als Hüter der Orthodoxie gegen die »Lateiner« überhaupt auf Distanz ging. In Moldawien kam es im 18. Jahrhundert zu einer Erneuerung des coenobitischen Mönchtums, getragen von Starzen, die dann im weiteren Verlauf in Russland Mönchtum und Volksfrömmigkeit stark beeinflussten.

Die Geschichte des Religiosentums im lateinischen Westen verläuft anders. Von Etappe zu Etappe kommt es zu einer Vervielfältigung von Ordensgemeinschaften mit unterschiedlicher Verfassung und Lebensform, mit spezifischen Aufgaben und Zielsetzungen. Da die jeweilige monastische Formfindung von den Umständen soziopolitischer, sozioökonomischer und soziokultureller Gegebenheiten und Möglichkeiten bedingt war, sind diese vorausgesetzten Bedingungen kurz zu streifen. Generell ist dabei zu beachten der »Sonderweg Europas« von der Spätantike in die Neuzeit hinein.

Am Ausgangspunkt stand die Zersetzung des Weströmischen Reiches und dessen Zusammensetzung in neuen kleinräumigeren Herrschaftsgebilden. Verbunden war mit der Zersetzung auch der Verfall der Städte und ihrer Kultur, die Verlagerung der politisch-herrschaftlichen Zentren aufs Land, die Reagrarisierung von Gesellschaft und ökonomischen Verhältnissen. Von diesem Ausgangspunkt erfolgte dann der mühsame und langwierige Auf- und Ausbau eines neuen, länderübergreifenden Herrschaftsraumes; erstmals in großräumiger Weise erreicht im fränkischen Karolingerreich. Mit der Schaffung dieses Großreiches hängt überhaupt die Grundlegung Europas zusammen.

In den vielschichtigen Prozess von Verfall und Umformung war auch die bischöflich verfasste Gemeindekirche des spätantiken weströmischen Reiches – freilich in unterschiedlichem Ausmaß in den einzelnen ehedem römischen Provinzen – hineingezogen worden. Langsam wurde auch sie so weit zersetzt, dass sie nicht mehr in der Lage war, ihre sozialen, fürsorglichen und pädagogisch-pastoralen Aufgaben zu erfüllen. Das Mönchtum, vorwiegend auf dem Land agrarisch-ökonomisch verwurzelt und durch seinen Kultdienst in lokaler Stabilität verankert, übernahm in seinen zu geistigen, kulturellen und ökonomischen Zentren sich wandelnden coenobitischen Klöstern Schritt für Schritt gemeindliche Aufgaben. Es wurde dadurch für Gesellschaft und Kirche zu einer unerlässlichen Stütze des sich ausformenden neuen kirchlich-politischen Systems. Das Mönchtum wurde systemkonform. Abzulesen in aller Deutlichkeit ist dieser monastische Gestaltwandel am »Karolingischen Großkloster«.

Im sogenannten St. Gallener Klosterplan (820) kann man das Idealbild eines karolingischen Großklosters sehen. In seiner monumentalen Ordnung der Bauten spiegeln sich die verschiedenen einem Kloster im Rahmen des Reiches zugedachten Funktionen. Zunächst und zuerst hat man es mit einem Gebetskloster zu tun. Der Kreuzgang mit der Kirche bildete für das eigentliche monastische Leben das Zentrum. Aus dem bescheidenen Oratorium (Gebetsraum) der Benedikt-Regel wurde ein Großbau für eine Fülle liturgischer Aufgaben, die weit über das hinausgehen, was die Regel zum Opus Dei vorschreibt. Denn das Opus Dei eines karolingischen Klosters diente nicht nur individueller und kollektiver Heiligung der klösterlichen Gemeinschaft, sondern auch der »Heiligung« von Herrschaft und Reich. Das Gebetskloster hatte also eine öffentliche Funktion. Es war in dieser Beziehung »staatstragend«, weil es mit seinem Beten und asketischen Leben den Segen des Himmelreiches auf das irdische Reich herabrief. Damit verbunden war das fürbittende Gebet für die Lebenden und die Toten; für Letztere insbesondere als aufwendiges Totengedächtnis mit Offizien und Messen. Viele Klosterstiftungen erfolgten im Dienste des Totengedächtnisses; in allen Klöstern gab es Gedächtnisstiftungen mit entsprechenden wirtschaftlichen Fundierungen. Im liturgisch aufwendigen Gebet für Herrscher und Reich, Lebende und Verstorbene trat das Kloster an die Stelle der »Gemeinde«, die dieser (als dringlich angesehenen) Aufgabe nicht mehr in hinreichender Weise nachzukommen vermochte. Mit den Aufgaben des Kultes war auf vielfache Weise die Pflege von »Kultur« verbunden. Das einst weltferne Coenobium mutierte zum Kulturkloster. Zunächst ging es um die für die Kultur der Liturgie nötigen Kenntnisse und Fertigkeiten. Langsam wuchsen in diesem monastischen Ambiente »Wissenschaft und Gottverlangen« zusammen. Das Kloster wurde in verschiedener Hinsicht als »Klosterschule« zum Bildungsträger. Durch die Pflege des überlieferten patristischen Schrifttums wurden die Grundlagen für die »monastische Theologie« gelegt. Zu den Bildungsaufgaben im Dienste von Kirche und Gesellschaft traten natürlich auch sozial-karitative Dienste.

Im karolingischen Großreich waren viele Klöster des Weiteren Verwaltungszentren, die verschiedene öffentliche Funktionen auszuüben hatten. Sie waren untereinander vernetzt und dadurch zu Schaltstellen von Informationen geworden. Auf nicht wenigen Klöstern lastete dazu noch die Pflicht zur Heerfolge; sie hatten dafür »Mann und Ross« (aus den Klosterleuten und -höfen) zu stellen. Gezielte Klostergründungen an den Rändern des Reiches dienten von vornherein auch der Grenzsicherung und Kolonisation.

Für die vielfältigen Aufgaben waren umfangreiche materielle Ressourcen nötig, die – bereitgestellt von den »Stiftern« – als klösterliche Grundherrschaften organisiert waren. Über sie und die damit verbundenen öffentlichen Funktionen partizipierte das karolingische Großkloster an der »Herrschaft«; es wurde »herrschaftlich«. Die bewehrte und türmereiche »Reichsabtei« war entstanden.

Die oft großen klösterlichen Grundherrschaften mit ihren verschiedenen Produktionsmitteln und den dazugehörenden Menschen – die man im Begriff »monastischer Zubehör« zusammenfassen kann – brachten natürlich »Welt« und Betriebsamkeit ins Kloster, steigerten die Spannungen zwischen weltlichen Funktionen und monastischem Lebensstil. So konnte es nicht ausbleiben, dass sich unter Berufung auf das monastische Ideal widerständige Reformkräfte regten. Im »schöpferischen Rückgriff« auf ein ideales Leben nach der Benedikt-Regel – und/oder auch auf das »Frühe Mönchtum« überhaupt – kam es zur »Konzentration auf das Wesentliche« und zu einer damit verbundenen Abstoßung des monastischen Zubehörs bzw. bei Neugründungen von vornherein zum teilweisen oder ganzen Verzicht darauf. Man wollte sich also wieder »entweltlichen« und monastischer sein. So konzentrierte sich Cluny und sein Verband vornehmlich auf die kultisch-liturgischen Aufgaben des mit Armenpflege verbundenen Gebetsklosters. Am weitesten in der »Entweltlichung« gingen die seit der zweiten Hälfte des 11. Jahrhunderts entstehenden eremitischen Verbände wie die Grandmontenser, Kamaldulenser, Kartäuser usw. Von der zeitgenössischen breiten eremitisch-asketischen monastischen Bewegung waren auch die frühen Zisterzienser geprägt, die abseits der »Welt« im Eremos ihr Gemeinschaftsleben führen wollten. Den gleichen eremitisch-pauperistischen Idealen hing jener Teil der sich regulierenden Kanoniker an, der sich abseits der Städte und Dörfer niederließ, wie z. B. die frühen Prämonstratenser/innen.

Der Verzicht auf monastischen Zubehör hatte natürlich nicht nur mit dem karolingischen Großkloster des 8./9. Jahrhunderts zu tun, sondern vor allem mit der Krise der vom Feudalismus geprägten herrschaftlichen und gesellschaftlichen Verhältnisse in »Staat und Kirche«. Die Kritik an diesem System war besonders radikal in den rigoristisch-asketischen Strömungen, die im Verlauf des 11. Jahrhunderts von Osten in den Westen einsickerten, Gruppierungen unter verschiedenen Anführern bildeten und im 12. Jahrhundert sich vor allem als Katharer organisierten. Wie in der Spätantike gab es also auch im Mittelalter von radikal-asketischen Gruppierungen Einflüsse auf die verschiedenen monastischen Strömungen.

Mit der eremitisch-asketischen Konzentration war – wie angedeutet – die Abstoßung des »monastischen Zubehörs« verbunden; damit aber auch die mit dem Zubehör verbundenen öffentlichen Verpflichtungen, wozu vor allem sozialfürsorgliche Dienste gehörten. Den durch eine spürbare Bevölkerungszunahme und damit einhergehende »Verstädterung« umfangreicheren karitativen Diensten und Anforderungen waren zudem die alten klösterlichen Einrichtungen nicht mehr gewachsen. Laikale Bruderschaften vor Ort waren es, die sich jetzt der Bedürftigen annahmen und entsprechende Hilfsdienste organisierten; zunächst noch oft abhängig von Abteien, wie z. B. die Antoniter in ihren Anfängen. Die meisten dieser Bruderschaften entwickelten sich über Regulierung (meist mit der Augustinus-Regel) und oft auch Klerikalisierung zu Orden mit speziellen Aufgaben. Die Großzahl von ihnen war in Kranken-, Alten- und Pilgerpflege tätig. Sie entwickelten sich zu Spitalsorden. Doch auch der Unterhalt von Brücken und Wegen konnte Beweggrund für eine Bruderschaftsbildung werden, die sich dann als Orden verfestigte, wie z.B. die Bernhardiner vom Großen St.-Bernhard-Pass, die Pilgern und Reisenden beistanden. Selbst die »Verteidigung der Kirche« konnte Beweggrund zur Bildung eines Religiosenverbandes werden; in vorläufiger Weise in den Landstrichen der »Gottesfriedens-Bewegung« zum Schutz des Friedens; im Zusammenhang mit der Kreuzzugsbewegung und Heilig-Land-Begeisterung dann in der Form der Ritterorden. Im Gefolge von deren Aktivitäten entstanden Mercedarier und

Trinitarier, Orden zum Loskauf von Gefangenen. Der Verzicht auf Zubehör brachte auch das Ende des »Schulklosters«. Regulierte und nichtregulierte Kanoniker organisierten dafür in neuer Weise Unterricht an ihren Stifts- bzw. Domschulen in den Städten. Diese »produktive Trennung« von Kloster und Schule ebnete den Weg zur Entstehung der Universitäten im 12. Jahrhundert.

Am Ende dieses funktionsbezogenen Differenzierungsprozesses standen dann im beginnenden 13. Jahrhundert die ersten Bettelorden, bei denen zunächst Wanderpredigt als spezielle Aufgabe in den Mittelpunkt rückte. Neben anderen Gründen war bei diesen Orden der Verzicht auf den monastischen Zubehör eine Voraussetzung für die zu ihrem Apostolat gehörende Flexibilität und Mobilität. Mit den Bettelorden kehrte – um das hier anzumerken – das Mönchtum in gewandelter Form in die Stadt zurück bzw. boten die neu entstandenen Städte diesem Mönchtum Lebens- und Wirkraum.

Mit Blick auf die zu seiner Zeit existierenden verschiedenen Orden war der Prämonstratenserbischof Anselm von Havelberg (gest. 1158) zunächst verwirrt und erstaunt, meinte dann aber, in diesen *novitates* (»Neuheiten«) doch die Lebendigkeit des einen Glaubens, der sich in so verschiedenen Formen auszudrücken vermag, zu erkennen. Im lateinischen Abendland waren also aus dem einen »Orden« verschiedene »Orden« geworden. Diese Entwicklung ist unter dem Gesichtspunkt der Ausbildung von »Orden« noch einmal zu bedenken.

Der Ausgangspunkt war in Ost und West gleich: der eine *ordo monasticus* im Sinne einer nach dem »Grundkonsens der Väter« regulierten Lebensweise. Im Westen fand diese regulierte Lebensweise über die Zwischenstufen der Mischregel schließlich in der Benedikt-Regel ihren allgemeingültigen Ausdruck, zunächst im Bereich des karolingischen Frankenreiches und des darüber hinaus wirksamen Einflussbereiches. Wichtig war dabei die Bindung an die Regel nach dem Verständnis des Benedikt von Aniane: die eine, in allen Einzelheiten und in gleicher Weise für Abt und Mönche verbindliche Regel. In gleicher Weise sollten die von Benedikt von Aniane erlassenen Consuetudines gelten. Auf dieses Regelverständnis wurde durch Reichsgesetze das karolingische Mönchtum verpflichtet. Gemeinschaften, die in diesem Sinne nach der Benedikt-Regel lebten, bildeten den *ordo monachorum* bzw. den *ordo monasticus* im Sinne einer Lebensweise, abgehoben von anderen Lebensweisen (oder »Ständen«) im Gefüge von Reich und Kirche. Verbindungen der Klöster untereinander gab es nur lockere (z. B. durch Gebetsverbrüderungen), das zusammenhaltende und zusammenfügende Scharnier waren »Kaiser und Reich«. Mit dem Zerfall des Reiches verfiel auch die Einheit des Reichsmönchtums und machte wieder lokalen Zusammenschlüssen auf herrschaftlich-familialer Basis Platz. Nicht wenige Klöster fristeten als isolierte Eigenklöster von Adeligen ihr Dasein. Dies galt vor allem von Landschaften, die nicht direkt zum ottonischen und salischen Reich gehörten, wie z. B. dem burgundischen Raum. Aus eigenklösterlichen Anfängen entwickelte sich hier in Cluny ein selbstbewusster Klosterverband, der auf seine »monastische Freiheit« gegenüber dem lokalen Adel und auch den Bischöfen pochte. Die zum Verband gehörenden Klöster bildeten eine Art von Eigenklöstern des hl. Petrus unter der Leitung und Obhut des Abtes von Cluny. In allen galten verbindlich die Consuetudines von Cluny. Dem monastischen Zentrum Cluny gelang es so zum ersten Mal in der Geschichte des Mönchtums mit Berufung auf monastische und religiöse Ideen und Forderungen – wie *libertas monastica* (»monastische Freiheit«) –, einen selbständigen Klosterverband zu schaffen, abgestützt allein durch den »päpstlichen Schutz«, der letztlich auch nur ein geistliches Postulat war. Anderen benediktinischen Reformzentren mit eigenen Consuetudines gelang dies nicht bzw. sie strebten eine so weitgehende »monastische Freiheit« gar nicht an.

Der Durchbruch zur Bildung eines Ordens im Sinne eines unabhängigen korporativen Verbandes gelang dann den Zisterziensern. Alle auf die gleichen Consuetudines bzw. Konstitutionen verpflichteten (selbständigen) Abteien bilden zusammen den Ordo Cisterciensis (Zisterzienserorden), dessen oberste Repräsentation das jährlich in Cîteaux tagende Generalkapitel (aller Zisterzienseräbte) darstellt, bei dem die legislative (und zur Tagungszeit auch die administrative) Gewalt liegt. Nach diesem Modell bildeten sich auf der Basis von Benedikt- bzw. Augustinus-Regel und jeweils eigenen Consuetudines die neuen Orden; in Verfassung und Struktur den Zisterziensern am ähnlichsten die Prämonstratenser. Die meisten benediktinischen Verbände mit eigenen Generalkapiteln begnügten sich allerdings mit der Bildung von Kongregationen; Gleiches gilt von den Verbänden der Augustiner-Chorherren.

Wichtige Modifizierungen der korporativen Ordensverfassung ergaben sich durch die jeweils besonderen Zielsetzungen der neuen Orden. Um ihrer militärischen Effizienz willen war die hierarchisch gestufte und zentralistisch auf die Ordensleitung ausgerichtete Verfassung der Ritterorden besonders ausgeprägt. Bei den auf jeden monastischen Zubehör verzichtenden Bettelorden konnte ein flexibler und im Einsatz effizienter ortsunabhängiger Personenverband geschaffen werden. Vorbildhaft in dieser Beziehung war für die meisten neu entstandenen Orden des späteren Mittelalters der Predigerorden.

Der Orden im Sinne von monastischem Lebensstil war an ein lokales Kloster gebunden. Das Lokale und Territoriale sprengten die korporativ verfassten Orden. Im Blick auf die kirchliche Verfassung waren sie exemt, d. h., sie unterstanden nicht mehr der bischöflichen Gewalt (außer in einigen weniger wichtigen Bereichen). Sie standen gewissermaßen außerhalb der bischöflich verfassten Ortskirche, aber damit nicht außerhalb der Kirche. Ihr kirchlicher Bezugspunkt war der Papst. Nach der Devise *episcopus urbis et orbis* (»Bischof der Stadt [d. h. Roms] und des Erdkreises«) beanspruchte das Papsttum seinem petrinischen Selbstverständnis nach den universalen Jurisdiktionsprimat. In Bezug auf das abendländische Mönchtum bedeutet diese ekklesiologische Konzeption, die in den orthodoxen Ostkirchen keine Parallele hatte, die wachsende Zuständigkeit des Papsttums für das Religiosentum. Nur durch den universalen Zuständigkeitsanspruch des Papsttums konnten überlokale (d. h. überdiözesane) Orden entstehen. Erst recht gilt das für die Bettelorden mit ihrem »Anspruch« auf Seelsorge. »Im Auftrag des Papstes« (*commissione papae*) gingen sie ihren vielfältigen seelsorglichen Tätigkeiten nach. Kraft dieser päpstlichen Vollmacht bauten die Bettelorden ihre Klöster (und Kirchen) zu paraparochialen Kultzentren aus, d. h. zu pastoralen und kultischen »Service-Stationen« für die Laien neben und oft in Konkurrenz zu den vom bischöflichen Pfarrklerus versorgten Pfarrkirchen. In der Ekklesiologie der Orthodoxie hatten solche ortsunabhängigen seelsorglich tätigen Personenverbände keinen Platz. Wie der »Sonderweg Europas« durch den vom mittelalterlichen Papsttum vorangetriebenen Prozess der »produktiven Trennungen« von Sacerdotium und Regnum (Kirche und Staat) wesentlich mitbestimmt wurde, so auch innerkirchlich die Ausfaltung des monastischen Ordo in viele Orden.

Ordenswesen in der Neuzeit

Als große Zeit des abendländischen Mönchtums auf der Basis der Benedikt- bzw. Augustinus-Regel gelten das 11. und 12. Jahrhundert. Die Klöster waren zu diesen Zeiten spirituelle Brennpunkte, kulturelle Zentren, führend in Wissenschaft und Kunst. Auch ihre ökonomischen Leistungen und Innovationen waren beachtlich. Im 13. Jahrhundert – einer Zeit vielfältiger Umbrüche – begann ihr

Stern langsam zu sinken. Die neu entstandenen Bettelorden mit ihrer dichten Präsenz in den Städten Europas übernahmen partiell die geistlich-geistige Führung in der Gesellschaft. Im Verlauf des 14. Jahrhunderts nahmen auch bei ihnen aus verschiedenen Gründen Abnützung und Ermüdung zu. Die Gesellschaft war – so scheint es – mit Religiosen übersättigt; Konkurrenz untereinander (besonders der Bettelorden) gab Anlass zu Ärger und Spott; Letzteres besonders wegen des Selbst- und Leerlaufs des klösterlichen Lebens.

Das politische Gefüge der Zeit ist gekennzeichnet von einer fortschreitenden »Parzellierung« der abendländischen Christenheit und einer damit verbundenen Verdichtung von Staatlichkeit, großräumig in den Regna Europas, kleinräumig in den Territorien und »Stadt-Staaten« des Reiches. Von dieser Herrschaftskonzentration und -vereinheitlichung waren auch Kirchen und Klöster erfasst. Die überlokale Verbandsidentität als Orden lockerte sich. Die Klöster wurden dem landesfürstlichen (bzw. obrigkeitlichen) Kirchenregiment fest eingebunden. Wo es zu Reformen im Ordenswesen kam, gingen diese nicht selten von der Obrigkeit aus, wurden in jedem Fall von dieser für ihre Zwecke instrumentalisiert. Infolge der obrigkeitlichen Klosterherrschaft verloren die meisten Klöster grundherrschaftlichen Zuschnitts den Bezug zu »Kaiser und Reich« und wurden zu landständischen Institutionen. Im landesfürstlichen Kirchenregiment auf reformatorischer Grundlage kam dann die »Reform« des Klosterwesens seiner Aufhebung gleich. Das Klostergut wurde umgewidmet für Zwecke von Seelsorge, Sozialfürsorge und Schule; ein nicht geringer Teil von den Landesfürsten zu anderen Zwecken eingezogen, also säkularisiert.

Die Aufhebung von Klöstern und Ordensstand wurde von der reformatorischen Theologie und Ekklesiologie her begründet und legitimiert. Ein auf Gelübde und Profess beruhender »Sonderstatus« neben dem allgemeinen Christenstand wurde als unbiblisch verworfen und vom reformatorischen Grundprinzip der Rechtfertigung aus dem Glauben allein als »mönchische Werkerei« verurteilt. Zu leben sei das Christsein in und mit der Gemeinde, angeleitet durch »Diener des Wortes und Sakramentes« in Gottesdienst und Christenlehre. Gewissermaßen kann man also sagen, der frühchristliche Exodus der »Frommen« in den Eremos (Kloster) wurde wieder rückgängig gemacht; die »Heiligen« hatten in der Gemeinde zu bleiben und an deren Auferbauung mitzuwirken. Damit kam eine Tendenz zum Abschluss, die sich schon im Spätmittelalter – z. B. in der Devotio moderna – bemerkbar gemacht hatte: Äußerliches des Ordenslebens zugunsten der Innerlichkeit zu vernachlässigen, die Profess gegenüber der Taufe zu entwerten.

Neben den obrigkeitlich eingesetzten Pfarrern (Prädikanten) und Lehrern gab es keinen weiteren geistlichen Stand mehr und neben der Pfarrkirche keine (klösterlichen) Neben- und Sonderkirchen. Dem Kultmonopol der Pfarrgeistlichkeit in der Pfarrkiche hatten alle diesbezüglichen Sonderungen zu weichen. Vor dem Hintergrund einer solchen gemeindezentrierten Ekklesiologie ist es nur konsequent, vor allem den Bettelorden jede Daseinsberechtigung abzusprechen. Ihre Klöster waren denn auch immer die ersten »Opfer« reformatorischer Erneuerung. In Restbeständen wurden aus reichs- oder landesrechtlichen Gründen in evangelischen Territorien des Reiches altgläubig gebliebene Klöster geduldet (wie z. B. in der Niederlausitz das bis 1810 bestehende Zisterzienserkloster Neuzelle, die Säkularkapitel am Wetzlarer und Nordhausener »Dom« usw.). Vereinzelt blieben auch evangelisch gewordene Klöster bestehen, wie z. B. die im früheren Zisterzienserkloster Loccum bis ins 19. Jahrhundert hinein bestehende und zölibatär lebende Kommunität; der evangelisch gewordene Zweig der Johanniter (Malteser), wobei bei diesen und den evangelischen Kanoniker- und Domstiften Verpfründung und Versorgung den Hauptzweck bildeten. Das gilt auch von den gar nicht so wenigen »evangelischen Damenstiften«, die in verschiedenen Territorien auf Drängen des Adels zur standesgemäßen Versorgung ihrer Töchter weiter bestanden. Spirituelle Impulse gingen – im Gegensatz zu katholischen – von diesen Institutionen nicht aus; nicht einmal im Kirchen- und Stiftsbau.

Das Ordenswesen in der beginnenden Neuzeit regenerierte sich zunächst aus den breiten Reformströmungen des Spätmittelalters, dann auch in Reaktion auf die reformatorische Herausforderung. Diese »Restauration« wurde von verschiedenen Modernisierungsschüben geprägt: Straffung von Leitung und Administration, Zentralisierung in der Verfassung; schärfere Kontrolle der Ausbildung (Zusammenlegung der Ausbildungsstätten, Noviziat auf Provinzebene und nicht mehr für jeden Konvent); Disziplinierung und Verinnerlichung der Frömmigkeit durch Exerzitien, Gewissenskontrolle, häufige Beichte mit »Seelenführung«, neben dem »objektiven« Officium der offiziellen Liturgie. Bei aller Betonung individueller und kollektiver Frömmigkeit gewann die Disziplinierung auf Funktionstüchtigkeit hin an Gewicht. Asketische Übungen und »Leistungen« wurden dem apostolischen Eifer nachgeordnet. Um der Funktionstüchtigkeit willen wurden monastische Praktiken des äußeren Lebensstiles aufgegeben: Weltpriesterkleidung statt Ordenshabit, privates Breviergebet statt Chorgebet. Die erwähnten »Modernisierungen«, beeinflusst vom auf Reform drängenden zeitgenössischen religiösen Humanismus, waren besonders ausgeprägt bei den seit dem 16. Jahrhundert entstandenen, auf pastorale und erzieherische Aufgaben ausgerichteten Regularklerikern. Am deutlichsten war diese Distanzierung vom äußeren monastischen Lebensstil zugunsten apostolischer Dienste und Einsatzfähigkeit bei den Jesuiten, die sich rasch zum größten Verband unter den Regularklerikern entwickelten. Dafür sollten durch die ignatianischen Exerzitien die monastischen Tugenden und Haltungen verinnerlicht werden; also in etwa: ohne »Monasterium« aus der Spiritualität von Manresa (Ignatius) eremitisch leben. Bei den Lazaristen des hl. Vinzenz von Paul – der ersten »Gesellschaft des apostolischen Lebens« – und den mit ihnen verbundenen Vinzentinerinnen wurde um der größeren Flexibilität willen sogar auf »feierliche Gelübde« verzichtet; also auch auf den damit verbundenen Religiosen-Status. Die Lebensform wurde in diesem Fall ganz der Lebenstätigkeit (Krankenpflege) untergeordnet. Überhaupt ist die besondere Zielsetzung ein besonderes Merkmal neuzeitlicher Ordensgründungen; bei Männergemeinschaften sind es vor allem erzieherische Ziele (Katechese, »Christenlehre«, Schule), bei den Frauen neben den pädagogischen vermehrt karitative Aufgaben (besonders Krankenpflege).

Die Ausrichtung auch von Frauengemeinschaften auf apostolische Tätigkeiten war zunächst mit Schwierigkeiten verbunden. Denn bislang waren karitative und erzieherische Tätigkeiten weithin Sache des ortsgebundenen »Semireligiosentums«, das unter verschiedenen Namen und Organisationsformen in allen spätmittelalterlichen Städten präsent war. Den inzwischen gehobenen Ansprüchen in Erziehung und Krankenpflege reichten die Dienstleistungen dieser Semireligiosen-Frauen nicht mehr. Ortsübergreifende Verbandsbildungen schienen für die Leistungsverbesserung größere Gewähr zu bieten. Bei Frauenorden dachte man – anders als bei den inzwischen entstandenen Regularklerikern – jedoch immer noch an den überlieferten strengen monastischen Lebensstil, besonders an die Klausur, auf deren Einhaltung in den Reformdekreten des Trienter Konzils nachdrücklich verwiesen worden war. Mit Verweis auf diese war es Ende des 16. und im beginnenden 17. Jahrhundert zu einer Klausurierungswelle von weiblichen Terziarenklöstern gekommen. So fanden nur langsam und unter Schwierigkeiten erzieherische Aufgaben Eingang ins Konzept des weiblichen Religiosentums (z. B. bei den Visitantinnen und Ursulinen). Apostolische Tätigkeiten in weitestgehender Anpassung an den Lebensstil der Jesuiten schwebten zwar Maria Ward (gest. 1645) vor, scheiterte jedoch am zähen kurialen Widerstand und konnte bei den »Englischen Fräulein« nur in abgewandelter Form verwirklicht werden. Dass es Vinzenz von Paul mit den Vinzentinerinnen einfacher hatte, hängt mit Vorgegebenheiten des Spitalwesens in Frankreich zusammen, insbesondere jedoch mit den Protektoren seiner Sache am Königshof und in der Kirche (Kardinal Richelieu).

Die latinisierende Kolonialisierung Amerikas im Rahmen des spanischen bzw. portugiesischen Reiches (später auch Frankreichs) sowie intensivere Kontakte mit Indien und Ostasien führten zu einer großen Missionsbegeisterung in Europa und eröffneten alten und neuen Orden ein weites Tätigkeitsfeld. »Missionarische« Präsenz in der »Neuen Welt« (dazu in Asien und auch Afrika) wurde in vielen Orden ins Arbeitsprogramm übernommen.

Bis etwa Mitte des 18. Jahrhunderts hielten Aufschwung und Blüte des neuzeitlichen Ordenswesens vor; im deutschen Sprachraum noch etwas länger – ablesbar an der intensiven Bautätigkeit besonders der Abteien der alten Orden, die im internationalen Vergleich hervorsticht. Um die Jahrhundertmitte war im Religiosentum auch der zahlenmäßige Höchststand an Mitgliedern erreicht. Dann wendete sich das Blatt. Auf innere Schwächung folgten äußere Beschränkungen und Unterdrückung, in deren Verlaufe in fast allen katholischen Ländern das Ordenswesen ganz bzw. bis auf kümmerliche Reste beseitigt wurde. Als Vorzeichen dafür kann auch die 1768 in Frankreich eingesetzte *Commission des Reguliers* angesehen werden, die 426 kleine, in Bedeutungslosigkeit und Ineffizienz versunkene Konvente aufhob. Die Aufhebung der Jesuiten seit 1759 in einzelnen romanischen Ländern, des ganzen Ordens 1773 durch Papst Clemens XIV. eröffnete dann mit einem Paukenschlag die neue Zeit.

Mit dem Stichwort »Aufklärung« sind die geistigen Strömungen genannt, die zu der neuen Einstellung den Orden gegenüber führten, mit dem Stichwort »aufgeklärter Wohlfahrtsstaat« das Instrument zur Durchsetzung der neuen Ideen. Erziehung und Bildung, soziale Wohlfahrt und Fürsorge wurden zu primären Aufgaben des Staates erklärt, Schulpflicht eingeführt und eine staatliche Schulorganisation von der Elementarschule bis zur Universität auf- und ausgebaut. Die für das Staatswohl erforderliche sittliche Grundhaltung der Staatsbürger sollte über die »Christenlehre« in Schule und Kirche geweckt werden. Dafür wurde eine entsprechende Reorganisation des Kirchenwesens zu einem staatlichen »Kultus- und Erziehungsinstitut« mit den Priestern als staatlichen Kultdienern in Gang gesetzt. Zur Finanzierung des großen Unternehmens griff man auf das Klostergut zurück. Reduzierung der Klöster, Einengung ihrer Tätigkeit standen am Anfang der entsprechenden Maßnahmen, begleitet von einer breiten und meist auch gehässigen antiklösterlichen Polemik, bei der nicht selten »fortschrittliche« Kleriker den Ton angaben. Am Ende der Maßnahmen standen dann die mehr oder weniger umfassenden Klosteraufhebungen.

Infolge der praktischen Konsequenzen aus der Neudeutung des »Wesens des Christentums« auf ein tugendhaftes und für den Staat nutzbringendes Leben hin verfielen als erste die »beschaulichen Orden« dem Verdikt schädlicher Nutzlosigkeit. Dem kontemplativen Kerngehalt des monastischen Lebens war damit die »staatserhaltende Funktion« entzogen, die seit der Spätantike im christlichen Gemeinwesen in Ost und West ihm zugesprochen worden war und die monastischen Institutionen und Personen förderungs- und schützenswert gemacht hatte. Da das Kultmonopol dem staatlichen Pfarrklerus, ausgeübt und vollzogen in den Pfarrkirchen, ausschließlich zukommen sollte, war den in der Seelsorge stehenden Priesterorden die Daseinsberechtigung abgesprochen. Im Josephinismus der habsburgischen Länder wurden nach diesen aufgeklärten staatskirchlichen

Vorstellungen seit 1782 (in Oberitalien schon etwas früher) in mehreren Wellen Klöster aufgehoben. Nur die in Erziehung und Krankenpflege tätigen Institute sollten von Aufhebungen geschützt sein. In anderen Ländern folgte man diesem Vorbild.

Die Klosteraufhebungen im Frankreich der Revolution waren so etwas wie unausbleibliche Folgen des revolutionären Staatsumbaus. Aus dem Frankreich der verschiedenen Stände (*les états*) sollte der mit dem einzigen Stand (*l'état*) identische Staat werden, in dem es nur noch den Staatsbürger (*le citoyen*) mit gleichen Rechten und Pflichten aller geben sollte. So fielen als erster Schritt auf diesem Weg die Privilegien und Sonderrechte des »kirchlichen Standes«, zu dem auch das Ordenswesen gehörte (11. 8. 1789). Als nächster – und besonders schwer wiegender – folgte die Nationalisierung des Kirchengutes, womit den Klöstern die materielle Selbständigkeit genommen wurde (2. 11. 1789). Im dritten Schritt wurde die staatliche Unverbindlichkeit der Gelübde von Ordensleuten erklärt (13. 2. 1790). Damit war das Ordenswesen als gesonderter Stand definitiv beseitigt, das weitere Zusammenbleiben – auf privater Basis und abhängig vom guten Willen der jeweiligen Kommunen – in Frage gestellt. Schikanöse Verfügungen beschleunigten die Auflösung der Kommunitäten zwischen 1790 und 1792. Die ehemaligen Ordensleute wurden auf Staatspension gesetzt; nicht wenige Ordenspriester kamen in der Pfarrseelsorge unter. Seit der Zivilkonstitution für den Klerus vom 12. 7. 1790 lag das Kultmonopol bei dem unter bischöflicher Leitung und Aufsicht stehenden Klerus. Orte der »Kulthandlungen« waren allein die von den Kommunen zur Verfügung gestellten Pfarr- und Filialkirchen. Besoldet wurde der Klerus natürlich vom Staat, der sich auch verpflichtete, für die Kultbedürfnisse aufzukommen. Seelsorgeorden war mit dieser Neuordnung des Kirchenwesens jedes Tätigkeitsfeld entzogen. Ein solches gab es auf kommunaler Ebene zunächst noch für die in Schule und Sozialdienst (besonders Krankenhäusern) tätigen Gemeinschaften. Im Verlauf des Jahres 1792 wurden auch diese aufgehoben.

Die mit dem Reichsdeputationshauptschluss vom 25. 2. 1803 im Reich rechtlich geregelte Säkularisation betraf vom ursprünglichen Ansatz her nur die verschiedenen Institutionen der Reichskirche (also auch die reichsunmittelbaren Abteien, Stifte usw.). Dass im Vollzug dieser Säkularisierungen auch fast alle Klöster – ob reichs- bzw. landständisch oder überhaupt ohne besonderen Status, ob männliche oder weibliche, kontemplative oder aktive – aufgehoben wurden, hat mit den aufklärerischen Vorstellungen über das Wesen von Staat und Christentum zu tun. Aus den gleichen Vorstellungen gespeist waren die verschiedenen Säkularisierungswellen im Verlauf des 19. Jahrhunderts: in Preußen 1810 (in den nicht vom Reichsdeputationshauptschluss betroffenen Gebieten), 1835/36 in Portugal und Spanien (nachfolgend auch in den sich bildenden lateinamerikanischen Staaten), in Italien im Zusammenhang mit der »Staatwerdung« Italiens, die mit der Aufhebung des päpstlichen Kirchenstaats 1870 ihren Abschluss fand. In Rom wurden nur die Häuser internationaler Ordensleitungen nicht aufgehoben. »Unter der Hand« existierten vielerorts Kommunitäten weiter. In der Schweizerischen Eidgenossenschaft kam es in mehreren Wellen zwischen 1842 und 1872 zu Klosteraufhebungen, motiviert mit kulturkämpferischen und »antirömischen« Parolen, deren Wortführer weniger die Protestanten als vielmehr sich aufgeklärt und fortschrittlich dünkende Katholiken waren. Kulturkämpferisch motiviert waren auch die Klosteraufhebungen im Deutschen Reich und besonders in Preußen (1872 und 1875).

Die rabiate antiklösterliche Gesetzgebung des republikanischen Frankreich zwischen 1880 und 1904, die über Lehrtätigkeitsverbot der Kongregationen bis zum Verbot aller männlichen Kongregationen und Orden (mit Ausnahme von fünf in der Mission besonders engagierten Verbänden) führte, ist vor dem Hintergrund des leidenschaftlichen Kampfes um einen entkonfessionalisierten und dezidiert »laizistischen« (d. h. religionslosen) Staat zu sehen und zu werten, der im Trennungsgesetz von Staat und Kirche 1905 seinen Abschluss fand. In den auf andere Weise »laizistischen« USA gab es nicht nur keine Klosteraufhebungen, sondern Freiräume genug zur Entfaltung des Klosterwesens. Kulturkämpferisch-laizistisch begründete Klosteraufhebungen gab es in den dreißiger Jahren des 20. Jahrhunderts in Mexiko und Spanien. Dass die totalitären Ideologien des Nationalsozialismus und des sowjetrussischen Kommunismus das Ordenswesen beseitigten bzw. in Winkel abdrängten, versteht sich eigentlich von selbst.

Die Säkularisationen im ausgehenden 19. und im 20. Jahrhundert betrafen ein neues und erst im Verlauf des 19. Jahrhunderts aufgeblühtes Ordenswesen, auf das abschließend noch kurz einzugehen ist. Die nach Räumen und Zeiten ungleichzeitig erfolgten großen Klosteraufhebungswellen im 18./19. Jahrhundert ließen zunächst Kontinuitätsrinnsale für den Fortbestand des überlieferten Religiosentums bestehen. Im Verlauf des 19. Jahrhunderts war dann aus den Rinnsalen ein breiter Strom geworden, der zu Aufschwung und Blüte der klösterlichen Institutionen in einem erstaunlichen Ausmaß führte. Das ganze 19. Jahrhundert hindurch war in diesem »monastischen Renouveau« Frankreich führend; auch zahlenmäßig.

Der Schock der Phase des Terrors in der Revolution mit seinen vielfältigen Dechristianisierungsmaßnahmen, Verfolgungen, Hinrichtungen, Morden und Blasphemien führte nicht nur zur politischen und sozialen Restauration, sondern auch zu religiös-kirchlicher Erneuerung, die mit einem raschen Aufschwung des Ordenslebens verbunden war. Am Anfang stand die Sammlung der zerstreuten Reste des Religiosentums und deren Reorganisation. Nach außen hin war zwar das Religiosentum ab 1792/93 völlig von der

Bildfläche verschwunden, also nicht mehr existent, in Wirklichkeit arbeiteten viele Ordensfrauen und -männer als »Zivilpersonen« in ihrer früheren Tätigkeit in kommunalen Schulen und Spitälern weiter. Napoleon, dem viel an einem effizienten Sanitäts- und Spitalwesen sowie der Armenfürsorge lag, lockerte Verbote und Beschränkungen in Bezug auf Zusammenleben und klösterlichen Lebensstil der im karitativen Bereich tätigen Schwestern (besonders der Vinzentinerinnen). Nach 1815 setzte dann rasch und breit die Restauration der unterdrückten Schul- und Krankenpflegeorden ein. Manche dieser Gemeinschaften hatten im »Untergrund« zu neuen Formen von Lebensstil und Organisation gefunden, die den erst hundert Jahre später offiziell anerkannten Säkularinstituten glichen. Nach 1815 kehrten die Religiosen jedoch zu den tradierten klösterlichen Lebensformen zurück. Ziemlich rasch kam es neben den restaurierten Orden zu Neugründungen. Diese Gründungswelle in Europa und Amerika hielt bis ins 20. Jahrhundert hinein vor. Seit der Mitte des 20. Jahrhunderts findet sie eine Fortsetzung in den Ländern der »Dritten Welt«.

Der erstaunliche und mit einer weltweiten Verbreitung verbundene Aufschwung des Religiosentums hatte verschiedene Ursachen. Der demographische Faktor darf dabei nicht übersehen werden: die bislang in Europa unerhörte rapide Bevölkerungszunahme. Sie war eine wichtige Voraussetzung für die wachsende Zahl von Ordenseintritten. Der Bevölkerungszunahme ist zur Seite zu stellen die rasche Industrialisierung und Verstädterung ganzer Landstriche. Zu den damit verbundenen drängenden sozialen Problemen gehörten an erster Stelle Hebung der Schulbildung, Sozialfürsorge, Krankenpflege. Pädagogische und karitative Institute waren also gefragt. In diesen Bereichen waren die meisten der neuen und restaurierten alten Ordensgemeinschaften tätig. Bei den Neugründungen herrschte die »Kongregation« als Organisationsform vor: zentralistische Leitung durch eine/n Generaloberin/en mit einem »Mutterhaus« und den Filialhäusern. In der Lebensform hielt man sich, besonders bei den Frauenkongregationen, an den überlieferten Lebensstil mit Habit, fester Tagesordnung, strenger Disziplin. Eine »romantische Verklärung« des Mittelalters spielte bei dem teilweise anachronistischen Rückgriff auf den Lebensstil – am auffälligsten in der Kleidung des weiblichen Religiosentums – eine Rolle. Kleinräumig präsente Kongregationen blieben bischöflichen Rechts; die großräumiger verbreiteten wurden päpstlichen Rechts.

Zu den vorherrschenden karitativen und erzieherischen Tätigkeitsbereichen traten im Verlauf des 19. Jahrhunderts in größerer Zahl »Missionskongregationen«. Im Strom des sendungsbewussten europäischen Kolonialismus war es auch zu einer neuen Missionsbegeisterung gekommen (zunächst und am stärksten in Frankreich). Neben den neuen Missionskongregationen nahmen auch die wiedererstandenen alten Mönchs- und Bettelorden die missionarische Tätigkeit in den »Missionsländern« in ihre Zielsetzungen auf. Bei den »Ottilianern« kam es auf diese Weise zur Verbindung von benediktinischem Mönchtum und Mission, die es in dieser Form früher so nicht gab.

Besonders auffällig an dem Aufschwung des Religiosentums im 19. und beginnenden 20. Jahrhundert ist der Anteil von Frauenkongregationen und weiblichen Religiosen überhaupt, die numerisch die männlichen um ein Vielfaches übertrafen. Wahrscheinlich wird es im Verlaufe von Spätmittelalter und beginnender Neuzeit langsam zu dieser Umkehrung gekommen sein; das auffällige Verhältnis seit dem 19. Jahrhundert bedarf jedoch der Erklärung. Zunächst ist wieder auf den demographischen Faktor hinzuweisen. Es standen mehr Frauen zur Verfügung als jemals zuvor, was auch mit der überall einsetzenden Emanzipation zu tun hatte. In den pädagogischen und karitativen Tätigkeiten der verschiedenen Frauengemeinschaften fanden Frauen mit dem Wunsch nach einem selbstbestimmten Leben eine angemessene Tätigkeit, verbunden mit sozialem

Prestige und öffentlicher Anerkennung. Und was im Verlauf der Neuzeit nur zögerlich und ansatzweise begonnen wurde, nämlich Selbstorganisation und Selbstverwaltung des weiblichen Religiosentums, setzte sich in den zahllosen Gründungen von Frauenkongregationen durch Frauen nun allgemein durch (bis auf letzte Reste überwachender Zuständigkeit geistlicher »Superioren«).

Auffällig sind bei den vielen Kongregationsgründungen die Namen der Verbände. In ihnen spiegeln sich deutlich die Themen und Trends der Frömmigkeit der Zeit. Waren früher die Bezeichnungen vor allem auf die Namen von Gründern (und »Stiftern«) und Heiligen als Patronen, auf Gründungsorte und Funktionen bzw. Selbstverständnis bezogen, so jetzt auf die Themen der zeitgenössischen Frömmigkeit und deren Anliegen. An der Spitze stehen Benennungen, die auf die Herz-Jesu-Verehrung Bezug nehmen, gefolgt von verschiedenen Stichworten der Marienfrömmigkeit, die stark beeinflusst war von Marienerscheinungen, z. B. Lourdes 1854; zuvor schon in Paris 1830 durch die Vision der Vinzentinerin Katharina Labouré, die zur Herstellung der weit verbreiteten »wundertätigen Marienmedaille« führte. Zur Verdeutlichung dieses Zusammenhangs mit der Frömmigkeit sind im vorliegenden Lexikon zahlreiche Kongregationen unter dem Stichwort des namengebenden frömmigkeitlichen Themas angeführt.

Die breite Präsenz des Religiosentums in Spiritualität, Theologie, Seelsorge, Unterricht, Krankenpflege und Sozialfürsorge hielt bis zur Mitte des 20. Jahrhunderts vor. Um diese Zeit war auch der numerische Höchststand erreicht. Dann herrschte bezüglich der Mitglieder Stagnation vor, verbunden mit einem Rückgang des Nachwuchses. Seit den 1970er Jahren zeichnete sich generell im Wohlstandsgürtel der Industriestaaten Europas und Amerikas als Zukunftsproblem Unterjüngung und damit zusammenhängende Überalterung ab. Im Religiosentum schlug sich dieser gravierende demographische Wandel wohl am frühesten nieder. So schrumpften seit den 1980er Jahren die Mitgliederzahlen bei den in erzieherischen und karitativen Diensten tätigen Kongregationen in einem bedenklichen Ausmaß. Mit gelegentlichen Hinweisen auf den veränderten Mitgliederstand in einzelnen Artikeln des Lexikons soll dieser Trend belegt werden.

Inzwischen hat der existenzbedrohende Mitgliederschwund alle Orden erfasst; auch die »weltabseitigen« kontemplativen. Nicht davon betroffen sind verschiedene Landschaften der »Dritten Welt«. Von einer Stagnation der Mitgliederzahl sind auch die Klöster der Orthodoxie betroffen; das gilt selbst von Staaten des ehemaligen Ostblocks.

Die Gründe für diesen katastrophalen Schwund des Religiosentums in der katholischen Kirche der Industriestaaten sind vielfältiger Art. Neben der erwähnten demographischen Entwicklung gehören dazu die säkularisierten Lebensformen der Moderne und die Zersetzung des traditionellen kirchlich-sozialen Milieus, einstiges »Biotop« für den Nachwuchs. Hinter den sozialen sind geistige Zersetzungen und Wandlungen zu nennen: die Verdunkelung der metaphysischen Weltsicht und -deutung in der Postmoderne, die »Verdampfung« des Heiligen und Verschleierung des Religiösen bzw. dessen Umdeutung zu »Wellness«, ichbezogener Esoterik. All das trocknete den Boden für die asketische Apotaxie und Enkratie um des Himmelreiches willen aus. Auch »systemimmanente Gründe« werden genannt werden können: die fortschreitende Überlastung mit Funktionen auf Kosten der monastischen »Hauptsache«; die nachlassende Kraft zur Austarierung der unaufhebbaren Spannung zwischen monastischer Weltzukehr und Weltabkehr; die Vernachlässigung der »monastischen Äußerlichkeiten« im Gefolge einer allzu leicht-sinnigen Reformrhetorik im Gefolge des Zweiten Vaticanums, die zu einer bedenklichen »Entklösterlichung« des klösterlichen Lebensstiles führte; die in diesem Gefolge getätigten schöpferischen Rückgriffe auf angebliche Ursprungsideale, die manchmal zu Missgriffen entarteten und Identitätskrisen auslösten.

Zersetzungen von Form und Gestalt monastischen Lebens waren bisher immer mit neuen Zusammensetzungen verbunden. So gibt es auch heute nicht nur das »Auslaufen« und Zerfallen überlieferter Formen, sondern auch das Experimentieren mit und das Modellieren an neuen Formgebungen. Die Bandbreite reicht von »gottgeweihter Welthaftigkeit« bis zur eremitischen Kontemplation, von apostolischer Aktivität bis zur absichtslosen Präsenz unter Randgruppen.

Abkürzungen

Bibelstellen werden nach den Loccumer Richtlinien abgekürzt.

Adj.	Adjektiv
ahd.	althochdeutsch
A. P.	Annuario Pontificio
AR	Augustinus-Regel
aram.	aramäisch
AT	Altes Testament
bes.	besonders
BO	Bettelorden
BR	Benedikt-Regel
bzw.	beziehungsweise
can.	Kanon
CIC/1983	Codex Iuris Canonici / 1983
Dep.	Departement
Erzb.	Erzbischof
FrühMA	Frühmittelalter
frühma.	frühmittelalterlich
geb.	geboren
gegr.	gegründet
gest.	gestorben
HochMA	Hochmittelalter
hochma.	hochmittelalterlich
Hs(s).	Handschrift(en)
Kg.	König
lat.	lateinisch
MA	Mittelalter
ma.	mittelalterlich
mhd.	mittelhochdeutsch
mlat.	mittellateinisch
nhd.	neuhochdeutsch
NT	Neues Testament
NZ	Neuzeit
nztl.	neuzeitlich
par.	mit Parallelstellen
Pl.	Plural
reg.	regiert
spätlat.	spätlateinisch
SpätMA	Spätmittelalter
spätma.	spätmittelalterlich
Subst.	Substantiv
zit.	zitiert

A

Aachener Statuten, gelegentlich gebrauchte Bezeichnung für die von der Reichssynode 816 erlassenen Statuten gemeinschaftlich lebender und den Kultdienst an einer Kirche versehender Kanoniker; die Statuten des → Chrodegang von Metz bildeten ihre Grundlage.

Abbatia territorialis (früher: *A. nullius diocesis*) ist ein aus der Diözese ausgegliedertes Territorium, in dem der Abt (bzw. Propst) einer monastischen (bzw. kanonikalen) Kommunität wie ein Bischof die volle geistliche Jurisdiktion ausübt. Paul VI. hat die Errichtung erschwert, die bestehenden aber anerkannt.

Abstinenz (lat. *abstinentia* »Enthaltung«) bezeichnet im monastischen und kirchenrechtlichen Verständnis das Verbot, an → Fasttagen bestimmte Fleischprodukte zu essen. Ordensregeln und Satzungen legten Tage und Zeiten sowie die für die A. vorgesehenen Speisen fest. Der ursprüngliche Rigorismus ist im Laufe der NZ fortschreitender Dispens und Milderung gewichen. Die gesamtkirchlichen Vorschriften sind 1966 aufgehoben und diözesaner und ordensinterner Regelung überlassen worden.

Abt (aram. *ab* »Vater«; *abba* »mein Vater«; griech. und lat. *abbas*), Titel des Vorstehers einer selbständigen Mönchsgemeinschaft. Ursprüngl. bezeichnete A. den geistlichen Vater und Lehrer kraft charismatischer Autorität, mit Verfestigung der coenobitischen Lebensweise Einengung auf den Leiter eines → Koinobions. Für das abendl. Mönchtum grundlegend die Deutung des A.s als Stellvertreter Christi, Vater, Hirte und Lehrer seiner geistlichen Söhne (BR 2; 63,2; 64).

Abtei (lat. *abbatia*), seit dem 11. Jh. Bezeichnung für eine Kommunität von Mönchen (Nonnen) unter der

Leitung eines → Abtes (Äbtissin) mit Vermögens- und Verwaltungsrecht; A. ist auch gebräuchlich für Kanonikergemeinschaften mit AR. Gründungs- und Bestätigungsbedingungen variieren im Laufe der Jh.e, erst recht gilt das für den rechtlichen Status im Rahmen der soziopolitischen Gegebenheiten, der sich in Begriffen wie → Eigenkloster, → Reichs- bzw. landständische Abtei niederschlug.

Äbtissin, in Analogie zum Abt Bezeichnung für die Leiterin einer Frauenkommunität nach der BR oder AR; gebräuchlich auch bei den → Klarissen; statt Ä. wäre sprachlich richtiger *Amma* von *em* (hebr., »Mutter«) bzw. *amma* (hebr., »meine Mutter«).

Abtpräses, Titel für den Vorsitzenden einer monastischen → Kongregation, dessen Kompetenzen und Amtsdauer durch die Statuten festgelegt sind. Während im MA der Abt des Hauptklosters A. war, gilt dieser Vorrang in der NZ nur noch in wenigen Fällen.

Abtprimas, Titel für den Vorsitzenden der → Konföderation aller Benediktinerkongregationen, die von Leo XIII. 1893 errichtet wurde. Der jeweilige A. wird von den Äbten der Konföderation auf acht Jahre gewählt (Wiederwahlmöglichkeit auf jeweils vier Jahre) und ist zugleich Abt von S. Anselmo (Rom). Seit 1959 steht an der Spitze der konföderierten Kongregationen der → Augustinerchorherren ebenfalls ein A., der reihum aus einer der Kongregationen für sechs Jahre gewählt wird und dabei Abt seines Klosters bleibt.

Abtötung → Askese.

Abtweihe, wie Mönchs- und Jungfrauenweihe eine Benediktion im Rahmen einer der Bischofsweihe nachgebildeten liturgischen Feier. Mit ihr ist die Übergabe der → Pontifikalien verbunden, die kraft päpstl. Verleihung bzw. gewohnheitsrechtlich den Äbten zustehen.

Acedia (griech. ἀκήδεια »mürrisches Wesen, üble Laune«), gilt im monastischen Leben von Antike und MA als widerwillige Unlust an den Übungen des geistlichen Lebens bzw. Überdruss am geistlichen Leben überhaupt. Wie die *murmuratio* (*murmurare* »murren, widerwillig, unzufrieden, lustlos, missmutig sein«) gehörte daher die A. zu den »Hauptfeinden« des Mönches; im MA auch als »Mittagsteufel« beschrieben.

Adelsklöster. Darunter versteht man in Bezug auf den (die) Stifter die von Adeligen gegr. und fundierten → Eigenklöster im FrühMA sowie die dynastischen Familienklöster im HochMA; in Bezug auf die soziale Herkunft der Mönche (Kanoniker) Klöster, die nur dem Adel vorbehalten waren. Im SpätMA wurde diese Statusschranke generell aufgehoben; es hielten sich aber vereinzelt A., so z. B. die → Ritterstifte bis zur Säkularisation 1803.

Administrator, Bezeichnung für den Leiter einer Abtei während einer Sedisvakanz bzw. anderer Umstände halber; in diesem Fall eingesetzt von der nächsthöheren Instanz, in jenen nach Maßgabe der Statuten von der Kommunität gewählt.

Agde, Synode von, abgehalten 506 unter Leitung des Bischofs → Caesarius von Arles; Verbot von → Doppelklöstern sowie der Errichtung von Nonnenklöstern in der Nähe von Männerklöstern.

Akephaloi (griech. ἀκέφαλος »kopflos«), Bezeichnung für Klöster in der griechischen Kirche, die sich der Aufsicht des → Archimandriten entzogen (akephale Klöster).

Akoimeten (griech. ἀκοίμητος »schlaflos«), Bezeichnung für eine von Alexandros dem Akoimeten (gest. um 430) gegr. monastische Gemeinschaft, die im Anschluss an 1 Thess 5,17 das ununterbrochene Gebet einhalten wollte. Dafür wurden die Mönche in Gruppen aufgeteilt, die sich abwechselnd dem Psalmengebet widmeten. Nach dem Tod des Gründers entstanden weitere Klöster der A., eines davon in Konstantinopel. Im abendl. Mönchtum im FrühMA Umformung der Praxis zur → Laus perennis; in der NZ zur → Ewigen Anbetung.

Alcantariner wurden die Mitglieder einer innerhalb der spanischen → Minoriten entstandenen und weitgehend selbständigen Reformkongregation genannt. Ihr Initiator war Petrus von Alcantara (gest. 1562), der 1542 mit Gefährten ein asketisches und eremitisches Bußleben nach dem Vorbild des hl. Franziskus zu führen begann. Die rigorosen Reformstatuten bestätigte 1562 Pius IV., 1563 unterstellte er die A. dem Generalminister der → Franziskaner; verbreitet v. a. in Spanien, den Niederlanden und im Rheinland. 1897 wurde die Kongregation aufgelöst, die A. in den Franziskanerorden eingebunden. Das weibl. Pendant bildeten die *Alcantarinerinnen*, die nach der Regel der hl. → Klara und den Reformstatuten der A. lebten.

Alexianer (*Congregatio Fratrum Cellitarum*, *Congregatio Fratrum Alexianorum*, *CFA*); den Untergrund der Entstehung bilden die zur Pestzeit im 14. Jh. bes. im Rheinland und Mitteldeutschland entstandenen laikalen Bruderschaften zur Pflege der Pestkranken und Totenbestattung. Einige formten sich zu Ordensgemeinschaften, meist mit der AR; man nannte sie auch *Celliten* (von *cella* »Grab«) wegen ihres Bestattungsdienstes; A. nannten sie sich wegen ihrer Verehrung des hl. Alexius (der im 5. Jh. gelebt haben soll). Durch Reformation und Säkularisation wurden sie stark dezimiert. In den die Säkularisation überdauernden Niederlassungen Aachen, Köln, Neuss führten zeitgemäße Reformen im Verlaufe des 19. Jh.s zu einem beachtlichen Aufschwung und zur Bildung dreier Laienbrüder-Kongregationen mit zahlreichen Filialen zur Krankenpflege. Die deutschen Häuser hatten durch Repressionen des nationalsoz. Regimes besonders zu leiden. Zurzeit gibt es noch die Kongregationen von Aachen und Neuss, die von Köln schloss sich 1967 Aachen an. – Gleich in Ursprung und Zielsetzung sind die weibl. Gemeinschaften, in Deutschland → Cellitinnen genannt.

Alkuin, geb. um 730 in York. Schüler, dann Leiter der Domschule York, von Karl d. Gr. 782 zum Leiter der Aachener Pfalzschule berufen, einflussreicher Berater Karls und maßgebend für die Bildungspolitik des Herrschers. Obwohl kein Mönch, bemühte er sich um Hebung von Disziplin und Bildung des Mönchtums im Reich; als → Laienabt von St. Martin in Tours starb A. 804.

Altarsakrament → Ewige Anbetung.

Ambrosianer. An ihrem Anfang stand eine Mitte des 14. Jh.s von Mailänder Adeligen an einer Ambrosiuskapelle in einem Walde nahe bei Mailand gegr. Einsiedlerbruderschaft; von Gregor XI. 1375 anerkannt, lebte sie nach der AR. Eugen IV. vereinigte die A. mit anderen Eremitengemeinschaften zu *Congregatio fratrum sancti Ambrosii ad nemus Mediolanensis.* 1496 Abspaltung einer Gruppe (→ Apostelbrüder); 1589 Anschluss von zwei Kleinverbänden an die A.; Innozenz X. hob 1646 den Orden auf. – Die *Ambrosianerinnen* (*Einsiedlerinnen vom hl. Ambrosius*) gründete nach 1450 Katharina Morigia (gest. 1478) auf dem Sacro Monte von Varese bei Mailand. Die Kommunität nahm 1474 die AR und die Konstitutionen der A. an. 1798 Aufhebung des Klosters. 1822 Restauration der kontemplativen Kommunität in Verbindung mit einem Mädchenerziehungsinstitut.

Ambrosius von Mailand, geb. um 339 in Trier, in Rom für eine politische Karriere erzogen, wurde 370 Konsular der Provinz Aemilia-Liguria. Noch als Taufbewerber wurde A. 374 zum Bischof von Mailand gewählt. 371/75 gründete er in Mailand ein Kloster. Für das weibl. Mönchtum bedeutsam sind A.' Schriften über die → Jungfräulichkeit: die drei Bücher *De virginibus ad Marcellinam Sororem* (*Über die Jungfrauen an Schwester Marcellina*, seine leibliche Schwester), *De viduis* (*Über die Witwen*), *De institutione virginum* (*Über den Stand der Jungfrauen*), *De virginitate* (*Über die Jungfräulichkeit*), *Exhortatio virginitatis* (*Ermahnung zur Jungfräulichkeit*). A. starb 397 in Mailand.

Amortisationsgesetze (von lat. *manus mortua* »tote

Hand«) heißen die obrigkeitl. Maßnahmen (verstärkt zunächst in Städten seit dem SpätMA, dann auch in Territorien) zur Einschränkung bzw. zum Verbot des Immobilienerwerbs durch Klöster, geistl. Korporationen (= tote Hand, wegen deren weitgehenden Abgabenfreiheit).

Anachoret (vom griech. ἀναχωρέω »zurückziehen«, ἀναχώρησις »Zurückgezogenheit«, als Fremdwort im Lat. übernommen als *anachoresis* »Einsiedlerleben«, *anachoreta* »Einsiedler, Eremit«), Bezeichnung für einen Asketen, der aus menschlichen Bindungen gelöst, von der christl. Gemeinde zurückgezogen, zuweilen jedoch nahe derselben eine → Zelle baute, um in Askese und Gebet zu leben, auch um stellvertretend für die Gemeinde den Dämonenkampf zu führen. Die Anfänge der Lebensweise reichen ins endigende 3. Jh. zurück. → Antonius der Einsiedler wurde durch → Athanasius zum Prototyp der A.en stilisiert. Der A. galt im alten Mönchtum als Hochform und Vollendung der monastischen Lebensweise, zu der allerdings nur wenige berufen seien (vgl. BR 1,3–5); → Eremit.

Analphabeten (im Kloster) sind im coenobitischen Mönchtum des Altertums nicht vorgesehen; für die gemeinschaftlichen Dienste und v. a. das gemeinsame Gebet sind Grundkenntnisse im Lesen und Schreiben erforderlich (siehe BR 48,23; 58,20). – Im asketisch-eremitischen Mönchtum dagegen sind A. anzunehmen. Dabei muss allerdings in beiden Fällen die Gedächtnis- und Oralkultur der Gebildeten der Zeit mitbedacht werden.

Angeliken (*Sorores angelicae S. Pauli*, *Englische Schwestern vom hl. Paulus*), von Antonius Maria Zaccaria und der Adeligen Ludovica Torelli 1530 in Mailand gegr. Frauenkongregation zur Unterstützung der → Barnabiten bei Bekehrung und Belehrung von Frauen und Mädchen. Die A. lebten nach der AR und wurden 1535 von Paul III. bestätigt. Die strengen Klausurvorschriften des → Trienter Konzils schränkten die apostolische Tätigkeit ein. Die Kongregation starb langsam aus. 1879 erfolgte auf neuer

Statutenbasis eine Restauration der Kongregation in Italien, die, inzwischen in anderen Ländern und Übersee verbreitet, erzieherisch und missionarisch tätig ist und derzeit etwa 250 Schwestern zählt.

Anniversar (von lat. *anniversarium* »Jahresgedächtnis«) heißt in der Regel im Rahmen des → Totengedächtnisses das durch einen verbindlichen Stiftungsvertrag abgesicherte jährliche Gedächtnis von Verstorbenen durch Messe(n), u. U. noch zusätzlicher Gebetsdienste.

Annuntiatinnen (*Annunziatinnen*, *Annunziaten*), Ordensgemeinschaften benannt nach Annuntiatio Mariae (Verkündigung der Menschwerdung Christi durch die Botschaft des Engels an Maria).

1. *Lombardische A.* (*Ambrosianerinnen*, *Nonnen des hl. Ambrosius und der hl. Marcellina*), ein 1408 in Pavia gegr. und zentralistisch strukturierter Orden mit der AR. Pius V. unterstellte jedoch 1567 die einzelnen Häuser den Diözesanbischöfen. Der auf Italien beschränkte Orden ging im späten 18. Jh. unter.

2. *Italienische A.* (nach der himmelblauen Mantelfarbe auch *Coelestinerinnen* genannt), 1604 in Genua von Maria Victoria Fornari gegr. kontemplativer Orden auf der Basis der AR und Statuten der Stifterin, der bes. in Italien und Frankreich verbreitet war. Eine Niederlassung gab es zwischen 1646 und 1784 in Steyr (Österreich).

3. *Französische A.* (*Orden der seligen Jungfrau Maria, OVM*), auch »rote A.« genannt; 1500 von Johanna von Valois (gest. 1505) zu Bourges als kontemplative Gemeinschaft gegr., 1501 von Alexander VI. bestätigt. Die marianische Frömmigkeit dieser A. kreiste um die 10 Freuden Mariens (Maria nachahmen, um Jesus zu gefallen). Dem in Frankreich stark verbreiteten und auch in Nordwestdeutschland präsenten Orden bereiteten Revolution und Säkularisation das Ende. Die Restauration im 19. Jh. kam über bescheidene Anfänge (in Frankreich, England und Belgien) nicht hinaus.

4. Neuere Schwesternkongregationen: In Belgien im 19. Jh. acht Kongregationen (*Sœurs Annonciades*) mit erzieherischen und karitativen Aufgaben, von denen noch sechs bestehen; eine 1944 gegr. Kongregation in Obervolta; in Korea die kontemplativ ausgerichteten *Sisters of Annunciation* (gegr. 1963).

Antiphon (vom griech. ἀντιφωνέω »entgegnen, antworten«), der meist biblische Vers, der gegenchörig in den Psalmen- und Hymnenvortrag des Vorsängers (oder Vorsängerchores) zur Wiederholung eingeschoben ist, bzw. als Rahmenvers am Anfang und Ende steht. Eine Reihe von A.en haben sich verselbständigt wie z. B. die »Marianischen Schlussantiphonen« in Komplet bzw. Vesper. – Das liturgische Buch, in dem die A.en zusammengestellt waren, hieß im MA *Antiphonar* (nztl.: Antiphonale).

Antonianer, Ordensgemeinschaften in mit Rom unierten orientalischen Kirchen, die, unter das Patronat des hl. → Antonius d. Gr. gestellt, in neuerer Zeit entstanden sind und einheimische Traditionen mit Ordensformen des lat. Westens verbinden. Derzeit gibt es noch chaldäische, maronitische, libanesisch-maronitische A.

Antoniter (*Regularkanoniker vom hl. Antonius*), Ende des 11. Jh.s in Saint-Antoine en Viennois (Dep. Isère) entstanden aus einer Laienbruderschaft zur Betreuung und Pflege der kranken Pilger, die vom hl. → Antonius d. Gr. (von dem um 1070 Reliquien in die Ortskirche übertragen worden waren) Heilung von einer damals grassierenden Seuche (Mutterkornbrand, genannt »Antoniusfeuer«) erbaten. Die großen therapeutischen Erfolge führten zu raschem personellen und materiellen Aufschwung; anderenorts kam es zu Spitalsgründungen, ganz Europa wurde mit einem Netz von Stützpunkten (Präzeptoreien) überzogen, der Bettel effizient organisiert (Antoniusschwein). Die ursprünglich von einem lokalen Benediktinerpriorat abhängige Bruderschaft verselbständigte sich bald, formierte sich 1247 mit der AR zu einem Orden, dem 1287 das Benediktinerpriorat übergeben und 1297 zur Abtei erhoben wurde. Aus den A. wurden durch diese päpstl. Verfügungen Augustinerchorherren, die Abtei zum Mutterhaus eines streng zentralistischen Verbandes, dem alle anderen Spitäler und Präzeptoreien inkorporiert waren. Im Verlauf des 14. Jh.s rascher Niedergang (Verpfründung für den lokalen Adel), Einbußen durch die Reformation. 1774 Beschluss des Generalkapitels zur Union mit den → Maltesern, von Pius VI. genehmigt und 1776 vollzogen.

Antonius der Große (Antonius der Einsiedler), geb. um 251 in Koma (Mittelägypten) als Sohn christl. Eltern. Unter dem Eindruck von Mt 19,21 als junger Mann Bekehrung zum asketischen Leben, zunächst in seiner Heimat, dann in der Wüste, schließlich an einem einsamen Berg in der Nähe des Roten Meeres, wo er 356 starb, angeblich 105 Jahre alt. Trotz Abkehr von der Welt Kontakt mit vielen Menschen, v. a. Ratsuchenden, auch Anteilnahme am kirchlichen Geschehen, Sammlung eines Schülerkreises. Zum »Vater des Mönchtums« stilisiert durch die Lebensbeschreibung des → Athanasius (um 356 geschrieben): Der asketische Anachoret in der Einsamkeit und im Kampf mit den Dämonen, so wie Jesus in der Wüste. – Die unter dem Namen A. überlieferte Regel, d. h. Sammlung von Aussprüchen (→ Apophthegmata), stammt von seinen Schülern.

Apophthegmata (vom griech. ἀπόφθεγμα »Ausspruch, Denkspruch, Sentenz«), bezeichnet im Singular den Ausspruch eines Mönchsvaters oder Einsiedlers; im griech.-lat. Plural *Apophthegmata Patrum* (lat. *Sententiae Patrum*, »Vätersprüche«) die bis in die Frühzeit des Mönchtums zurückreichende Sammlung von Aussprüchen der → Wüstenväter der anachoretischen Frühzeit; schriftliche Fassungen wohl erst seit dem 5. Jh., überliefert koptisch, armenisch, syrisch und lat.; Genese und Redaktion der A. sind nicht geklärt.

Apostaten (griech. ἀποστάτης »Abtrünniger [vom

Glauben]«) nannte man im MA in Analogie zum Glaubensabfall → Religiosen, die eigenmächtig das Kloster (bzw. ihren Verband) verließen. Da eine *Apostasia a religione* (Ordensabfall) ein öffentliches Vergehen war, wurde sie strafrechtlich verfolgt. In den Ordensregeln und Satzungen (z.B. BR 29) wird meist nicht von A., sondern von »Ausreißern« (lat. *fugitivi*) gesprochen, ihre Bestrafung und Wiedereingliederung in die Gemeinschaft geregelt. Allgemeine kirchenrechtliche Normen regeln → Austritt und Ausschluss aus dem Ordensstand.

Apostelbrüder (*Societas fratrum apostolorum pauperis vitae*), eine seit dem späten 13. bzw. 14. Jh. entstandene ital. Eremitengemeinschaft, die 1483 die AR annahm, 1496 sich mit einem Teil der → Ambrosianer zur *Congregatio S. Barnabae* vereinigte, die dann 1589 wieder mit dem Orden der Ambrosianer vereinigt wurde, den Innozenz X. 1646 aufhob.

Arbeit. Neben den verschiedenen Formen von Gebet und Meditation kam im frühen Mönchtum der A. aus praktischen und asketischen Gründen besondere Bedeutung zu, die in der Tradition des benediktinischen Mönchtums in dem viel zitierten (nicht in der BR so formulierten!) Grundsatz *Ora et labora* (»Bete und arbeite!«) eine griffige Formel fand. Vorbilder für die A. sah man in den Aposteln (1 Kor 3,8; 2 Thess 3,7–12), A. gedeutet als Heil- und Hilfsmittel gegen den schädlichen Müßiggang. Aus dem Armutsideal folgte als Konsequenz A. zur klösterlichen Selbstversorgung, wobei schwere und schmutzige körperliche A. Hilfskräften überlassen blieb; so kamen v. a. leichtere Handarbeiten in Frage (siehe BR 7,63; 35,13; 36,6; 40,5; 41,2; 46,1; 57,1; 66,6). Das entsprechende Ethos ist auch in Verbindung mit der → Armut zu sehen, d. h. zum Lebensunterhalt beizutragen; zudem wurde der Sozialaspekt mitbedacht: vom Überschuss Almosen für die Armen. Im karolingischen Kulturkloster Verlagerung auf geistige Tätigkeiten; im Reformmönchtum der → Zisterzienser und anderer Verbände erneut Betonung der Handarbeit; mit den → Bettelorden generell Ausweitung von A. auf apostolische und wissenschaftliche Tätigkeiten.

Archimandrit (griech. ἀρχιμανδρίτης, wörtlich »Schafherdeführer«), im byzant. Kulturbereich weit verbreitet mit Bedeutungswandel: **1.** Abt eines bedeutenden Klosters einer Stadt. – **2.** → Exarch als Vorsitzender eines Klosterverbandes. – **3.** Seit dem 18. Jh. auch als Ehrentitel für verheiratete und gebildete Weltpriester. – **4.** In der Russischen Kirche seit dem 19. Jh. als auszeichnender Ehrentitel für Mönche. – **5.** Bei den Unierten als Titel Proto-A. für Generalobere. – **6.** Für Äbtissinnen früher gebräuchlich ἀρχιμανδριτίσσα.

Armut. Sie galt im Mönchtum von Anfang an als Bestandteil der monastischen Lebensweise, die als Nachfolge Jesu christologisch, eschatologisch und ekklesiologisch begründet wurde (→ Evangelische Räte; → Augustinus). Die konkret gelebte A. ist dabei zu deuten im jeweiligen soziokulturellen Kontext des Mönchtums. Zu beachten ist dafür bes. im FrühMA der Bezug von → *pauper* zu *potens* und weniger zu *dives*. Erst im Zuge des biblizistischen Rigorismus der Armutsbewegungen im 12./13. Jh. wird A. als existentielle Bedürftigkeit gedeutet (nackt dem nackten Jesus nachfolgen). Im Zuge dieser Auffassung weitet sich persönliche A. des Mönches zur A. des Klosters (→ Bettelorden).

Armutsstreit, franziskanischer. In diesem unterscheidet man zwei Phasen: den praktischen A. zwischen etwa 1240–80 und den theoretischen im 1. Drittel des 14. Jh.s. Im ersten ging es gegenüber der sich breit durchsetzenden päpstl. Interpretation des franziskanischen Lebensstiles um dessen Authentizität (Treue zum Testament des hl. → Franziskus, »geistl. Verständnis der Regel«, vgl. *Regula bullata* 10,4). Unter dem Generalat des hl. Bonaventura (1257–74) schien sich ein Kompromiss einzuspielen, der in einer päpstl. Bulle Nikolaus' IV. 1279 festgeschrieben wurde. Danach wurde unterschieden zwischen Besitz (*possessio*) und Gebrauch (*usus*). Den → Franziskanern steht danach grundsätzlich kein Besitz zu, sondern nur ein *usus pauper*, d. h. die Häuser, in denen sie wohnen, gehören nicht ihnen, sie sind ihnen ohne jeden Rechtsanspruch nur zum Gebrauch überlassen. Doch bald kam es erneut zu Streit im Orden, bei dem sich die Frage nach dem authentischen Lebensstil zu einer nach der armen Lebensweise Jesu und der Apostel ausweitete; wie die Franziskaner arm und besitzlos zu sein haben, so auch die Kirche (d. h. Papst und Bischöfe). Damit war der interne Ordensstreit zu einem christologisch-ekklesiologischen geworden, dessen Hauptverfechter die → Spiritualen waren. Ihre Verurteilung und Verfolgung 1317/23 beendete (vordergründig) den theoretischen Armutsstreit.

Askese (griech. ἄσκημα, ἄσκησις »Übung, Einübung«, bes. Handwerk und athletische Leistungen), im Mönchtum Sammelbegriff für → Fasten, → Abstinenz, Schweigen, → Keuschheit, Schlafentzug (→ Akoimeten), Absonderung (→ Inklusen, → Anachoreten), → Heimatlosigkeit, körperliche Züchtigung (→ Geißelung), auch geistige Haltungen wie Demut, Erniedrigung u. a. Diese verweisen überhaupt darauf, dass A. primär eine geistige Einstellung und Geisteshaltung ist. Sie wird auf sich genommen 1. freiwillig, 2. um eines höheren Zieles willen. Darin verweist A. auf ihre biblischen Wurzeln, personifiziert für das frühe Christentum in Johannes dem Täufer; in den Nachfolgeforderungen Jesu: Verkauf allen Besitzes (Mt 19,21 u. ö.), Verlassen der Familie, ihn mehr lieben als diese (Mt 10,17), sein Kreuz auf sich nehmen (Mt 10,38), Ehelosigkeit um des Himmelreiches willen. Im antiken und ma. Mönchtum wurde generell A. als integraler und konstitutiver Bestandteil dieser Lebensweise angesehen. Als konkrete Form der Nachfolge Jesu war A. so etwas wie das Biotop monastischer Regeneration. Dabei sind die großen Unterschiede in den Forderungen nach A. nicht zu übersehen wie auch der zuweilen harte und kompromisslose Rigorismus, der zu Konflikten mit dem »großkirchlichen Hauptstrom« in Antike und MA führen musste.

Asket (griech. ἀσκητής »Fachmann« seines Handwerkes, »Athlet«), in der christl. Antike die Person, die → Askese übt; da die monastische Lebensweise grundsätzlich als asketisch angesehen wurde, sah man im Mönch überhaupt den A.

Assistent, in verschiedenen Ordensgemeinschaften Bezeichnung für Mitglieder der obersten Ordensleitung mit je nach Ordenssatzungen verschiedenen Rechten und Vollmachten. Im → Jesuitenorden sind die A.en Leiter der einzelnen Ressorts in der Ordensleitung.

Assumptionisten (*Augustiner von der Aufnahme Mariens in den Himmel*, *Augustini ab Assumptione*, *AA*), gegr. 1845 in Nîmes von Emmanuel Joseph Maria d'Alzon (gest. 1880), benannt nach der ersten Niederlassung, dem Collège de l'Assomption. Die A. sind eine Ordenskongregation mit ewigen Gelübden; erste Gelübdeablegung 1850 mit dem Sondergelübde der Verkündigung des Reiches Gottes; von Pius IX. 1857 vorläufig, 1864 definitiv anerkannt. Die französisch geprägte Kongregation war seit 1863 im Vorderen Orient tätig und breitete sich dann weltweit aus. Um 2000 etwas über 900 Mitglieder.

Assumptionistinnen; weibl. religiöse Gemeinschaften, im 19. Jh. in Frankreich entstanden, für Erziehung und Evangelisation: **1.** *Oblatinnen der Himmelfahrt* (*Oblates de l'Assomption*), gegr. 1865 von E. d'Alzon und Marie Covenson zur Unterstützung der Orientmission. – **2.** *Ordensfrauen von der Himmelfahrt Mariens* (*Religieuses de l'Assomption*), gegr. 1839 in Paris von Anna Eugène Milleret de Brou unter Mithilfe von E. d'Alzon; auch heute noch ein relativ großer Verband. – **3.** *Betende Schwestern von der Himmelfahrt* (*Orantes de l'Assomption*), 1896 in Paris gegr. als kontemplative Gemeinschaft. – **4.** *Kleine Schwestern der Himmelfahrt* (*Petites Sœurs de l'Assomp-*

tion de la Sainte Vièrge), in Paris 1865 gegr. zur Evangelisation der Arbeiterklasse und Armen; bald auch in der Mission tätig. – **5.** Dazu noch eine Reihe meist kleinerer Kongregationen päpstl. bzw. bischöfl. Rechts mit A. im Namen.

Athanasios Athonites, geb. um 925 in Trapezunt, studierte und lehrte in Konstantinopel, wurde um 952 Mönch. Um 958 ging er auf den → Athos, wo er, von Kaiser Nikephoros II. Phokas unterstützt, das koinobitische Leben einführte und 962/63 die Große Laura gründete; deren Klosterordnung von der Regel des → Theodoros Studites inspiriert ist. 1001 verstarb A. dort.

Athanasius der Große, geb. um 295 in Alexandria, in jungen Jahren bereits Bischof der Stadt und damit Patriarch der Kirchen in Ägypten und Libyen. In die dogmatischen und kirchenpolitischen Arianismuswirren verwickelt und (als unerschütterlicher Verteidiger der Orthodoxie gegen den Arianismus) mehrfach verbannt, erst 366 definitiv wieder in Alexandrien, wo er am 2. Mai 373 starb. A. ist für das Mönchtum überaus wichtig. Er erfasste die Bedeutung der monastischen Bewegungen für die Kirche, kannte → Antonius d. Gr. und die eremitische Bewegung seiner Zeit und förderte sie. Von großer Bedeutung für das abendl. Mönchtum wurde seine im Exil in Trier verfasste *Vita Antonii* (vom hl. → Hieronymus lat. übersetzt), in der er Antonius zum »Vater des Mönchtums« stilisierte. Deren Nachwirkung auf die eremitische Strömung im abendl. Mönchtum ist nicht gering anzuschlagen.

Athos, der östliche »Finger«, der weit in das Ägäische Meer ragenden Halbinsel Chalkidike, war und ist der »Heilige Berg« des orthodoxen Mönchtums. Von den geographischen Gegebenheiten her (Felsen, Klüfte, Höhlen) war der A. ein idealer Ort für Eremiten. Seit der Mitte des 9. Jh.s wurde er von Mönchen besiedelt. Bedeutsam für das koinobitische Mönchtum auf dem A. war die Gründung der Großen Laura durch → Athanasios Athonites. Durch ein Dekret Kaiser Konstantins IX. Monomachos (1042–53) wurde der A. zum »Heiligen Berg« erklärt. Der monastischen Blüte im 11. Jh. folgte eine Krise, verschärft durch den Vierten Kreuzzug (Errichtung des lat. Kaisertums in Konstantinopel von 1204 bis 1261) sowie die scharfe Ablehnung der Kirchenunion zwischen Rom und Byzanz (beschlossen auf dem Zweiten Lyoner Konzil 1274) durch das A.-Mönchtum. Ins 14. Jh. hinein neue Blüte. Der A. wurde das Zentrum des → Hesychasmus; durch die → Idiorrhythmie allerdings auch Schwächung der koinobitischen Lebensweise. Die Eroberungen der Türken (ab 1430) tangierten den A. relativ wenig. Die Statthalter der Sultane förderten ihn sogar. 1783 erhielt er eine neue »Verfassung«, die mit Erweiterungen (1924) in den Grundzügen noch immer gilt. Die 20 Großklöster schicken je einen Vertreter in den A.-Gesamtrat, der auch die vier Mönche bestimmt, die als »Viervorstand« die oberste Leitungsinstanz bilden. 1912 kam der A. unter die Oberhoheit Griechenlands. Im Vertrag von Lausanne 1923 anerkannte es den autonomen Status der »Mönchsrepublik«. Das geistliche Oberhaupt ist der Patriarch von Konstantinopel. Seit dem Zerfall der Sowjetunion wächst die Präsenz des russischen Mönchtums wieder, das in der NZ unter dem Schutz der Zaren auf dem A. stark vertreten war. Die A.-Mönche leben derzeit in 20 Großklöstern (Lauren) und 12 Eremitorien sowie in den in → Skiten zusammengefassten ca. 200 → Kellia. Als »Akropolis der Orthodoxie« geht vom A. immer noch eine starke Ausstrahlung aus, nicht nur in die östliche Christenheit hinein.

Augustiner-Barfüßer (*Ordo Augustiniensium Discalceatorum*, *OAD*), entstanden wohl unabhängig von den → Augustiner-Rekollekten als Reformbewegung in Sizilien und Süditalien; seit 1593 eine eigene Kongregation und direkt dem Ordensgeneral der → Augustiner-Eremiten unterstellt; auch hier wie bei den A.-R. weitgehende Selbständigkeit. Im 17. Jh. starke Ausbreitung in Italien, Süddeutschland, Österreich, Böhmen (Abraham a Sancta Clara, gest. 1709 in Wien). Seit Mitte 17. Jh. *Congregazione degli Agostiniani Scalzi d'Italia e Germania* genannt. Die Säkularisationen überstanden nur einige Häuser in Italien, Österreich, Böhmen, Polen; im 19./20. Jh. nur langsame und bescheidene Erneuerung; 1931 von Pius XI. als selbständiger Orden anerkannt, der gegenwärtig aber nur etwas über 200 Mitglieder zählt.

Augustiner-Chorherren → Regularkanoniker.

Augustiner-Eremiten (*Ordo Fratrum Eremitarum Sancti Augustini*, *OESA*, seit 1969 *OSA*). Der zu den → Bettelorden zählende Verband verdankt seine Entstehung dem päpstl. Bemühen, verschiedene ital. Eremitengruppen zusammenzufassen: 1244 durch Innozenz IV. Zusammenschluss toskanischer Eremiten, 1256 in der Großen Union durch Alexander IV. Anschluss weiterer Gruppen (darunter auch die → Wilhelmiten); Zusammenfassung aller mit eigenen Konstitutionen nach dem Vorbild der → Dominikaner und AR als Basistext. Die A. verbreiteten sich rasch über ganz Europa, hatten um 1330 bereits 24 Provinzen (vier davon im deutschen Raum). Sie spielten in Theologie (ältere Augustinerschule mit Aegidius Romanus, gest. 1316) und Seelsorge eine bedeutende Rolle. Nach der Stagnation im 14. Jh. mit der Reformbewegung partieller Aufschwung, bes. durch die die vorgegebenen Provinzverbände sprengenden Reformkongregationen. Die deutsche Kongregation (seit 1404) leitete 1503–20 Johannes von Staupitz (gest. 1521), Gönner und Förderer des jungen Luther, der 1505 in Erfurt, das zur Reformkongregation gehörte, eingetreten war. Luthers reformatorisches Auftreten stürzte die deutschen A. in eine schwere Krise. In Italien und Spanien dagegen gewannen die A. neues Profil, nahmen in Theologie und Pastoral (bes. in Lateinamerika) einen wichtigen Platz ein. Um 1750 gab es in 43 Provinzen und 13 Kongregationen annähernd 20 000 A. Die Säkularisierungswellen des 18./19. Jh.s ließen nur noch Reste übrig, darunter auch in Bayern. Der Wiederaufstieg erfolgte langsam. Die inzwischen weltweit verbreiteten A. zählten 2002 in 31 Provinzen annähernd 2900 Mitglieder. Das Kloster in Brünn (Tschechien) hat den Titel Abtei mit einem Abt an der Spitze. Als eine Art Zweiter Orden können jene → Augustinerinnen gelten, die den A. inkorporiert sind, also AR und die für Frauen adaptierten Konstitutionen befolgen sowie der Leitung des Ordens unterstehen. Viele der anderen klausurierten Frauenklöster mit AR bilden mit den verschiedenen »augustinischen« Frauenkongregationen mit apostolischer Tätigkeit eine Art geistlicher Familie mit den A. Das gilt auch von den Gruppen des Dritten Ordens, die den A. angeschlossen sind. 1400 hatte Bonifaz IX. die Aufnahme von Frauen, 1470 Paul II. die von Männern als → Terziaren gestattet. Wie bei den anderen Orden gibt es auch bei den A. regulierte Terziarengemeinschaften (→ Augustinerinnen).

Augustiner-Rekollekten (*Ordo Augustinianorum Recollectorum*, *OAR*), entstanden aus einer Reformbewegung bei den spanischen Augustiner-Eremiten. Unter dem Einfluss der Unbeschuhten → Karmeliten entstanden Ende des 16. Jh.s in der kastilischen Provinz vier Klöster strenger Observanz, genannt → Rekollekten. Schrittweise Lösung der rasch anwachsenden Gruppe aus dem Provinzverband; 1612 Bildung einer eigenen Provinz (*Agostini Recolletti Scalzi di Spagna*), 1621 einer nur noch lose mit dem Gesamtorden verbundenen Kongregation mit eigenem Generalvikar. Die bes. in Lateinamerika stark engagierten A.-R. wurden durch die Säkularisationen des 19. Jh.s beseitigt; nur auf den Philippinen hielten sich einige Klöster, von denen der Wiederaufstieg ausging. Die definitive Anerkennung als autonomer Orden 1912 durch Pius X. führte zu einem spürbaren Aufschwung bes. im spanischsprachigen Kulturkreis. Um 2000 hatte der Orden in sieben Provinzen etwa 1250 Mitglieder.

Augustinerinnen. Sammelbegriff für Ordensfrauen, die auf die AR verpflichtet bzw. darauf ausgerichtet sind und oft in vielfältiger Weise mit → Augustiner-Chorherren bzw. (und v. a.) mit den → Augustiner-Eremiten bzw. → -Rekollekten oder → Barfüßern verbunden sind. Von den selbständigen kontemplativen Klöstern standen um 2000 119 unter päpstl. Jurisdiktion (mit mehr als 1400 Schwestern), untereinander meist durch Konföderationen verbunden. – Frauenkongregationen mit pastoralen, erzieherischen und karitativen Diensten gibt es weltweit etwa 80; in Deutschland zählen dazu die → Cellitinnen sowie fünf kleinere Gemeinschaften.

Augustinus (Apostel Englands), Geburtsort und -jahr unbekannt. A. war Prior in dem von Papst → Gregor d. Gr. gegr. Andreas-Kloster in Rom; von Papst Gregor 597 mit 40 Mönchen (wohl stadtrömischer Observanz, auf keinen Fall »Benediktinern«) zur Christianisierung der Angelsachsen nach England gesandt. In Canterbury im Einflussbereich des von A. getauften Königs von Kent, der A. schützte und förderte, errichtete er am Bischofssitz das Peter-und-Paul-Kloster, Vorbild für die in der angelsächsischen Kirche üblich gewordene Verbindung von Bischofssitz und Kloster (Minster). A. starb an einem 26. Mai um 604/609.

Augustinus (Aurelius A.), geb. 13. 11. 354 in Thagaste (Nordafrika), nach Ausbildung zum Rhetor tätig ab 374/375 in Thagaste und Karthago, 383 in Rom, 384 in Mailand. Hier Lösung vom Manichäismus und langsame Hinkehr zur Kirche; 387 Taufe durch → Ambrosius von Mailand. 388 Rückkehr nach Afrika, lebt zunächst mit einem Freundeskreis in Hippo Rhegius, wird 390 zum Priester, 396 zum Bischof von Hippo geweiht, wo er am 28. 8. 430 stirbt. – Mit seinem umfangreichen Schrifttum gewinnt A. überragenden Einfluss auf ma. Theologie und Frömmigkeit; damit auch auf das Mönchtum. In diesem ist A. bes. präsent durch die → A.-Regel. A. war eine gemeinschaftsbezogene Persönlichkeit, was in Praxis und Theorie sein Verhältnis zum Mönchtum bestimmte. Dieses ist für A. letztlich trinitarisch begründet und ist im → Koinobion die authentische Fortsetzung der Urkirche (vgl. Apg 2,42–47; bes. 4,32–35). Die durch die Liebe Christi bewirkte Losschälung vom Proprium (Ich) und Hinkehr zum Commune (Gemeinschaft) formt diese zur Einheit im Tun, Beten und in der Gesinnung. Damit wird die monastische Gemeinschaft zu einer Art von eschatologischem »Vorausentwurf« (Pro-Existenz) für die Kirche. Das Mönchtum ist für A. nicht asketisch-eremitisch, sondern christologisch und ekklesiologisch begründet. Von der Gemeinschaft her wird auch die Forderung nach persönl. Besitzlosigkeit begründet.

Augustinus-Regel, benannt nach ihrem Verfasser, dem hl. → Augustinus von Hippo, die er für seine erste monastische Gründung für Männer ohne pastoralen Auftrag schrieb, als er sie um 397 verließ, um in der zweiten Gründung, dem »Kloster der Kleriker« zu leben. Genannt wird die AR auch *praeceptum*, dessen rezipierter Text mit *Ante omnia* (»vor allen Dingen«) beginnt, in der von der Forschung herausgearbeiteten Originalfassung aber anfing mit: *Haec sunt, quae observetis praecipimus in monasterio* (»Das sind die Dinge, die im Kloster zu beachten wir euch befehlen«). Das *Praeceptum* ist auch in einer an Frauen gerichteten und adaptierten Fassung überliefert, der *Regularis informatio*, welcher Augustins Brief 211, die sogenannte *Obiurgatio*, vorangeht, gerichtet an sich auflehnende Mönche. Dem kurzen *Ordo monasterii* (»Anweisungen für die Ordnung des Alltags«) ist die augustinische Authentizität abzusprechen; im MA im *Textus receptus* dem *Praeceptum* vorangestellt. – Die AR entfaltet in 12 Kapiteln das an Apg 4,32 (*cor unum et anima una* »ein Herz und eine Seele«) ausgerichtete Ideal einer klösterlichen Gemeinschaft als *ecclesiola* (einer »Kirche im Kleinen«).

Aurelian, Bischof von Arles (546–551), erhielt 546 über Vermittlung Königs Childebert I. das päpstl. Vikariat für Gallien. Er verfasste für zwei von Childebert gegr. Klöster je eine Mönchs- und Nonnenregel nach dem Muster der Regel des → Caesarius von Arles.

Austritt aus einem Orden. Nach der feierlichen Profess war in Antike und MA der Austritt an sich nicht mehr möglich (*professio usque ad mortem*); eigenmächtiges Verlassen des Klosters bzw. des Verbandes galt als Apostasie (*apostasia a religione* → Apostaten) und war im MA von der weltlichen Gerichtsbarkeit zu verfolgen. Nach dem derzeit gültigen Kirchen- und Ordensrecht gibt es Regelungen für den A. in Form von Entlassung.

B

Baladiten → Antonianer, libanesisch-maronitische Basilianer.

Baptistiner / Baptistinnen. Nach Johannes dem Täufer benannte Ordensgemeinschaften, teils kontemplativer, teils apostolischer und karitativer Ausrichtung. **1.** *Congregatio saecularium missionariorum de S. Joanne Baptista*, 1749 in Genua von Domenico Francesco Olivieri gegr. Priestergemeinschaft für missionarische Aufgaben (tätig in Bulgarien, China, Indien); aufgelöst 1810. – **2.** *Baptistiner von Rom*, Priesterkongregation päpstl. Rechts mit *Vita communis*. 1958 gegr. für pastorale Aufgaben im Dienst der Diözesanbischöfe. – **3.** *Eremitinnen vom hl. Johannes Baptista*, 1730 in Genua gegr. von Johanna Baptista Solimani (gest. 1758) als kontemplative Gemeinschaft; die von ihr verfasste Regel bestätigte 1744 Benedikt XIV. Das Kloster in Genua existiert noch. – **4.** *Schwestern vom hl. Johannes Baptista*, von Alfons M. Fusco und Magdalena Caputo 1878 in Angri (Salerno) gegr. Kongregation für Aufgaben in Erziehung und Krankenpflege; seit 1909 international verbreitet. – **5.** *Schwestern vom hl. Johannes dem Täufer und der hl. Katharina von Siena*; 1594 in Genua von Medea Camilla Ghiglino (gest. 1624) gegr. für Jugenderziehung; nach der Gründerin auch *Suore Medee* genannt, 1920 neue Konstitutionen, 1942 von Pius XII. definitiv anerkannt. – **6.** *Schwestern vom hl. Johannes Baptista dem Vorläufer*; 1927 von Antonietta Capelli gegr. und 1942 päpstl. anerkannte Kongregation bes. für Akademikerseelsorge; in Italien und Brasilien verbreitet.

Barfüßer (mhd. *bar* »nackt, bloß«), Bezeichnung im deutschen Sprachraum für Orden, deren Mitglieder barfüßig waren bzw. sich mit leichten Sandalen begnügten. Zu den B. zählten im MA auch die → Minoriten/Franziskaner;

Kirchen- und Straßenbezeichnungen usw. beziehen sich in der Regel auf sie und nicht auf die Niederlassungen von Orden, die sich im Zuge von Reformen von ihrem Verband trennten und verselbständigten (wie z. B. die → Augustiner-Barfüßer, → Unbeschuhte Karmeliten). Das lat. Äqivalent für B. ist *discalceatus* (»ohne Fußbekleidung«).

Barmherzige Brüder; Namensteil verschiedener nztl. Ordensgemeinschaften, die sich der Krankenpflege verschrieben haben: **1.** *Orden der B. Br. vom hl. Johannes von Gott* (*Ordo Hospitalarius sancti Joannis de Deo*, *OSJD*): Der erste und bedeutendste männl. Krankenpflegeorden, entstanden aus einem vom hl. Johannes von Gott (gest. 1550) zu Granada (Spanien) gegr. Laienverein, der 1572 die AR annahm und als Orden von Pius V. bestätigt wurde; 1589 mit vom Generalkapitel des Ordens überarbeiteten Konstitutionen definitiv anerkannt. Der Zielsetzung entsprechend legen die B. Br. neben den drei Gelübden als viertes das der Hospitalität ab, motiviert mit Mt 25,40. Sie sind ein Laienorden, dem einige Priester angehören können. Die B. Br. breiteten sich, gefördert von der Obrigkeit, sehr rasch über Spanien hinaus aus und hatten Ende des 16. Jh.s bereits in Lateinamerika Niederlassungen. Nach Verlusten durch die Säkularisationen setzte im Verlauf des 19. Jh.s wieder ein Aufschwung ein, inzwischen jedoch stagnierend; derzeit noch etwa 1400 Brüder. – **2.** *Genossenschaft der B. Br. Mariae Hilf* (*Congregatio fratrum misericordiae Mariae Auxiliatricis*, *FMMA*), gegr. 1850 von Peter Friedhofen zur Pflege von Kranken. 1852 vom Bischof von Trier anerkannt, päpstl. bestätigt 1910 und 1926. Ihr Mutterhaus ist in Trier; tätig in Deutschland und Übersee; Mitgliederstand inzwischen sehr stark gesunken (weniger als 100). – **3.** *Kongregation der B. Br. von Montabaur* (*Fratres misericordiae de Montabaur*, *FMM*), gegr. 1856 von Bruder Ignatius (Peter Lötschert) mit Unterstützung des Bischofs von Limburg in Dernbach zur ambulanten und stationären Krankenpflege. 1888 durch

Leo XIII. und 1909 durch Pius X. anerkannt, definitiv bestätigt 1921 durch Benedikt XV. Montabaur (1861 gegr.) ist das Mutterhaus; die etwas mehr als 100 Brüder sind verbreitet auch in den Niederlanden und USA, neuerdings auch in Tansania.

Barmherzige Schwestern; in Deutschland volkstümliche Bezeichnung für die Schwestern verschiedener Ordensgemeinschaften, die in ambulanter und stationärer Krankenpflege sowie der Pflege geistig und körperlich Behinderter tätig sind. – B. S. werden auch die Schwestern der vielen karitativ tätigen Ordensgemeinschaften genannt, die unter anderen offiziellen Namen geführt werden, wie z. B. → Clemensschwestern, → Borromäerinnen, → Elisabethinnen, → Franziskanerinnen, → Hospitalières, Filles de la charité u. a.; v. a. die → Vinzentinerinnen. Im eigentlichen Sinn werden B. S. die Mitglieder jener Gemeinschaften genannt, die den Namen Barmherzigkeit (lat. *misericordia*) in der Ordensbezeichnung führen; in Frankreich z. B. gibt es acht Kongregationen *Sœurs de la misericorde*; in Italien vier *Sorelle della Misericordia* (auch *Figlie della M.*); gleichnamige Kongregationen in Kanada, Belgien, Kroatien; die zahlreichen *Sisters of Mercy* im englischsprachigen Raum. Dazu gezählt werden können noch die zahlreichen Gruppen mit *caritas* (und landessprachl. Äquivalent) im Namen.

Barnabiten (*Regularkleriker vom hl. Paulus*, *Pauliner*, *Congregatio Clericorum regularium S. Pauli*, *CRSP*), um 1530 in Mailand von Antonius Maria Zaccaria (gest. 1539) mit Bartholomäus Ferrari und Jacobus Antonius Morigia als Priesterorden gegr., mit einer eigenen Regel approbiert 1533 von Clemens VII., definitiv 1579 genehmigt von Gregor XIII. Die Gründung gehört zur vortridentinischen Reformbewegung Italiens; zuerst »Söhne des hl. Paulus« genannt, dann B. nach der ersten Niederlassung bei der Kirche S. Barnabas in Mailand. Eucharistische und marianische Frömmigkeit prägte das Apostolat der B., die im 17./18. Jh. auch in Frankreich, Spanien und Österreich tätig waren. Durch die Säkularisationen stark dezimiert, kam es im 19. Jh. zu Erneuerung in Italien mit vielseitigen apostolischen Tätigkeiten. Die B. sind bes. in Italien, daneben auch in Spanien, den USA, Südamerika, Zaire verbreitet und zählen etwa 380 Mitglieder.

Bartholomäer, gegr. 1640 von Bartholomäus Holzhauser (gest. 1658) als Weltpriestervereinigung ohne Gelübde durch Treueid untereinander verbunden. Dem Gründer ging es um Errichtung kleiner Priesterkommunitäten zur Hebung von Spiritualität und Seelsorge. Modell war das Kollegiatstift Tittmoning (Obb.), dessen Kanoniker Holzhauser war. Die B. waren verbreitet in deutschen Bistümern, sporadisch im übrigen Europa. Den Umbrüchen an der Wende vom 18./19. Jh. fielen auch sie zum Opfer.

Basilianer. Die Benennung nach dem hl. → Basilius ist in der abendl. Ordensgeschichte in verschiedener Hinsicht gebräuchlich geworden: **1.** Seit dem frühen MA für das Mönchtum der Ostkirche nach der (falschen) Vorstellung, die orthodoxen Mönche hätten alle nach der »Regel« des hl. Basilius gelebt, so wie das abendl. nach der BR (hier c. 73,5 auch ein Verweis auf eine solche Regel). – **2.** Bezeichnung für das griechische Mönchtum in Süditalien, das durch Zuzug aus dem arabischen Orient bes. unter Normannen und Staufern blühte, im Verlauf des SpätMA aber zerfiel. – **3.** Bezeichnung für die 1579 aus Resten des süditalienischen und griech. Mönchtums von Gregor XIII. gebildeten basilianischen Kongregationen Italiens und Spaniens. Da ihre Mitglieder aber nicht mehr griechisch, albanisch oder orientalisch waren, wurde 1709 der byzant. Ritus in den Klöstern abgeschafft; die Säkularisationen seit 1866/70 brachten das Ende dieser B. bis auf → Grottaferrata (bei Rom). 1880 Wiedereinführung des byzant. Ritus; im Verlaufe der Zeit von Grottaferrata aus neue B.-Klöster gegründet. – **4.** B. des lateinischen Ritus in Spanien. 1579 wurden die Klöster in einer Kongregation zusammengefasst. Seit Aufhebung 1835 sind diese B. in Spanien verschwunden. – **5.** Neuere B.-Kongregationen in den mit Rom unierten Ostkirchen: Die *B. vom hl. Josaphat*, gegr. 1617, tätig bei den Ruthenen der Ukraine, Rumäniens und Polens; inzwischen auch in Amerika; sie haben über 700 Mitglieder. – *B. von St. Johann Baptist*, gegr. 1720 bei den Melkiten des Vorderen Orients. – *B. von St. Salvator der Melkiten*, gegr. 1684 für Priesterausbildung und Seelsorge. – Den erwähnten Kongregationen sind weibl. Gemeinschaften (Basilianerinnen) zugeordnet. Diese sind inzwischen in fast allen Ländern Osteuropas sowie unter den Auswanderern in europ. Staaten und Übersee verbreitet.

Basilikalklöster, zusammenfassende Bezeichnung für geistl. Institutionen, deren Mitglieder in Spätantike und FrühMA ihr Leben dem Dienst an einem Heiligtum weihten; im Westen oft an einem Memorialbau im Weichbild der Bischofsstadt. Die B. bildeten ein Scharnier, das für die »Monastisierung« der Kleriker bzw. die → Klerikalisierung der Mönche (→ Priestermönch) von Bedeutung war.

Basilius der Große, geb. um 329/330 in Caesarea in Kappadokien, entstammt einer in Christenverfolgungen hart geprüften christl. Familie. B. lernte in verschiedenen Rhetorenschulen, wurde 356 getauft, anschließend Mönch, lebte einige Jahre bei Asketen. 357/358 gründete er mit Gleichgesinnten in Pontos (bei Neocaesarea) auf Familienbesitz ein Kloster, wo er zusammen mit Gregor von Nazianz die *Philocalia* (Auswahl aus den Schriften des → Origenes) erstellte; auch an den sogenannten »Mönchsregeln« arbeitete er damals. 364 übersiedelte B. nach Caesarea, wurde Priester, 370 Bischof der Stadt, wo er am 1. Januar 379 starb. B. war und ist einer der großen Lehrmeister des Mönchtums der Ostkirchen.

Basilius-Regeln. Die in BR 73,5 zitierte *Regula S. Patris nostri Basilii* (*Regel unseres hl. Vaters Basilius*) wurde mindestens von späteren Lesern und Interpreten als generell verbindlicher Rechtstext angesehen (s. → Basilianer), war aber in Wirklichkeit so etwas wie ein Spiegel für das koinobitische Mönchsleben und insofern eine wichtige Quelle monastischer Spiritualität. Die eigentlichen, nur in Überarbeitungen überlieferten Texte bestehen aus dem *Kleinen Asketikon* (*Regulae brevius tractatae*) und dem *Großen Asketikon* (*Regulae fusius tractatae*), einer Bearbeitung und Erweiterung des Kleinen A. In Dialogform zwischen Schüler und Lehrer werden die Pflichten und Aufgaben eines Mönches und das Ziel eines Mönchlebens dargelegt, unter Favorisierung des koinobitischen Mönchtums. Die BR verarbeiten älteres monastisches Gedankengut, darunter auch solches von → Eustathios von Sebaste. Sie waren auch im Westen bekannt.

Beda Venerabilis (Baeda, Bedanus), geb. um 672/674, kam als → Oblate ins Kloster Wearmuth, später in das (mit diesem verbundene) Jarrow, wo er 735 verstarb. Wie die Mönche von Wearmuth und Jarrow war auch B. kein Benediktiner, sondern noch geprägt von der Observanz der → Mischregel. Er war Priester und Lehrer mit erstaunlicher Kenntnis christlicher und heidnischer antiker Literatur, wie sein breites exegetisches und historisches Schrifttum zeigt. B.s große und wirkungsgeschichtlich bedeutsame Leistung: Verbindung von Mönchtum und klassischer Bildung, die dann, wesentlich mitvermittelt über das angelsächsische Mönchtum, die karolingische Kulturrenaissance prägte.

Begarden (von mhd. *bêgehart*, *bêghart*, auch *beguini*, *begardi*; im Volksmund auch *Lollarden*). Seit dem ersten Drittel des 13. Jh.s von Flandern bis zum Oberrhein in Parallele zu den → Beginen sich verbreitende Bewegung semireligios lebender Männer als Wanderasketen, Einsiedler und Bettler. Weil in der Lebensform stark fluktuierend, der Häresie verdächtigt und verfolgt. Im 14. und 15. Jh. vielfach Gemeinschaftsbildung mit AR wie die → Alexianer oder (u. häufiger) als → Franziskanerterziaren.

Beginen (von mhd. *begîne*, *begutte*; Herkunft und Bedeutung des Namens ungeklärt); seit dem 13. Jh. im deutschen Sprachraum geläufige Bezeichnung für *feminae religiosae* (»fromme Frauen«), die als → Semireligiosae in Gemeinschaft oder auch allein ein frommes und klosterähnliches Leben unter der Leitung einer Magistra führten, durch Handarbeit und karitative Tätigkeit ihren Lebensunterhalt sicherten. Sie verblieben im Pfarrverband, obwohl sie meistens enge Beziehungen zu den Bettelorden (seltener zu Zisterziensern und anderen Orden) unterhielten. Gehäuft gab es sie zunächst im niederländisch-flandrischen Raum im 12./13. Jh.; sie verbreiteten sich im westlichen deutschen Sprachraum, wo ihre Lebensweise starke Anziehung zunächst auf Frauen des Adels und der Städte, im 14./15. Jh. dann auf Unterschichten ausübte. Von Honorius III. (1216–27) erhielten sie mündlich eine Bestätigung, dennoch vielfach verdächtigt, vom Konzil von → Vienne 1311 wegen Häresie aufgehoben (*mulieres in huiusmodi Beguinagii statu*). Den partiellen Verfolgungen wichen die B. vielfach aus, indem sie sich den → Terziarinnen der Bettelorden anschlossen. In den Beginenhöfen Flanderns überlebten sie die Säkularisierungen, starben aber im Verlauf des 20. Jh.s aus. Unter anderen Namen hatte es auch in Italien, Frankreich und Spanien ähnliche Lebensformen zwischen Ordensstand und Laientum gegeben.

Benedikt XII. (1334–42), Jacques Fournier. Der frühere Zisterzienserabt von Fontfroide (bei Narbonne), besorgt um Reform der Gesamtkirche und besonders des Ordenswesens, erließ für einzelne Orden sehr ausführliche und ins Detail gehende Reformkonstitutionen mit Betonung der Vita communis und des Studiums. In der Konstitution für die Benediktiner war der Zusammenschluss in 36 Provinzen (mit Generalkapitel der zur Provinz gehörenden Äbte) vorgeschrieben. Die Abteien des deutschen Sprachraumes wurden vier Provinzen zugeteilt (Bamberg/Mainz, Köln/Trier, Bremen/Magdeburg, Salzburg). Insgesamt aber nur zögerliche Rezeption der Reformbestimmungen und nur geringe Auswirkung.

Benedikt von Aniane, geb. um 750, nach Dienst am Hof der Karolinger 773/774 Mönch geworden, zog sich als Einsiedler auf sein Eigengut Aniane (bei Montpellier) zurück, formte die sich bald bildende Gemeinschaft nach gescheiterten Experimenten mit asketischem Rigorismus mit der BR als Norm der Lebensweise (zu seinem Regelverständnis s. → Ordensregel). Mit dieser Normierung schuf B. gewissermaßen das erste Benediktinerkloster, von dem bald eine große Ausstrahlung ausging. Von Kaiser Ludwig dem Frommen (gest. 840) nach Aachen berufen, gründete er in Inden (→ Kornelimünster) ein Kloster, das als Muster für die nach der BR zu reformierenden bzw. neugegründeten Klöstern des Karolingerreiches dienen sollte. B. kannte eine große Anzahl älterer Regeln, sammelte sie im → *Codex Regularum* und interpretierte sie in der → *Concordia Regularum.* Er starb am 11. Februar 821 in Kornelimünster.

Benedikt von Nursia, geb. um 480 in (bei) Nursia (Norcia/Umbrien), nach Studium in Rom schloss er sich einer Asketengruppe an, lebte dann in einer Höhle bei → Subiaco. Eine in der Nähe gelegene Mönchsgemeinschaft berief ihn als Vorsteher; wegen deren Reformunwilligkeit verließ B. mit Gleichgesinnten um 529 das Kloster und gründete mit ihnen ein neues in → Monte Cassino. Für diese monastische Gemeinschaft schrieb er die dann als BR bekannt gewordene Lebensordnung. B. verstarb an einem 21. März (wohl) 560 in Monte Cassino. – Alle Lebensdaten sind nur von Papst Gregor d. Gr. in seinen *Dialogi de vita et miraculis patrum Italicorum* überliefert und stehen deshalb unter Vorbehalt. Gregor stilisierte B. zum »Vater des abendl. Mönchtums«; Pius XI. erklärte ihn zum Vater Europas, Paul VI. (1964) zum Patron Europas. Die Historizität der Überführung der Gebeine des hl. B. nach St. Benoît sur Loire (→ Fleury) im FrühMA ist kaum haltbar.

Benedikt-Regel, verfasst von dem in den *Dialogen* → Gregors d. Gr. genannten und beschriebenen Abt Benedikt für seine Mönche in Monte Cassino. In 73 Kapiteln regelt die BR das Leben im Kloster. In den Kap. 2–57 werden die Grundstrukturen festgelegt: Abt und brüderliche Gemeinschaft, Gottesdienstordnung, Gehilfen des Abtes und Strafordnung, Verwaltung des Klosters. In den Kap. 58–66 werden behandelt: Aufnahme, Abtwahl, Einsetzung des Priors, Klausur und Klostergesetze; Kap. 67–72 sind ergänzende Nachträge; das Schlusskap. (73) verweist gleichsam auf die Quellen und das weitere geistliche Schrifttum der monastischen Überlieferung. Die wichtigste Quelle für die BR war die → Magister-Regel. Früher hielt man diese für eine später geschriebene Erweiterung der BR, neuere Forschungen zeigen, dass es umgekehrt war. Benedikt hat die weitschweifige Vorlage in vielen Fällen gestrafft, präzisiert und ihr insgesamt den asketischen Rigorismus genommen und dadurch auch für den »gutwilligen Durchschnitt« ein lebbares, praktisches und einfaches Regelbuch geschrieben, in den Forderungen gemäßigt und anpassungsfähig. Die erfolgreiche Rezeption der BR dürfte sich v. a. diesen Qualitäten verdankt haben. Neben der Hl. Schrift ist die BR das im MA am meisten verbreitete Buch gewesen. Die auf die Urfassung zurückgehende Abschrift verbrannte 886 in Monte Cassino; von ihr hatte noch 787 Karl d. Gr. eine Abschrift anfertigen lassen, die in Aachen aufbewahrt wurde; davon kam eine 817 angefertigte Abschrift nach St. Gallen, die in der Stiftsbibliothek noch erhalten geblieben ist und den erhalten gebliebenen ältesten Text überliefert.

Benediktiner-Orden (*Ordo sancti Benedicti, OSB*). Ein → Orden im streng juridischen Sinn als straff organisierte Korporation ist der B.-O. nicht. Denn der besteht nur in der 1893 durch Zusammenschluss aller selbständigen Benediktinerkongregationen geschaffenen Konföderation mit dem → Abtprimas an der Spitze. Zu Recht ist aber von einem Orden im Blick auf die Lebensweise zu sprechen: Beständigkeit in der monastischen → Conversatio eines ortsgebundenen → Coenobiums nach der Vorgabe der → BR. Im MA war der prägnante Ausdruck für diesen Sachverhalt: *Fratres qui secundum regulam beati Benedicti vivant* (»Brüder, die nach der Regel des seligen Benedikt leben«). → Benedikt schrieb diese Regel für seine Mönchsgemeinde in → Monte Cassino. Verbreitung und Rezeption der BR im vielfältigen abendl. Mönchtum im FrühMA sind schwer zu fassen. Die zahlreichen Quellenbelege des 7./8. Jh.s für Zitate aus und Hinweise auf die BR sind keine Beweise für ihre Befolgung oder gar für einen B.-O. Über → Mischregel und fränkische Gesetzgebung (→ Concilium Germanicum 742/743, → Aachener Statuten 816) wurde das Mönchtum langsam benediktinisch. Die Vorstellung von Benedikt als »Abbas romanus« (römischer Abt) – verbunden mit der »Romidee« des Fränkischen Reiches – trieb diesen Rezeptionsvorgang nicht unwesentlich voran, erleichtert auch durch die Vorzüge der BR als praktikables Regelwerk. Den Schlusspunkt in diesem Vorgang setzte dann im beginnenden 9. Jh. → Benedikt von Aniane mit seinem Regelverständnis und seiner den Reichsinteressen dienenden Vorstellung von *una regula et una consuetudo*. Während das Prinzip *una regula* sich langsam allgemein durchsetzte, es daher bis ins endigende 11. Jh. hinein nur den *Ordo regulae s. Benedicti* als einzige institutionalisierte Form des lat. Mönchtums gab, kam es zu keiner Vereinheitlichung der → *consuetudines*. Die weitere Geschichte des B.-O. ist deshalb die Geschichte von Bildung und Wirksamkeit verschiedener Verbände mit je eigenen *consuetudines*, entstanden zumeist durch Reformen. So in England unter → Dunstan, im Reich in → Gorze, im burgundischen Grenzraum → Cluny, das im 10./11. Jh. Zentrum des größten benediktinischen Reformverbandes war; gefolgt von weiteren und von Cluny beeinflussten Verbänden wie St. Benigne/Burgund, → Fruttuaria, → Hirsau u. a. In den Reformbewegungen des endigenden 11. und beginnenden 12. Jh.s kam es zu radikaleren Umformungen der benediktinischen Lebensweise und damit zu entsprechenden Consuetudines bei → Kamaldulensern, → Vallombrosanern, → Kartäusern, → Wilhelmiten, → Pulsanern u. a. Den größten Verband dieser Reformbenediktiner bildeten dann die → Zisterzienser. War der B.-O. in karolingischer, ottonisch-salischer Zeit Träger von Kultur und Bildung und auch in ökonomischer Hinsicht von großer Bedeutung, so kam es im 12. Jh. zu einem Bedeutungsverlust, der sich ins SpätMA hinein fortsetzte, bedingt durch vielerlei Faktoren, nicht zuletzt durch die sich ausbreitende Stadtkultur. Dem spätma. Niedergang des B.-O. suchten verschiedene Zusammenschlüsse Einhalt zu gebieten. So verfügte 1336 → Benedikt XII. mit der *Summa magistri* territoriale Zusammenschlüsse der Abteien zu »Provinzen« mit »Generalkapiteln«. Das Konzil von → Konstanz gab den Anstoß zur Bildung von Reformbewegungen (im Deutschen Reich → Melk). Für Italien wurden bedeutsam die → Olivetaner und die → Cassinensische Kongregation. Die Reformation führte zum Ende der B.-O. in den protestantisch gewordenen Territorien Europas. In der NZ gewannen die französ. Benediktiner der → Mauriner neues Profil. Einen beachtlichen Neuaufschwung gab es auch im süddeutschen Raum (barocke Klosteranlagen wie Melk, Ottobeuren, Weingarten; Akademien, Universität Salzburg 1617–1810). Der → Josephinismus führte in Österreich zur Aufhebung zahlreicher Klöster, Französ. Revolution und die Säkularisation 1803 in Deutschland zur Aufhebung aller Klöster. Weitere Dezimierung brachten die verschiedenen anderen Aufhebungswellen des 19. Jh.s Parallel dazu kam es allerdings zur Restauration des B.-O.; in Bayern (→ Metten 1830), in Frankreich (→ Solesmes 1833) und anderswo (in USA 1846 erste Gründung). Die Neugründungen erfolgten im Rahmen von Kongregationen; die 1893 Existierenden wurden von Leo XIII. zur »Benediktiner-Konföderation« zusammengeschlossen. Derzeit gibt es 17 Kongregationen OSB unterschiedlicher Größe mit über 7000 Mönchen in 287 Abteien bzw. Prioraten oder Filialen); dazu mit über 600 Mitgliedern in 68 Häusern die der Konföderation angeschlossenen 4 Kongregationen der → Kamaldulenser, → Olivetaner, → Silvestriner, → Vallombrosaner.

Benediktinerinnen, Ordensfrauen mit der BR als Grundlage ihres klösterlichen Lebens. Die für Frauen adaptierte Regel ist seit dem 8. Jh. nachzuweisen. Ausrichtung und Orientierung an ihr führte zu zwei Formen. Moniales (Nonnen) mit feierlichen Gelübden und strenger Klausur sowie Schwestern mit einfachen Gelübden und apostolischer Tätigkeit. – Die Formierung der B. im weibl. Klosterwesen des FrühMA erfolgte langsam und kann nicht mehr genau nachgezeichnet werden. Wie im männl. Mönchtum erfolgte sie im Zusammenhang der Mischregelphase, in der mählich die BR die Vorhand erhielt. In angelsächsischen Klöstern scheint dieser Übergang besonders ausgeprägt gewesen zu sein. Dass die im Gefolge der angelsächsischen Mönchsmissionen aufs Festland gekommenen Nonnen (wie → Lioba, Walburga u. a.) B. waren, ist wohl in Abrede zu stellen. Für den Formierungsprozess waren auch die an sich nur für Mönche/Kanoniker bestimmten → »Aachener Statuten« von Bedeutung. Die oft schillernde Lebensweise der Nonnen erhielt durch die Annahme der BR Eindeutigkeit. Um B. handelt es sich dann bei den Gemeinschaften, die von Männerklöstern gegründet wurden, wie die von → Cluny, sowie bei den Frauengemeinschaften in den zahlreichen Doppelklöstern der Reformklöster des 11./12. Jh.s, in denen die Frauen unter der Leitung des Abtes standen. Die zahlreichen im 13. Jh. entstandenen Frauengemeinschaften schlossen sich nur noch in wenigen Fällen Benediktinerabteien an, sondern suchten Anschluss bei den → Zisterziensern, → Dominikanern und → Franziskanern. Die Reformation brachte auch für die B. schwere Verluste; zu einer spürbaren Erneuerung kam es im 17./18. Jh. nur partiell. Die dem kontemplativen Ordensleben prinzipiell feindliche Aufklärung war gleichsam Vorbote der Aufhebung der Klöster der B. durch → Josephinismus, Französ. Revolution und die folgenden Aufhebungswellen. Für die Restauration wurden entsprechende Aktivitäten von → Solesmes und → Beuron wichtig; zunächst in Europa, dann auch in Übersee. Derzeit gibt es etwa 9000 Nonnen in mehr als 300 Klöstern; davon sind die meisten Benediktinerkongregationen inkorporiert, einige selbständig, andere in Konföderationen teils päpstl., teils bischöfl. Rechts. Die Neubestimmung der Klausur 1950 durch Pius XII. ermöglichte apostolisches Wirken, die Trennung in Chor- und Laienschwestern (Moniales und Sorores) ist weithin aufgehoben. Die B. mit einfachen Gelübden, apostolischer Tätigkeit und spiritueller Ausrichtung an der BR haben ihre Wurzeln im ma. → Oblatenwesen, das z. B. in der 1425 von → Franziska von Rom in Rom gegr. Oblatinnengemeinschaft einen neuen institutionellen Ausdruck fand. B. dieses Zuschnitts gibt es in einigen selbständigen Häusern; die meisten gehören Kongregationen an, die wie die vielen im 19. Jh. entstandenen Verbände des weibl. Religiosentums organisiert sind. Weltweit gibt es über 30 Kongregationen mit mehr als 10 000 Schwestern; sie sind wie die Einzelhäuser teils päpstl., teils bischöfl. Rechts und der Benediktinerkonföderation angeschlossen. In Deutschland zählen dazu: *B. der hl. Lioba* (*Lioba-Schwestern*), 1920 gegr. als Regular-Oblatinnen-Kongregation, 1927 päpstl. approbiert; verbinden apostolische Tätigkeiten mit Gemeinschaftsleben und Chorgebet; die Missionsbenediktinerinnen von → Tutzing. – Das Säkularinstitut *Venio* in München, gegr. 1926, versucht, Berufsarbeit mit benediktinischer Spiritualität zu verbinden.

Bernhard von Clairvaux, geb. 1090 in Fontaine-lès-Dijon, aus burgundischem Adel, trat nach Besuch einer Stiftsschule mit etwa 30 Gefährten zu Ostern 1112 in → Cîteaux ein. Bereits 1115 wurde B. als Abt der Neugründung → Clairvaux bestimmt, die er bis zu seinem Tod

(20. 8. 1153) leitete. Seine faszinierende Persönlichkeit ließ die Zahl der Novizen sprunghaft ansteigen, so dass unter B.'s Abbatiat 69 Neugründungen erfolgen konnten. Seine außergewöhnliche Ausstrahlung sicherte ihm einen großen Freundes- und Bekanntenkreis, über den er in Kirchenpolitik und geistigen Auseinandersetzungen einen starken Einfluss ausübte. Der glänzende Stilist hinterließ ein breites Schrifttum (Briefe, Predigten, Traktate, Schriftkommentare), das ihn als bedeutendsten Exponent der → »monastischen Theologie« des 12. Jh.s ausweist. Sein Schrifttum war Ausdruck der neuen zisterziensischen Spiritualität, der er zugleich ein bestimmtes Gepräge gab. Seiner überragenden Persönlichkeit und seines großen Einflusses wegen kann man B. als einen »zweiten Gründer« des Zisterzienserordens ansehen, so wie man auch von einem »Zeitalter B.s« gelegentlich spricht.

Bernhardiner, verwendet in verschiedener Bedeutung: **1.** Volkstümliche Bezeichnung der → Franziskaner-Observanten in Polen und Litauen. Die Bezeichnung verweist auf Bernhardin von Siena (gest. 1444), der als Gründer der Observanten galt. – **2.** Unzutreffende Bezeichnung für die → Zisterzienser, in deren Anfangsgeschichte → Bernhard von Clairvaux eine herausragende Rolle gespielt hatte. – **3.** Gelegentlicher Name für die Regularkanoniker vom Großen St.-Bernhard-Pass (Wallis/Schweiz), entstanden im 11. Jh. als Laienbruderschaft zur Sicherung von Alpenpässen, Regulierung und Klerikalisierung im 13./14. Jh. Die *Congregatio Ss. Nicolai et Bernardi Montis Jovis*, von Napoleon noch 1800 in Schutz genommen und gefördert, zählt gegenwärtig etwa 60 Kanoniker in 3 Häusern. – Nach diesen B. ist die gleichnamige Hunderasse benannt, die zum Aufspüren von Lawinenopfern gezüchtet wurde.

Bernhardinerinnen, Nonnen von selbständigen Frauenklöstern, die, ohne dem Orden angeschlossen zu sein, sich in der Tradition der Zisterzienser stehend verstanden. Inzwischen ist bei den meisten der Anschluss vollzogen.

B. gibt es in Spanien, Belgien und der Schweiz (→ Zisterzienserinnen).

Berno, geb. um 850, Mönch von St. Martin d'Autun, bezeugt als Abt von Gigny (Jura) 888/889, als er die Zelle Baume-les-Messieurs erhielt, 909/910 zur Gründung von → Cluny gerufen. In seinem Testament (926) bestimmte er → Odo zum Nachfolger in Cluny und zwei weiteren Abteien. B. starb am 13. 1. 927.

Bethanien-Schwestern. Für mehrere weibl. Ordensgemeinschaften sind die neutestamentl. Berichte über Bethanien namen- und programmgebend geworden. Am bekanntesten sind die *Dominikanerinnen von B.*, gegr. von Père (Alcide Vital) Lataste OP 1866 zur Rehabilitierung gefallener Frauen. – Durch Abspaltung von diesen entstanden 1914 die *Dominikanerinnen von B. von Venlo* mit ursprüngl. gleicher Aufgabe, inzwischen Jugenderziehung (Kinderdorf); Mutterhaus in Deutschland Schwalmtal (Nordrh.-Westf., mit noch 150 Schwestern). Über 1000 Schwestern zählt die 1921 in Südindien entstandene und karitativ wirkende Kongregation der *Sisters of the Little Flower of Bethany.*

Bethlehemiten (*Ordo Fratrum Bethlehemitarum*), 1653 in Mittelamerika für Unterricht und Krankenpflege gegründet mit AR; 1820 aufgehoben, 1984 in Spanien restauriert (allerdings 2002 nur 12 Mitglieder); im A. P. unter den Bettelorden angeführt. – Gleichnamig die 1921 neugeordnete »Schweizer Missionsgesellschaft«, die mit ihren knapp 200 Mitgliedern in Asien, Afrika und Südamerika vertreten ist.

Bettelorden (lat. *ordines mendicantes*; von lat. *mendicare* »betteln«). Kirchen- und ordensrechtlicher Sammelbegriff für die im 13. Jh. entstandenen neuen Orden, die den monastisch-kanonikalen Lebensstil mit intensiver Seelsorge verbanden. Ihre gegenüber älteren Orden neuen und auszeichnenden Merkmale sind: 1. zentralistisch verfasste und geleitete ortsunabhängige Personenverbände; 2. nebenbzw. überpfarrliche Seelsorgetätigkeit (Predigt, Unterricht, Beichte u. a.); Befähigung dazu durch Studium und päpstl. Auftrag; 3. gemeinsame Armut durch Verzicht auf Besitz und feste Einkünfte; Existenzsicherung durch Arbeit, d. h. seelsorgliche Tätigkeiten (Kloster als paraparochiales Kultzentrum). Im Bezug auf Studium nannte man die B. im MA auch *Ordines studentes*; im Bezug auf Besitzverzicht *mendicantes*, wobei der Bettel bei → Franziskus nur subsidiär zur Handarbeit gedacht war; die → Armut, vom Zweiten Lyoner Konzil 1274 (can. 23) herausgehoben, war bereits damals eine einseitige Bezeichnung; ab dem 14. Jh. wurden die Verbote für Besitz und Renteneinkünfte de facto umgangen, in der NZ auch de iure. – Zu den klassischen B. gehören (der historischen Entstehung nach) → Dominikaner, → Franziskaner, → Augustiner-Eremiten, → Karmeliten. In allen bedeutenden Städten des MA waren sie vertreten, oft mit großen Klosteranlagen (Bettelordenskirchen). Außer den genannten (samt ihren späteren Reformabspaltungen) gehören zu den B. nach geltendem Ordensrecht die → Trinitarier, → Mercedarier, → Serviten, → Minimiten, → Barmherzige Brüder des hl. Johannes von Gott, → Bethlehemiten. – Den klassischen B. sind jeweils Frauenkonvente inkorporiert (Zweiter Orden); deren Klöster waren jedoch schon im MA mit Besitz und Einkünften ausgestattet, um strenge Klausur einhalten zu können.

Beuron, Benediktiner-Erzabtei St. Martin bei Sigmaringen (Baden-Württ.), 1077 als Augustiner-Chorherrenstift gegr., in der Säkularisation ans Haus Hohenzollern-Sigmaringen gekommen. Fürstin Katharina von Hohenzollern erwarb das Anwesen 1863 für die Brüder Maurus und Placidus Wolter OSB zur Errichtung eines Klosters in Preußen (wozu damals Hohenzollern gehörte); bereits 1868 Abtei, zog es Novizen in großer Zahl an. Durch Vertreibung aus B. im Kulturkampf (1875–87) kam es zu Neugründungen, in der Folgezeit fortgesetzt bis in die 30er-Jahre des 20. Jh.s. 1885 schon war B. zur Erzabtei und

Haupt der B.er Kongregation erhoben worden, inzwischen Leitung der Kongregation durch einen → Abtpräses; Erzabtei ist nur noch ein historisch bedingter Titel. – Die Kongregation zählt derzeit 10 Klöster mit 270 Mitgliedern.

Bilderstreit (Ikonoklasmus; von griech. εἴκων »Bild« und κλαεῖν »zerbrechen«) bezieht sich auf den Streit um Aufstellung und Verehrung der Bilder, der im 8./9. Jh. in mehreren Wellen das Byzant. Reich erschütterte, besonders unter den bilderfeindlichen Kaisern Leon III. (717 bis 741) und Konstantin V. (741–775). Auf der Synode von Konstantinopel 843 definitive Entscheidung für die Bilderverehrung. Da das Mönchtum trotz Asketismus in seiner Mehrheit bilderfreundlich war und sich kämpferisch für die Bilderverehrung einsetzte, waren der Aufschwung und damit verbundene Popularität des Mönchtums eine Folge des B.

Bildung und Mönchtum. Die Einstellung zu den jeweiligen Bildungsstandards reichte in Spätantike und MA von rigoroser Ablehnung bis zu engagierter Rezeption und Pflege. Die Ablehnung in den Anfängen des anachoretisch geprägten Mönchtums wie auch in den asketisch-eremitischen Wellen im MA war Ausdruck bewusster Weltabkehr; oft gefordert von Hochgebildeten, die → Analphabeten zu fördern nicht im Sinne hatten. Grundkenntnisse der Bildung waren zudem im coenobitischen Mönchtum mit seiner Kultpflege (→ Opus Dei 1) nötig; Dienst am Kult weitete sich zum Dienst an der Kultur. »Wissenschaft und Gottverlangen« gehörten in der Tradition des lat. Mönchtums zusammen (→ monastische Theologie). Die lat. Kultsprache verlangte Aneignung des Lateins, was in der Konsequenz zur Rezeption auch des antiken Bildungsgutes führte.

Birett (mlat. *biretum*), ursprüngl. baskenmützenartige, seit dem 15. Jh. mit 4 bzw. 3 bogenförmigen Aufsätzen versehene versteifte Kopfbedeckung, bis vor kurzem getragen vom Welt- und Regularklerus sowie den Regularkanonikern (auch den Prämonstratensern). Die Farbe richtete sich nach der von → Talar bzw. → Habit. Das B. benützen noch Prälaten und Äbte.

Birgitten-Orden (*Orden vom Allerheiligsten Erlöser, Ordo sanctissimi Salvatoris, OSsS*). Der B. wurde von der Mystikerin und Visionärin Birgitta von Schweden konzipiert. Unter Leitung der Hausherrin (Äbtissin) sollte die Kommunität aus 60 Nonnen und 25 Fratres (13 Priester, 4 Diakone, 8 Konversbrüder) die Urgemeinde repräsentieren, die Verehrung des Leidens Christi und Mariens im Mittelpunkt der Frömmigkeit stehen. Für die einzurichtende Kommunität, die nach der von Birgitta niedergeschriebenen *Regula Salvatoris* leben sollte, stellte der schwedische König 1346 einen Hof in Vadstena zur Verfügung. Zur Konstituierung des Klosters scheint es jedoch erst in den Jahren 1369/74 gekommen zu sein, bzw. nach der Übertragung der Gebeine Birgittas von Rom nach Vadstena (1373/74). Birgitta war 1346 nach Rom gezogen und dort 1373 (23. Juli) gestorben. Ihre Tochter Katharina (Birgitta war verheiratet gewesen) betrieb mit Energie Auf- und Ausbau des Klosters, überarbeitete die *Regula Salvatoris* und verband sie mit der AR, hob auch verfassungsmäßig die Stellung des Frauenkonventes heraus, der von der Brüderkommunität zu betreuen war. Vorbild dafür waren die Zisterzienserinnenklöster – mit dem Unterschied, dass die Brüderkommunität von der Äbtissin abhängig sein sollte. 1378 bestätigte Urban VI. die überarbeitete Regel und die zwei (in der Bulle Konvente genannten) Kommunitäten. Von Fürsten, Adel und Stadtpatriziat gefördert, verbreitete sich der B. im Ostseeraum und darüber hinaus. Gründungen 1399 in Florenz, 1400 in London, an mehreren Orten in Deutschland (1488 Altomünster/Obb.). In der Reformationszeit gingen die meisten Klöster unter (Vadstena erst 1595 ausgestorben); in den Klöstern, die die Säkularisationen überstanden (darunter auch Altomünster), gibt es nur noch die Frauenkommunität. Einen auf Frauen beschränkten Zweig hatte im 17. Jh. in Spanien Marina de Escobar (gest. 1633) gegründet. 1911 gründete die schwedische Konvertitin Elisabeth Hesselblad (gest. 1957) eine in verschiedenen apostolischen Diensten tätige *Schwesternkongregation des Allerheiligsten Erlösers*, die Pius XII. 1942 als »lebendigen Zweig« des B. erklärte. Diese in Rom ansässige Kongregation errichtete 1935 in Vadstena wieder eine Niederlassung, später von einer Abtei der alten Observanz als Priorat übernommen, 1991 zur selbständigen Abtei erhoben. Derzeit besteht der B. aus der Schwesternkongregation mit etwa 500 Mitgliedern und 13 selbständigen Klausurklöstern mit etwa 120 Nonnen; im Aufbau ist eine Niederlassung in Bremen »im Schnorr«.

Bonifatius (Winfried), geb. 672/675 in Wessex. B. war Mönch in Exeter und Nursling, dort Leiter der Klosterschule, 716/717 auch Abt; geprägt vom angelsächsischen, stark an der BR ausgerichteten »Mischregel-Mönchtum« mit ausgeprägter Bildungstradition. B. war seit 719 im Dienst der Germanenmission und Organisation der ostfränkischen Kirche (seit 722 Bischof, seit 738 päpstl. Legat und »Erstbischof«). Zur Festigung von Mission und Organisation Gründung monastischer Stützpunkte (Amöneburg, Ohrdruf, Fritzlar, Ochsenfurt, Tauberbischofsheim, Kitzingen) als letzten 744 → Fulda; hier Grablege, nachdem B. – erneut in der Friesenmission tätig – am 5. Juni 754 bei Dokkum den Märtyrertod erlitten hatte.

Borromäerinnen. Aus Verehrung für den hl. Karl Borromäus (gest. 1584), den großen Erneuerer des kirchl. Lebens nach dem Trienter Konzil, nennen sich verschiedene Schwesternverbände nach ihm. – **1.** *Barmherzige Schwestern vom hl. Karl Borromäus* (mit Mutterhaus in Nancy); gegr. 1652 als freie Vereinigung von Frauen zur Krankenpflege, 1663 Annahme der Regel der → Visitantinnen und seither nach dem Patron ihres Hauses in Nancy, dem hl. Karl Borromäus, genannt; seit 1859 päpstl. Kongregation.

Durch die weite Verbreitung im 19. Jh. Bildung neuer und selbständiger Kongregationen: Prag (1841), Trier (1872). Von Prag aus war 1848 Neisse gegr. und 1871 nach Trebnitz verlegt worden. Die durch den Zweiten Weltkrieg und Vertreibungen stark in Mitleidenschaft gezogene Kongregation organisierte sich neu in Westdeutschland (Mutterhaus Grafschaft/Hochsauerland). Aus gleichen Gründen kam es 1995 zur Gründung von Wien (vorher zu Prager Kongregation). Alle sind päpstl. anerkannt und bilden seit 1974 die Föderation der Schwestern vom hl. Karl Borromäus mit ca. 1800 Mitgliedern. – **2.** Die (davon unabhängige) Kongregation mit Mutterhaus in Maastricht, gegr. 1837 von Peter Anton Baer, 1856 päpstl. anerkannt; verbreitet in den Niederlanden, Indonesien, Afrika; sie zählte um 2000 etwa 850 Schwestern. – **3.** Weitere nicht von Nancy ausgehende nach Karl Borromäus benannte weibl. Kongregationen mit karitativer und erzieherischer Tätigkeit mit Mutterhäusern in Angers, Le Puy, Lyon, Lüttich, Wez-Velvain (Belgien). – Alle B. wurden gegründet für erzieherische und sozial-karitative Tätigkeiten, vorrangig (bisher) in der Krankenpflege; daher auch zu den → »Barmherzigen Schwestern« gezählt.

Bosco, Giovanni, Don → Salesianer Don Boscos.

Brevier (von lat. *brevis* »kurz, knapp, klein«; Subst.: *brevarium* »Kurzform«) heißt in der lat. Kirche das Buch, in dem alle auf mehrere Bücher verteilte Bestandteile des → Stundengebets zusammengestellt sind. Aus praktischen Gründen aufgekommen, ist das B. seit SpätMA und NZ allgemein in Gebrauch. Da das B.-Gebet für Weltkleriker und alle Klerikerreligiosen ohne Verpflichtung zum feierlichen gemeinsamen Stundengebet vorgeschrieben ist, kam es mit Blick auf deren Bedürfnisse im Laufe der Zeit zu Brevierreformen; zum letzten und den Textbestand stark verkürzenden Eingriff 1964. Damals wurde auch die Landessprache für das B. erlaubt, die inzwischen wohl überall anstelle des Lateinischen zur Regel geworden ist.

Brigittinnen, *Sisters of S. Brigid*, 1807 gegr. für Erziehung, benannt nach der Patronin Irlands, der hl. Brigida (5. Jh.). Die Kongregation ist im englischsprachigen Raum verbreitet und zählte 2002 365 Schwestern. – In Literatur und Lexika werden zuweilen auch die → Birgittinen (und Birgitta) unter B. bzw. Brigitta geführt!

Brüder, Rat der. Alle Arten von Zusammenschlüssen von Anachoreten und Koinobiten kannten einen R. d. B., im Koinobium meist aus »Senioren« gebildet, die dem Vorsteher (Abt) mit Rat und Tat beistehen sollten. In koinobitischen Verbänden kamen die Vorsteher der einzelnen Klöster zur Beratung zusammen. Die Einzelheiten regelten zunächst Gewohnheit, zunehmend dann Regeln, in den ma. (und nztl.) Verbänden genaue gesetzliche Regelungen.

Brüder vom gemeinsamen Leben (zeitgenössisch genannt auch *Frater-*, *Gugel-(Kugel-)herren* oder *Kollatienbrüder*, *Fratres communis vitae*); eine in Deventer (Niederlande) 1380/81 aus Laien und Priestern durch Florens Radewijns (gest. 1400) geformte Gemeinschaft, die, inspiriert von den Idealen des Geert → Groote, in bewusster Abgrenzung vom tradierten Ordensleben aus dem Geist der → Devotio moderna zu leben versuchte. Neben eigener Erbauung ging es den B. v. g. L. um Hebung des geistlichen Lebens unter Laien, Klerikern, Ordensleuten; Existenzsicherung anfangs durch Handarbeit, Bücherabschreiben (damit auch Verbreitung erbaulichen Schrifttums). Die B. v. g. L. breiteten sich rasch über die Niederlande nach Flandern, Mittel- und Norddeutschland aus, landschaftlich schlossen sie sich im Verlaufe des 15. Jh.s in Colloquia zusammen, beschickt von den Vorstehern (Rektoren) der einzelnen Häuser; ein geplantes Colloquium universale trat nie zusammen. Die Reformation brachte das Ende der meisten Häuser, einige bestanden fort bis zu den Säkularisationen um 1800. – Eine noch größere Verbreitung hatten die *Schwestern vom gemeinsamen Leben* gefunden. Deren Anfänge gingen zurück auf das von Groote 1374 in Deventer gestiftete und geleitete »Beginenhaus«. Johannes Brinckerinck (gest. 1419) formte daraus eine Schwesterngemeinschaft nach dem Vorbild der B. v. g. L. Unter ihm kam es auch zur Verbreitung der Häuser der Sch. v. g. L. über die Niederlande hinaus und weit in den norddeutschen Raum hinein. Die Reformation bereitete den meisten Häusern ein langsames Ende. Einige bestanden als evangelische Gemeinschaften bis ins beginnende 19. Jh.; Gleiches gilt von einigen katholisch gebliebenen Häusern. Die Visionärin Katharina Emmerick (gest. 1842), deren Visionen Clemens von Brentano aufzeichnete, lebte im Haus von Dülmen (Westfalen). – Aus der gemeinsamen Basis der B. und Sch. v. g. L. war auch der monastische Zweig der → Windesheimer Augustiner-Chorherren und Chorfrauen entstanden.

Bruno von Köln (Bruno der Kartäuser), geb. um 1030 in Köln, studierte in Köln und Reims, war dann 1056 Leiter der Schule; als Kanzler der Reimser Kirche Streit mit dem simonistischen Bischof; B. kehrte sich 1082 dem eremitischen Leben zu; 1084 mit einigen Gefährten Gründung eines Eremitoriums in einem vom Bischof von Grenoble zur Verfügung gestellten Gelände in den Bergen der Chartreuse. Eine feste Regel befolgte damals die kleine Eremitengemeinschaft nicht. 1090 berief Urban II. seinen früheren Reimser Lehrer B. als Ratgeber nach Rom. Bald des städtischen Treibens müde, zog sich B. mit einigen Gleichgesinnten nach Torre, einer Einöde in den Bergen Kalabriens, zurück. Dort starb er am 6. Oktober 1101. B. war ein wichtiger Inspirator für die eremitische Lebensweise, nicht aber Gründer der → Kartäuser.

Bursfelder Reform-Kongregation. Das 1043 gegr. Benediktinerkloster Bursfelde a. d. Weser wurde zum Zentrum der Reformkongregation. 1433 übertrug der Herzog von Braunschweig dem damaligen Abt von Clus Johannes Dederoth (gest. 1439) die Reform des Klosters B. Auf einer

Italienreise hatte dieser die von S. → Giustina/Padua ausgehende Reformbewegung kennen gelernt. Bei der Reform wurde er von Abt Johannes Rode (St. Matthias, Trier) unterstützt. Der große Organisator der B. R.-K. wurde Abt Johann von Hagen (1439–69); jetzt Rezeption der Reformstatuten in zahlreichen mittel- und norddeutschen Klöstern und Bildung einer Kongregation; diese noch vom (schismatischen) Konzil Basel 1446 bestätigt, 1451 von Nikolaus von Kues (als päpstl. Legat), von Papst Nikolaus V. im gleichen Jahr; von Pius II. 1459 verbunden mit den Privilegien der Kongregation von S. Giustina. 1517 gehörten 94 Abteien zur B. R.-K. Trotz starker Verluste durch die Reformation (darunter auch Bursfelde) bestand die B. R.-K. fort; statt des Abts von Bursfelde als Präsident wurde von dem Generalkapitel ein Abt als Präsident auf Lebenszeit gewählt. Mit den Säkularisationen am Beginn des 19. Jh.s erlosch auch die B. R.-K.

Büßer-Gemeinschaften. Vom altmonastischen Verständnis her verstanden sich die Mönche im Gegensatz zu den »Pflicht-Büßern« der kirchlichen Bußpraxis als freiwillige Büßer (*poenitentes voluntarii*). Darüber hinaus betonten einzelne ma. Orden die Buße als besonderes Anliegen. Malt. und nztl. Gemeinschaften übernahmen dafür auch den Namen: **1.** *Brüder von der Buße der Märtyrer* (*Fratres regulares beatorum martyrum de poenitentia*): eine klerikale Gemeinschaft nach der AR in Italien, vom Zweiten Lyoner Konzil 1274 aufgehoben, bestand in Osteuropa fort; letztes Kloster in Wilna 1845 aufgehoben. – **2.** *Büßer Jesu von Nazareth* (*Ordo Poenitentium a Jesu Nazareno*), 1752 in Salamanca gegr., letzte Reste 1935 von Pius XI. aufgehoben. – **3.** *Büßer vom III. Orden des hl. Franziskus*, 1615 in Frankreich gegr. und verbreitet, 1790 unterdrückt. – **4.** *Brüder von der Buße Jesu Christi*, → Sackbrüder. – **5.** Die → Magdalenerinnen. – Die *Poenitentinnen-Rekollektinnen*, 1623 in Limburg (Holland) gegr., klausierter kontemplativer Orden, in der Französ. Revolution unterdrückt; die vier im 19. Jh. wieder gegr. Klöster sind inzwischen eingegangen (2002 gab es noch 3 *sorores*). Im 19. Jh. entstanden in Belgien und den Niederlanden mehrere gleichnamige Kongregationen mit sozial-karitativen Aufgaben. – Der Terziarenverband der Dominikaner hieß früher: *Tertius ordo fratrum et sororum Ordinis de poenitentia S. Dominici.*

Bußpraxis, klösterliche. Vorbild dafür war in Spätantike und FrühMA die B. der bischöfl. Gemeinde, die auf die klösterlichen Bedürfnisse zugeschnitten wurde: Wahrung der Disziplin und Ahndung von Verstößen. Für beides wurden Listen von Regelverstößen und den dafür vorgesehenen Bußen angelegt; bes. vom iro-gallischen Mönchtum (→ Columban) sind solche Bußbücher (*libri poenitentiales*) genannte Verzeichnisse überliefert. Für das Verständnis der monastischen Bußbücher ist der Umstand zu beachten, dass sie noch nicht differenzieren zwischen sakramentalem Bußverfahren (= Beichte) und dem bloß disziplinären. Erst mit der Unterscheidung zwischen beiden (seit dem 11. Jh.) entwickelt sich das disziplinäre Bußverfahren zum → Schuldkapitel, in dem Verstöße gegen Regel und Gemeinschaftsleben geahndet werden. Was z. B. in der BR an verschiedenen Stellen dazu erwähnt ist, wird jetzt in Listen von *culpae* und *poenitentiae* katalogisiert (z. B. *Constitutiones* der Dominikaner Dist. I,21–25: *De levioribus culpis, de mediis culpis, de gravi, de graviori, de gravissima culpa*). Neben dem Schuldkapitel gab es auch die geheime oder/und öffentliche Bestrafung einzelner Regelverstöße. Die Bußen waren gestuft nach der Qualität der Verfehlungen: Gebetsauflagen u. U. verbunden mit körperlichen Übungen wie langes Stehen, Knien, Liegen usw.; Fasten, partielle Absonderung vom Gemeinschaftsleben bzw. in schweren Fällen völliger Ausschluss (→ Exkommunikation) auf Zeit. Zu den Bußen (Strafen) gehörte in Spätantike und FrühMA auch körperliche Züchtigung wie Stockschläge usw. (mehrfach genannt in BR). Da der

Klosterobere im MA über die Kommunität die *potestas dominativa* (»Hausgewalt«) besaß, konnte er Freiheitsentzug verhängen, also Gefängnisstrafen. Dafür gab es den Klosterkerker (von mlat. *carcer*). – Neben dieser B. im Rahmen von Bußverfahren gab es auch die freiwillige B. einzelner Religiosen; sie reichte von vermehrtem Gebetspensum, Fasten, bis zu körperlichen Kasteiungen (von mlat. *castigare* »züchtigen«), zu denen auch → Geißelung gehörte, freiwillige Klaustration (→ Inklusen) usw. An sich war für alle freiwilligen Bußen die Zustimmung des Oberen einzuholen; dessen → Diskretion entschied auch über das Ausmaß der als Strafe verhängten Bußauflagen.

C

Caesarius von Arles, geb. 470/71, 491 Diakon, dann Mönch in → Lerinum bis 497; 499 Priesterweihe, 502 Bischof von Arles. C. war ein profilierter Bischof seiner Zeit, aktiv als Kirchenpolitiker und Seelsorger (Prediger), vertraut mit dem monastischen Leben, besorgt um Hebung der Disziplin. C. schrieb um 534 eine kurze Regel für Mönche und um die gleiche Zeit für ein von ihm 512 gegr. und von seiner Schwester Caesaria geleitetes Nonnenkloster eine aus 73 Kapiteln bestehende *Regula sanctarum Virginum* (*Regel für die gottgeweihten Jungfrauen*). Es ist die älteste bekannte Nonnenregel des Abendlandes; von der AR beeinflusst, doch strenger in den Forderungen (Disziplin, Askese, Klausur); unter den Aufnahmebedingungen wird die Fähigkeit des Lesens und Schreibens angeführt. C. starb in Arles am 27. August 542.

Camaldulenser → Kamaldulenser.

Caritas christiana (»christl. Liebe«, und andere Zusätze) führen über 30 Frauenkongregationen mit sozial-karitativen Aufgaben in ihrem Namen. Die größte ist die in Oberitalien 1832 gegr. und 1840 päpstl. bestätigte Kongregation der *Suore di Carità delle Bartolomea Capitanio e Vincenza Gerosa* (genannt auch *Suore di Maria Bambina*) mit etwa 5500 Schwestern in 19 Provinzen. → Barmherzige Schwestern; → Mutter Teresa: Missionaries of Charity.

Cassian → Johannes C.

Cassinensische Kongregation, von Ludwig Barbo (gest. 1443) inspiriert und gegr. Dieser war 1408 als Mönch eines Klosters in Venedig als Leiter in das völlig zerrüttete Kloster Santa Giustina in Padua gerufen worden. Mit Hilfe des Kommendatarabtes und der → Olivetaner gelang ihm die Reform. Das Kloster wurde Mittelpunkt anderer reformwilliger Abteien. Barbo betrieb den Zusammenschluss zur Kongregation von Santa Giustina. Martin V. bestätigte 1419 die Konstitutionen des Verbandes. Dem Abt des Klosters wurde eine beherrschende Stellung eingeräumt; das jährliche Generalkapitel, Visitationen und einheitliche, von der → Devotio moderna beeinflusste Spiritualität sollten die Verbandsklammern bilden. Mit dem Beitritt von → Monte Cassino 1504 wechselte die »Kongregation der hl. Justina« den Namen und nannte sich C. K. Sie besteht, allerdings mit Sitz in Rom (St. Paul vor den Mauern), auch heute noch (11 Klöster mit 128 Mitgliedern).

Cassiodorus (Flavius Magnus Aurelius), geb. um 485, war über 30 Jahre im Staatsdienst, gründete um 554 in der Nähe seines Geburtsortes Squillace (Scyllaceum/Kalabrien) auf seinem Landgut das Kloster Vivarium. Die Funktion C.' im Klosterleben ist ebenso ungeklärt wie der Lebensstil der klösterl. Gemeinschaft. C. schwebte wohl eine Art »monastischer Bildungsakademie« vor mit einer großen Bibliothek. Kopieren und Emendieren von Texten wie auch das Studium machte er seinen Mönchen zur Pflicht. Mit seinen zahlreichen Schriften ist C. eine herausragende Gestalt am Übergang der Spätantike ins FrühMA; er verstarb nach 580.

Cellerar (von lat. *cellerarius* »zur Vorratskammer gehörig, Keller, Küchenmeister«); im Kloster der Verwalter der gesamten Klosterwirtschaft. Schon bei → Pachomius gehört der C. zu den wichtigsten Mönchen des Klosters, der im Auftrag des Abtes alle wirtschaftlichen Dinge regelte. So auch in der BR (Kap. 31 bes.). Im benediktinischen Mönchtum bleiben Amt und Name erhalten; bei den Bettelorden, Klerikerorden und neueren Verbänden wechseln Name und Zuständigkeiten (→ Ökonom).

Cellitinnen. Wie die → Alexianer aus lokalen laikalen Bruderschaften zur Krankenpflege hervorgegangen; bes. verbreitet in Flandern und am Niederrhein. In einigen der die Säkularisationen überstehenden Häusern kam es im

19. Jh. zu partieller Erneuerung. In Deutschland gibt es C. in Köln (mit drei selbständigen Mutterhäusern), in Düren und Aachen (hier auch *Christenserinnen* bzw. *Augustinerinnen* genannt). Alle sind bischöfl. Rechts, befolgen die AR und sind den → Augustiner-Eremiten assoziiert.

Chalkedon, Konzil von. Das 451 abgehaltene und dogmengeschichtlich wichtige Konzil (Christologie) hat auch für das Mönchswesen Bestimmungen erlassen, die starke Nachwirkung im östlichen Mönchtum hatten. Am wichtigsten ist Kanon 4, der Mönche und Klöster der Aufsicht der Bischöfe unterstellt, Neugründungen an bischöfl. Zustimmung bindet, den Mönchen Ortsbeständigkeit vorschreibt, Betreibung von weltlichen Geschäften verbietet; Sklaven dürfen ohne Zustimmung ihrer Herren nicht aufgenommen werden. Den Hintergrund für die Bestimmungen bilden verlotterte Zustände im Mönchtum (bes. bei den → Gyrovagen), kirchenpolitisch brisante Umtriebe von Mönchen, Widersetzlichkeit gegen die auf Konsens in Lehre und Praxis bedachte Hierarchie.

Chor (von griech. χορός »Reigentanz mit Gesang«); im spätantiken Mönchtum Bedeutungswandel vom gemeinsam und wechselweise rezitierten Gebet (→ Chorgebet) zum Ort, in dem es verrichtet wird. Darum nennt man in den zum Chorgebet verpflichteten Ordensgemeinschaften den in der Klosterkirche vorgesehenen Raumteil C.; meist befindet sich dieser im Anschluss an den Altarraum (oft C.-Joch genannt), oder in der Vierung, nicht selten in das Mittelschiff sich hineinerstreckend (so bei den Zisterziensern des MA); er ist durch Schranken (→ Lettner) von den Anräumen getrennt. Fälschlich redet man von »Psallierchor« und meint damit das für das Chorgebet vorgesehene Oratorium in einem von der Konventskirche getrennten Raum bzw. hinter dem Hochaltar oder auf der Empore. Diese war bisher in den Pfarrkirchen der bevorzugte Platz für den »Kirchenchor«. In den Konventskirchen von Nonnen befindet sich der »Nonnenchor« meist auf der weit ins Kirchenschiff reichenden Westempore (mit Blick auf den Hochaltar).

Choral (verkürzt aus lat. *cantus choralis*). Darunter versteht man im deutschen Sprachraum seit dem SpätMA den einstimmigen liturgischen Gesang der lateinischen Kirche, der bis ins MA hinein die einzige liturgische Musikform des Abendlandes war. Der Ch. kam im 6. Jh. zur Blüte; in Verbreitung und weiterer Ausgestaltung spielte das Mönchtum eine wichtige Rolle. Fälschlich wurde er Papst Gregor d. Gr. (590–604) zugeschrieben und daher »Gregorianischer Gesang« genannt. Die Bücher, in denen die Gesänge gesammelt sind, nennt man Choralbücher; sie setzen sich zusammen aus Antiphonale (für das Chorgebet) und Graduale (für die Messgesänge).

Chordienst, Gesamtbezeichnung für die Feier des Konventamtes bzw. anderer verpflichtender Messen sowie für die Durchführung des vorgeschriebenen gemeinsamen Stundengebetes im Chor.

Chorfrauen, im Deutschen Name **1.** für → Kanonissen; **2.** für die Schwestern eines kontemplativen Ordens, denen im Unterschied zu den Laienschwestern das Chorgebet vorbehalten war. Nur die Ch. waren im Vollsinn Nonnen.

Chorgebet, die tägliche gemeinsame Verrichtung des → Stundengebetes im Chor durch die nach Satzungen, Regeln und Kirchenrecht dazu verpflichteten Kanoniker, Mönche, Nonnen und Kanonissen sowie die Professen der Bettelorden.

Chorgestühl wird das in zwei symmetrisch gegeneinander gestellten Sitzreihen angeordnete Gestühl für gemeinschaftlich zu feiernde Liturgie (Konventsmesse und Chorgebet) genannt. Zum kunstvollen Mobiliar ausgebildet seit dem 12. Jh., in der Spätgotik zum reich gestalteten Kunstwerk gesteigert. Auf jeder Seite dabei mehrere stufenförmig ansteigende Sitzreihen, diese mit hochklappbaren Sitzen versehen, an deren Unterseiten oft »Misericordien« angebracht sind (Rückenstützen beim Stehen). – Älterer

Name für das Ch.: *Chorstallen* (vom mhd. *stal*, *stalles* »Steh-, Sitzplatz«).

Chorherren. Name für die zum gemeinsamen Chorgebet verpflichteten → Regular- und Säkularkanoniker.

Chrodegang von Metz, geb. um 712/713, aus fränkischem Adel, zunächst tätig am Hof der Karolinger, seit 742 (?) Bischof von Metz, von König Pippin 749 zum Haupt des fränkischen Episkopates bestellt. Ch.s Sorge galt auch dem Mönchtum; → Gorze gründete er als Musterkloster für einen Klosterverband. Den Klerus an der Metzer Kathedrale verpflichtete er zur Vita communis und erließ dafür Statuten (auch Chrodegang-Regel genannt), die den → Aachener Statuten als Vorbild dienten. Er verstarb am 6. März 766.

Chrysostomus → Johannes Chrysostomus.

Cingulum (Zingulum, lat. *cingulum* »um die Hüfte geschlungener Gurt«); beim Ordensgewand ein Ledergürtel (Dominikaner u. a., teilweise auch Benediktiner), ein weißer dreifach geknoteter Strick (alle Orden mit Franziskusregel), Stoffband (schwarz: Benediktiner, Zisterzienser u. a., weiß oder auch blau: Prämonstratenser), womit → Tunika bzw. Talar zusammengehalten werden.

Circumcellionen. Trotz des ihnen beigelegten Namens (von *circum cellas vagantes* »um die Zellen Schreitende«) gehören sie nicht ins Umfeld asketisch-rigoristischer monastischer Richtungen. C. sind eine sozial-revolutionäre Bewegung mit apokalyptischem und gewaltbereitem Hintergrund unter der Landbevölkerung Nordafrikas im 4./5. Jh., die die soziale Stabilität und Ordnung des Hinterlandes ständig bedrohten.

Cisneros, Garcia Jiménez de, geb. 1455/56, seit 1475 Benediktiner, 1493 Reform der Abtei Montserrat; gest. 1510. Von großem Einfluss auf die Ordensspiritualität wurden seine Schriften *Directorio de las horas canonicas*; *Ejercitatorio de la vida espiritual* (beide 1500).

Cistercienser → Zisterzienser.

Cîteaux (Cistercium, Cistel), namengebendes Stammkloster des → Zisterzienserordens. C. wurde auf dem Eigengut eines Adeligen 1098 gegründet, → Robert von Molesme zur Besiedlung ins freie Eigen übergeben, der mit 21 Mönchen aus der Abtei Molesme auszog, um in der »Neukloster« genannten Gründung in strenger Befolgung der BR zu leben. Roberts Nachfolger Alberich (1099–1109) ließ sich im *Privilegium Romanum* (1100) durch Paschalis II. die → Exemtion und die *Instituta monachorum Cisterciensium de Molismo venientium* bestätigen. In den *Instituta* wurde die »buchstabengetreue« Befolgung der BR festgeschrieben. Unter → Stephan Harding (1109–33) erfolgte die ursprüngl. nicht vorgesehene Bildung des Zisterzienserordens mit C. als Mutterkloster des Ordens und der Filiationen von C. 1791 wurde C. aufgehoben, von der klösterl. Großanlage blieben keine nennenswerten Reste erhalten. Das Areal erwarben 1898 die → Trappisten und errichteten ein Kloster als Zentrum ihres Ordens.

Claretiner (*Kongregation der Söhne des Unbefleckten Herzens Mariae*, *Cordis Mariae Filii*, *CMF*), gegr. 1849 von Antonio Maria Claret y Clará (gest. 1870) in Vich (Spanien) für Volks- und Heidenmission, 1870 päpstl. Approbation der Statuten. Die C. sind inzwischen weltweit (v. a. in Lateinamerika) verbreitet und in verschiedenen Apostolatsaufgaben tätig. Sie zählten 2002 etwas über 3000 Mitglieder. Der weibl. Zweig, die *Claretinerinnen* (*Religiosas de Maria Immaculada*, *RMI*), wurde von A. M. Claret und M. Antonia Paris (gest. 1885) 1855 in Kuba gegr. Die zunächst selbständigen Häuser schlossen sich 1920 zu einer Kongregation zusammen; auch sie sind weltweit verbreitet und v. a. in der Mädchenerziehung tätig. Die Kongregation zählt 81 Niederlassungen und über 500 Mitglieder.

Clemensschwestern (*Barmherzige Schwestern von der allerseligsten Jungfrau und schmerzhaften Mutter Maria*),

1808 in Münster/Westf. vom damaligen Generalvikar Clemens August von Droste zu Vischering gegr. als erster Religiosenverband nach der Säkularisation. Erste Oberin war die Konvertitin Maria Alberti (gest. 1812). Die C. sollten nach dem Vorbild der → Vinzentinerinnen in der Krankenpflege tätig sein; seit 1820 waren sie am Clemenshospital zu Münster tätig (daher der Name); inzwischen auf weitere sozial-karitative Tätigkeiten ausgedehnt; verbreitet v. a. in Nordwestdeutschland.

Cluny, Benediktinerabtei bei Mâcon (Burgund), Zentrum einer der bedeutendsten monastischen Reformbewegungen des HochMA mit starker Ausstrahlung in Gesellschaft und Kirche. C. wurde 909/910 von Herzog Wilhelm von Aquitanien gestiftet und Abt Berno, damals Abt von Baume-les-Messiers und Gigny, unter Verzicht auf alle eigenklösterlichen Rechte, übergeben und unter → päpstl. Schutz gestellt. Das in der Stiftung zugesicherte freie Abtwahlrecht wurde in C. als Designation eines Nachfolgers durch den noch lebenden Abt vorgenommen. Bernos Nachfolger in C. wurde Odo (927–942); ihm folgten Aymard (942 – um 954), Maiolus (954–994), Odilo (994–1049), Hugo (1049–1109). Die langen Abbatiate sicherten der Reform Aufstieg und Kontinuität, die unter Hugo ihren Höhepunkt erreichte. Nach Abt Petrus Venerabilis (1122–57) begannen innere und äußere Schwierigkeiten. Anliegen der Reform waren: Strenge Beobachtung der Regel (im Verständnis des → Benedikt von Aniane); feierliche Gestaltung und Ausweitung des → Chordienstes durch Zusatzoffizien verbunden mit einem aufwendigen → Totengedächtnis für Mönche und Wohltäter in Form von liturgischen Diensten (Messen, Totenoffizien) sowie karitative Tätigkeit (Armenspeisung). Für diese Dienste – unter Hugo 300, unter Petrus Venerabilis bis zu 400 Mönche – Errichtung von Großbauten, v. a. der Klosterkirche (Cluny III: beg. 1088, eingeweiht 1130, der größte Sakralbau im abendl. MA). C. entwickelte den ersten effizienten

Klosterverband des benedikt. Mönchtums. Er war ein zentralistisch auf die Mutterabtei (bzw. den Abt von C.) ausgerichtetes kompliziertes Gebilde und bestand aus abhängigen Abteien, Großprioraten, Prioraten und Zellen. Der Verband – auch *Ecclesia Cluniacensis* genannt – stand unter päpstl. Schutz, war gegenüber den lokalen Bischöfen exemt (→ Exemtion) sowie gegen Übergriffe der adeligen Stifter abgesichert. Diese *libertas monastica* (»monastische Freiheit«) übte eine starke Anziehung aus; zeitweise gehörten in breiter Streuung und unterschiedlicher Dichte bis zu 600 Klöster (und Zellen) zum Verband mit seinen → Consuetudines. Diese wurden auch von Klöstern und Verbänden rezipiert, die nicht zur »kluniazensischen Kirche« gehörten. Die Reform von C. wirkte insofern auf das gesamte benediktinische Mönchtum. Mit Verbreitung der Zisterzienser, dann der Bettelorden, schwanden Einfluss und Bedeutung von C.; der Großverband schrumpfte, der Einfluss der Krone nahm zu; seit 1485 nur noch vom König eingesetzte Kommendataräbte. 1791 Aufhebung des Klosters, 1798–1824 Abbruch des größten Teils des Gebäudekomplexes.

Codex Regularum heißt die von → Benedikt von Aniane angelegte Sammlung ihm bekannter, in Latein verfasster und als »Klosterregeln« gedeuteter Texte. In der *Concordia Regularum* deutet er die BR als Summe der in den Regeln niedergeschriebenen Anweisungen und Erfahrungen; als »Blumenstrauß«, in dem die Einzelblumen (Regeln) zu einem harmonischen Gesteck zusammengefasst seien.

Coelestiner, 1. *Einsiedler vom hl. Damian* (*Fratres Petri de Murrono*, *Fratres de Spiritu Sancto*, *Coelestini*), von Petrus vom Morrone (später Papst Coelestin V.) gegr. monastischer Verband mit eremitisch und pauperistisch gedeuteter BR. 1263 von Urban IV. bestätigt, breiteten sich die C. in Italien schnell aus, nach 1300 auch in Frankreich (in Deutschland nur Oybin/Lausitz und Dürkheim/Rh.-Pfalz). Hauptkloster und Ort des Generalkapitels war

S. Spirito del Morrone (Abruzzen). Durch Hussiten-Hugenottenkriege starke Verluste, in Italien hielten sich die C. bis ins beginnende 19. Jh. – **2.** *Franziskaner-Spiritualen in den Marken* (Italien), die Peter vom Morrone als Papst 1294 den C. als selbständige Kongregation anschloss. Diese *Pauperes heremitae Domini Coelestini* wollten Testament und Regel des hl. Franziskus wörtlich befolgen. Bonifatius VIII. hob sie bereits 1295 wieder auf. – **3.** *Coelestinerinnen*; entstanden wohl aus Schwesterngemeinschaften, die sich an den C. und deren Konstitutionen ausrichteten; sie waren in Italien und Frankreich, gefördert durch das Haus Anjou, verbreitet. Von den etwa 150 Klöstern des kontemplativen Ordens überlebte die Zeitläufe nur eine 1320 in L'Aquila (Abruzzen) gegr. Abtei; 3 Niederlassungen wurden seit 1916 wieder gegr. und 1971 zu einer Föderation zusammengeschlossen. 1971 gab es in diesen vier unter bischöfl. Jurisdiktion stehenden Häusern 55 Nonnen.

Coenobium → Koinobion.

Colettinen (*Coletanerinnen*, *Arme Klarissen*, *Ordo Sanctae Clarae reformationis ab Coleta*, *OSClCol*), sind Reform- → Klarissen, benannt nach der hl. Coletta von Corbie (gest. 1447), die vom (avignonensischen) Papst Benedikt XIII. die Erlaubnis zur Gründung reformierter, nach der Regel der hl. Klara lebender Klöster erhielt. Als Zweig der Klarissen haben sich die C. im spanischen Sprachraum erhalten. 2003 gab es in 61 Klöstern 750 Nonnen.

Columba von Iona (Columcille, C. von Hy), als großer irischer Heiliger verehrt, geb. 520/521, Kleriker und Mönch, gründete mehrere Klöster; um Christi willen ging er in die Fremde (→ Peregrinatio pro Christo), errichtete in Schottland das Kloster Iona (Hy), von dem aus er missionierte und weitere klösterliche Stützpunkte gründete, die er in einer → Paruchia zusammenfasste; er beeinflusste das irische und britische Mönchtum stark. C. starb 597.

Columban(us), geb. um 543 in Irland, wurde Mönch in Bangor, wo er bis 590 als Lehrer tätig war. Mit 12 Gefährten ging er anschließend in die Fremde und wirkte im fränkischen Gallien. Von den Merowingern gefördert, gründete er um 595 drei Klöster am Westabhang der Vogesen, darunter → Luxeuil, das sich zu einem monastischen und kulturellen Zentrum entwickelte. Nach 20-jähriger Tätigkeit musste er wegen eines Streites mit dem Herrscher Luxeuil verlassen. Nach Aufenthalt im Alemannischen (Zürichsee, Bregenz) kam C. nach Oberitalien und gründete 612 das Kloster Bobbio, wo er 616 starb. – C. verfasste um 595 für die drei Vogesenklöster eine *Regel*, die in 10 Kapiteln die Grundhaltung des asketischen Mönchtums, äußere Organisation und Tageseinteilung beschreibt. Ergänzt wird die Regel durch die *Regula Patrum* (bzw. *coenobialis*), einen ausführlichen Strafkatalog. Beide Texte spiegeln die Praxis des irischen Mönchtums. Diese *Columbanus-Regel* verdrängte zunächst auf dem Festland die »Regeln« des altgallischen Mönchtums, im Verlauf des 7. Jh.s orientierte sich das fränkische Mönchtum dann auch an der BR; bis ins 9. Jh. hinein galt dabei die C.-Regel als Orientierungstext (→ Mischregel).

Concilium Germanicum. Seit dem 18. Jh. Bezeichnung für das erste Reformkonzil des hl. → Bonifatius unter dem Karolinger Karlmann am 21. April 743 (oder 742) auf »deutschem« Boden. Behandelt wurden dabei die Reorganisation der fränkischen Kirche, die Disziplin des Klerus sowie die Ausrichtung des Mönchtums an der BR. Die Bestimmungen wurden als Reichsgesetz (*capitulare*) verkündet. Zusammen mit den Synoden von → Les Estinnes und Soisson (744) formulierte das C. G. ein Reformprogramm, das aber für seine Verwirklichung noch lange brauchen sollte (was auch für die Geltung der BR gilt).

Concordia Regularum → Codex Regularum.

Constitutiones (Plural von lat. *constitutio* »Erlass, Verordnung, Verfassung«) oder auch Institutiones heißen in verschiedenen neuen Orden des 12./13. Jh.s (wie z. B. der → Dominikaner) die die → Consuetudines ablösenden und die Regel ergänzenden, präzisierenden und spezifizierenden gesetzlichen Bestimmungen mit gleicher Verbindlichkeit wie die Regel. Außer den unveränderbaren Grundnormen unterliegen die Verordnungen der C. der Novellierung durch die als oberste Gesetzgeber fungierenden Generalkapitel. In den nztl. Orden werden die C. meist von neuen Regeln abgelöst, denen allerdings die Qualität von C. zukommt.

Consuetudines (Plural von lat. *consuetudo* »Gewohnheit«). C. sind in den monastisch-kanonikalen Klöstern und Verbänden des MA gesetzliche Regelungen zur Ergänzung, Präzisierung u. a. Spezifizierung der jeweiligen Regeltexte (AR bzw. BR); sie wurden zunächst mündlich in Klöstern tradiert, mit dem normativen Verständnis der → Ordensregel setzten Verschriftlichung und Kodifizierung der C. ein. Die Fixierung diente der Reform (und ihrer Dauer) sowie der Bildung von → Verbänden, wie in → Cluny und den anderen Reformzentren des 11./12. Jh.s und noch den Reformkongregationen (wie → Bursfelde) im SpätMA. Im östl. Mönchtum hatte das → Typikon in etwa die Funktion der C. – Mit dem Aufkommen der → Constitutionen bei den neuen Orden des 12./13. Jh.s (bes. den → Bettelorden) erübrigten sich C.

Conversatio morum (lat. *conversatio* »Umkehr«, lat. *mores* »Lebensstil, -führung«), im Verständnis des antiken und ma. Mönchtums das auf Dauer bezogene Bekenntnis zum asketisch geprägten Lebenswandel, durch Gehorsam einer klösterlichen Gemeinschaft mit ihren vorgegebenen Strukturen und Ordnungen eingebunden. Die Verpflichtung des Mönches zur C. erfolgt bei der → Profess, wegen der Bindung an ein konkretes Kloster ist damit immer auch Ortsgebundenheit (→ Stabilitas loci) mitgemeint.

D

Damen. Es gibt mehrere Frauenkongregationen in Spanien und Frankreich, die sich in ihrem Namen als »Damas« bzw. »Dames« bezeichnen. In Spanien: *Damas catequistas* (gegr. 1901); *Damas de la Asunción de Nuestra Señora* (gegr. 1913); *Damas apostólicas del Sagrado Corazón de Jesús* (gegr. 1924); alle üben Lehr- und sozial-karitative Tätigkeiten aus. In Frankreich gibt es u. a. die *Dames auxiliatrices de l'Immaculée Conception*, 1854 in Paris gegr. für Krankenpflege und Sozialarbeit; s. auch Unsere liebe → Frau. – Im Englischen war »Dame« der Titel der Chorfrau in Nonnenkonventen.

Dämonenkampf. Der D. gehörte zum Selbstverständnis des frühen Mönchtums; man hatte in der Nachfolge Jesu (vgl. Mk 1,12f.) in der Wüste (Eremos), dem Ort der Dämonen, den Kampf mit ihnen zu bestehen bzw. stellvertretend für die Kirche zu führen, wobei die Askese als Waffenrüstung galt (vgl. Eph 6,10ff.). In die Überlieferung eingegangen durch die Vita des hl. → Antonius d. Gr. (siehe Isenheimer Altar: Versuchung des hl. Antonius).

Definitoren / Diffinitores (von lat. *definire* »festsetzen, bestimmen«) heißen in verschiedenen Orden jene Kapitelsteilnehmer, die die Kapitelsbeschlüsse, -empfehlungen, -ermahnungen ausformulieren und näher bestimmen. Für Generalkapitel heißen sie General-, für Provinzkapitel Provinz-D. Die Gesetzgebung der einzelnen Orden bestimmen Wahlmodalitäten und Kompetenzen der D.

Dekan, Dekanie (griech. δεκανία »10er-Zahl«), in großen Koinobien des Ostens Einteilung der Mönche in Zehnergruppen unter Leitung eines D., übernommen in der BR 21; 22,3; 65,12; bei den Benediktinern wurde die Gruppeneinteilung aufgehoben und damit auch der D. Bei den → Säkular- und Regularkanonikern gewinnt der Begriff D. neue Bedeutung (Stellvertreter des Propstes; in Domkapiteln zuständig für die geistliche Leitung). In einigen Benediktinerkongregationen (bzw. Klöstern) ist für den Prior der Name D. gebräuchlich.

Deklaration(en) heißen in der Gesetzgebung verschiedener Orden (z. B. → Dominikaner) die verbindlichen Beschlüsse der Generalkapitel bzw. die verbindliche Interpretation von Sätzen der → Konstitutionen (bzw. Regeln).

Demut, eine monastische Grundtugend, aber kaum namengebend für Ordensgemeinschaften (z. B. → Humiliaten); D. Mariens namengebend für einige Schwesternkongregationen des 19. Jh.s: *Sisters of the humility of Mary* (1864 USA); durch Abspaltung davon 1870 die *Sisters of the holy humility of the Blessed Virgin Mary.*

Dernbacher Schwestern → Dienstmägde Jesu Christi.

Deutscher Orden (*DO*, *Ordo fratrum Domus Hospitalis S. Mariae Teutonicorum in Jerusalem*, *OT*). Entstanden aus einer 1189–90 für Pilger gegr. Spitalsbruderschaft, die 1198–99 in einen → Ritterorden mit der → Templer-Regel umgewandelt wurde; bestätigt 1199 von Innozenz III.; stark gefördert von den Staufern und dem mit ihnen verbundenen Rittertum. Nach gescheiterten Versuchen zur Herrschaftsgründung auf Zypern und in Ungarn (1221/1225) erfolgreicher Herrschaftsaufbau ab 1231 in Preußen, zunächst im Kampf gegen die ansässigen heidnischen Pruzzen. Expansionen nach Russland scheiterten definitiv mit der Niederlage 1242; im 15. Jh. Niederlagen gegen Polen-Litauen (Tannenberg 1440), die 1441 zum 1. und 1466 zum 2. Thorner Frieden führten, in dem die Abtretung westpreußischer Gebiete (mit Danzig und Marienburg) sanktioniert wurde. Interne Spannungen zwischen DO, Städten und einheimischem Adel führten zu einer schleichenden Territorialisierung und Säkularisierung des DO-Staates, an dessen Schluss die Umwandlung in ein weltliches Herzogtum unter polnischer Lehnsherrschaft durch Hochmeister Albrecht von Brandenburg stand (1525). –

Durch zahlreiche Schenkungen war es dem DO im MA gelungen, im Reich ein breit gestreutes, in »Balleien« gegliedertes Herrschaftsgebilde unter der Leitung eines Deutschmeisters aufzubauen, das die Säkularisation 1525 überstand. Das Amt des Hochmeisters wurde mit dem des Deutschmeisters verbunden und nach Mergentheim verlegt. Erst 1809 wurde der DO, in der NZ engagiert in der Türkenabwehr, säkularisiert; ausgenommen davon waren die Niederlassungen in der Donau-Monarchie. 1837/38 erfolgten im Blick auf diesen Restbestand Änderungen von Regel und Statuten, dazu kam eine enge Verbindung mit dem Haus Habsburg; Hochmeister musste ein Erzherzog sein. Der letzte dankte 1923 ab. Danach Umwandlung in einen klerikalen Orden (Deutschordens-Priester) mit einem Ordenspriester als Hochmeister. Der ordensrechtlich zu den → Regularkanonikern zählende DO hatte um 2000 83 Mitglieder in 39 Niederlassungen in Österreich, Südtirol, Deutschland (seit 1945). – 1840 wurde der für das 13. Jh. mehrfach genannte Schwesternzweig erneuert (*Schwestern vom Deutschen Haus St. Maria in Jerusalem*) für karitative Aufgaben nach Art der → Vinzentinerinnen; derzeit gibt es etwas über 200 DO-Schwestern. – Dem DO sind Frauen und Männer als Familiaren angeschlossen; auch gibt es »Ehrenritter«.

Deutsches Haus als Haus- oder Straßenbezeichnung ist zu beziehen auf eine frühere Niederlassung (→ Kommende) des → Deutschen Ordens; die bekannteste (und meist verkannte) Bezeichnung dieser Art ist das »Deutsche Eck« in Koblenz (wo das D. H. stand).

Devotio moderna. Eine mit den europäischen Reformströmungen vernetzte Erneuerungsbewegung des endigenden 14. Jh.s, die weit ins 15. Jh. hinein wirksam blieb. Sie nahm ihren Ausgang in Deventer unter ihrem Initiator und Propagator Geert → Groote, fand semireligiose Institutionalisierung in den Schwestern und → Brüdern vom gemeinsamen Leben und in der → Windesheimer Augustinerchorherren-Kongregation eine monastisch-kanonikale Ausprägung. Der auch das Ordenswesen der Zeit generell beeinflussenden D. ging es um praktische und persönliche Frömmigkeit, um Betonung von Erfahrung und Affekt. Prägnanter Ausdruck davon die weit verbreitete *Nachfolge Christi* des Thomas a Kempis (gest. 1471).

Dienerinnen des Heiligen Geistes → Steyler Missionsschwestern.

Dienstmägde Jesu Christi, Arme (*Dernbacher Schwestern, Ancillae Domini, Pauperes Ancillae Jesu Christi, AD*), gegr. 1851 in Dernbach (Unterwesterwald) von dem Dienstmädchen Katharina Kasper (gest. 1898) für Krankenpflege und Mädchenerziehung; von Pius IX. 1870 als Genossenschaft päpstl. Rechts anerkannt; heute etwa 800 Schwestern. – Weit über 100 weibl. Kongregationen (meist des 19./20. Jh.s) führen einen Demutstitel wie Dienerinnen, Dienstmägde, u. a. (lat. *ancillae*, *servientes*, *oblatae*; im Span. auch *Esclavas*, im Engl. *Handmaids*) im Kongregationsnamen; bezogen auf die göttl. Personen (am häufigsten auf Jesus), Maria, Tugenden usw.

Discalceaten (von lat. *discalceatus* »unbeschuht«) → Barfüßer.

Diskretion (von lat. *discretio*), im monast. Kontext Umschreibung für Klugheit, Erfahrung, Menschenkenntnis, Umsicht, Selbstbeherrschung, die gebündelt als Unterscheidungsfähigkeit den Abt auszuzeichnen haben, der es versteht, bei Aufgaben, Strafen, Dispensen usw. jeden Mönch nach dessen Fähigkeiten und Befindlichkeiten zu behandeln, also in allem das richtige Maß zu treffen; daher wird D. in BR 64,19 als Mutter aller Tugenden herausgehoben.

Dispens (von lat. *dispensatio*, mlat. u. a. auch »Befreiung«) bedeutet in der Ordensgesetzgebung Befreiung bzw. Abmilderung von Gesetzen und Vorschriften der jeweiligen Ordenssatzungen. In diesen ist auch die Dispensgewalt der Oberen geregelt. Gegenstand der D. sind normalerweise nur Bereiche, die nicht direkt die → Gelübde berühren; die Dispensgewalt über diese liegt beim Papst.

Disziplin (von lat. *disciplina*) ist im mlat. ein mehrsinniger Begriff; im monast. Kontext generell bezogen auf die regelgemäße → Conversatio (Kurzformel dafür: *disciplina monastica*); im speziellen Sinn Strafe für Regelverstöße und -versäumnisse; in diesem Zusammenhang bedeutet D. auch körperliche Züchtigung und die freiwillige → Geißelung.

Doktrinarier (*Congregatio Patrum Doctrinae Christianae, DC*). Am Anfang standen Gemeinschaften von Priestern und Laien zur Erteilung von Religionsunterricht. Die Klerikerkongregation der D. wurde 1592 in Avignon von César de Bus (gest. 1607) gegr.; 1616–47 mit den → Somaskern vereinigt; wieder verselbständigt, entwickelten sie sich weiter und wurden auch in Italien tätig. 1725 wurde mit den D. die Bruderschaft der *Padri della Dottrina Christiana* vereinigt, die in Rom seit etwa 1560 bestand. Nach Aufhebung der → Jesuiten übernahmen in Frankreich die D. einige Kollegien. Die Revolution löste 1791 alle französ. Häuser auf; in Italien im 19. Jh. eine bescheidene Erneuerung. Im Verlaufe des 19. Jh.s waren allerdings neue Männer- und Frauenkongregationen mit gleicher Zielsetzung (und auch *doctrina christiana* im Namen) in Frankreich und anderswo entstanden. Zudem kamen die zahlreichen Schul- und Lehrorden dem gewachsenen Bedürfnis nach Unterweisung nach.

Dominikanerorden (offizieller Name: *Ordo Fratrum Praedicatorum, OP*; *Orden der Predigerbrüder*, in Engl. *Blackfriars*; seit SpätMA umgangssprachlich *Dominikaner*) ist ein vom hl. → Dominikus gegr. und zu den → Bettelorden zählender, apostolisch tätiger Klerikerverband. Ziel und Grundstruktur noch vom hl. → Dominikus vorgegeben, präzisiert durch seinen Nachfolger Jordan von Sachsen (1222–37). Mit der Verlagerung des Schwerpunktes von Toulouse nach Paris und Bologna Einwurzelung ins Schulmilieu, aus dem sich zunächst der Nachwuchs v. a. rekrutierte, was dem D. ein intellektuelles Profil gab. Durch den päpstl. Auftrag zur Glaubenspredigt wurde das bischöfl. Predigtamt subsidiär im D. institutionalisiert. Auftrag zur und Ausübung der Predigt wurden binnen kurzer Zeit namengebend. Struktur und Verfassung (Konstitutionen) waren bis 1228 weitgehend ausgearbeitet und vom zeitgenössischen Korporationsgedanken geprägt: ortsunabhängiger Personenverband, Generalkapitel als Repräsentant und Gesetzgeber, die Oberen (Generalmeister, Provinz-, Konventsprioren) auf Zeit gewählte Mandatare; Gliederung in Provinzen als relative Selbstverwaltungskörper, denen die Konvente eingebunden sind (1228 gab es 8 Provinzen, 1313 18, 1515 23). Neben die Predigt trat früh die Lehrtätigkeit, sowohl in der für die Ausbildung aufgebauten internen vielstufigen Studienorganisation als auch an den Universitäten. Ein Großteil der Literatur der Schultheologie des SpätMA wurde von Angehörigen des D. verfasst (herausragender Lehrer → Thomas von Aquin, nach ihm ist die theologische Schulrichtung des Thomismus benannt), ebenso der Predigt- und Erbauungsliteratur. – Ausbreitungsstrategie anfangs auf kirchl., polit. und wirtschaftl. Zentren gerichtet; im deutschen Sprachraum bis 1303 96 Konvente, 1303 Abtrennung einer neuen Provinz (Saxonia) mit 47 Konventen. Die Reformbewegung ab 1380 mit beachtlichen Erfolgen in spiritueller und disziplinärer Hinsicht. Mit der Reformation Ende der Präsenz im reformatorischen Europa (in Deutschland starke Verluste), Verlagerung des Schwerpunktes in die romanischen Länder; Ausbreitung auch in Lateinamerika (1510 erster Konvent in San Domingo, heute Hauptstadt der danach benannten »Dominikanischen Republik«). In der NZ gegenüber dem neuen »Leitorden« der → Jesuiten generell Bedeutungsverlust in Kirche und Gesellschaft. Die verschiedenen Säkularisierungswellen ließen vom D. nur noch Reste übrig, die in einem mühsamen Vereinigungsprozess revitalisiert und zusammen mit Neugründungen zu einem relativen numerischen und qualitativen Aufschwung führten (bes. in Frankreich und Spanien). In Deutschland Gründungsversuche seit 1856, durch den → Kulturkampf schwere Rückschläge, erst 1895 eine Provinzgründung. 1966 hatte der D. fast 10 000 Mitglieder; um 2000 waren es nur noch etwa 6300 in 38 Provinzen und 11 Vikariaten.

Dominikanerinnen. Nach Entstehung, Lebensweise und Aufgabe gehören dazu 3 Gruppen: **1.** *Monastische Gemeinschaften* (*Moniales OP*; früher II. Orden genannt). Basis bildeten die vom hl. → Dominikus formierten Gemeinschaften in Prouille, Rom (→ San Sisto), Madrid, dazu der 1221/23 entstandene Konvent in Bologna. Sie befolgten die AR und die adaptierten Konstitutionen des → Dominikanerordens und wurden von diesem seelsorglich betreut. Die klausurierte und kontemplative Lebensweise übte auf die Frauenbewegung der Zeit starke Anziehungskraft aus. Viele → Beginen-Gemeinschaften suchten Anschluss bei → Zisterziensern, → Prämonstratensern, → Minoriten und → D. Trotz großer Widerstände seitens des Ordens gelang – bes. in Deutschland – zahlreichen Gemeinschaften der Anschluss an den Orden und Gleichstellung mit den 4 ersten Klöstern und damit die → Inkorporation, die ab 1267 von den Generalkapiteln genehmigt werden musste. Von den 1277 bestehenden 58 D.-Klöstern lagen 40 im Bereich der deutschen Dominikanerordensprovinz, 1358 von 158 Klöstern 74; inzwischen verstärkte Zunahme im SpätMA in Italien und Spanien. Die D. bildeten untereinander keine Verbände, waren nicht auf den Generalkapiteln vertreten; jedes Kloster war selbständig und stand unter der Aufsicht des jeweiligen Provinzials. Bes. in Deutschland waren die D. im SpätMA wichtige Rezipienten und Verbreiter der Erbauungsliteratur, in einigen Konventen blühte zeitweise auch die Mystik. Durch Reformation zuerst, dann durch die Säkularisationswellen im 18./19. Jh. starke Dezimierung (in Deutschland blieben Regensburg und Bamberg bestehen); Wiederanwachsen im Verlauf des 19. und beginnenden 20. Jh.s. Die 2002 bestehenden 225 Klöster mit etwa 3500 Nonnen sind meist in Föderationen zusammengeschlossen; durch Lockerung der Klausurvorschriften haben D. teilweise auch erzieherische und apostolische Aufgaben übernommen. – **2.** *Klausurierte Gemeinschaften* (früher: *Monasteria sororum tertii Ordinis*, *Klöster der Schwestern vom Dritten Orden*); meist im SpätMA entstandene Klöster unter bischöfl. Jurisdiktion, durch die Drittordensregel als Terziaren Bezug zum Dominikanerorden. Die Übernahme apostol. Aufgaben erfolgte meist erst im 19. Jh., verbunden mit Lockerung des Klausurstatus. Derzeit gibt es noch 11 voneinander unabhängige Klöster (6 davon in Deutschland). – **3.** *Kongregationen* (*Congregationes sororum Familiae dominicanae*). Sie entwickelten sich aus Terziarengemeinschaften mit und ohne Klausur, aus Umwandlung von Monasteria, v. a. durch Neugründungen im 19./20. Jh. Zurzeit gibt es noch 85 Kongregationen päpstl. Rechts und noch mehr solche bischöfl. Rechts unterschiedlicher Größe mit zusammen über 30 000 Sorores. Der Bezug zum Dominikanerorden beruht nicht auf rechtlicher, sondern spiritueller Bindung sowie praktischer Zusammenarbeit; beides ausgedrückt im Begriff *Familia dominicana*. Die Aufgaben der Kongregationen sind den verschiedenen sozialen und kirchlichen Bedürfnissen angepasst (Krankenpflege, Schule, pastorale Dienste). Die einzelnen Kongregationen sind je nach Größe verschieden organisiert und haben ein Mutterhaus mit einer Generaloberin an der Spitze. – Daneben gibt es noch etwa 20 Säkularinstitute. In den noch ungefähr ein Dutzend neuen Gemeinschaften mit neuen Lebensformen und Arbeitsweisen spiegeln sich sowohl Krise als auch Erneuerungsversuche der überlieferten Institutionen der *Familia dominicana* und des Dominikanerordens.

Laiengemeinschaften der D. (*Fraternitates laicales*). Diese Bezeichnung hat seit dem Generalkapitel 1974 den Namen »Dritter Orden des hl. Dominikus« (→ Terziaren) abgelöst. Die Anfänge im MA entwickelten sich aus an Konventen entstandenen und betreuten Frauengemeinschaften und Bruderschaften mit verschiedenen Zielen. Eine auf Vereinheitlichung und religiöse Vertiefung zielende Regulierung nach dem Vorbild der → Franziskaner-Terziaren erfolgte erst gegen Ende des 14. Jh.s mit einer unter dem Namen des Ordensmeisters Munio de Zamora laufenden und auf 1285 datierten Regel (*Regula Tertii ordinis feminarum et virorum* bzw. *Regula fratrum et sororum Ordinis de poenitentia S. Dominici*). Auf dieser den rechtlichen Bezug zum Dominikaner-Orden herstellenden Basis bildeten sich verschiedene Lebensformen: **1.** Klösterlich lebende Tertiarengemeinschaften von (eher wenigen) Männern und (sehr zahlreich) von Frauen, auch → Mantellatinnen genannt mit meist sozialen Aufgaben; in der beginnenden NZ allerdings oft Klausurierungstendenzen (→ Dominikanerinnen). – **2.** In der Welt lebende und bruderschaftlich organisierte Gruppen mit weibl. und männl. verheirateten oder/und ledigen Mitgliedern in unterschiedlicher Dichte in den einzelnen Ländern. Wandel in Selbstverständnis, Funktion, Bezug zum Dominikanerorden spiegeln sich in Namensänderung und neuer Regel (1987).

Dominikus, Gründer des → Dominikanerordens, geb. um 1170 in Caleruega (Kastilien), Studium an der Domschule Palencia, 1196 Kanoniker im reformierten Domstift Osma. Bei einer diplomatischen Reise mit Bischof Diego von Osma im königl. Auftrag waren beide von der religiösen Zerrüttung in Südfrankreich durch die → Katharer betroffen. Mit Gutheißung des Papstes waren beide dort ab Sommer 1206 als Prediger zur Festigung des Glaubens und Bekehrung der Katharer tätig. Nach dem Tod Diegos (30. 12. 1207) setzte D. das Bekehrungswerk fort. D. und seine Gefährten wurden vom Bischof von Toulouse im Sommer 1215 zu Predigern der Diözese Toulouse bestellt und organisierten sich bald darauf als Kanonikergemeinschaft mit der AR an einer ihnen vom Bischof überlassenen Kirche in Toulouse. Honorius III. bestätigte am 22. 12. 1216 mit einem dafür üblichen Formular die von D. geleitete Tolosaner Kanonikergemeinschaft. Für D. war diese Bestätigung wahrscheinlich nur die rechtliche Basis für einen überdiözesanen Predigerverband. Die Aussendung der Brüder ab Sommer 1217 sowie die von D. veranlassten päpstl. Empfehlungsschreiben der Prediger waren wichtige Schritte dazu. Am weiteren Ausbau des entstehenden Ordens war D. unermüdlich tätig; zwischen 1216/17 bis 1221 Erarbeitung von Konstitutionen, Predigttätigkeit v. a. in den sich bildenden Zentren Paris und Bologna. Im päpstl. Auftrag 1220/21 engagiert in der Reform des stadtrömischen Frauenklosters → San Sisto (→ Dominikanerinnen). Mitten im Aufbauwerk starb D. am 6. 8. 1221 in Bologna. – Ihn zeichnete bei der Ordensgründung umsichtige Planmäßigkeit aus; geformt vom Lebensstil der Reformkanoniker war D. von demütiger Liebenswürdigkeit, voll Eifer für das Seelenheil der Menschen. Die Begegnung mit den Katharern war für ihn so etwas wie ein »Berufungsschock«.

Domkapitel (-kapitulare, -herren) heißt das an Domkirchen eingerichtete und korporativ verfasste Klerikerkollegium; Satzungen, Rechte und Pflichten waren im Laufe der Jahrhunderte starken Wandlungen unterworfen. In Bezug auf Lebensweise und Status s. → Kanoniker, Säkular-, Regularkanoniker; nicht wenige D. waren im MA reguliert (z. B. Salzburg bis ins beginnende 16. Jh.). – Da Kirchen mit Bischofssitzen eigentlich Kathedralen heißen, spricht man auch statt von D. von Kathedralkapitel.

Donati → Oblaten.

Donatus, geb. 590/597, aus hochadeliger Familie, von → Columban in Luxeuil erzogen und Mönch geworden;

als Bischof von Besançon (Visontio) gründete er als Familiengrablege in Besançon das Kloster St. Paul, zusammen mit seiner Mutter um 636 das Frauenkloster Jussa-Moutier, für deren Gemeinschaft er eine Regel verfasste (*Regula ad virgines*; genannt auch *Regula Donati*). D. starb um 660.

Don-Bosco-Schwestern → Salesianer Don Boscos.

Doppelklöster; Ordnungsbegriff für Gemeinschaften von Männern und Frauen, die unter gemeinsamer Autorität, Regel und in Gütergemeinschaft an einem Ort zusammenlebten. D. entstanden im Osten, breiteten sich seit dem 6. Jh. im Westen aus (bes. Spanien und England). Kirchl. und weltl. Gesetzgebung verbot öfters D. Im 11./12. Jh. kam es zu einer modifizierten Neubelebung: In einem Baukomplex, doch die eine Gruppe der anderen untergeordnet (→ Fontevrault, → Birgittenorden); häufiger gemeinsame Leitung, aber räumliche Trennung der Gruppen (→ Prämonstratenser). – Die → Gilbertiner waren eher ein Doppelorden. – Neuerdings nach dem Ideal der »Geschwisterlichkeit« Neubelebungsversuche mit D. – D. nennt man zuweilen auch frühma. Männerklöster, die, räumlich getrennt, von einem Abt geleitet wurden. Solche »Personalunionen« hingen mit dem → Eigenklosterwesen zusammen.

Dormitorium (lat.); Bezeichnung für den gemeinsamen Schlafraum eines Klosters, der in den Coenobien von den Anfängen an üblich war (vgl. BR 22,1.3); nur für Abt und Kranke waren Einzelzellen vorgesehen. Das in Einzelzellen als Schlaf-, Studier- und Gebetsraum unterteilte D. kam zuerst bei den → Dominikanern auf und wurde im Verlaufe des SpätMA von den meisten Orden (auch den Zisterziensern) übernommen. Der Name D. (im Deutschen auch Dorment) für diesen Zellentrakt blieb noch lange üblich.

Dunstan von Glastonbury, geb. um 909, nach 934 Mönch, um 940 Abt von Glastonbury, 957 Erzb. von

Canterbury. Nach dem Niedergang des angelsächs. Mönchtums im 9. und 10. Jh. war D. führend an der Erneuerung des engl. Mönchtums und dessen ausschließlicher Bindung an die BR beteiligt. Das dafür grundlegende Gesetzeswerk, die auf der Synode von Winchester (970/993) verabschiedete *Regularis Concordia* ist von ihm nicht verfasst, vielleicht aber beeinflusst worden. D. starb 988.

E

Ehelosigkeit (der Religiosen) → Evangelische Räte, → Keuschheit, → Zölibat.

Eigenkloster. Im Gefüge des frühma. Eigenkirchenwesens gab es auch das E. Der adelige Stifter, der auf eigenem »Grund und Boden« ein Kloster stiftete, hatte sachen- und personenrechtliche Befugnisse gegenüber Kloster und Konvent. Dazu gehörten Ernennung des Abtes und materielle Nutzungsrechte, im Gegenzug hatte der Eigenherr »Schutz und Schirm« auszuüben. E.-Herren konnten auch Äbte sein, die auf geschenktem oder ererbtem Besitz ein Kloster oder mehrere gründeten (eine Art familialer Klosterverband, → Doppelklöster). Auch die Vergabe an → Laienäbte hängt mit der Vorstellung von Nutzungsrechten am E. zusammen. Die Reformbewegungen des 11./12. Jh.s zersetzten das E.; übrig blieben → Vogtei und Patronat.

Eigentum. Im Blick auf das Ordenswesen ist zu unterscheiden zwischen persönl. und gemeinschaftl. E. Als Selbstversorger waren in Antike und FrühMA Klöster auf Besitz und Eigentum angewiesen. Radikale Armutsforderungen führten immer wieder zu Verzicht auf Besitz, zu Existenzsicherung durch Bettel und Arbeit (→ Bettelorden). Im Verlaufe der Zeit wurde das Besitzverbot jedoch bei allen ursprünglich darauf verpflichteten Verbänden gelockert oder überhaupt aufgegeben. – Im Blick auf den einzelnen → Religiosen (bzw. die Religiose) gilt jedoch in Instituten mit feierlichen Gelübden das persönliche Eigentumsverbot grundsätzlich. In BR 33,1 wird Eigentum des Mönches als auszurottendes Laster bezeichnet. »Alles sei allen gemeinsam, wie es in der Schrift heißt, so daß keiner etwas sein Eigentum nennt oder es als solches beansprucht« (33,6). Eigentumslosigkeit freiwilliger Armut wird als Nachfolge Christi verstanden (vgl. 2 Kor 8,9 u. ö.). Die Anwendung des Eigentumsverbots und des Gebrauchs von materiellen Dingen (→ Peculium) sah im Verlaufe der Zeiten verschieden aus und wird auch heute sehr unterschiedlich gehandhabt. → Armut.

Einkleidung (lat. *vestitio*, *investitio*), Bezeichnung für Übergabe und Bekleidung mit dem Ordensgewand im Rahmen einer liturgischen Feier. Mit der Einkleidung ist der Beginn des → Noviziats verbunden.

Einsiedler → Anachoret, → Eremit.

Einzelzelle → Dormitorium.

Elias. Im ostkirchl. Mönchtum wurde der Prophet E. (1 Kg 18,19–46) als Urvater des Eremitentums hoch verehrt. Im Westen wurde ihm nur bei den → Karmeliten eine ähnliche Verehrung zuteil.

Elisabethinnen. Name für verschiedene in Kranken- und Armenpflege tätige Schwesterngemeinschaften, die in der hl. Elisabeth von Thüringen (1207–31), die von Gregor IX. bereits 1235 heilig gesprochen wurde, ihr Vorbild sahen. Die E. im MA waren franziskanisch geprägt, lebten in verschiedenen Gemeinschaftsformen und gehörten zum weibl. → Semireligiosentum, das im SpätMA mit der Annahme der Regel der → Franziskaner-Terziaren verklösterlichte. Nach dieser Regel leben auch nztl. E. Zahlreiche Gründungen in Mitteleuropa gehen auf Apollonia Radermecher (gest. 1626) zurück, die, vom Lütticher Bischof und den Aachener Franziskanern unterstützt, 1622 in Aachen eine Schwesternkongregation zur Krankenpflege gründete (*Hospitalschwestern der hl. Elisabeth vom Dritten Orden des hl. Franziskus*). Von den in breiter Streuung im 17./18. Jh. entstandenen Filialen haben sich die meisten im 19. Jh. von Aachen getrennt und sind selbständige Häuser geworden; in Österreich z. B. die im Volksmund genannten *Lieserln* in Wien, Graz, Klagenfurt und Linz. Die Aachener Kongregation (bischöfl. Rechts) zählte 1970 noch 9 Häuser mit 200 Schwestern. Unabhängig von Aachen sind die *Barmherzigen Schwestern von der hl. Elisabeth* mit Mutterhaus in Essen, aus zwei Beginenkonventen hervorgegangen, die sich 1843 zusammenschlossen. – Den größten Verband der E. bilden die *Schwestern von der hl. Elisabeth* (früher genannt *Graue Schwestern von der hl. E.*), gegr. 1842 von Maria Merkert (gest. 1872), u. a. Frauen zur ambulanten Krankenpflege in Neisse (Schlesien), seit 1871 päpstl. Rechts. Die Kongregation hatte einen rapiden Aufschwung und verbreitete sich weltweit (1938 hatte sie 4827 Schwestern in 519 Häusern); 1973 Teilung in 14 Provinzen. Die deutsche Provinz (Verwaltungssitz Reinbek) hatte durch Krieg und Vertreibung große personelle Verluste erlitten. Die Gesamtkongregation zählte um 2000 noch etwa 1800 Schwestern. – Weltweit gibt es noch 7 weitere Gemeinschaften mit meist geringer Mitgliederzahl.

Englische Fräulein (*Institutum Beatae Mariae Virginis, IBMV*, seit 2004: *Congregatio Jesu, CJ*), zur Gründungszeit in Rom auch Jesuitinnen, heute Maria-Ward-Schwestern genannt; eine Kongregation für Erziehung, Schule und andere apostolische Aufgaben. Der Name E. F. kam auf, als sich das Vorhaben einer weibl. »Gesellschaft Jesu« nicht durchsetzen ließ. Maria Ward (1585–1645) aus England, gründete in St. Omer (1609/10) ein Institut zur Mädchenerziehung und Bildung nach dem Vorbild der → Jesuiten (ohne Klausur, Habit, nur einfache Gelübde). Aufschwung und Verbreitung wurden durch die von Urban VIII. 1631 verfügte Aufhebung unterbrochen. Fortgeführt wurden jedoch unter dem Schutz der Bischöfe von Freising und Augsburg die Häuser in München und Augsburg. 1703 oktroyierte Clemens XI. den weiter existierenden E. F. eine »Regel«. Das Amt einer Generaloberin wurde nach langem Streit (1743/49) von Benedikt XIV. 1749 anerkannt. Die inzwischen entstandenen zahlreichen Häuser bildeten jedoch keinen geschlossenen Verband, sondern blieben in lockerer Verbindung untereinander.

Anfangs präsent nur in Deutschland (bes. Bayern), breiteten sich die E. F. weiter aus (1686 sogar in York eine Niederlassung), im 19. Jh. dann weltweite Verbreitung. 1877 allerdings erst die volle päpstl. Approbation (Pius X. erlaubte 1909 den E. F. Maria Ward als Stifterin zu nennen). 1978 durften sie die ursprüngl. ignatianischen Konstitutionen annehmen! 1953 erfolgte der Zusammenschluss der Generalate St. Pölten (Österreich) und Mainz mit dem von Rom. Der Verband umfasst 21 Provinzen in Europa und Übersee mit über 2100 Mitgliedern. – Selbständig ist der irische Zweig, der in zwei Kongregationen der → Loreto-Sisters fortbesteht.

Eremit (von griech. ἐρῆμος »einsam, öde, abgesondert«; ἐρημία »Einsamkeit, Wüste, Öde«; latinisiert *eremita* »Einsiedler«), synonyme Bezeichnung für → Anachoret; urspr. bei diesem das abgesonderte Alleinsein, beim E. der Aufenthalt in der »Wüstenei« betont. Im Westen setzte sich die lat. Bezeichnung Eremita durch, in der deutschen Übersetzung Einsiedler Hervorhebung des Alleinseins.

Eremitentum. Trotz der starken Vorbehalte des coenobitischen Mönchtums gab es auch in der westlichen Kirche in Spätantike und MA das E. In der → Peregrinatio pro Christo des irischen und noch des angelsächsischen Mönchtums kam es zu einer eigenwilligen Verbindung von Mönch als Eremit und Missionar; im noch lange byzant. geprägten Süditalien war das E. verbreitet und hatte z. B. in → Sabas d. J. einen bedeutenden Vertreter. Durch → Romuald und Petrus Damiani mit ihren Mönchsiedlungen wirkte das E. auf die Benediktiner ein. Einsiedler als »Waldbrüder«, die sich gelegentlich auch zu losen landschaftlichen Verbänden zusammenschlossen, gab es in größerer Zahl bis zu den Aufhebungen Ende des 18. Jh.s, in geringer Zahl noch bis ins 20. Jh. in ländlichen Gegenden. In Bayern gab es z. B. eine 1686 gegr. und 1804 aufgehobene Eremitenkongregation, deren Mitglieder in abgelegenen Gegenden katechet. und schul. Unterricht erteilten. 1843 kam es in Bayern zu einer neuen Eremitenverbrüderung von Klausnern, die Franziskanerterziaren waren. Inzwischen scheinen mit dem Tod der letzten Brüder die Klausen verlassen zu sein.

Erzabt, -abtei; Titel eines Abtes, der in Personalunion mit der Leitung seiner Abtei (= Erzabtei) Vorsitzender der von dieser Abtei aus entstandenen Kongregation ist, wie z. B. St. Ottilien (→ Ottilianer), Pannonhalma (Ungarn), Prag-Břevnov; nur noch Ehrentitel für Abt und Abtei: → Beuron, ebenso → Monte Cassino u. a.

Escorial (*Real monasterio de S. Lorenzo de El Escorial*) nördl. von Madrid, 1563 von Kg. Philipp II. als Residenz, Grablege und → Hieronymitenkloster gegr. Der E. wirkte vorbildhaft auf verschiedene barocke Klosteranlagen; z. B. auf den von Karl VI. als Residenzkloster 1730 begonnenen Neubau von Klosterneuburg (bei Wien).

Essen und Trinken → Mahlzeiten.

Eucharistiner (*Societas Sanctissimi Sacramenti, SSS; Priester vom allerheiligsten Sakrament*), gegr. 1856 in Paris vom Priester Pierre Julien Eymard (gest. 1868) als Kongregation zur bes. Verehrung des Altarsakramentes durch → »Ewige Anbetung« und andere Formen (häufige Kommunion); die päpstl. Bestätigung erfolgte 1863. Durch den Wandel im Eucharistieverständnis Neuformulierung der Aufgabe im Dienste der eucharistischen Frömmigkeit. Die international verbreiteten E. hatten um 2000 noch knapp 1000 Mitglieder. – Streng kontemplativ ausgerichtet (»Ewige Anbetung«) sind die ebenfalls von Eymard 1858 in Angers gegr. *Eucharistinerinnen* (*Dienerinnen des allerheiligsten Altarsakramentes*), die 1871 päpstl. bestätigt wurden. – Eucharistische Gemeinschaften von Frauen mit gleicher und/oder apostolischer Ausrichtung, gegr. im 19. und 20. Jh., gibt es weltweit noch zahlreiche andere (→ Ewige Anbetung).

Eudisten (*Congregatio Jesu et Mariae, CJM*); Gemeinschaft des apostolischen Lebens, gegr. 1643 zu Caen (Normandie) von dem Oratorianer Jean Eudes (gest. 1680) für Volksmission, v. a. für Priesterausbildung (Seminare) und -betreuung. Statuten bestätigt 1674 durch Clemens X., rasche Verbreitung in Frankreich; in der Revolution 1791 aufgehoben, 1826 wieder begründet, von 1903 bis 1918 aus Frankreich ausgewiesen, seither auch in Nord- und Südamerika tätig in 66 Häusern mit 523 Mitgliedern.

Die *Eudistinnen* (*Ordre de Sœurs de Notre Dame de Charité du Bon Pasteur*); gegr. 1636 von Eudes in Caen, 1651 bischöfl., 1666 päpstl. Bestätigung. Nach dem Vorbild der → Visitantinnen bemühten sich die E. in ihren klausurierten Häusern, gefallene Mädchen zu rehabilitieren. Die nach der Revolution wieder erstandenen Klöster waren zunächst wieder voneinander unabhängig, über lokale Zusammenschlüsse kam es zur Föderation der Klöster in Frankreich, 1979 in den USA; diese mit 102 Schwestern in 14 Häusern, jene in 48 mit etwa 400 Schwestern. → Guthirtinnen.

Eusebius von Vercelli, Bischof von V. (345–371), von der monastischen Lebensweise geprägt, den erhaltenen Zeugnissen nach der erste Bischof im Westen, der für seinen Klerus das Gemeinschaftsleben einführte.

Eustathios von Sebaste, geb. vor 300, wichtiger Initiator des kleinasiatischen Mönchtums vor → Basilius, mit dem er befreundet war. E. war in früheren Jahren Anhänger eines rigorosen Asketismus und scharfer Kirchenkritiker. Auf mehreren Synoden wurde er deshalb verurteilt; um 365 jedoch Bischof, der sich um Integration des enthusiastisch-asketischen Flügels im Mönchtum Kleinasiens in die Kirche bemühte. Er starb nach 377. Wie weit die *Eustathianer* zu Recht nach E. benannt wurden, ist umstritten. Zu den radikalen Wortführern dieser Protest- und Freiheitsbewegung, die alles Institutionelle in Gesellschaft und Kirche, also nicht nur Besitz und Amt, sondern auch Ehe und Familie, verwarfen, gehörte E. nicht.

Euthymios der Große, geb. um 377 in Armenien, war ein

wichtiger Vertreter des palästinensischen Mönchtums. Um 405 kam er nach Jerusalem mit seinem Freund Theoktistos, beide zogen sich in die judäische Wüste zurück und gründeten 411 bei Pharan eine koinobitische Gemeinschaft mit Theoktistos als Abt; wegen des großen Zulaufs 3 weitere Klöster gegr. E. hatte einen großen Schülerkreis, von dem Impulse zu neuen Gründungen ausgingen. Das ihm zugeschriebene → Typikon spiegelt wohl die in seinen Gründungen üblichen monast. und liturg. Gebräuche. E. lebte später als Einsiedler und starb 437.

Evagrius Ponticus (Evagrios Pontikos), geb. um 345 in Pontos, war ab 379 im Kirchendienst in Konstantinopel, 382 in Jerusalem, ab 383 Mönch in der → Nitrischen Wüste; befreundet mit verschiedenen Wüstenvätern, wurde E. selber zu einem gesuchten geistlichen Vater. Er hielt die mündliche asketische Tradition des ägypt. Mönchtums schriftlich fest. Sein Schrifttum ist stark geprägt von der alexandrinischen Theologie (bes. von → Origenes). Für seine (komplizierte) Theorie über das monastische Leben sind besonders wichtig: *Rerum monachorum rationes*; *Tractatus ad Eulogium*; von den Sentenzensammlungen die *Sententiae ad monachos* und *Sententiae ad virgines*; dazu die Abhandlungen *Practicus*, *Antirrheticus* sowie *Gnosticus*. Ziel des monast. Lebens ist nach E. P. die θεωρία (»Gotteserkenntnis«), der Weg zu dem »gnostischen Leben« führt über ἀπάθεια (»Leidenschaftslosigkeit«) und ἡσυχία (»Ruhe«); am Anfang steht die Askese, die Loslösung von den πράγματα, den Dingen dieser Welt. E. P. starb 399.

Evangelische Räte, damit sind die drei → Gelübde → Armut, → Ehelosigkeit, → Gehorsam gemeint, deren freiwillige Übernahme den konstitutiven und substantiellen Teil des Ordenslebens in den Instituta religiosa der kath. Kirche ausmacht. Die E. R. werden verstanden als konkreter Ausdruck der Nachfolge Jesu, wie sie von der Urgemeinde an von einzelnen Menschen befolgt wurden und entsprechenden Ausdruck fanden. Zur biblischen Fundierung wird auf Schriftstellen verwiesen: Armut (Mk 7,7ff.; 10,21f.; Mt 5,3; 19,21), Ehelosigkeit (Mk 10,29 par.; Mt 10,37; 19,10ff.; 1 Kor 7,7f. 25–39), Gehorsam (Mk 9,35; 10,43 par.; Mt 23,12; Lk 14,11; 18,14; Joh 4,34 u. a.). In enthusiastischen Bewegungen wurden immer wieder die E. R. (bzw. Ehelosigkeit und Armut) als Forderung an alle erhoben bzw. als wahre Christen nur ihre Befolger angesprochen. Diese Auffassung reichte weit ins Mönchtum hinein. In der damit verbundenen Auseinandersetzung wurden die Forderungen als Rat (*consilium*) im Unterschied zu den alle Christen verpflichtenden Geboten (*praecepta*) ausgegeben sowie die alle verpflichtende Liebe als Maß der Vollkommenheit herausgehoben. Die ma. Strukturierung der Gesellschaft nach Ständen und damit verbundenen Rängen ließ jedoch den Ordensstand mit den E. R. als den »besseren« erscheinen. Die Trias der E.n R. wurde in den Formeln der → Profess expressis verbis erst seit dem beginnenden 13. Jh. zitiert, in den Professformeln ohne die E.n R. sind diese von der Sache her immer mitgemeint.

Ewige Anbetung. Die stille oder liturgische Anbetung des »Allerheiligsten Altarsakramentes« war eine typische Form nztl. kath. Frömmigkeit. Als → Laus perennis lässt sich ihre formale Struktur bis ins FrühMA zurückverfolgen; die in der Monstranz ausgesetzte konsekrierte Hostie als Gegenstand individueller und gemeinschaftlicher Anbetung (durch Pfarreien, Bruderschaften, Orden) erst in der NZ. Eine Reihe von Ordensgemeinschaften widmete sich der Verbreitung bzw. stellte sich selber in den Dienst der E.n A. in dem betreffenden Kloster; meist wurde diese Primäraufgabe mit sozial-karitativen und erzieherischen verbunden. Direkt zur E.n A. gegr. sind die *Benediktinerinnen von der E.n A. des hlss. Sakramentes*, die in strenger Klausur leben. Erstes Kloster in Paris 1653, rasche und dichte Ausbreitung in Frankreich. Nach der Revolution

Revitalisierung und Verbreitung in Europa und Übersee; 2002 gab es noch 775 Nonnen in 45 Klöstern, die in 6 Föderationen zusammengeschlossen sind (die deutsche mit 8 Klöstern). – Gleicher Aufgabe dienen die kontemplativ lebenden *Adoratrices perpetuae ss. Sacramenti* (genannt auch *Sacramentinae*); gegr. 1807 in Rom von Catarina Sordini (gest. 1827), approbiert 1821. Ziemlich bald über Italien hinaus in Europa und Übersee verbreitet (Innsbruck 1849); derzeit gibt es über 1000 Nonnen in 62 selbständigen Klöstern, die in Unionen untereinander verbunden sind. 44 Klöster mit 743 Nonnen zählen die 1854 in Frankreich gegr. und mit den Kapuzinern verbundenen *Franciscaines du très saint Sacrement de Troyes*; zu weiteren Verbänden s. → Steyler Anbetungsschwestern, → Eucharistiner, → Picpus; E. A. als Hauptaufgabe gibt es auch bei den Schwestern vom → Kostbaren Blut. – Über 20 meist im 19. und 20. Jh. entstandene weibl. Kongregationen, die sich auch sozial-karitativen und erzieherischen Aufgaben widmen, führen E. A. des Altarsakramentes im Namen. Den größten Verband bilden die 1908 gegr. *Sisters of Adoration of the Blessed Sacrament* in Kerala/Indien mit etwa 4300 Schwestern. Die weltweit verbreitete 1856 gegr. span. Kongregation der *Esclavas del ssmo. Sacramento y de la caridad* (*Sisters Adorers*), früher bei 3000 Schwestern, zählen derzeit noch etwa 1500.

Exemtion (lat. »Herausnahme«) ist im Kirchenrecht die Umschreibung für die Herausnahme von Personen, Institutionen und Gebieten aus der Amtsgewalt des zuständigen Jurisdiktionsträgers (in der Regel des Bischofs) sowie den damit verbundenen Bezug direkt zur päpstl. Jurisdiktion. Um diesen Bezug geht es in der E. von Klöstern und Ordensverbänden. Im FrühMA zunächst vereinzelt und nur partielle E.; kraft päpstl. Privilegs Erweiterungen bis zur vollständigen E. in allen geistl. und weltl. Bereichen. In → Cluny wohl erstmals eine solche E. Hinweise auf frühere E. wie in → Fulda (751) beziehen sich nur auf partielle E.

Ausweitung der E. im Verlaufe des MA auf alle päpstl. approbierten Orden. Über die E. der Orden und Klöster gab es im MA laufend Streitigkeiten mit Bischöfen und Weltklerus. Das Trienter Konzil schränkte die E. der Orden ein; noch stärker das II. Vatikanische Konzil. Ihnen wird jedoch ihr Eigenrecht (*iusta autonomia*) im CIC/1983, in dem der Begriff E. nicht mehr vorkommt, zugestanden.

Exerzitien (von lat. *exercitium* »Übung«) umschreibt in einem weiten Sinn das monastische Leben als geistliche Übung (*exercitium spirituale*) überhaupt; in der BR 1,45 als »Schule für den Dienst des Herrn« bezeichnet; im engeren Sinn sind E. methodische Anleitung zur Führung eines geistl. Lebens; im engen Sinn des Wortes bezogen auf die 30-tägigen E. des hl. → Ignatius. In diesen E. geht es unter der Anleitung eines E.-Meisters um die Erfahrung der persönlichen Berufung zur Nachfolge Jesu und der Findung des dazugehörenden persönlichen Weges. Bei den → Jesuiten sind am Beginn und Ende der Ausbildung diese E. verpflichtend. In vereinfachter und verkürzter Form prägten die E. bis in die jüngste Vergangenheit das geistl. Profil von Ordensleuten, Weltpriestern und engagierten Laien. – Für Einrichtung und Unterhalt von E. wurden im 17./18. Jh. auch Vereinigungen frommer Frauen gegründet. So gehen auf diese Initiativen die noch bestehenden *Sœurs de la Retraite Chretienne* mit 87 und die *Congrégation de la Retraite* mit 287 Schwestern, beide in Frankreich, zurück.

Exklaustration (von mlat. *exclaustrare*) bezeichnet die durch Dispens bzw. Privileg von der zuständigen Instanz (Bischof bzw. Papst) einer Ordensperson gewährte Erlaubnis, außerhalb der Gemeinschaft seines Ordens auf Zeit oder dauernd zu leben. Bestimmte Rechte und Pflichten bleiben bei der E. gültig; diese verfallen erst durch die → Säkularisation, d. h. Wechsel vom Ordenspriesterstand in den der Weltpriester bzw. bei Nichtordinierten durch Zurückversetzung in den Laienstand.

Exkommunikation (von lat. *communicare* »teilnehmen, Gemeinschaft haben«) war im antiken und ma. Mönchtum eine bes. schwere Strafe; zeitweiliger Ausschluss aus dem Gemeinschaftsleben, mit dem Ziel der Besserung des Delinquenten, also eine sog. Medizinalstrafe. Diese E. ist nicht zu verwechseln mit der E. als kirchenrechtl. Zensur im Gewissensbereich bzw. öffentl. verhängten E. (= Kirchenbann).

F

Fasten (von mhd. *veste*, *vest*, »nicht weich, fest, beständig, standhaft«) bezeichnet die teilweise bzw. vollständige Enthaltung von Nahrung zu bestimmten Zeiten. Im strengen Sinn bezieht sich F. auf die Nahrungsenthaltung (lat. → *ieiunium*), in einem weiteren Sinn nur auf die Enthaltung bestimmter Speisen, z. B. von Fleisch (→ Abstinenz). Das Mönchtum übernahm die F.-Praxis der kirchl. Gemeinden, steigerte sie, motiviert durch ihr Selbstverständnis als Büßer und Asketen, sowie durch die von den leiblichen Bedürfnissen abgehobene Darstellung einer eschatologischen Existenz (engelgleiches Leben). In Bezug auf die Abstinenz wurde der Katalog der »verbotenen« Speisen ausgeweitet; in Bezug auf das *ieiunium* die Tage, Wochen und Monate (kleine und große Fastenzeit). Die Konstitutionen der einzelnen Orden und Verbände sowie die allgemeinen kirchl. Fastenordnungen waren dafür maßgeblich. Neben dem exzessiven F. asketischer Rigoristen gab es die um Mäßigung bemühte Richtung, wozu die BR zählte. Wie die allgemeinen kirchlichen F.-Vorschriften wurden auch die der Klöster und Ordensverbände im Verlaufe der NZ generell gemildert – wie überhaupt alle »asketischen Leistungen« im Religiosentum gegenüber den apostolischen Diensten an Gewicht verloren. Dieser »Paradigmenwechsel« ist durch die Anstöße des II. Vaticanum noch offenkundiger geworden.

Fegfeuer; volkstüml. Name für den Reinigungsort (lat. *purgatorium*) als räumliche und zeitliche Veranschaulichung postmortaler Läuterung seit dem HochMA entwickelt. Solidarische Fürbitte der Lebenden für die Verstorbenen gehörte im Mönchtum und Religiosentum zu den herausgehobenen Pflichten, vollzogen in den verschiedenen Formen des → Totengedächtnisses. Aus diesem Grunde kam es auch im 19. Jh. kaum zu Ordensgründungen mit speziellem Bezug zu F. und den damit verbundenen Aufgaben. Die einzig größere diesbezügl. Kongregation päpstl. Rechts ist die der 1873 in Paris gegr. *Sœurs Auxiliatrices des âmes du Purgatoire* (*Helferinnen der Armen Seelen im Fegfeuer*), die, weltweit verbreitet, derzeit noch 738 Schwestern in 134 Niederlassungen hat (in Wien seit 1897). Neben dem Fürbittgebet sind die Schwestern in Krankenpflege, Sterbebegleitung und verschiedenen apostol. Aufgaben tätig. Eine Kongregation gleichen Namens wurde 1892 in Warschau gegr.; sie zählt 102 in Polen und Litauen tätige Schwestern.

Felizianerinnen (*Congregatio Sororum S. Felicis, CSSF*), 1834 in Warschau gegr., zunächst im polnischen Raum, dann auch unter den polnischen Auswanderern tätig in Erziehung und sozial-karitativen Diensten. Der mit den Kapuzinern verbundene internationale Großverband zählt etwa 2200 Schwestern und ist in 12 Provinzen gegliedert.

Ferreolus, Bischof von Uzès, gründete um 553–581 ein Kloster, für das er eine Regel nach dem Vorbild der Regel des → Caesarius von Arles verfasste. F. starb 581.

Feuillanten, ein Reformorden der Zisterzienser, benannt nach dem Kloster Le Feuillant (bei Toulouse), das Abt Jean de la Barrière (gest. 1600) reformierte durch Einführung der ursprünglichen – in Einzelheiten auch verschärften – Lebensweise von → Cîteaux. Sixtus V. bestätigte 1586 die Reform. Nach rascher Rezeption in anderen Klöstern 1592 Trennung vom Orden und Bildung zweier voneinander unabhängiger Kongregationen. Die Klöster in Frankreich wurden 1791, die in Italien 1802 aufgehoben. – Abt de la Barrière gründete 1588 in Toulouse ein Frauenkloster mit den Reformstatuten der F. Die wenigen Klöster wurden ebenfalls 1791 aufgehoben.

Filiation (von lat. *filia* »Tochter«), das F.-System entwickelte sich im Kontext monastischer Verbandsbildungen, ausgereift zur Strukturierung des Gesamtverbandes im

→ Zisterzienserorden. – Formell drückt der Begriff F. die Beziehung von Neugründungen (*filiae*) zu ihrem Gründungskloster (Mutterkloster) aus. Pflichten und Rechte aus der F. sind in den jeweiligen Verbandskonstitutionen festgehalten. In den Verbandsbildungen der → Bettelorden und nztl. Kongregationen gibt es das F.-System nicht mehr. Nicht mehr ein Einzelkloster, sondern die Provinz (bzw. der Verband) vollzieht eine Neugründung.

Fleury (Floriacum, St. Benoît sur Loire), um 650 (oder 630) von Abt Leodebod von St. Aignan (Orléans) gegr., entwickelte sich rasch zu einem monastischen Zentrum; erneute Blüte im 10./11. Jh., 1791 aufgehoben, 1944 wieder besiedelt, seit 1959 Abtei. – Durch die Übertragung der (angeblichen) Gebeine des hl. → Benedikt von Nursia in der 2. Hälfte des 7. Jh.s wurde F. auch ein wichtiges frühma. Wallfahrtszentrum. In der Übertragungslegende spiegelt sich die Verehrung Benedikts durch das fränkische Mönchtum der Zeit.

Fonte Avellana, Eremitenkloster in den Marken (Mittelital.) um 1000 nach dem Vorbild von Camaldoli (s. → Kamaldulenser) entstanden; 1039 Eintritt von → Petrus Damiani, unter seiner Leitung (1043–72) großer Aufschwung mit starkem Einfluss auf die Reformbewegung der Zeit. Zusammenschluss der von F. A. beeinflussten und gegr. Klöster zu einer Kongregation 1150. Seit SpätMA bedeutungslos, im 19. Jh. säkularisiert. Seit 1935 ist F. A. von Kamaldulensern wieder besiedelt.

Fontevrault, Orden von (*Ordo fontis Evraldi*, *Orden von Ebraldsbrunn*), bei Saumur (Dep. Maine-et-Loire). Die Anfänge liegen in der asketischen Wanderpredigt des charismatischen und nonkonformistischen Robert von Arbrissel (gest. 1117), dem Männer und Frauen, Kleriker und Laien folgten. Zu einem festen Aufenthaltsort gezwungen, ließ sich Robert in F. um 1101 nieder; seit dieser Zeit Ansätze zur institutionellen Verfestigung, an deren Ende die monastische Mehrfachkommunität unter Leitung einer

Äbtissin stand. Den Kern bildete die Kommunität der Jungfrauen und Witwen (nach der BR), die der bekehrten »Sünderinnen« (Magdalenerinnen), die der Männer (nach der AR) unter Leitung eines von der Äbtissin eingesetzten Priors für die Seelsorge; angeschlossen war ein Haus für Aussätzige (St. Lazarus). Die eigenwillige Großgemeinschaftsbildung – dem strengen Begriff nach eigentlich kein → Doppelkloster – fand breite Förderung durch den Adel. Es kam zu zahlreichen Neugründungen bzw. Anschlüssen bestehender Frauenklöster in Frankreich, Spanien, England (insgesamt etwa 100), die unter der Leitung der Äbtissin von F. den Orden von F. bildeten. Innere und äußere Schwierigkeiten führten im 14. Jh. zum rapiden Verfall. Im 15. Jh. Stabilisierung auf numerisch niederem Niveau und Selbstreform. F. wurde (und blieb) eine königliche Abtei. In der Revolution wurden F. und die noch bestehenden anderen Abteien aufgehoben. Der ma. Gebäudekomplex der Frauenkommunität ist weithin erhalten geblieben und in jüngster Zeit restauriert worden.

Foucauld, Charles Eugène Vicomte de, geb. 1858 in Straßburg, militärische Laufbahn, nach Bekehrung 1886 Trappist, nach Austritt Priesterweihe und mit Gefährten Experimente mit neuen Formen christl. Existenz, woraus eine Brüdergemeinschaft entstand. F., eine der großen Gestalten der Spiritualität des 20. Jh.s, wurde von Plünderern in Algerien am 1. 12. 1916 in einer Panik erschossen. Inspiriert von F.s Idee der Präevangelisierung, Leben in Armut und Dienst an den Armen, Vorrang des Lebens- vor dem Wortzeugnis, Bedeutung der Laien, schweigende Gebetszeiten (Wüstentage) entwickelten seine Gefährten die Geistliche Familie Charles de F., die ab 1945 gebildet wurde von den → Kleinen Brüdern Jesu und den → Kleinen Schwestern Jesu. In deren Umkreis entstanden verschiedene geistliche, voneinander unabhängige, seit 1955 in der »Geistlichen Familie« zusammengeschlossene Gemeinschaften. Einige davon auch im deutschen Sprachraum vertreten, hauptsächlich verbreitet in der frankophonen Welt.

Franz von Sales, geb. 1567 auf Schloss Sales in Savoyen, nach Studien 1593 Priester, 1602 Bischof von Genf (Sitz in Annecy); durch sein geistliches Schrifttum starker Einfluss auf die Frömmigkeit (bes. Frankreichs); gründete 1610 zusammen mit Johanna Franziska de Chantal (gest. 1641) den Orden von der Heimsuchung Mariens (→ Salesianerinnen). F. v. S. starb zu Annecy am 28. 12. 1622.

Franziska von Rom (gest. 1440), gründete 1425 als Witwe mit frommen Frauen eine dem Gebet und karitativer Tätigkeit geweihte Gemeinschaft in Rom, die sich als → Oblaten dem stadtrömischen Kloster der → Olivetaner anschloss. Die Kommunität besteht noch am Gründungsort in Rom (*Oblatae S. Franciscae Romanae* – in Tor de' Specchi) und zählt 15 Schwestern.

Franziskaner. In einem weiten Sinn gehören dazu die verschiedenen Zweige der untergegangenen und noch bestehenden F. (Konventualen, Kapuziner, Regulierte Terziaren); im strengen Sinn: Franziskaner (*Ordo Fratrum Minorum*, *OFM*, *Orden der Minderen Brüder*; ma. Bezeichnungen uneinheitlich, → Minoriten, → Barfüßer, Cordeliers in Frankreich, Grey friars in England); seit 1517 getrennt in OFM (Franziskaner) und OFMCon (→ Konventualen bzw. → Minoriten). Die F. zählen zu den → Bettelorden, tragen einen braunen Habit mit aufgesetzter Kapuze, dreifach geknotetem weißen Strickgürtel. Die F. waren im MA der größte Bettelorden. Dies verdanken sie der unvergleichlichen Persönlichkeit ihres Inspirators, des hl. → Franziskus, jedoch auch den Anliegen der religiösen Bewegung der Zeit: Buße – Armut – Solidarität mit den Armen; ausgedrückt in der Selbstbezeichnung der F. als »Mindere Brüder«. Die rasche Entwicklung der Bruderschaft zu einem Bettelorden mit dem Schwerpunkt Seelsorge in den Städten lag an den Bedürfnissen und Möglichkeiten dieses Stadtmilieus, in dem die F. zur Verbindung von (eremitischer) Kontemplation und pastoraler Aktion, subjektiver religiöser Erfahrung und objektivem Studium fanden. Die Bitte des hl. Franziskus an Innozenz III., die Lebensweise der »Männer der Buße aus der Stadt Assisi« zu bestätigen (1209/10), steht am Anfang der sich institutionalisierenden franzisk. Bewegung, die Bestätigung der überarbeiteten Regel (*Regula bullata*) durch Honorius III. (29. 11. 1223) am Ende, bestätigt gleichsam durch Franziskus, der in seinem Testament die ersten F. beschwor, zur »einfältigen und lauteren Beobachtung der Regel« zu stehen. – Die überaus rasch wachsende Zahl ermöglichte es bereits auf dem »Kapitel« im Frühjahr 1221, eine Evangelisation der Christenheit ins Auge zu fassen und den F.n dafür Provinzen zuzuweisen. Die für »Deutschland« bestimmte Gruppe kam im Herbst nach Augsburg, wo am 16. 10. 1221 die Aussendung zur Evangelisierung Deutschlands in Gruppen erfolgte. Bis Ende des 13. Jh.s war ganz Europa mit einem dichten Netz von Klöstern überzogen. Diese, von einem Guardian geleitet, waren in Kustodien gegliedert und Provinzen eingebunden. Repräsentant des ortsunabhängigen Personenverbandes war das jährliche Generalkapitel, auf Zeit bestellte Mandatare die Oberen (General-, Provinzialminister, Kustoden, Guardiane); rasch Schwerpunktverlagerung auf Seelsorge (Predigt und Lehre) mit dem Einzelkloster als → paraparochialem Kultzentrum. Für Seelsorge wurde die Einrichtung einer Studienorganisation unabdingbar, die Modifizierung der Armut (absolute Armut, d. h. ohne Besitz und feste Einkünfte) mit der Unterscheidung zwischen Gebrauch (*usus*) von materiellen Dingen (auch der »Klöster«) und ihrem Besitz (*possessio*). Diese Entwicklung zum erfolgreichen Bettelorden war mit heftigen internen Auseinandersetzungen verbunden, in denen es um die Treue zum Gründer und die Fähigkeit ging, die von der Gesellschaft erwarteten Funktionen erfüllen zu können. Auf diese kam es v. a. den transalpinen F.n und der

Römischen Kurie an. Mit verschiedenen Regelerklärungen (ab 1230) ebneten dafür die Päpste den Weg. So formierte sich ein päpstlich interpretiertes Franziskanertum, dessen Exponent Generalminister Bonaventura (1257–74) wurde. Gegen die Anpassungen formierten sich früh Widerstandsgruppierungen; nach der Mitte des 13. Jh.s die → Spiritualen, die v. a. auf strengste Armut insistierten. Darüber kam es zum → Armutsstreit, der mit Unterdrückung der Spiritualen durch Johannes XXII. endete (1317/23). Die Dominanz der päpstlich interpretierten »franziskanischen Lebensweise« hatte sich damit durchgesetzt, die dann in die allgemeine Dekadenz des Ordenslebens im 14. Jh. hineingezogen wurde. Gegen die damit verbundene Aufweichung entstand als Reaktion seit Ende des 14. Jh.s eine breite Observanzbewegung. Oft nachhaltig von der weltlichen Obrigkeit gefördert, bildeten die → Observanten nach der Mitte des 15. Jh.s die Mehrheit, die sich von den als → Konventualen beschimpften Gegnern der Reform absetzten. Sie bildeten zunächst einzelne Reformklöster, die sich bald zu provinzübergreifenden Kongregationen zusammenschlossen, geleitet von nur dem Generalminister unterstellten Generalvikaren. Diese faktische Unabhängigkeit wurde zu einer rechtlichen durch die Verfügung Leos X. vom 15. 5. 1517: Observante und Konventualen als voneinander unabhängige Orden mit eigenen Generalministern. Der Vorrang wurde den Observanten zugesprochen (mit Ordenssiegel, Name OFM u. a.), die Nichtobservanten wurden ein nachrangiger Verband, im Namen (OFM) mit dem Zusatz Conventualium; im Volksmund hießen sie jedoch weiterhin oft → Minoriten. Von den (geschätzten) 50 000 Brüdern waren etwa 30 000 F., 20 000 Konventualen. – In den Ländern der Reformation kam bald für beide Orden das Ende; gegenüber dieser Dezimierung gab es in Italien und bes. Spanien neuen Aufschwung mit starker Präsenz in Lateinamerika. Um 1710 soll es über 70 000 F. gegeben haben; allerdings durch nationale Tendenzen und Reformgruppen (→ Alcantariner, → Reformaten, → Rekollekten) im Zusammenhalt gefährdet. Die bald einsetzenden Säkularisierungswellen ließen auch von den F.n nur noch Reste übrig. Die Restauration erfolgte zunächst noch im Rahmen der Reformgruppen. 1897 setzte Leo XIII. gegen starke ordensinterne Widerstände den Zusammenschluss aller Reformzweige der F. zu einem einheitlichen Orden durch (*Unio Leonina*). Die F. sind als größter Bettelorden weltweit präsent; 1963 hatten sie einen Höchststand von etwa 27 000 Mitgliedern; inzwischen starker Rückgang auf fast die Hälfte.

Franziskanerinnen. Der weibl. Zweig der Franziskaner besteht aus zwei Gruppierungen, dem II. Orden und dem III. Orden. Die kontemplativ und klausuriert lebenden F. sind die → Klarissen, die nach der Regel des III. Ordens lebenden F. sind die Regulierten Franziskaner-Terziarinnen (TOR). Zwischen beiden bildeten sich klausuriert lebende Frauen- und apostolisch tätige Männergemeinschaften, die zwar rechtlich zum TOR gehören, dennoch als spezielle Regulierungsform der Franziskaner-Terziaren bzw. Terziarinnen (= FT) zu gelten haben.

Die Anfänge von deren Regulierung reichen noch ins 13. Jh. zurück. Die einzelnen Häuser waren selbständig, ohne strenge Klausur und gingen verschiedenen sozial-karitativen Tätigkeiten nach; in Deutschland wirkte dabei als Vorbild die hl. Elisabeth von Thüringen (gest. 1231, kanonisiert 1235). Starke Zunahme der FT durch die Verfügungen des Konzils von → Vienne 1311/12 gegen Begarden und Beginen. Um Verfolgung und Unterdrückung zu entgehen, nahmen viele Semireligiosengruppen die Regel der FT an; auch verschiedene Bischöfe übten entsprechenden Druck aus. Durch die Reformbewegungen des 15. Jh.s Tendenz zur Klausurierung und Verklösterlichung verstärkt. Leo X. förderte mit einer neuen Regel der regulierten FT von 1521 diese Tendenzen; das Konzil von → Trient noch nachdrücklicher. Auf diese Weise entstanden

F.-Klöster mit klausuriert und kontemplativ lebenden Schwestern. Die meisten dieser selbständigen Klöster wurden durch die Säkularisationswellen beseitigt. *Regulierte Franziskanerterziarinnen* dieser Art gibt es derzeit noch etwa 900 in 60 Häusern. Die auf gleiche Weise entstandenen männl. und zu einem klerikalen Seelsorgeorden mutierten *Regulierten Franziskaner-Terziaren* (*Tertius Ordo Regularis S. Francisci*, *Regular-Franziskaner*, *TOR*) hatten um 2000 in über 170 Häusern etwa 840 Mitglieder. Neben den Regulierten Terziarinnen in Einzelklöstern gibt es auch nichtverklösterlichte FT. Deren große Zeit setzte im frühen 19. Jh. ein und dauerte bis ins 20. Jh. fort. Es gibt derzeit noch über 300 Kongregationen verschiedener Größe und Verbreitung (wegen inzwischen spürbarem Mitgliederschwund auch Zusammenlegungen; daneben jedoch auch experimentierende Neubildungen). Die Franziskanische Nachfolge wird bei diesen Verbänden meist apostolisch verstanden und in sozial-karitativen Diensten ausgeübt. Die Kongregationen (bzw. Einzelhäuser) sind päpstl. oder bischöfl. Rechts und einem der franziskanischen Orden (Franziskaner, Konventualen, Regularfranziskaner, Kapuziner) angeschlossen. Die als Basis dienende Regel wurde 1982 neu bearbeitet (*Regel und Leben der Brüder und Schwestern vom regulierten Dritten Orden des hl. Franziskus*). Die Bindung an das Franziskanertum ist unterschiedlich. Bisher war der dreifach geknotete weiße Strickgürtel der unterschiedlichen Ordenskleidungen das gemeinsame Erkennungszeichen als FT. Die Namen der Kongregationen beziehen sich auf Frömmigkeitsformen bzw. auf Gründungsort oder Mutterhaus (z. B. Franziskanerinnen von Bonlanden, Dillingen, → Mallersdorf, Olpe, → Sießen, Telgte, Reute, → Thuine). In Deutschland gibt es 31 Frauenkongregationen der FT; die zwei männl. Kongregationen (Arme Brüder des hl. Franziskus in Aachen, gegr. 1857; Franziskaner vom hl. Kreuz in Waldbreitbach, gegr. 1862) haben nur noch 63 bzw. 45 Brüder; die von

Deutschen 1885 gegr. Missionsbrüder des hl. Franziskus, tätig auf Ceylon, dagegen über 400 Mitglieder.

Franziskaner-Terziaren/innen (*Tertius Ordo Franciscanus*, *TOF*; seit 1982: *Ordo Franciscanus saecularis*, *OFS*). Die Ursprünge liegen in den Reform- und Bußbewegungen des 11.–13. Jh.s; zunächst bei den → Konversen und → Oblaten im Umkreis monastischer Zentren, dann als »Gesinnungsgemeinde« bei den Niederlassungen der → Bettelorden. Der Beginn der Institutionalisierung als III. Orden (→ Terziaren) reicht in die Anfänge der → Franziskaner zurück (Mahnschreiben des hl. Franziskus an die Gläubigen, das *Memoriale propositum* von 1221). Die entstandenen lokalen Vereinigungen hatten verschiedene Regulierungsgrade und -formen. Zu einer Vereinheitlichung und rechtlichen Anbindung an die Franziskaner kam es durch die 1289 von Nikolaus IV. erlassene Drittordensregel. Diese sah eine zweifache Gruppierung vor: 1. in der Welt lebende (verheiratete oder ledige) FT, um mit Bindung an den Orden ein Leben intensiver Gottes- und Nächstenliebe zu führen. – 2. FT, die gemeinschaftlich ein semireligiöses Leben führten. Diese Gruppierungen entwickelten sich weiter zu den Regulierten Franziskaner/innen (→ Franziskanerinnen).

Die laikalen Gruppen waren schon Ende des 13. Jh.s in den Städten präsent und übten teilweise wichtige soziale, bis ins Politische hineinreichende Funktionen aus. Über ihre Stellung im Stadt- und Pfarrgefüge (bes. in Italien) kam es öfter zu Auseinandersetzungen. Bereits im SpätMA sozialpolitischer Funktionsverlust und Verlagerung der Zielsetzung ins rein Religiös-Geistliche. Das gilt erst recht von der mit einer starken Verbreitung verbundenen Förderung der FT durch Leo XIII. (1878–1903). Neue Regel und Umbenennung sind Ausdruck eines gewandelten Selbstverständnisses. Der weltweite OFS mit Zentrale in Rom zählte 1998 etwa 450 000 Mitglieder.

Franziskaner-Spiritualen → Spiritualen.

Franziskus von Assisi (Giovanni Bernardone), geb. 1180/81 in Assisi, Sohn eines wohlhabenden Tuchhändlers. Nach unbeschwerter Jugend ab 1202/03 Lebenskrise, Bekehrung und schrittweise Klarheit über Berufung und Lebensweg (1208/09): In brüderlicher Gemeinschaft arm dem armen Jesus nachfolgen. Mit seinen Gefährten begab sich F. 1209/10 zu Innozenz III., um sich Lebensweise und Wanderpredigt bestätigen zu lassen. Der Papst gab eine mündliche Erlaubnis, drängte jedoch F. zu präziserer Regulierung der zahlenmäßig rasch wachsenden Brüdergemeinschaft; Regeltextbearbeitungen bis 1221 (*Regula non bullata*), 1223 approbiert Honorius III. den erneut überarbeiteten Text (*Regula bullata*). In dieser Zeit hatte F. die Leitung der sich weit verbreitenden → Franziskaner nominell schon abgegeben. Als Wanderprediger, Inspirator und Vorbild seiner »Minderen Brüder« war F. in seiner umbrischen Heimat und darüber hinaus tätig. 1219 Reise ins Heilige Land und Begegnung mit Sultan Melek bei Damiette. Zunehmend von Krankheiten und Augenleiden geplagt, machte er im Sept. 1224 auf dem Berg La Verna die mystische Erfahrung der Stigmatisation; in den letzten Monaten seines Lebens Dichtung des Sonnengesangs. F. starb am 3. 10. 1226 in Portiuncula (Assisi); über seinem Grab später die Kirche San Francesco. – F. hat eine Reihe von Schriften (Briefe, Ansprachen, Gebete) verfasst, die in redigierter Form überliefert sind. Als ein »Heiliger der ungeteilten Christenheit« gehört F. zu den großen Gestalten christlicher Spiritualität mit einer durch die Jahrhunderte bis heute anhaltenden Wirkungsgeschichte als glaubwürdiger Zeuge der Nachfolge Jesu.

Frater (lat. »Bruder«), nach den ältesten Belegen gegenseitige Anrede der Mönche; mit der Zweiteilung der Kommunitäten in den abendl. Klöstern in Priester und Konversen Einengung auf die → »Laienbrüder«. In den Bettelorden intern meist Weitergebrauch von F. auch für die Priester; offiziell oft verbunden mit »P.« (Sigle für »Pater«). F. als Anrede generell für die in der Ausbildung Stehenden (Novizen und Studenten). Nach dem II. Vaticanum in den meisten Orden die Tendenz, für alle Mitglieder nur noch F. zu gebrauchen.

Fraterherren → Brüder vom gemeinsamen Leben.

Fratizellen wurden gelegentlich die als → Spiritualen verfolgten Franziskaner genannt. Reste dieser F. fanden Ende des 14. Jh.s Anschluss an die sich formierende Observantenbewegung.

Frau, Unsere Liebe (*Nostra Signora*, *Our Lady*, *Notre Dame* usw.). 66 weibl. Kongregationen und ebenso viele bischöfl. führen diesen Namen (oft in Verbindung mit einem weiteren). Bei den bischöfl. handelt es sich meist um kleinere Gemeinschaften; der Tätigkeitsbereich fast aller ist auf sozial-karitative und erzieherische Aufgaben bezogen. Die meisten sind Gründungen des 19. und 20. Jh.s. Den derzeit größten Verband bilden die *Armen Schulschwestern U. L. F.*, der weltweit verbreitet, in 21 Provinzen geteilt, 4495 Schwestern zählt. Gegr. 1833 vom damaligen Regensburger Dompfarrer Michael Wittmann und maßgeblich geformt von Karoline Gerhardinger (gest. 1879) in Neunburg vorm Walde (Diözese Regensburg); Hauptsitz später nach München (Anger-Kloster) verlegt. Ihr Vorbild waren die von Pierre Fourier im 17. Jh. gegr. *Regulierten Chorfrauen U. L. F.*, die klösterliches Leben als Chorfrauen mit Mädchenerziehung und -schule verbanden. Aufschwung und weite Verbreitung (schon 1847 in den USA) setzten bald ein und hielten bis ins 20. Jh. an. Aus 6 Gründungen entstanden eigene Kongregationen des gleichen Namens (in Tschechien, Ungarn, Österreich, Kroatien, Württemberg). Eine deutsche Gründung sind auch die *Schulschwestern U. L. F. von Coesfeld*. Initiiert wurde das Unternehmen 1850 in Coesfeld (Westf.) durch zwei Lehrerinnen unter kräftiger Mithilfe von Ortsgeistlichen. Die Vertreibung im → Kulturkampf war der Beginn einer weltweiten Verbreitung. Die Kongregation ist in ein

Dutzend Provinzen gegliedert mit etwa 2500 Schwestern. Ihre Gründung war ausgegangen von der niederländischen Kongregation der *Zusters van Onze Lieve Vrouw van Amersfoort* (mit derzeit noch etwa 500 Schwestern); diese durch Verselbständigung von den *Sœurs de Notre-Dame de Namur* (mit derzeit noch ungefähr 2000 Schwestern). Ihre Entstehung geht auf die Initiative zweier Frauen zurück, die sich 1796 in Amiens verwahrloster Mädchen und Waisen annahmen. 1806 wurde das Unternehmen staatlich anerkannt und entwickelte sich rasch zu einem großen in der Mädchenerziehung tätigen Orden. – Zu einem weit verbreiteten Schulorden hatten sich auch die *Religieuses de Notre-Dame de Sion* (auch Sionsschwestern genannt) entwickelt, mit derzeit noch über 600 Schwestern. Gegr. wurde die Kongregation von dem jüdischen Konvertitenbrüderpaar Maria Theodor und Alfons Maria Ratisbonne zur Mission unter den Juden. Die zur Betreuung der Schwesternkommunitäten gegr. *Weltpriestervereinigung U. L. F.* scheint nicht mehr zu existieren.

Fructuosus, geb. um 600, verwandt mit dem westgotischen Königshaus, gründete mehrere Klöster. Für das Frauenkloster Complutum verfasste er eine von → Isidor von Sevilla und anderen Regeltexten abhängige Regel (*Regula Complutensis*). F. war 654/656 Abt-Bischof von Dumium, seit 656 Metropolit von Braga; er verstarb (nicht nach) 675, wurde in seiner Klostergründung Montélios begraben. – Die F. zugeschriebene *Regula communis* ist ein anonymes Gemeinschaftswerk, in der von der monatlichen Zusammenkunft der Äbte unter ihrem Klosterbischof gehandelt wird (Organisation eines Klosterverbandes).

Fruttuaria (Provinz Turin), Benediktinerabtei, 1003 gegr. auf Familienbesitz des damaligen Abtes Wilhelm von St. Benigne bei Dijon (990–1031), der als Mönch von Cluny nach Dijon gekommen war und St. Benigne zu einem Reformzentrum und personbezogenen Klosterverband machte. Besonderes Augenmerk richtete er auf F., das in kurzer Zeit ebenfalls zu einem monastischen Zentrum wurde. Die Gewohnheiten von F. wurden im Reich übernommen von Siegburg (1070) und St. Blasien (1072).

Fugitivi (von lat. »flüchtig, flüchtend«) → Apostaten.

Fulda. Das Kloster wurde nach sorgfältiger Vorbereitung (Güterzuweisung usw.) von → Bonifatius am 12. 3. 744 gegr. und als Grablege bestimmt; als Abt setzte er seinen Schüler Sturmi ein; für das klösterl. Leben sollten die BR und die Gebräuche von Monte Cassino als Vorbild gelten. Durch Papst Zacharias 751 eine Teil-Exemtion aus der bischöfl. Amtsgewalt, dafür direkte Verbindung mit Rom. Das urspr. Eigenkloster Bonifatius' stieg als Königsabtei, stark gefördert von den Karolingern, rasch zu einem Kulturzentrum des Reiches auf; 969 wurden die Äbte zu so etwas wie »Primaten« der Klöster des Ostreiches, 1133 noch Verleihung der → Pontifikalien. Die Vielzahl der Reichsdienste kam einer Überforderung gleich, die zum monastischen Niedergang führte. In reichsrechtlicher und territorialer Hinsicht konnte F. seinen Status halten; den Äbten im Reichsfürstenstand gelang 1752 noch die Umwandlung des großen Territoriums in ein Bistum. Die Säkularisation 1803 brachte dem Hochstift und dem bis dahin noch existierenden unbedeutenden Benediktinerkonvent das Ende.

G

Gäste. Eine Zusammenfassung des altmonastischen Konsenses über den Umgang mit Gästen enthält z. B. BR 53,12: »Alle Gäste, die zum Kloster kommen, sollen wie Christus aufgenommen werden, denn er wird einmal sagen: Ich war Gast, und ihr habt mich aufgenommen. Allen soll man die Ehre erweisen, die ihnen zukommt, insbesonders den Brüdern im Glauben und den Pilgern.« Wirkungsgeschichtl. war diese Auffassung im MA wegen des Mangels an entsprechender Infrastruktur von großer Bedeutung (Vernetzung des Landes mit Klöstern als »Gasthäusern«). Klausurbestimmungen hatten allerdings auch die Funktion, vor Gästen zu schützen; ebenso Besuchsverbote.

Gebetsverbrüderung (lat. *Fraternitas*, *Confoederatio fraterna*) war im abendl. Mönchtum der Zusammenschluss von Klöstern zum gemeinsamen Gedenken lebender und toter Mitglieder, zu denen auch Laien gehören konnten. Man versicherte sich dabei gegenseitig vertraglich abgemachter geistlicher Leistungen (Gebete, Messen, Anteil an den guten Werken). Entstanden wohl im iro-fränkischen Mönchtum, bis ins 13. Jh. praktiziert. – Bescheidene Nachfolge fanden die G. in den Nekrologien von Klöstern und Bruderschaften des MA.

Gehorsam. In der geschichtl. Entfaltung der monastischen → Gelübde kam zunächst dem G. vorrangige Bedeutung zu, da Nachfolge Jesu Erfüllung des Willens Gottes bedeutete (vgl. Phil 2,5–8). Dringlichkeit des G. ergab sich mit der Ausbildung des Koinobion, d. h. Konkretisierung des Willens Gottes in Aufgaben und Bedürfnissen der Gemeinschaft; G. also als Ausdruck von Solidarität und Verantwortung und insofern eine gemeinschaftsbezogene Grundtugend. Mit der Verschriftlichung von Regel und Satzungen kam es nicht nur zur Präzisierung, sondern auch zur Limitierung des G.s (*secundum regulam et constitutiones*); zudem war im MA das Verständnis von G. dem gegenseitigen Treueverhältnis eingebunden. Der viel zitierte »Kadavergehorsam« des hl. → Ignatius von Loyola ist aus dem Gesamtkontext zu interpretieren.

Geißelung (lat. *flagellatio* bzw. mlat. *disciplina*); in Antike und MA eine verbreitete Form körperlicher Züchtigung als Strafe und so auch im Mönchtum praktiziert (→ Bußpraxis; → Disziplin). Als freiwillige Buße kam die G. erst im FrühMA auf; bes. propagiert von → Petrus Damiani als eine Form der Imitatio Jesu (mit dem gegeißelten Jesus für die Sünder und Sünden büßen), von der Passionsfrömmigkeit breit rezipiert. Neben der freiwilligen Geißelung gab es in den Klöstern als Ausdruck der Bußgesinnung die vorgeschriebene und ritualisierte G. allein auf der Zelle sowie im Chor durch den Hebdomadar unter Psalmengesang. Diese G. wurde wohl schon lange vor dem II. Vaticanum nicht mehr praktiziert.

Gelübde (lat. *votum/vota*) als ein Gott gegebenes Versprechen ist religionsgeschichtl. ein allgemeines Phänomen; im Zuschnitt auf das Ordensleben beziehen sich die G. auf die Trias der → Evangelischen Räte, wozu in einzelnen Ordensgemeinschaften ein spezielles 4. G. treten kann. Am Anfang des monastischen Lebens als Anachoret oder Zönobit stand die → *conversatio morum*, als deren Kern sich zunächst der in der → Profess gelobte → Gehorsam herausschälte und die sich erst im MA zur Trias der drei »substantiellen G.« (Armut, Ehelosigkeit, Gehorsam) entfaltete. Bei diesen G.n geht es um eine freie Selbstbindung an das daraus folgende Ethos als Akt besonderer Gottesverehrung. In ihm verschränkt sich das private G. der individuellen → Berufung mit dem öffentlichen G., das im Namen Gottes dem kirchl. approbierten Orden gegeben wird. Je nach der Dauer der Verpflichtung gibt es zeitliche und ewige (= lebenslange) G., in Bezug auf das

Institut, vor dem die G. abgelegt werden, gibt es einfache und feierliche G. Diese Qualität haben die G. der als → Orden ausgewiesenen Institute des gottgeweihten Lebens. Bei diesen liegt die Dispens von der eingegangenen Verpflichtung beim Papst.

Generalkapitel ist das transpersonale Organ eines als Körperschaft strukturierten Ordens. In durch die jeweilige Verbandsverfassung festgelegten Zeitabständen oder auf Grund außerordentlicher Umstände tritt es zusammen. Es wird beschickt durch die dafür vorgesehenen Delegierten der Provinzen bzw. anders genannter mittlerer Verwaltungseinheiten. Kompetenzen und Aufgaben der G. sind bei den einzelnen Orden unterschiedlich. Bei den ma. Orden – wie den Dominikanern – ist das G. oberste Ordensautorität, dem die Legislative und zur Zeit der Abhaltung auch die administrative Gewalt zukommen. Der Ordensmeister wird vom G. gewählt und ist diesem verantwortlich.

Generalminister (lat. *minister generalis* »allgemeiner Diener«), heißt bei den franziskanischen Verbänden der jeweilige Leiter der selbständigen Ordenszweige; bei anderen Orden s. → Generaloberer.

Generaloberer (-oberin), unpräzise Eindeutschung für den obersten Leiter bzw. die oberste Leiterin von selbständigen Ordensverbänden, Kongregationen und Gesellschaften mit zentralistischem Zuschnitt. *Magister generalis* (Generalmeister) heißt er bei den Dominikanern, *Minister generalis* bei den franziskanischen Ordenszweigen, *Prior generalis* (Generalprior) bei den Augustinern, Karmeliten und anderen ma. Verbänden, *Superior generalis* (Generaloberer) meist bei den Kongregationen der NZ. Die Behörde (Kurie) des Generaloberen – Generalat genannt – hat seit der NZ ihren Sitz meist in Rom.

Generalstudium (lat. *studium generale*); in den ma. Bettelorden mit ihrer vielgliedrigen Studienorganisation nannte man die Anstalten zur Erlangung akademischer

Grade G. In jeder Provinz gab es zunächst eines, im SpätMA zuweilen auch mehrere.

Generalvikar hieß bei den Bettelorden bis in die NZ hinein der verfassungsmäßige Leiter des Ordens während einer Sedisvakanz; G. hieß auch der Leiter einer Reformkongregation bei den Bettelorden; zuweilen auch nur für ein Kloster oder wenige Männer- oder/und Frauenklöster eingesetzte Leiter.

Gesellschaften des apostolischen Lebens nennt das neue Kirchenrecht (1983) Personenverbände meist ohne formelle Verpflichtung auf die → Evang. Räte; gemeinsames Apostolat ist ihr Hauptzweck.

Gesellschaft des Göttlichen Wortes von Steyl → Steyler Missionare.

Gesellschaft Jesu → Jesuiten.

Gewohnheiten → Consuetudines.

Gilbertiner / Gilbertinerinnen, gegr. von Gilbert von Sempringham (gest. 1189); als Pfarrer sammelte er 1131 zur religiösen Unterweisung Frauen um sich, die sich langsam zu einer klausurierten, nach der BR lebenden Gemeinschaft umformten. Zur materiellen Unterstützung kamen zunächst Laienschwestern, dann auch Laienbrüder hinzu. Da die Zisterzienser die Unterstützung der inzwischen entstandenen Klöster ablehnten, gründete Gilbert eine Kanonikerkommunität (= Gilbertiner). Jedes Frauenkloster sollte zur seelsorgl. Betreuung einen G.-Konvent haben. Die Doppelinstitution breitete sich in England rasch aus und zählte Ende des 12. Jh.s 11 Doppelklöster mit etwa 900 Nonnen und 400 Kanonikern. Geleitet wurden die G. von einem auf Lebenszeit gewählten Prior, auf dem jährl. Generalkapitel waren auch Nonnen vertreten. 1538/39 Auflösung des auf England beschränkten Ordens.

Giustina, Reformkongregation von Santa → Cassinensische Kongregation.

Gorze, bei Metz gelegenes Kloster, gegr. 757 von → Chrodegang von Metz; nach Blüte im 8. Zerfall im

9. Jh.; im 10. auf Grundlage der BR und Gebräuchen von → Benedikt von Aniane Reformzentrum, das als »lothringische Reform« bis ins endende 11. Jh. auf süddeutsche Klöster einwirkte. Niedergang im SpätMA als Kommende der französ. Krone; 1572 aufgehoben.

Grammontenser (*Orden von Grandmont*), initiiert von Schülern des Eremiten Stephan von Muret (gest. 1124) in Grandmont (Dép. Haute-Vienne, Frankreich). Unter dem vierten Prior der Eremitengemeinschaft Stephan von Lissac (1139–43) Niederschrift einer Regel unter dem Namen des Stephan von Muret für eine eremitisch-kanonikale Lebensweise. Rigorose Armut, Zuständigkeit der Konversbrüder für die Existenzsicherung der Eremitorien durch Bettel und Arbeit. Rasche Verbreitung in Südfrankreich und darüber hinaus; es soll im MA an die 160 Klöster gegeben haben. Ende des Jh.s bereits Streit zwischen Eremiten und Konversen; im 13. Jh. Regelmilderungen durch päpstl. Privilegien, allerdings auch Kompetenzminderung der Konversen. Im 14. Jh. wurde Grandmont zur Abtei erhoben, alle anderen Klöster davon abhängige Priorate. Im 17. Jh. Spaltung des Ordens durch die Reformanhänger. Die Unterdrückung der bedeutungslos gewordenen G. begann in Frankreich bereits im 18. Jh. und war vor der Revolution schon abgeschlossen. Nach der Regel war der Anschluss weibl. Religiosen verboten; dennoch gab es später vier Frauenklöster. In der Revolution gingen sie unter.

Grangien (mlat. *grangia* »Getreidespeicher, Großscheune«), bei den → Zisterziensern des MA die von Konversen betriebenen Wirtschaftshöfe des Klosters. G. waren agrarische Großbetriebe mit allem nötigen Zubehör, geleitet von einem Hofmeister (*magister grangiae*); zur Effizienzsteigerung und rechtlicher Homogenität wegen entstanden sie aus arrondiertem Landbesitz, oft verbunden mit Verdrängung freier wie abhängiger Bauern.

Graue Mönche/Brüder, zuweilen im MA Name von Zisterziensern und Minoriten (in England *Grey-Friars*).

Graue Schwestern → Elisabethinnen.

Gregor der Große, geb. 540 in Rom, aus reicher Senatorenfamilie stammend, zunächst im Staatsdienst, gründete mit dem väterlichen Erbe 7 Klöster, 6 in Sizilien, in Rom das St.-Andreas-Kloster, in das G. als Mönch eintrat und in dem er 585/586 Abt wurde. 590 wurde er als erster Mönch zum Bischof von Rom gewählt. Von G. stammt zwar die den hl. → Benedikt von Nursia verherrlichende Vita, er selber befolgte die Lebensweise des »stadtrömischen Mönchtums«; das gilt auch von den von ihm 596 nach England zur Mission geschickten Mönchen unter Leitung des → Augustinus (Apostel Engl.). G. war Förderer des Mönchtums und versuchte, dieses auch pastoral in den Dienst der Kirche zu stellen. Er starb am 12. 3. 604 in Rom.

Gregorianische Reform; ein umstrittener Verständigungsbegriff der Historiographie für die nach Papst Gregor VII. (1073–85) benannte Bewegung der 2. Hälfte des 11. und 1. des 12. Jh.s, in der die Kräfte neuer asketischer und spiritueller Aufbrüche gebündelt der Erneuerung der Christenheit unter päpstl. Führung zugeführt wurden. Das Reformmönchtum und die breite semireligiose Volksbewegung waren in den Auseinandersetzungen der Zeit in der Regel Stütze und Hilfe der G. R.

Gregorios Palamas, geb. 1296 in Konstantinopel, seit 1316 Mönch auf dem Athos, 1329 Flucht vor den Türken, 1334 Rückkehr und Abt der Großen Laura, 1347 Erzb. von Thessalonich. G. war entschiedener Anhänger und Verteidiger des → Hesychasmus, speziell der Doktrin über die Gottesschau durch die göttl. Lichtenergien; dafür auch kirchenpolitisch und schriftstellerisch tätig. Er starb am 14. 11. 1357.

Groote, Geert, geb. 1340, nach Studium an verschiedenen Universitäten Kanoniker in Utrecht und Aachen. Nach »Bekehrung« 1374 Verzicht auf Pfründen, zeitweise Eremit, dann Wander- und Bußprediger (ließ sich dafür zum Diakon weihen). Die von ihm betreuten Frauen in

Deventer wurden zur Urzelle der Schwestern vom gemeinsamen Leben (s. → Brüder vom gemeinsamen Leben). G. war der bedeutendste Initiator der → Devotio moderna. Er starb zu Deventer am 20. 8. 1384.

Grottaferrata (Santa Maria di Grottaferrata), Territorialabtei des byzant. Ritus. Gegr. 1004 vom hl. → Nilus, einem Griechisch sprechenden Kalabresen. Durch Rekrutierung der Mönche aus der Umgebung verlor sich langsam die byzant. Lebensweise. Erst 1881 wurde der byzant. Ritus wieder eingeführt, G. 1937 zur Abbatia territorialis erhoben. Der jeweilige Abt ist auch Archimandrit des Ordens der italienischen → Basilianer von G. – Von der Säkularisation 1870 blieb G. verschont, die ital. Regierung erklärte die Abtei zum Nationaldenkmal.

Guardian(us) (»Aufseher, Wächter«), Amtstitel der Hausoberen aller franziskanischen Ordensgemeinschaften. Der Begriff G. geht auf den hl. Franziskus zurück, erwähnt im Testament und im Brief an einen Minister.

Gürtel → Cingulum.

Gute Hirtinnen, volkstümlicher Name für die *Schwestern der Kongregation Unserer Lieben Frau von der Liebe des Guten Hirten* (auch: *Frauen* bzw. *Schwestern vom Guten Hirten*). Entstanden zur Revitalisierung des »Guten Hirten-Hauses« in Angers mit Hilfe von → Eudistinnen aus Tours 1829; Marie Euphrasie Pelletier (gest. 1868) formte das Unternehmen zu einer selbständigen und zentralistisch verfassten Kongregation um (1855 päpstl. bestätigt), die sehr erfolgreich wirkte und sich im Laufe der Zeit weltweit verbreitete. Die G.n H. sind wie die Eudistinnen in der Mädchen- und Frauenfürsorge, Resozialisierung und Ausbildung tätig (inzwischen bes. in Lateinamerika). 1930 zählten sie annähernd 12 000 (in verschiedene Ränge gegliederte) Schwestern. 2002 hatten sie noch 5200 Schwestern. Die Rangunterschiede (Chorfrauen, Laien-, Außenschwestern, Büßerinnen) sind inzwischen beseitigt.

Gyrovagen (von griech. γυϱός »krumm, gerundet«; lat. *vagari* »herumstreunen«), pejorative Bezeichnung für Mönche, die ein unstetes Wanderleben ohne Ortsstabilität führten. Klage über Mönche als G. von Bischöfen öfters (z. B. → Chalkedon 451); ausführliche negative Beschreibung der G. in der → Magister-Regel 1,13–74, gekürzt übernommen in der BR 1,10–11.

H

Habit (von lat. *habitus* »Haltung, Gehaben, Kleidung«), im letzteren Sinn im Ordenswesen gebräuchlich für die → Ordenskleidung (im Gegensatz zur »Zivilkleidung«).

Handarbeit → Arbeit.

Hebdomadar (von griech. ἑβδόμαδα »Siebenzahl«), wörtl. »Wöchner«, d. h. der mit den fälligen Diensten in Liturgie und Kloster für jeweils eine Woche beauftragte Mönch/Kanoniker bzw. Nonne/Kanonisse.

Hedwigsschwestern, gegr. 1859 in Breslau zur Unterrichtung und Erziehung Jugendlicher, inzwischen ausgeweitet auf andere sozial-karitative Dienste. Die H. sind eine Kongregation päpstl. Rechts mit AR und seit 1959 den → Augustinereremiten angeschlossen. Durch die Folgen des Zweiten Weltkrieges hohe Verluste (2003 noch 356 Schwestern).

Hegumen(os) (von griech. ἡγεμονεύειν »führen, an der Spitze stehen«); ursprünglich synonym für → Archimandrit, wurde H. zur bevorzugten Bezeichnung eines Klostervorstehers in der Orthodoxie; in der Regel gewählt, vom Patriarchen bzw. Ortsbischof bestätigt, durch Handauflegung in das Amt, geistl. Vater seiner Mönche zu sein, eingeführt. In den einzelnen → Typika nähere Einzelheiten zu Amtsvoraussetzungen. Im lat. Mönchtum entspricht dem H. der → Abt.

Heiland / Erlöser (lat. *Salvator* bzw. *Redemptor*), dem Gehalt nach identische Begriffe der christologischen Frömmigkeit, die auch in der Namengebung von Orden in Verwendung kamen; erstmals beim → Birgitten-Orden (Salvatororden), in dessen römischem Haus 1881 die Gründung der → Salvatorianer erfolgte. Im 19./20. Jh. entstanden noch 6 kleinere Gemeinschaften mit H. bzw. E. im Titel. Im deutschen Sprachraum und darüber hinaus wurden am bekanntesten die 1849 im Elsass gegr. *Schwestern des göttlichen Erlösers* (nach ihrem Gründungsort → *Niederbronner Schwestern* genannt). Aus den Gründungen in Würzburg, Wien und Györ (Ungarn) entstanden 1866 selbständige Kongregationen. Die Würzburger Kongregation der *Töchter des allerheiligsten Erlösers* (inzwischen *Schwestern des Erlösers* genannt) zählt derzeit etwa 650 Mitglieder; die ungarische Kongregation der *Töchter vom göttlichen Heiland* war weit verbreitet in der Donaumonarchie und auch in den USA. Nach 1945 Neuorganisation der Klöster diesseits des »Eisernen Vorhangs« mit Kongregationssitz in Rom mit derzeit ca. 600 Schwestern. Aus den Resten der alten ungarischen Kongregation in der Slowakei wurde neuerdings eine eigene Kongregation gegr. (*Sorores sanctissimi Salvatoris*); → Redemptoristen.

Heilige Familie. Über 100 weibl. und männl. Religiosengemeinschaften führen (meist mit Zusätzen) den Namen *Familia*. Bei den meisten bezieht sich der Name auf den Lebensstil als Gemeinschaft, gedacht wohl als Kontrast zu der Erosion familialer Beziehungen in der Gesellschaft. Bezug auf die bibl. H. F. (von Nazareth) – eines ebenfalls als Kontrast herausgehobenen Ideals in der Frömmigkeit der Zeit – als Patron und Vorbild gibt es dagegen nur etwa ein Dutzend. Von den größeren Gemeinschaften sind zu nennen: Die *Congregatio Missionariorum a S. Familia* (*Missionare der H. F., MSF*), gegr. 1895 von Jean B. Berthier (gest. 1908) in den Niederlanden; Verbreitung in Europa und Übersee, tätig in innerer und äußerer Mission (mit 950 Mitgliedern). – Die *Sœurs de la Sainte Famille de Bordeaux*, entstanden 1820, bis 1903 bestehend aus 7 weibl. selbständigen Genossenschaften mit unterschiedlichen Tätigkeiten; engerer Zusammenschluss 1903 sowie definitive päpstl. Approbation. Die Kongregation ist weltweit verbreitet und zählte um 2000 etwa 2400 Schwestern. In Indien gibt es die Kongregation der *Holy Family Sisters* mit derzeit etwa 1700 Schwestern; 1600 Schwestern zählen die *Suore della S. Familia di Nazareth*; auch die → Mallersdorfer Schwestern führen den Namen H. F.

Heiliger Geist; seit dem MA bevorzugter Namenspatron für Spitäler und Spitalsbruderschaften; einige entwickelten sich zu Orden, z. B. die → Hospitaliter; in der NZ entstanden weibl. und männl. Kongregationen für missionarische, sozial-karitative und erzieherische Aufgaben; die größten sind die *Filles du Saint-Esprit*, genannt *Sœurs Blancs de Bretagne* (von der Habitfarbe her), 1706 in Rennes gegr., weltweit in Erziehung und Schule tätig mit derzeit noch 1600 Schwestern. In Deutschland entstand 1857 in Koblenz die kleinere Kongregation der *Schwestern vom Heiligen Geist* mit 268 Mitgliedern. → Spiritaner, → Steyler Missionsschwestern.

Heiliges Grab. Der Hl.-Grab-Kult entstand in der lat. Christenheit im Gefolge der Kreuzzugbewegung. Mit diesem zu tun hat der *Orden vom Heiligen Grab* (*Ordo Canonicorum Regulariorum Sancti Sepulchri Hierosolymitani*). Am Anfang stand ein bei der Grabeskirche in Jerusalem von Kreuzfahrern errichtetes Spital, das eine Bruderschaft betreute. Diese entwickelte sich zu einem Orden mit AR und Konstitutionen. Bestätigung 1122 durch Kalixt II., rasche Ausbreitung im Heiligen Land, in Italien, Spanien, Frankreich; sporadisch in Mitteleuropa (noch 1128 in Denkendorf bei Esslingen). Nach Verlust des Heiligen Landes Verlegung des Hauptsitzes des in Provinzen eingeteilten Ordens nach Perugia; 1489 Auflösungsversuch durch Innozenz VIII., der nur teilweise gelang. Durch Reformation starke Verluste, die Säkularisation brachte das Ende. – Ein weibl. Zweig *Chorfrauen vom Hl. Grab* (*Sepulcrinerinnen*) entstand 1480, der sich langsam verbreitete. Die einzelnen Priorate sind selbständig, die Nonnen leben in Klausur, sind daneben in der Erziehung tätig. Weltweit gab es 1995 etwa 400 Schwestern in Belgien, Holland mit Neugründungen in Afrika und Brasilien. Baden-Baden, das einzige Priorat in Deutschland, ist vor kurzem aus Nachwuchsmangel aufgegeben worden.

Heiliges Kreuz; erst im Zuge der Kreuzzugsbewegung namengebend für Orden (s. → Kreuzherren). Im 19. Jh. entstanden 4 Männer- und 14 Frauenkongregationen mit »H. K.« im Namen. Von den männl. ist die größte die 1837 in Frankreich gegr. *Congregatio a Santa Cruce* mit noch 1680 Mitgliedern, weltweit verbreitet und in innerer und äußerer Mission tätig; erst 1979 wurden neu gegr. die *Regularkanoniker vom Hl. Kreuz in Coimbra* (Portugal) mit inzwischen 140 Mitgliedern. Von den weibl. Kongregationen sind die drei größten die → Ingenbohler, die *Schwestern vom Hl. Kreuz von Menzingen* (Kanton Zug, gegr. 1844) mit 2250 Schwestern und die *Sœurs de la Croix de Chavanod* (1838 in Annecy/Savoyen gegr.) mit 1357 Schwestern; sie sind sozial-karitativ und im Schulwesen tätig, zu Hause und in der Dritten Welt; Gleiches gilt von den *Filles de la Croix*, 1833 in Lüttich gegr., mit derzeit noch 910 Schwestern.

Heimatlosigkeit; ein altmonastisches Ideal, gespeist aus → Askese (vgl. → Anachoret) und Eschatologie (vgl. 2 Kor 5,1–10; Phil 3,20: *Nostra conversatio in coelis est*, »unser Wandel ist im Himmel«); im irischen Mönchtum konkretisiert als → *peregrinatio pro Christo*. Von H. umgetrieben waren auch → Wandermönche, → Gyrovagen u. a.; durch das Ideal der Ortsstabilität in BR jedoch pejorisiert.

Herz-Jesu, Herz Jesu und Mariae, Herz Mariae. Insgesamt 449 Ordensgemeinschaften mit einem der angegebenen Namen wurden gegründet; am meisten mit »Herz Jesu« im Namen (244 weibl., 44 männl.) Die Vielzahl der Gründungen spiegelt die entsprechende Frömmigkeit. Die Herz-Jesu-Frömmigkeit reicht mit ihren Wurzeln zwar noch ins MA, zur breiten kultischen Verehrung kam es erst im 17./18. Jh. Impulse dazu gaben die Visionen der hl. Marguerite-Marie Alacoque (gest. 1647). Der Schock über die blasphemischen Exzesse im revolutionären Frankreich führte bes. in Frankreich zu einer intensiven und demonstrativen (mit restaurativen politischen Idealen vermengten) Herz-Jesu-Verehrung, die sich auch in Ordensgründungen niederschlug. Die Tätigkeit aller Gemeinschaften bezog sich größtenteils auf missionarische, erzieherische und sozial-karitative Aktivitäten. Mit dem Wandel in Theologie und Frömmigkeit kam es zu krisenhaften Neuorientierungen. Von den männl. Orden ist zu verweisen auf die → Picipus-Gesellschaft. – Die 1854 gegr. französ. *Kongregation der Herz-Jesu-Missionare* (heute mit 2000 Mitgliedern); in Deutschland *Hiltruper Missionare* genannt (nach dem Sitz der deutschen Provinz Hiltrup bei Münster); vom weibl. Pendant ebenfalls in Hiltrup Sitz der Provinzleitung. – Die Herz-Jesu-Priester, gegr. 1877 in Frankreich, in Deutschland seit 1908. – Die *Comboni-Missionare* (*Söhne des Hl. Herzens Jesu*), gegr. 1867; 1923 erfolgte eine deutsche Abspaltung mit Zentrale in Ellwangen – die *Missionare, Söhne des Hl. Herzens Jesu* –, die sich 1979 wieder vereinigte. – Von den Frauengemeinschaften ist auf den Schulorden → Sacré Cœur hinzuweisen. – Die *Sisters of Sacred Heart*, 1976 in Südindien entstanden durch den Zusammenschluss dreier gleichnamiger Kongregationen mit gleichem Aufgabenfeld (1995 etwa 2600 Schwestern, etwa 3400 im Jahr 2002). – Die Dienerinnen des Hl. Herzens Jesu, 1893 entstanden durch Abtrennung von einer gleichnamigen 1866 in Paris gegr. Kongregation; Zentrale der Kongregation päpstl. Rechts ist Wien.

Herz Mariae: Bezüglich der Frömmigkeit gilt das zu »Herz-Jesu« Gesagte. Vom 17. bis zum 20. Jh. wurden 111 Gemeinschaften dieses Namens gegr., 8 männl. und 103 weibl. (darunter die → Claretiner/innen). Die von Pius XII. vollzogene Weltweihe an das H. M. (31. 10. 1942) führte noch einmal zu einer Welle von Neugründungen. Von den einzelnen Gemeinschaften zählen einige nur noch wenige Mitglieder, einige existieren nicht mehr oder sind mit anderen vereinigt. Den Namen führen auch Dominikanerinnen, Franziskanerinnen usw. als Zusatz.

Hesychasmus (von griech. ἡσυχία »Ruhe, Stille, Schweigen«), Bezeichnung für eine breite und mehrschichtige geistige Strömung im byzant. Mönchtum im SpätMA, in der auch altmonastische Erfahrungen und Praktiken reaktiviert wurden. Im engen Sinn geht es im H. um methodische Anleitung für persönl. Gebet und Meditation; auch mittels psychosomatischer Praktiken (Atemübung), körperl. Haltung, Formelrepetition (Namen-Jesu-Gebet). Da äußere und innere Ruhe Voraussetzung für das Gebet sind, gehört zum H. Askese im Sinn der Überwindung von sündigen Gedanken usw. Durch solche Reinigung der Sinne findet der Meditierende zur Erleuchtung als Gotteserfahrung und -schau. In Bezug auf die Gottesschau ist der H. eine theologische Doktrin. Dessen Hauptvertreter war der zeitweise auf dem → Athos lebende → Gregorios Palamas. Danach befähigt die asketische Selbstheiligung und Meditation zwar nicht direkt zur Schau des Wesens Gottes, wohl aber zur indirekten durch das Licht der ungeschaffenen göttlichen Energie. Im Bezug auf die Gebetsanleitung und Gotteserfahrung kam es auf dem Athos und anderswo zur Bildung monastischer Kleingruppen-Einsiedeleien im Umkreis des jeweiligen Hauptklosters.

Hierakas, um 270 geb., vielseitig gebildet, sah den Hauptunterschied zwischen AT und NT in Ehelosigkeit, Enthaltsamkeit von Fleisch und Wein. Strengste asketische Lebensweise forderten deshalb H. und seine Hierakiten (auch Enkratiten) genannten Anhänger; Einflüsse auf den monastischen Asketismus der Zeit sind nicht auszuschließen. H. starb vor 360.

Hieronymiten. Die spätma. Verehrung des hl. Hieronymus als Einsiedler und Büßer ließ diesen zum Vorbild neuer asketisch-monastischer Reformgruppen werden. Dazu gehörten: **1.** Die span. *Eremiten vom hl. Hieronymus*, gegr.

von Pietro Fernandez Pecha (gest. 1402) um 1350, seit 1373 die Niederlassung in Lupiana bei Guadalajara; von Gregor XI. bestätigt und auf die AR verpflichtet. Rasche Ausbreitung in Spanien, Umformung zum zentralist. *Ordo S. Hieronymi.* Die vom Ordensmeister Lope de Olmedo 1423 verfasste neue Regel führte zur vorübergehenden Spaltung. In Spanien war der Orden hoch angesehen und mit der Krone verbunden (H. im → Escorial, Karl V. gest. im H.-Kloster San Ierónimo de Yuste). In der Säkularisation 1835 wurden alle Klöster unterdrückt; Restaurierung blieb ohne großen Erfolg. – **2.** *Italienische Eremiten vom hl. Hieronymus* mit zeitweise verschiedenen kleineren Gruppen; bedeutsamer war die vom Schülerkreis des sel. Petrus von Pisa (gest. 1435) errichtete *Gemeinschaft der Eremiten von Pisa.* Das Generalkapitel 1444 erließ eigene auf AR und Franziskus-Regel fußende Konstitutionen. Durch Anschluss anderer Eremitengruppen rasche und weite Verbreitung (H. gab es im 18. Jh. in Wien und München: St. Anna im Lehel). Durch Säkularisationen stark dezimiert. Den Restbestand hob 1933 Pius XI. auf. – **3.** *Hieronymitinnen*; kontemplativ und klausuriert lebende Nonnen, seit 1510 mit den span. H. verbunden, verbreitet auch in Lateinamerika. 1835 aufgelöst, bald Wiederbeginn; zählen derzeit noch über 200 Nonnen in 18 selbständigen, zu einer Konföderation zusammengeschlossenen Klöstern.

Hieronymus (H. Sophronius Eusebius), geb. um 347 in Stridon (bei Aquileja), Studium in Rom und Taufe. Nach einem Aufenthalt in Trier schloss er sich um 368 in Aquileja einer Eremitengruppe an; 370 ging er nach Syrien, dann in die ägyptische Wüste. Zurückgekehrt nach Rom, Priesterweihe 382 und »Sekretär« des Papstes Damasus (später gedeutet als Kardinalat), nach dessen Tod 386 zog H. nach Bethlehem, wo er ein Nonnenkloster gründete und 420 starb. H. war hochgebildet, hervorragender Bibelkenner, sprachbegabt (lat. Bibelübersetzung: *Vulgata*);

er hatte starkes Interesse an monastisch-asketischer Lebensweise; übersetzte Regeln und Katechese des → Pachomius; verfasste in starker Idealisierung des eremitischen Lebens die Mönchsviten von → Paulus (von Theben), Hilarion und Malchus. In Brief 39 verteidigte er die monastisch-asketische Lebensweise gegen Angriffe. Durch dieses Schrifttum wurde H. zu einer Autorität des monast. Lebens, bes. im Humanismus des SpätMA.

Hilarion von Gaza, bekannt nur durch die idealisierende Vita des → Hieronymus. Danach sei er Begründer des Eremitentums in Palästina gewesen und 371 auf Zypern gestorben.

Hildegardisschwestern vom katholischen Apostolat, gegr. 1921 in Limburg für sozial-karitatives Apostolat im Sinne der → Pallottiner. Seit 1960 konföderiert mit den ähnlich ausgerichteten 1927 gegr. Theresienschwestern vom kath. Apostolat; verbreitet nur in Deutschland.

Hirsauer Reform. Ausgang und Zentrum der H. R. war das Benediktinerkloster Hirsau bei Calw (Baden-Württ.); das um 830 gegr. Kloster wurde auf Anregung von Papst Leo IX. vom Grafen von Calw 1050 revitalisiert und erlebte unter dem aus St. Emmeran (Regensburg) berufenen Abt → Wilhelm (1069–91) einen großen Aufschwung. Zuerst an den Gewohnheiten von → Gorze ausgerichtet, orientierte sich Wilhelm ab 1079/80 an → Cluny. Eine Abschrift der *Consuetudines* von Cluny ließ er durch → Ulrich von Zell besorgen; sie wurden die Grundlage der 1083/88 verfassten *Constitutiones Hirsaugiensis.* Wilhelm erreichte von der Stifterfamilie das Recht auf freie Abt- und Vogtwahl; unterstellte das Kloster dem → päpstl. Schutz, führte die → Konversen ein. In der zeitgenössischen monastisch-kanonikalen Reformbewegung war Hirsau ein auch Laien anziehendes geistl. Zentrum; im sog. »Investiturstreit« entschiedener Verfechter der → Gregorianischen Reform. Die H. R. wirkte als Vorbild. In über 100 Klöstern galten die H. Gewohnheiten (teils in

Neugründungen von Anfang an, teils durch Rezeption). Zu einer Verbandsbildung, gar einem Ordo wie Cluny, kam es in der H. R. nicht. Der geistige »Verbund« der H. R. zerfiel mit dem allmählichen Bedeutungsverlust Hirsaus; 1458 schloss H. sich der → Bursfelder Kongregation an; die Einführung der Reformation brachte das Ende (Restitution zwischen 1629–48); die Kirche 1692 durch französ. Truppen zerstört.

Historia Lausiaca, eine 419/420 von Palladios verfasste und einem Lausos gewidmete Schrift mit Portraits und Reden von Asketen und Asketinnen aus dem ägypt. Raum. Von ihr gab es zahlreiche lat. Übersetzungen, die, in die → *Vitae patrum* eingearbeitet, zum normativen Text auch des lat. Mönchtums wurden.

Honoratus, geb. 2. Hälfte des 4. Jh.s in Nordgallien, gründete nach einer Pilgerreise in den Orient um 410 auf der Insel → Lérins eine lockere Eremitengemeinschaft; 427/428 zum Bischof von Arles gewählt, starb der herausragende Exponent des gallischen Mönchtums 429/430.

Hore (von lat. *hora* »Stunde«). Bezeichnung für die einzelne Gebetszeit des → Stundengebets.

Horsiesius (Horsiêse, lat. Orsiesus), Mönch unter Pachomius, wurde 346 dritter Oberabt des Pachomianischen Klosterverbandes in → Tabennêsi. Der von Hieronymus ins Lateinische übersetzte *Liber Horsiesi* gilt als sein geistliches Testament; gest. um 390.

Hospitaliter, Hospitaliterinnen (*Ordines hospitaliarii*), Ordensgemeinschaften, die im Zusammenhang mit den Kreuzzügen bzw. den Spitalgründungen des HochMA entstanden.

1. Männl. H. Im Gefolge der Kreuzzüge übernahmen ritterliche Vereinigungen Spitalsdienste, woraus die ritterlichen Spitalsorden entstanden (→ Ritterorden). Bei den → Regularkanonikern übernahmen einzelne Gruppen ebenfalls Spitalsdienste. Am wichtigsten waren die verschiedenen Spitalstiftungen, an denen sich Männer oder

Frauen zu Bruderschaften zusammenschlossen; viele wurden semireligiöse Gemeinschaften bzw. entwickelten sich zu lokal begrenzten Orden meist mit der AR und eigenen Statuten (z. B. die → Lazariten). Von überlokaler Bedeutung wurden die → Antoniter; die meisten überdauerten das MA nicht. In der NZ entstanden neue Formen der Krankenpflege wie die → Barmherzigen Brüder des Johannes von Gott usw.

2. Weibl. H. In weit größerer Zahl bildeten sich an Spitälern Frauenbruderschaften, die sich in der NZ zu Ordensgemeinschaften entwickelten. In Frankreich gilt das bes. von den *Hôtels-Dieu.* An dem von Nicolas Rolin 1443 in Beaune gestifteten Hôtel-Dieu war eine Gemeinschaft tätig, aus der die *Hospitalières de S. Marthe* entstanden, mit zahlreichen Filialgründungen im 18. Jh. Die nach der Revolution wieder entstandenen Häuser schlossen sich allerdings erst 1939 zu einer Union zusammen. Verschiedene selbständige Häuser von Hospitalières bestehen noch in Frankreich und der Schweiz. Eine große »Heilige Familie« bilden die *Hospitalières de S. Joseph.* Die Gründung erfolgte 1630/34 in La Flèche; im Laufe des 17. und 18. Jh.s Gründungen von Hôtels-Dieu in Frankreich und Französ. Nordamerika. Hier entstanden Häuser, die alle selbständig waren. Unionsbestrebungen kamen nur langsam zum Zuge; zuerst 1965 zur Union von drei amerikanischen Kongregationen mit zusammen über 1100 Schwestern in 62 Häusern.

Hugo von Cluny, geb. 1024, aus einem mit → Cluny verbundenen Adelsgeschlecht, Eintritt in Cluny um 1038; folgte Odilo am 20. 2. 1049 als Abt nach. Sein 60-jähriges Abbatiat (1049–1109) hatte große Bedeutung für die Christenheit im Zeitalter der Kirchenreform. Als Taufpate Kaiser Heinrichs IV. vermittelte er im Konflikt Heinrichs mit Papst Gregor VII. Unter H. erreichte die Ecclesia Cluniacensis ihre größte Ausdehnung; 1088 wurde mit dem Neubau der Kirche begonnen; zwei Fassungen der

Consuetudines zwischen 1078 und 1083 bezeugen die für viele Klöster vorbildliche Lebensweise im Verband. H. verstarb in Cluny am 29. 4. 1109; Papst Calixt II. sprach ihn bereits 1120 heilig.

Humiliaten (von lat. *humilis* »niedrig, gering«). Hintergrund ihrer Entstehung waren die im letzten Drittel des 12. Jh.s gravierenden sozioökonomischen Verwerfungen in den Städten Oberitaliens, verbunden mit einer kirchenkritischen religiösen Bewegung, die partiell häretisch eingefärbt war. Die romtreue Richtung entwickelte 1198/99 eine dreigliedrige Organisation: die jeweils in gesonderten Gemeinschaften lebenden Kleriker und Frauen; dazu die breite städtische Schichten erfassenden Laien, die in ihrem Familienverband lebten, also so etwas wie einen »Dritten Orden« bildeten. Innozenz III., dem viel an der Integration kirchenkritischer Randgruppen lag, approbierte 1201 die ihm vorgelegte Regel und gab den Priestern eine (eingeschränkte) Predigterlaubnis. Ob ihrer »Bürgernähe« breiteten sich die H. in der Lombardei zunächst rasch aus. Seit 1246 stand an der Spitze ein Generalmeister, 1288 erhielten sie das Exemtionsprivileg, 1291 wurden für den »III. Orden« neue Statuten erlassen. Durch Ausbreitung und größere Effizienz der Bettelorden verloren die H. seit Ende des 13. Jh.s an Bedeutung; zudem übernahmen städt. Bruderschaften mehr und mehr die von den H. ausgeübten öffentlichen Funktionen. Die mit fortschreitender Verklerikalisierung verbundene Verpfründung machte den männl. Zweig der H. bedeutungslos. Die Aufhebung erfolgte jedoch erst 1571 durch Pius V. Der »III. Orden« der H. war von dem der Bettelorden überholt worden. Nur der weibl. Verband der H. blieb bestehen. Ihre wenigen Klöster erloschen mit den Säkularisationen im beginnenden 19. Jh.

Hünfelder Oblaten → Oblaten der Unbefleckten Jungfrau Maria.

Hygiene. Hinweise auf H. gibt es in den alten monastischen Regeln nur indirekt; ergiebig dafür Consuetudines (u. auch archäologische Befunde). Danach war in ma. Klosteranlagen üblich: Vorrichtungen für fließendes Wasser, Heizung (Wärmstube), Bade- und Waschvorrichtungen usw. Anzunehmen ist Sorge um körperliche Sauberkeit, bes. von Händen und Füßen, der Wäsche usw. Der Standard richtete sich wohl nach dem der Gesellschaft überhaupt (bzw. Herkunft der Mönche); asketischer Rigorismus mit seiner Leibverachtung war in Bezug auf klösterl. H. eher die Ausnahme. – Zur H. im Sinn von Gesundheitsvorsorge gehörte in allen Klöstern der periodisch vorgeschriebene *Aderlass* (*Minutio sanguinis*) mit z. T. genauen Vorschriften. Seit der Antike galt der Aderlass als Allheilmittel.

I

Idiorrhythmie; idiorrhythmische Lebensweise (von griech. ῥυθμός »Takt, Maß« und ἴδιος »eigen«). Der Begriff umschreibt eine asketisch-monastische, von keiner Regel abhängige Lebensweise. In der Praxis führte sie zur Zersetzung des coenobitischen Lebens und zur Rückkehr zur Anachorese. Da die Mönche der I. auf »eigene Kasse« lebten, war der Schritt zur Vita privata und »Verpfründung« nicht weit. Sie wurden daher vom coenobitischen Mönchtum abgelehnt und bekämpft, bzw. nur erfahrenen Mönchen zugestanden. Unter dem Einfluss des → Hesychasmus Ausbreitung der I. auf dem → Athos; Bildung von Kleingruppen mit weitgehendem Eigenleben der einzelnen Mönche unter Leitung eines Vorstehers im Umkreis eines koinobitischen Großklosters, zu dem die Einsiedeleien gehörten.

Ieiunium (lat. *ieiunus* »nüchtern, hungrig, mager«), mlat.: Fasten als Bußübung; → Fasten.

Ignatius von Loyola (Iñigo Lopez de Loyola), geb. 1491, höfische Erziehung, militärische Laufbahn, 1521 bei der Verteidigung von Pamplona verwundet. Im Genesungsprozess durch geistliche Lektüre langsame Konversion, die durch eremitische Zurückgezogenheit im Kloster Montserrat bzw. Höhle Manresa abschließende Klarheit fand (erste Fassung der Exerzitien). 1523/24 Reise ins Heilige Land, dann Studium in Alcalá, Salamanca, ab 1528 in Paris. Mit 6 Gefährten am 15. 8. 1534 private Gelübde (Armut, Keuschheit, Heiligland-Einsatz) auf dem Montmartre. In Venedig 1537 Priesterweihe, um im Heiligen Land missionarisch tätig sein zu können. Die Aussichtslosigkeit der Reise zwang zur Planänderung: für apostolische Tätigkeit sich dem Papst zur Verfügung zu stellen. Ab November 1537 in Rom; bald Entschluss, das Apostolat durch Ordensgründung zu stabilisieren. Die dafür ausgearbeitete Lebensordnung bestätigte Paul III. (27. 9. 1540). I. wurde 1541 zum Oberen gewählt und war anschließend bis zu seinem Tod (31. 7. 1556) seelsorglich in Rom tätig, leitete den Orden (auch mittels umfangreicher Korrespondenz), arbeitete an Verfassungstexten und den → Exerzitien. I. ist am Übergang von SpätMA zur NZ eine herausragende Gestalt der Ordens- und Frömmigkeitsgeschichte; geprägt vom spannungsreichen Bezug zwischen Askese und Mystik, Aktion und Kontemplation, Ergebung in den Willen Gottes und Einsatzplanung durch Straffung aller Kräfte für ein effizientes Apostolat.

Igumen → Hegumenos.

Ikonoklasmus → Bilderstreit.

Ilanzer Schwestern. Dominikanerinnen vom hl. Joseph; die Kongregation wurde 1865 vom Weltpriester Fidel Depuoz (gest. 1875) für karitative Aufgaben gegr., bischöfl. Approbation 1880, 1894 Affiliation an den Dominikanerorden; verbreitet in der Schweiz, Deutschland, Österreich und Taiwan; Mutterhaus Ilanz (Graubünden).

Immaculata (lat. »ohne Makel, Schmutz«); im theolog. Kontext auszeichnender Name für Maria, bezogen auf ihre gnadenhafte Bewahrung vor dem Makel der Erbsünde. Mit der Verbreitung der theolog. Lehre seit dem SpätMA, die erst 1854 als Dogma verkündet wurde, breitete sich auch die Verehrung Mariens als I. aus. Etwa 90 Kongregationen (vorwiegend weibl.) des 19. und 20. Jh.s beziehen sich mit variierenden Namensformen darauf. Von diesen sind mit Stichworten angeführt: → Marianer, → Hünfelder Oblaten, → Pavonianer. Unter den weiteren Kongregationen ist die *Congregatio Fratrum Carmelitarum B. V. Mariae Immaculatae* (s. → Karmeliten – III. Orden) mit über 2100 Mitgliedern die größte. Von den vielen Frauenkongregationen sind mit Blick auf den deutschen Sprachraum hervorzuheben: die Kongregation der *Sorores Mariae Immaculatae* (*Marienschwestern von Maria, der Unbefleck-*

ten); hervorgegangen aus einem sozialfürsorglichen Kreis junger Frauen um den Priester Johannes Schneider in Breslau 1855, den dieser zu einer Kongregation (mit Befolgung zunächst der Franziskaner-Terziaren-Regel, ab 1897 der AR) umformte, die, sozial-karitativ tätig, sich rasch in Schlesien und darüber hinaus verbreitete (unter dem ursprüngl. Namen: *Arme Schwestern von der allerseligsten und unbefleckten Jungfrau Maria*). Durch die Kriegsfolgen 1939/45 schwer in Mitleidenschaft gezogen, zählt die Kongregation mit Mutterhaus in Rom derzeit noch 463 Schwestern in 3 deutschen und 3 polnischen Provinzen. Die Kongregation ist inzwischen den → Augustiner-Eremiten affiliiert. – Die *Dienerinnen der unbefleckten Empfängnis der Mutter Gottes*. Unter diesem Namen firmieren 5 selbständige Frauenkongregationen, die sich herleiten von der gleichnamigen Gründung von Edmund Bojanowski (gest. 1871) in Posen 1855. Die Kongregation, tätig im sozial-karitativen Bereich, breitete sich rasch im polnischen und ukrainischen Sprachraum sowie in Schlesien und Preußen aus. Die politischen Verhältnisse beschleunigten die Teilung des Großverbandes in selbständige Kongregationen. Derzeit gibt es 5: Przemyśl, die größte mit fast 1500 Schwestern, Tarnów, Lowitz, Poznań und Wrocław (Breslau) mit je einigen hundert Schwestern. Von Posen her kamen 1866 die ersten Schwestern nach Schlesien, die Zahl neuer Gründungen nahm rasch zu; 1931 selbständige Kongregation durch Trennung von Posen; durch die Kriegsfolgen starke Verluste. Die Kongregation ist in fünf Provinzen gegliedert, die zwei stärksten in Polen, die drei mitgliedschwachen in der Bundesrepublik. – Von den zahlreichen Kongregationen der Franziskanerinnen nehmen 24 in ihrem Namen Bezug auf I., darunter z. B. die 1858 gegr. *Franziskanerinnen von der Unbefleckten Empfängnis Unserer lieben Frau* (mit Mutterhaus Bonlanden, Kr. Biberach, Baden-Württ.) mit noch 250 Schwestern; die *Grazer Schulschwestern* (*Franziskanerinnen von der Unbefleckten Empfängnis*), 1843 gegr. mit derzeit noch gut 400 Schwestern. – Im romanischen Kulturraum ist für I. auch der Name *Conceptionistinnen* (von lat. *conceptio* »Empfängnis«) gebräuchlich. Neben einzelnen Kongregationen heißen die in Föderationen zusammengeschlossenen kontemplativ lebenden Nonnen Conceptionistinnen. Von diesen gibt es (bes. in Spanien und Südamerika) noch 162 Klausurklöster mit etwa 2100 Nonnen. Ausgangspunkt der Entwicklung war das 1484 von Beatrice de Silva (gest. 1490) in Toledo gegr. Kloster (unter dem Schutz der Maria Immaculata) mit strenger Klausur; approbiert 1489 von Innozenz VIII. Im beginnenden 16. Jh. Ausrichtung an Franziskanern und Neugründungen; Iulius II. bestätigte 1511 den Klosterverband als Orden, der sich rasch im span. Kulturraum verbreitete. – Mit einigen Conceptionistinnen gründete der Franziskanerbischof Amandus Bahlmann 1910 die *Missionarinnen der Unbefleckten Empfängnis* für pastorale Hilfe im Amazonasgebiet. Die Kongregation ist noch immer weit verbreitet.

Immunität (von lat. *munus* »Dienst, Amt, Geschenk«) bedeutet im Rahmen der Reichsverfassung des MA in Bezug auf Klöster ihre Herausnahme von der allgemeinen Herrschaftsausübung (in Verwaltung, Rechtsprechung und Abgaben) auf Grund königl. I.s-Privilegien, deren Umfang jeweils aus dem Kontext zu erschließen ist. I. war zunächst ein wichtiges Mittel, Klöster an »König und Reich« zu binden, im weiteren Verlauf wurde I. Rechtstitel für Bildung von Kleinstterritorien (→ Reichsabtei); im engsten sachbezogenen Sinn ist I. ein geweihte Orte schützender Sonderfriedensbereich; personenbezogen bedeutet I. Befreiung von bestimmten Pflichten und Abgaben, Sondergerichtsstand u. a.

Infirmarius (von lat. *infirmus* »schwach, krank«), in Klöstern der Krankenbetreuer; für die Kranken (*infirmi*) gab es abgetrennte Räume, die Infirmarie (*infirmaria*); bei Zisterziensern oft Sondergebäude mit Krankenkapelle.

Zur Sorge für die Kranken, motiviert mit Mt 25,36 vgl. BR Kap. 36, das die im coenobitischen Mönchtum vorherrschende Einstellung zusammenfasste und die Praxis für die Zukunft bestimmte; → Hygiene.

Infulierter Abt (Propst, Prälat); ein mit den → Pontifikalien ausgezeichneter Oberer eines Klosters oder Ordensverbandes (z. B. Hochmeister des → Deutschen Ordens).

Ingenbohler Schwestern (*Barmherzige Schwestern vom hl. Kreuz*, *Kreuzschwestern*), 1856 vom Kapuziner Theodosius Florentini gegr. für karitative und pastorale Aufgaben. Die Kongregation päpstl. Rechts ist in 15 Provinzen gegliedert, weltweit verbreitet und zählt zu den größten franziskanischen Frauenkongregationen (1995 noch etwa 4500 Schwestern in 455 Niederlassungen). Mutterhaus: Ingenbohl (Kanton Schwyz / Schweiz).

Inklusen / Reklusen (lat. *includere* »einschließen, einsperren«) sind eine Sonderform der Einsiedler. Für längere Zeit oder für immer ließen sich aus asketischen Gründen und zur Buße I. in ihrer Behausung einschließen. Im frühen Mönchtum gab es vielfältige Formen dafür, im Westen war vom 8. bis 12. Jh. die I.-Praxis weit verbreitet; I., unter ihnen zahlreiche Frauen, ließen sich meist an Kirchen und im Bereich eines Klosters einschließen. Für Einschließungen und Lebensweise wurden Regeln erlassen. I. an Pfarrkirchen unterstanden dem Pfarrer bzw. einem Mendikantenkloster. In SpätMA und NZ gab es nur noch vereinzelt I. Die Praxis scheint inzwischen ausgestorben zu sein.

Inkorporation (von lat. *incorporare* »eingliedern, einverleiben«) ist seit dem 13. Jh. im Kirchenrecht der Begriff, mit dem auch der besondere und rechtliche Bezug eines selbständigen klausurierten Frauenklosters zu dem namengebenden Orden zum Ausdruck gebracht wird. Einzelheiten der Beziehungen regeln die Satzungen der jeweiligen Orden. Bei den Bettelorden bildet die Gesamtheit der Frauenklöster mit dem Rechtsstatus des I. den II. Orden (s. → Dominikanerinnen, → Franziskanerinnen/Klarissen usw.).

Innozenz III., Papst von 1198–1216; als jüngster Kardinal zum Papst gewählt, wurde der hoch gebildete Lothar von Segni zum bedeutendsten Papst des MA. I. präzisierte in Theorie und Praxis den päpstl. Iurisdiktionsprimat (auch den Orden gegenüber), war aufgeschlossen neuen religiösen Bewegungen gegenüber, die er für das Programm einer religiösen Erneuerung der Gesellschaft in Dienst nehmen wollte (→ Franziskus, → Dominikus, → Humiliaten, → Pauperes catholici). Wie weit damit die konservativen Beschlüsse des IV. → Lateran-Konzils dem Ordenswesen gegenüber in Übereinstimmung zu bringen waren, ist eine nicht ganz geklärte Frage.

Iona (Hy), Insel vor der schottischen Westküste, von → Columba 563 gegr. Kloster; daraus entwickelte sich eine große für die Christianisierung Schottlands wichtige → Paruchia. Seit dem 9. Jh. Bedeutungsverfall; Benediktinerkloster bis Ende 16. Jh.

Isaias soll ein ägyptischer Abt gewesen und im 4. Jh. gelebt haben. Die unter dem Namen Isaias-Regel überlieferten *Praecepta seu consilia Abbatis Isaiae posita in Tironibus in Monachatu* sind keine Regel, sondern nur eine Sammlung von Vätersprüchen.

Isidor von Sevilla, geb. um 560 in der Provinz Cartagena, jüngerer Bruder des → Leander und der Klosterfrau Florentina. Die *Regula monachorum* (auch Isidor-Regel genannt) ist eine Zusammenfassung der monastischen Tradition und für die von I. gegr. Klöster geschrieben. I., dessen Schriften starken Einfluss auf die ma. Kultur ausübten, starb 636.

J

Jakobiner (französ. *Jacopins*) in Frankreich ältere volkstümliche Bezeichnung für die Dominikaner nach ihrem Pariser Hauptkloster St. Jacques. In der Französ. Revolution war das Kloster Tagungsstätte der radikalen Republikaner; daher J. in neuer Bedeutung.

Jesuaten (*Pauperes Christi*, *Clerici Apostolici S. Hieronymi*), ursprünglich eine laikale Erweckungsbewegung in Siena, die sich am Eremitenideal und evangelischer Armut orientierte und von Johannes Andreas Colombini (gest. 1367) geführt wurde. Die J. sorgten sich um Arme, Kranke und Tote; sie waren zunächst ohne Wohnsitz, tätig als Hausierer, Handwerker, Artisten und Spaßmacher. In ihre Lieder flochten sie den Refrain »O Gesu« ein (daher die Benennung J.). Urban V. bestätigte mündlich 1367 die Bruderschaft. Angefeindet von den Bettelorden als → Fratizellen, wurde ihnen 1385 eine Regel vorgeschrieben, deren Grundlage BR und AR bildeten. Damit begannen Klerikalisierung und Angleichung an die Bettelorden, wodurch es zu Profilverlust und langsamem Abstieg in die Bedeutungslosigkeit kam. Aufgehoben wurden sie 1668 durch Clemens IX. – Des J. A. Colombini Cousine, Caterina Colombini (gest. 1387), gründete unter dessen Einfluss die *Jesuatinnen* (*Mulieres pauperes*, *Sorelle povere gesuate*) mit AR und strenger Klausur. Die Verbindung mit den J. wurde 1499 von deren Generalkapitel aufgegeben, die acht Klöster kamen unter bischöfl. Leitung. Durch die Säkularisierungen im 19. Jh. wurden sie aufgehoben, nur in Lucca bestand ein Konvent weiter bis 1954.

Jesuiten (*Societas Jesu*, *SJ*, *Gesellschaft Jesu*; umgangssprachlich und gelegentlich spöttisch/verächtlich J.). Anfangsdatum ist das private Gelübde des → Ignatius mit seinen Gefährten am 15. 8. 1534 in der Marienkapelle auf dem Montmartre in Paris (Armut, Keuschheit, Heilig-Land-Mission bzw. sich dem Papst für apostolischen Einsatz zur Verfügung zu stellen). Da sich die Heilig-Land-Mission zerschlug, wandte sich die Gruppe, die sich inzwischen *Compañia de Jesús* (ohne militärischen Beiklang!) nannte, nach Rom. Paul III. setzte sie für verschiedene apostolische Arbeiten ein. Im September 1539 Entschluss zur Gründung eines Ordens. Ignatius erarbeitete dafür eine Lebensordnung (*Formula Instituti*), die Paul III. in der Bestätigungsbulle vom 27. 9. 1540 publizierte. Ignatius, 1541 zum Ordensoberen gewählt, war an Auf- und Ausbau der J. bis zu seinem Tod (31. 7. 1556) tätig. – Hatten damals die J. etwa 1000 Mitglieder, so waren es 1640 etwa 16 000, präsent in allen kath. Ländern und in der Mission in Übersee. – Verfassung und Ziele der J. sind festgelegt in der *Formula Instituti*, dem *Examen vitae*, den von Ignatius ausgearbeiteten Konstitutionen, 1558 von der 1. Generalkongregation der J. verabschiedet. Die J. sind ein zentralistischer ortsunabhängiger Personenverband von → Regularklerikern mit monarchischer Spitze, gegliedert (von unten nach oben) in Residenzen, Kollegien, Provinzen und Assistenzen. An der Spitze steht der Ordensgeneral (*praepositus generalis*), der von der Generalkongregation auf Lebenszeit gewählt wird. Er bestellt auf Zeit die Oberen der Provinzen, diese die Rektoren der Kollegien und Häuser. Die Provinziale und Provinzvertreter bilden die Generalkongregation als oberste Legislative und Kontrollorgan dem Ordensgeneral gegenüber. Die Zugehörigkeit zum Orden ist gestuft: Ewige und einfache Profess nach dem Noviziat; nach dem → Terziat, mit dem die Ausbildung abgeschlossen ist, als Coadiutor erneute einfache und ewige Profess. Die Coadiutores sind geteilt in *temporales* (Laienbrüder) und *spirituales* (Priester). Ewige und feierliche Gelübde (zusammen mit dem vierten, der Verfügbarkeit für den Papst) legen nur die

Professi ab (bis vor kurzem waren alle Leitungsämter nur ihnen vorbehalten). – Das Konzept der J. ist vom Geist der → Exerzitien geprägt: unter dem Haupt Jesu als Gefährten Jesu in seiner Kirche apostolisch tätig zu sein in den Nöten und Bedürfnissen der Zeit. Um für eine umfassende apostolische Tätigkeit zur Verfügung zu stehen, wird weitgehend auf alle tradierten Formen klösterlichen Gemeinschaftslebens verzichtet. – Die J. profilierten sich in der Mission, in wissenschaftl. Theologie, im Schulwesen (Kollegien) und Erziehung (Marianische Kongregationen), in Volksmissionen und Exerzitienleitung. Um 1750 gab es etwa 25 000 J. Durch die Verkettung verschiedener Faktoren, bei denen es zu eigenartigen Koalitionen von an sich gegensätzlichen Positionen kam, verstärkt auch noch durch offene und latente innerkirchliche Gegnerschaft (bes. der Bettelorden) kam es zu einem Kesseltreiben gegen die J. in den romanischen Ländern, an dessen Ende die unrühmliche Aufhebung der J. durch Clemens XIII. am 21. 7. 1773 stand (nicht ausgeführt in Preußen und Russland). Wiederherstellung durch Pius VII. am 7. 8. 1814 und zunächst langsames, ab 1850 sprunghaftes Wachstum; behindert allerdings durch Vertreibungen durch die verschiedenen Säkularisationswellen und antikathol. staatl. Maßnahmen (Jesuitenverbot in der Schweiz 1847, im Deutschen Reich 1871). Die J. des 19. Jh.s hatten ihr Profil gefunden in politischem Antiliberalismus, kirchlichem Ultramontanismus und theologischem Integralismus. In den 30er-Jahren des 20. Jh.s vorsichtige kirchenpolitische und theologische Umorientierung in Richtung Avantgarde, was zu weiterem Wachstum führte (1965 etwa 36 000 Mitglieder). Mit dem II. Vatikanischen Konzil einerseits Mobilisierung der Erneuerungskräfte, andererseits aber auch weitgehende Destabilisierung nach innen und außen, ablesbar auch am Mitgliederschwund. In den in 10 Assistenzen zusammengefassten 109 Provinzen und Regionen gab es 2002 noch 20 743 Mitglieder.

Joachim von Fiore, geb. um 1135 in Kalabrien, erzogen am Hof in Palermo, nach Konversion Wanderleben zwischen verschiedenen Klöstern Kalabriens, fand dann Anschluss an die Zisterzienser und gründete 1192/93 das Kloster San Giovanni in Fiore (Kalabrien), dem er bis zu seinem Tode (1202/05) als Abt vorstand. J. war ein bedeutender Mönchstheologe des 12. Jh.s. Seine heilsgeschichtliche Schriftauslegung kreiste um die drei Zeitalter: des Vaters, des Sohnes und des Hl. Geistes. In diesem wird die Priesterkirche durch die der wahren Mönche aufgehoben. Geschichtsmächtig wurde J. durch die franziskanischen → Spiritualen, die im hl. Franziskus die Erfüllung seiner Vision vom Anbruch des III. Zeitalters sahen.

Johannes-Brüder (*Congregatio Sancti Joannis*); gegr. in Fribourg/Schweiz 1975 von dem Dominikaner Marie-Dominique Philippe, seit 1986 Kongregation mit derzeit etwa 200 Brüdern. Verbreitet in Frankreich, Schweiz, Afrika (eine Communauté in Österreich). Nach dem Vorbild des Apostels und Evangelisten Johannes wollen sie im Lebensstil Kontemplation und Aktion verbinden.

Johannes Cassianus, geb. um 360/365, nach Studium Eintritt in ein Kloster in Bethlehem, dann ungefähr 10 Jahre Aufenthalt in verschiedenen ägyptischen Mönchssiedlungen. 399 in Konstantinopel von Johannes Chrysostomus zum Diakon geweiht, kam 404 nach Rom, um Chrysostomus zu verteidigen. Dann (wohl) im Westen geblieben, wo er um 415/416 in Marseille ein Männer- und ein Frauenkloster gründete. J. starb 432/435. Seine Erfahrungen mit dem ägyptischen Mönchtum fixierte J. schriftlich, um sie für das aufblühende südgallische Mönchsleben fruchtbar zu machen. Die dafür wichtigen Schriften sind: *De institutis coenobiorum et de octo principalium vitiorum remediis* (*Über die Einrichtung der Coenobien und die Heilmittel gegen die acht Hauptlaster*), *Conlationes patrum* (*Unterredungen der Väter*). In diesen 24 fiktiven Unterredungen mit ägyptischen Einsiedlern stellt J. seine monastische Lehre dar. Bis ins SpätMA waren die *Conlationes* ein wichtiges monastisches Erbauungsbuch (auch bei den Bettelorden).

Johannes Chrysostomus, geb. 349/350 in Antiochia, in der zeitgenössischen Schultradition unterrichtet, 367/368 getauft, schließt er sich einer Asketenschule an; 372/376 lebt er zurückgezogen in einem coenobitischen Kloster, dann zwei Jahre als Anachoret; 378 wieder in Antiochia, wird Diakon, dann Priester; 397 wird er vom Kaiser gezwungen, sich zum Bischof von Konstantinopel weihen zu lassen. 407 stirbt der Patriarch von Konstantinopel auf dem Weg in die Deportation. J. war in der Praxis und durch sein Schrifttum (*Gegen die Feinde des Mönchtums*, *Über die Jungfräulichkeit*) ein Förderer des Mönchtums.

Johannes vom Kreuz (Juan de la Cruz), geb. 1542 in Fontivera bei Avila, wurde 1560 Karmelit; unzufrieden mit den Zuständen im Orden fand er 1567 in → Teresa von Avila eine Stütze. Unter dem neuen Namen Juan de la Cruz begann er 1568 seine Reformtätigkeit, die zur Bildung der → Unbeschuhten Karmeliten führte. Die der Reform feindlich Gesonnenen verfolgten, inhaftierten und quälten ihn im Kloster in Toledo (1577/78); nach seiner Flucht in verschiedenen Ämtern seines Ordens tätig – am Ende auch von den eigenen Mitbrüdern übel behandelt, starb er am 14. 12. 1591 im Kloster Ubeda. J. war dichterisch hochbegabt, fähig zur geistlichen Führung und ein Mystiker. Neben Teresa von Avila prägte er das geistliche Profil der reformierten Karmeliten.

Johanniter-Orden (*Ordo Equitum Hospitalariorum S. Johannis de Jerusalem*); ursprüngl. eine Bruderschaft zur Pflege von Pilgern und Kranken an dem einer Benediktinerabtei gehörenden Johannes-Spital in Jerusalem, gegr. um 1080; Verselbständigungsbestrebungen des in Krankenpflege erfolgreichen Spitals, das auch in Europa Filialen gründete, die sehr früh, 1154, mit der Anerkennung als selbständigem Spitalsorden zum Abschluss kamen. Neben dem Pflegezweig gab es bald einen militärischen Zweig im Dienst der Kreuzzugsstaaten; im Verlaufe der 2. Hälfte des 12. Jh.s erfolgte die Umwandlung in einen → Ritterorden, die mit dem Statut von 1206 zu einem Abschluss gekommen war. Nach dem Fall von Akkon (1291) zunächst in Zypern, ab 1310 auf Rhodos; hier Aufbau eines »Ordensstaates«; Ausbau von Rhodos zur größten Festung Europas; Stützpunkt für die militärischen Aktionen gegen die Türken; beides finanziert durch den großen Streubesitz in Europa (vermehrt durch Übertrag von Vermögensteilen der aufgehobenen → Templer). Nach der Eroberung durch die Türken 1522 neues Zentrum: die Insel Malta, die Kaiser Karl V. 1530 dem J.-O. überließ (seither Namenswechsel: Malteser-Orden, Malteser). Wie vorher im östl. Mittelmeer war jetzt im westl. der J.-O. ein wichtiger Machtfaktor im Kampf gegen Türken und Seeräuberei. Napoleon annektierte 1798 Malta und den Orden. Das Großpriorat für Deutschland (zuständig für den großen Streubesitz im Reich) bestand mit Sitz in Heitersheim/Breisgau bis 1809. Wiederherstellungsversuche des Ordens auf dem Wiener Kongress 1815 scheiterten. Es war das Papsttum, das den Maltesern, die im Bereich der Donaumonarchie mit Restherrschaften weiter bestanden, zu dem Status eines souveränen Ordens verhalf (Sitz des Großpriors in Rom). – 1859 kam es zur Gründung der katholischen Genossenschaft der rheinisch-westfälischen Malteser-Devotionsritter; 1867 zur Gründung des Vereins Schlesischer-Malteser-Ritter; 1953 zu Gründung des Malteser-Hilfsdienstes. – Das evangelische Pendant dazu ist der Hilfsdienst der Johanniter. Als selbständiger Zweig des J.-O. bestanden die evangelisch gewordenen → Kommenden in einigen Territorien des Reiches fort; in Preußen zwar 1810 formell säkularisiert, wenig später aber auf neuer Grundlage wieder existent, gab König Friedrich Wilhelm IV. 1854 dem Preußischen J.-O. eine neue Verfassung; neue Statuten gab es nach 1918 und erneut nach 1945.

Joseph, Heiliger; Nährvater Jesu. Erst im SpätMA setzte die Josephverehrung ein und wurde in der NZ intensiviert. Spiegel davon sind die seit 1517 entstandenen 172 Ordensgemeinschaften unter dem Patronat des hl. J. und seinem Namen; 51 davon männl., 121 weibl.; außereuropäisch ist Amerika mit 30 Kongregationen führend, in Europa sind es in Frankreich 25, in Italien 24, in Belgien 16. Die meisten Frauenkongregationen entstanden im 19. Jh. und wurden zumeist für karitative Aufgaben gegr. Die bedeutendste ist die Kongregation der *Sœurs de St. J. du Père Jean-Pierre Médaille SJ*; gegr. 1650 in Le Puy und rasch in Frankreich verbreitet. Von der Revolution unterdrückt, bereits um 1800 Restauration. Von den wiedereröffneten Häusern wurden Le Puy und Lyon zu Zentren selbständiger Kongregationen, aus einzelnen Häusern dieser entstanden durch Abtrennung neue. Unabhängig von den auf Le Puy zurückgehenden Verbänden entstanden die *Sœurs de S. J. de Cluny*, gegr. 1805/06 in Chalon sur Saône von Anne-Marie Javouhey (gest. 1851) für karitativsoziale Aufgaben; Mutterhaus 1812 nach Cluny verlegt. Rapider Aufschwung mit Gründungen in Übersee ab 1818/20; bereits 1891 1664 Mitglieder in 118 Häusern, 1970 in 340 Häusern 3654 Mitglieder, 2002 noch 3060. – S. auch → Hospitalierinnen (Hospitalieres de S. J. de La Flèche). Weltweit gab es um 1950 noch etwa 60 Kongregationen päpstl. Rechts mit über 50 000 Schwestern; der seither einsetzende personelle Schwund führte zur Zusammenlegung bzw. Auflösung einzelner Kongregationen. Um 1995 gab es noch 48 Kongregationen mit etwa 20 000 Schwestern. – Im deutschen Sprachraum gibt es die mit Unterstützung des damaligen Trierer Bischofs 1891 gegr. *Kongregation der Schwestern vom hl. J. von Trier*. Diözesanrechtlich sind die Kongregationen: *Schwestern vom hl. J. von St. Trudpert* (Schwarzwald, Baden-Württ.), 1920 entstanden durch (polit. bedingte) Trennung von einer im Elsass ansässigen Kongregation; die *Franziskanerinnen vom* *hl. J. von Ursberg* (Bayr. Schwaben), 1897 gegr. für Betreuung von Behinderten. Terziarenverbände von Franziskanerinnen u. a. mit dem Patronatsnamen J. gibt es mehrere. – Soweit es in Deutschland männl. Gemeinschaften gab, besteht inzwischen keine mehr. Päpstl. Rechts und v. a. missionarisch tätig bestehen derzeit weltweit noch 6 Kongregationen mit zusammen etwa 1700 Mitgliedern.

Josephinismus, das nach Kaiser Joseph II. (1765–90) benannte von etwa 1765 bis 1850 bestehende staatskirchliche System Österreichs; im engen Sinn die von Joseph als Alleinherrscher (1780–90) in rascher Folge verfügten Maßnahmen, die, eingebunden in den Umbau des Feudalstaates zu einem zentralistischen Beamtenstaat, die Kirche und ihre Institutionen zu einer »Staatsanstalt« umformen sollten. In dieser sollte es nur noch an Pfarreien gebundene Seelsorge, ausgeübt vom bischöfl. Weltklerus, geben. Nur der Kontemplation lebende Klöster wurden als nutzlose und dem Geist des »wahren Christentums« widersprechende Anstalten angesehen. Damit war aus »theologischen« und kirchenorganisatorischen Gründen die Aufhebung aller beschaulichen männl. und weibl. Klöster bzw. ihre Umformung zu Instituten mit erzieherischen oder sozial-karitativen Dienstleistungen verbunden. Ab 1782 begannen die Klosteraufhebungen, denen etwa ein Drittel (etwa 700) aller Klöster der Habsburgischen Länder zum Opfer fielen. In den noch weiter bestehenden kam es zu Beseitigung monastischer Bräuche (z. B. Chorgebet), Eintrittsverbote bzw. Erschwerung, Beseitigung der Exemtion und Unterstellung unter bischöfl. Jurisdiktion, Aufhebung der Jurisdiktion ausländischer Ordensoberer. Lockerung und Beseitigung dieser Maßnahmen zogen sich weit ins 19. Jh. hinein.

Jungfrauenweihe. Zeugnisse für J. gibt es seit der 2. Hälfte des 4. Jh.s.; im Laufe der Zeit liturgisch ausgestaltete Benediktion mit Verschleierung als Hauptakt; kirchenrechtl. früher den → Moniales vorbehalten, seit 1970 auch für in der Welt lebende Frauen, die »um Gottes Willen« → Jungfräulichkeit geloben.

Jungfräulichkeit, der ursprüngl. Wortbedeutung nach nur auf den Zustand körperlicher Unversehrtheit der geschlechtsreifen jungen Frau bezogen (griech. παρθένος, lat. *virgo*); im frühchristlichen Umfeld verbunden mit Ehelosigkeit um des Himmelreichs willen aus christologischer und/oder eschatologischer Motivation heraus (vgl. Mt 19,12; 1 Kor 7,6–9.32–38; Offb 14,4). Wegen seiner ausschließlichen Bezogenheit auf seinen himmlischen Vater ist in diesem Kontext Jesus Christus als Urbild und vollkommene Verkörperung der J. angesehen und gepriesen worden. Aus diesem theologischen Grund konnte der vom Wortsinn her an sich nur für Frauen plausible Begriff J. auch auf Asketen und Mönche angewendet werden. So ist in der asketisch-monastischen Überlieferung J. als Bestandteil der → Evangelischen Räte zum Synonym für Ehelosigkeit im Sinne sexueller Enthaltsamkeit geworden. Weil diese als Resultanz der ausschließlichen Bezogenheit auf Christus hin verstanden wurde, setzten sich die Begriffe παρθένος/*virgo* und nicht ἁγνεία / *castitas*, *puritas* für die Lebensweise der Religiosen durch.

Justinian I., oströmischer Kaiser 527–565. Der bedeutende und theologisch gebildete Herrscher des byzant. Reiches, der massiv ins kirchliche Leben eingriff, erließ auch für das Mönchtum Verordnungen, die in den *Codex Justiniani* eingingen: Er rezipierte dafür v. a. Kanon 4 des Konzils von → Chalcedon (Unterordnung unter die Bischöfe); → Lauren für ein geordnetes Eremitenleben; Vorschriften für Novizenausbildung u. a. Anders als Chalcedon erlaubte J. auch Sklaven den Klostereintritt.

K

Kalasantiner (*Congregatio pro operariis christianis a S. Josepho Calasantino, COp*), Klerikerkongregation päpstl. Rechts, gegr. 1889 in Wien von Anton M. Schwartz (gest. 1929) für Seelsorge unter den Arbeitern. Die K. sind auf Österreich beschränkt geblieben und zählen derzeit noch 43 Mitglieder.

Kamaldulenser (*Ordo S. Benedicti Eremitarum Camaldulensium, OSBCam.*), ein eremitische und coenobitische Elemente verbindender Zweig des Benediktinertums. Die K. wurden um 1000/12 initiiert von → Romuald und dem Bischof von Arezzo als Einsiedelei im Bergmassiv von Camaldoli (östl. Toskana), verbunden mit dem im Tal liegenden Hospiz Fontebono. Die Einsiedelei wurde bald reich beschenkt und fand großen Zulauf; neue mit Camaldoli verbundene Eremitorien wurden gegr. Der entstehende, mit der kirchl. Reformbewegung der Zeit liierte Verband erhielt 1072 den → päpstl. Schutz. Prior Rudolf (1074–89) verfasste 1085 Konstitutionen, mit denen die Zweigliedrigkeit der K. geordnet wurde: Camaldoli, der Sacro Eremo, befolgt als Einsiedelei rigoros das eremitische Leben (ummauertes Areal mit Kirche, Gemeinschaftsgebäude und Einzelhäuschen für die Eremiten) und wird von einem Prior geleitet, dem auch die anderen Einsiedeleien des Verbandes unterstehen. In Fontebono gilt die coenobitische Lebensweise. – Im weiteren Verlauf gab es oft Spannungen zwischen Verband und Hauptkloster Camaldoli. Im 13. Jh. erhielt der Prior von Camaldoli den Titel Prior maior, die Zuständigkeit für den Gesamtverband sollte beim Prior generalis liegen. Vom Niedergang im SpätMA blieben auch die K. nicht verschont. Reformbemühungen im 15. Jh. besserten den Zustand. Dabei kam es zur Auflösung der Einheit der K. Mit dem Kloster San

Michele de Murano (Venedig) bildeten die K. Venetiens und anderer ital. Abteien eine eigene Kongregation, die sich 1616 vom Gesamtverband trennte. Einzelne Klöster der getrennten K. überlebten die Säkularisierungen. 1935 vereinigten sie sich wieder und traten 1966 als *Congregatio Monachorum Eremitarum Camaldulensium* der Benediktiner-Konföderation bei. Diese K.-Kongregation zählte 1996 10 Klöster mit 125 Mönchen. – Nicht zur Konföderation gehören die K.-Eremiten von Monte Corona (*Congregatio Eremitarum Camaldulensium Montis Coronae*, *ECMC*); 1520 als Compagnia di S. Romualdo gegr., 1523 von Camaldoli getrennt und selbständige Kongregation, benannt nach dem Eremitorium Monte Corona bei Perugia. Sie verbreitete sich über Mittelitalien, Osteuropa (ein Kloster auch in Wien/Kahlenberg). Aus ihr gingen im 17. Jh. als selbständige Kongregationen die piemontesische und die französ. hervor. Die Säkularisationen überlebten nur einige wenige Klöster der Ursprungskongregation.

Kamaldulenserinnen. Prior Rudolf von Camaldoli gründete 1085 das Kloster S. Pietro di Luco (Florenz); weitere Klöster folgten; im MA meist noch mit angeschlossenem Mönchskonvent. Die K. sind coenobitisch ausgerichtet. Die Abtei S. Antonio in Rom liefert alljährlich die für den Papst bestimmte Palme für die Prozession am Palmsonntag.

Kamillianer (*Väter vom guten Tod*, *Ordo Clericorum Regularium Ministrantium Infirmis*, *MI*). Camillus von Lellis (gest. 1614) sammelte 1582 als Leiter eines Spitals in Rom Gefährten um sich zur Pflege von Kranken und Sterbenden. Priester geworden, formte Camillus die Gruppe zu einem Orden um, der sich in einem vierten Gelübde zum Krankendienst verpflichtete. 1586 vorläufige, 1591 definitive päpstl. Bestätigung (mit AR). Rasche Ausbreitung in Europa und Lateinamerika, durch die Säkularisationen fast völlige Auflösung. 1842 Neubeginn mit Neuorganisation und weltweiter Verbreitung. Eine deutsche Provinz gibt es seit 1903. Die neuen Konstitutionen (nach dem II. Vaticanum) betonen die Betreuung von sozialen Randgruppen und Suchtkranken. Die K. hatten um 2000 in 155 Häusern gut 1000 Mitglieder.

Kanisiusschwestern (*Kanisiuswerk*, *Œuvre Canisius*, *Sœurs Canisiennes*); gegr. 1898 in Fribourg/Schweiz als Schwesternkongregation bischöfl. Rechts zum Apostolat durch gutes Schrifttum; verbreitet in der Schweiz, in Deutschland und Brasilien mit etwa 100 Schwestern.

Kanon (latinisiert von griech. κανών »Richtschnur, Vorschrift, Liste«); unter den verschiedenen Bedeutungen sind in Bezug auf das Mönchtum herauszuheben: 1. kirchl. Rechtssatz (Gesetz, Vorschrift); zusammengestellt in Kanonessammlung); 2. Liste der Versorgungsberechtigten Kleriker einer Kirche (meist der bischöfl. Kleriker).

Kanoniker, im Verlauf des 6. Jh.s im lateinischen Westen Name für versorgungsberechtigte Kleriker, die gemeinschaftlich an einer Kirche die Liturgie feierten und ein geregeltes, d. h. nach den kirchlichen Vorschriften (→ Kanon) gestaltetes Leben führten. → Eusebius von Vercelli, → Augustinus von Hippo sind herausragende Zeugen der an Apg 2,44–45; 3,32–35 ausgerichteten Lebensweise. → Chrodegang von Metz erließ für seinen Domklerus Statuten, die überarbeitet 816 als → Aachener Statuten für den Klerus des Karolingerreiches verbindlich sein sollten. Diese K. bildeten den Ordo canonicus im Unterschied zum Ordo monasticus, für den die BR normgebend sein sollte. – Zur geschichtl. Weiterentwicklung der K. s. → Regular-, Säkularkanoniker.

Kanonikon → Typikon.

Kanonissen, Name für die nach den für Frauengemeinschaften adaptierten → Aachener Statuten lebenden und damit »kanonisch« gewordenen Frauen. Da die zahlreichen Klöster von K. auch sozialen und familialen Bedürfnissen dienten, erfolgte die »Regulierung« nach den Kanones weder einheitlich noch rigoros. Soweit sie im 12. Jh.

sich nicht dem Regulierungstrend der → Regularkanoniker anschlossen, wurden aus den Konventen der K. dem Adel vorbehaltene »freiweltliche« Damenstifte; auch als evangelische Damenstifte bestanden einige bis zur Säkularisation 1803 (z. B. Quedlinburg, Herford, Gandersheim).

Kapitel (von lat. *capitulum*) ist auch im Ordenswesen ein mehrdeutiger Begriff: **1.** Die einzelnen Abschnitte eines Lesetextes sowie die einzelnen Paragraphen einer Gesetzessammlung. – **2.** Im monastisch-kanonikalen Alltag die Versammlung des Konvents (im → Kapitelsaal) zu liturgischen Diensten und Unterweisung. – **3.** Die nach Regeln, Statuten usw. lebenden Klerikergemeinschaften bilden als K. eine juridische Person (deren einzelne Mitglieder deshalb Kapitulare genannt werden). – **4.** Die nach den Verfassungen der Orden vorgeschriebenen Versammlungen zur Behandlung wichtiger Agenden einzelner Konvente, Provinzen und des Gesamtverbandes (genannt General-, Provinz-, Haus-/Konvents-K.), deren Beschlüsse sind die K.s-Beschlüsse. – **5.** Das bei den Mendikanten und älteren Orden früher abgehaltene periodische → Schuldkapitel.

Kapitelsaal, in ma. Klosteranlagen der im Ostflügel befindliche und meist architektonisch herausgehobene Raum für liturgische und auch andere Konventsveranstaltungen; oft auch Begräbnisplatz für hochgestellte Persönlichkeiten.

Kappa (von lat. *cappa*), bei einigen Orden Bezeichnung für den ärmellosen, meist mit einer Kapuze verbundenen Schulterumhang (→ Ordenskleidung).

Kapuziner (*Ordo Fratrum Minorum Capuccinorum, OFMCap*), entstanden 1525 in der Mark Ancona durch Separation des Matthaeus von Bascio und einiger Gefährten von den → Franziskanerobservanten; durch Zulauf rasch vergrößert, 1528 von Clemens VII. als selbständige Vereinigung anerkannt und dem Generalminister der → Konventualen unterstellt. 1532 durch Anschluss südital. → Reformaten und Eintritt hochgebildeter Franziskaner Neuformulierung der ursprüngl. eremitisch-kontemplativ ausgerichteten Lebensweise in Richtung Seelsorge (mit entsprechender pastoraler Ausbildung) unter Beibehaltung asketischer Strenge und strikter Armut nach der Regel des hl. → Franziskus. Auf dem Generalkapitel Rom 1536 Satzungsrevision. Durch Übertritt des profilierten K.s Bernardino d'Ochino 1542 zum Calvinismus Krise der K., die rasch überwunden wurde. Durch Übertritte reformwilliger Franziskaner starke numerische Zunahme; 1574 bereits etwa 3500 K.; Beschränkung auf Italien 1574 von Gregor XIII. aufgehoben, danach rasche Verbreitung im kathol. Europa. 1619 durch Paul V. Aufhebung der Unterstellung unter die Konventualen, Anerkennung als selbständiger (franziskanischer) Orden, der auffällig langen Kapuze wegen mit dem Zunamen »Kapuziner«. Um 1760 gab es in Europa und Übersee über 30 000 K. Die Säkularisationswellen dezimierten auch die K. Unter dem Generalminister Bernhard Christen (1854–1908) kam es zu einer umfassenden Erneuerung, verbunden mit Mitgliedszunahme und Ausbreitung, was bis etwa 1960 anhielt; seither äußere Stagnation und Mitgliederschwund. 2002 gab es noch ungefähr 11 500 K. in 81 Provinzen und 8 Vikariaten. – Die Struktur der Verfassung war von Anfang an die gleiche wie bei den → Franziskanern. Wie bei diesen sind auch den K. Terziaren/innen angeschlossen (→ Franziskanerterziaren/innen), sowohl als laikale Gruppen in der Welt wie auch als regulierte. Bei diesen gibt es die kleinere Gruppe kontemplativ-klausurierter Einzelklöster (*Tertius Ordo Regularis Capuccinarum, TORCap*); 1990 gab es davon noch 24 Klöster bischöfl. Rechts mit etwa 450 Schwestern. – Mit den K.n verbunden sind etwa 81 Schwesternkongregationen mit gleicher Ausrichtung wie die der → Franziskanerinnen. – Mit den K. verbunden sind auch die *Kapuzinerinnen* (*Ordo sanctae Clarae Capuccinarum, OSCRCap*). Gegr. 1535 in Neapel von Maria Laurentia Longo (gest. 1542) als Terziarinnengemeinschaft, 1538 Umwandlung in ein klausuriert-kontemplatives Kloster mit Regel der hl. Klara und Statuten der → Colettinen. Sie sind verbreitet bes. in den romanischen Ländern, durch die Säkularisation stark dezimiert; in der 2. Hälfte des 19. Jh.s neues Wachstum; 2003 gab es in 157 Klöstern 2300 Schwestern.

Kardinalprotektor, Titel für einen vom Papst ernannten Kardinal als »Beschützer« und Interessenswahrer eines Ordens; erstmals nachzuweisen für die Bruderschaft des hl. Franziskus (→ Franziskaner); im Laufe der Zeit wurden für alle alten Orden K.en eingesetzt (bei den Dominikanern gab es K.en nur zwischen 1481 und 1511). Auch ohne jurisdiktionelle Befugnisse übten die K.en oft erheblichen Einfluss aus. Mit päpstl. Schreiben vom 28. 4. 1964 wurde die Einsetzung von K.en abgeschafft.

Kardinalskongregationen heißen die obersten Verwaltungsbehörden der Röm. Kurie. Nach den Verwaltungsreformen 1989 und 1992 gibt es z. Zt. 9 K.; für das Ordenswesen zuständig ist die *K. für die Institute des Gottgeweihten Lebens und für die Gemeinschaften des apostolischen Lebens.*

Karmel, Kurzformel für ein Kloster der → Karmeliten, bes. der Karmelitinnen (z. B. Kölner Karmel).

Karmeliten (*Ordo Fratrum Beatae Mariae Virginis de Monte Carmelo, OCarm*, im MA auch Frauen- oder – nach dem weißen Mantel über dem braunen Habit – Weißbrüder genannt). Der Name ist hergeleitet vom Gebirgszug Karmel in Palästina. Im Zusammenhang mit den Kreuzzügen ließen sich in Erinnerung an den Propheten → Elias hier Eremiten aus Europa nieder. Eine *Formula vitae* bestätigte zwischen 1206 und 1214 Patriarch Albert von Jerusalem, 1226 Honorius III. Wegen zunehmenden Drucks der Sarazenen verstärkte Rückkehr der Einsiedler nach Europa seit 1238 und Gründung von Niederlassungen (in Köln bereits 1249). Durch Innozenz IV. wurde 1247 für die K. im Blick auf europäische Verhältnisse und

Bedürfnisse die Regel modifiziert. Der Papst drängte zur Angleichung in Verfassung und Tätigkeit an Dominikaner und Franziskaner. Im Zuge dieser Umformung der eremitischen K. zu einem zentralistisch verfassten und vorwiegend städtischen Seelsorgeorden kam es zu heftigen Auseinandersetzungen, die 1271 zum Rücktritt des konservativen Ordensmeisters führten. Auf dem II. Lyoner Konzil (1274) wurden die K. nur bedingt und auf Zeit anerkannt; Aufhebung der Beschränkung 1286, 1326 Zuerkennung der Bettelordensprivilegien. Seit Ende des 13. Jh.s Expansion über ganz Europa. Die spätma. Ordenskrisen erfassten auch die K. Reformbemühungen, die anscheinend nicht tief griffen, dafür jedoch zu keiner Spaltung führten, gab es in verschiedenen Ländern. Die in England stark vertretenen K. wurden nach der Trennung der Kirche Englands 1534 aufgehoben; auf dem Festland erlitten sie durch die Reformation starke Verluste. In Reaktion darauf wie auch auf die überaus erfolgreiche Reform durch → Teresa von Avila und → Johannes vom Kreuz, die zu den → Unbeschuhten K. führte, kam es auch beim alten Stamm der K. zur Erneuerung. Durch Französ. Revolution und die verschiedenen Säkularisationswellen wurden die K. stark dezimiert. Langsames Anwachsen im Verlaufe des 19. Jh.s führte zu neuer und weltweiter Präsenz. 2002 hatten die K. in etwa 300 Niederlassungen etwas mehr als 2000 Mitglieder.

Karmeliten – Dritter Orden. Nach dem Vorbild von → Franziskanern und → Dominikanern bemühten sich im 15. Jh. auch die K. um organisierte Laiengruppen. Doch erst 1637 wurde für die Terziaren in der Welt eine Regel erlassen. Generalprior Johannes Soreth hatte nur für klösterliche Frauengemeinschaft 1455 eine Regel verfasst. Im 19. Jh. entstanden dann zentralisierte Frauenkongregationen. 2002 gab es 30 Kongregationen päpstl. Rechts; die meisten davon im spanischen Sprachraum; an Mitgliedern stärkste Kongregationen sind die 6 südindischen, eine davon mit über 6000, zwei andere über 1700 bzw. bei 1600. Die einzelnen Frauenkongregationen sind teilweise affiliiert dem OCarm, teils dem OCD. – Eine männl. III. Ordenskongregation von Klerikern bilden die *Karmeliten der makellosen Jungfrau Mariens* (CMI) des syrisch-malabarischen Ritus; gegr. 1855 in Südindien, zählte um 2000 über 2100 Mitglieder und ist außer in Indien auch in Europa tätig.

Karmeliten, Unbeschuhte (*Ordo Fratrum Carmelitarum Discalceatorum, OCD*), genannt auch Teresianischer Karmel; dadurch Betonung der Inspiration dieses Reformzweiges durch → Teresa von Avila. Sie gründete 1562 zunächst ein Reformkloster für Frauen in Avila, dann mit Hilfe des → Johannes vom Kreuz 1568 für Männer in Duruelo. Die hier gelebten Reformvorstellungen fanden breiten Widerhall und führten zu zahlreichen Neugründungen, jedoch auch zu starken Spannungen mit den etablierten K. Unterstützt vom König kam es 1581 zur Errichtung einer eigenen Provinz, 1593 zur völligen Trennung von den K. Es folgte rasche Ausbreitung der U. K. über Spanien hinaus und in Lateinamerika; allerdings kam es wegen Differenzen im Ordensverständnis zur Bildung von weitgehend selbständigen Kongregationen in Spanien und Italien. 1650 gab es bereits 14 Provinzen mit etwa 150 Klöstern und über 2300 U. K. Nach der fast totalen Vernichtung durch Revolution und Säkularisationen im Verlaufe des 19. Jh.s Restauration. 1875 durch Pius IX. Zusammenschluss der beiden Kongregationen der U. K. und weltweite Verbreitung. Zu Beginn des 21. Jh.s war der Orden in 44 Provinzen gegliedert, hatte etwa 600 Klöster und etwa 4000 Mitglieder.

Karmelitinnen. Zunächst gab es bei den Karmeliten nur wenige nicht organisierte Oblatinnen (→ Oblaten 3). Erst der Generalprior Johannes Soreth (1451–71) bemühte sich um Gründung bzw. Anschluss von Frauengemeinschaften an die K. 1452 kam es zur ersten Beginenaufnahme in

Geldern. Durch Nikolaus V. wurde 1452 die Aufnahme von Frauenkonventen in den Orden bestätigt. Die große Zeit der K. begann erst mit der Reform durch → Teresa von Avila, die den Neugründungen ein eigenes Gepräge gab und dafür Konstitutionen verfasste. Im Anschluss an die Unbeschuhten Karmeliten wurden die »teresianischen K.« ebenfalls vom OCarm getrennt und 1593 den OCD zugeordnet. Nach den gravierenden Verlusten durch Säkularisationen setzte im 19. Jh. ein erstaunlicher Aufschwung ein; bes. in Frankreich (Teresa von Lisieux, gest. 1897, kanonisiert 1925). Die »teresianischen K.« überflügelten in Bezug auf Klöster und Mitglieder bei weitem die K. alter Ordnung und entwickelten sich zum größten kontemplativen Frauenorden der Kirche. Ende des 20. Jh.s zählte man etwa 60 Klöster des OCarm mit 780 Schwestern, etwa 12 000 dagegen in über 800 Klöstern des OCD; in Deutschland 21 Klöster, darunter den Kölner Karmel, in den Edith Stein (Teresia Benedicta a Cruce) 1933 eingetreten war (1942 in Auschwitz ermordet). Die einzelnen Klöster sind selbständig, untereinander nur lose verbunden. Der Umorientierungsprozess nach dem II. Vatikanischen Konzil brachte mit den 1991 erlassenen Konstitutionen erhebliche Desorientierung. 110 Klöster nahmen diese Konstitutionen nicht an.

Kartäuser (*Ordo Cartusiensis*, *OCart*). Der Name bezieht sich auf die von → Bruno von Köln in den Bergen der Chartreuse (lat. Cartusia) östl. von Grenoble mit Gefährten begonnene Eremitensiedlung. Nach Brunos Weggang nach Rom (1090) geriet die Gemeinschaft in eine Krise, stabilisierte sich jedoch wieder schnell. Guigo, der fünfte Prior (1109–39), verfasste um 1127 für den inzwischen auf drei Eremitorien angewachsenen Verband die *Consuetudines Cartusianae*, die 1133 Innozenz II. approbierte; 1170 wurden diese durch Statuten ergänzt, die in der folgenden Zeit immer wieder ergänzt und novelliert wurden, zuletzt 1991. Die K. sind ein Eremitenorden. Für die wirtschaftl. Versorgung sind Konversen zuständig, die teils in gesonderten Höfen der Umgebung, teils im kleinen Kreuzganggeviert der Klosteranlage eine eigene Kommunität bilden. Die Mönche verbinden coenobitische mit eremitischer Lebensweise, was auch in der Architektur der Anlage zum Ausdruck kommt (um den großen Kreuzgang angeordnete, voneinander abgesonderte kleine Einzelbehausungen mit Gärtchen, in denen die Mönche leben). Nicht alle Gebetszeiten werden gemeinsam in der Chorkapelle verrichtet, wie auch nur sonn- und feiertags gemeinsam im Refektorium die Mahlzeit eingenommen wird. Eine stärkere Verbreitung setzte erst im 14. Jh. ein, zu Beginn des 16. Jh.s gab es etwa 200 Kartausen (viele in oder in unmittelbarer Nähe von Städten). Oberste Instanz der K. ist das Generalkapitel, die Leitung des Ordens liegt beim Prior des Stammklosters, genannt Grande Chartreuse, den dessen Mönche wählen. Die Reformation brachte starke Verluste, im 16./17. Jh. gab es jedoch auch wieder zahlreiche Neugründungen (um 1750 gab es 126 Kartausen). Mit der Aufhebung der lombardischen K. ab 1775 setzte die Welle der Säkularisierungen ein, die bis auf 2 alle Kartausen betraf. Im 19. Jh. gab es wieder Neugründungen; in Deutschland 1869 bzw. 1891 Hain bei Düsseldorf, 1964 verlegt nach Marienau bei Leutkirch/Allgäu (Baden-Württ.). Die Grande Chartreuse war bereits 1816 wieder besiedelt worden (vertrieben von 1903–40). 2002 gab es 18 Kartausen mit 349 Mönchen und 163 Konversen. – Die Entstehung der *Kartäuserinnen* geht auf Initiativen gemeinschaftlich lebender *feminae religiosae* zurück, die noch im 12. Jh. sich an den Consuetudines der K. ausrichteten, aber erst im Verlaufe des 13. Jh.s den K.n angegliedert und von diesen beaufsichtigt wurden. Durch Reformation und Säkularisationen aufgelöst, wurden im Verlauf des 19./20. Jh.s einige neu gegr. Um 2000 gab es in 4 Klöstern etwa 50 K.innen. Die coenobitische Lebensweise ist bei ihnen ausgeprägter; sie praktizieren auch noch die Jungfrauenweihe und haben seit dem MA das Privileg, in der Messfeier das Evangelium zu verlesen.

Kastl, Reform von; eine nach dem Kloster Kastl (Oberpfalz) benannte Reformrichtung unter den deutschen Benediktinern seit Ende des 14. Jh.s. Die Reformstatuten von K. wurden von 26 (meist) süddeutschen Klöstern rezipiert; zu einer Verbandsbildung wie der von → Bursfelde kam es jedoch nicht.

Katharer (auch Albigenser), eine im Verlauf des 12. Jh.s bes. in Südfrankreich verdichtete und sich zu einer Gegenkirche formierende häretische Bewegung, bestimmt von dem weltfeindlichen Asketismus des Manichäismus, der im Vorderen Orient der Spätantike und des FrühMA immer wieder in rigoristisch-asketischen Forderungen virulent wurde. Um Bekehrung der K. bemühten sich unter anderen → Waldenser, die → Pauperes catholici und der hl. Dominikus. Unterdrückt wurden die K. durch die Albigenserkriege 1209–29 und die kirchl. Sondergerichte der päpstl. Inquisition.

Katharinerinnen (*Schwestern von der hl. Katharina, Jungfrau und Martyrin*); eine Kongregation päpstl. Rechts, 1571 in Braunsberg (Bistum Ermland, heute Warmia/Polen) von Regina Protmann gegr. für Krankenpflege und Erziehung. Die K. halten sich an die AR, ihre Konstitutionen sind von der Jesuiten-Verfassung beeinflusst. Zunächst nur im Ermland, dann in Preußen und Europa verbreitet, inzwischen auch in Übersee. Durch Vertreibung nach 1945 starke Verluste der deutschen K. Um 2000 gab es in 6 Provinzen knapp 800 Schwestern mit Mutterhaus in Grottaferrata bei Rom.

Kellion (von griech. κέλλιον »Hütte«); im östl. Mönchtum Bezeichnung zunächst für die Wohnstätte eines Eremiten, dann für Eremitorien, deren Mönche in Einzelkellia (-kellien) innerhalb einer Umfriedung wohnten. Ihre Bewohner nannte man Kellioten.

Keuschheit bedeutet im Kontext der Ordensspiritualität die dem Gelübde der Ehelosigkeit (→ Evangelische Räte) eingebundene sexuelle Enthaltsamkeit mit der dazugehörenden geistigen Disziplin von Gedanken und Vorstellungen. Die Motivation dafür ist christologisch und eschatologisch (→ Jungfräulichkeit, Zölibat). Die historische Vermittlung dieser monastischen Keuschheit (auch als Gabe des Hl. Geistes) war in Antike und MA meist mit der Pejorisierung von Ehe und Sexualität verbunden.

Kiew, Höhlenkloster; genannt nach den Höhlen am rechten Dnjepr-Ufer südlich von K.; seit Mitte des 11. Jh.s von dem Eremiten Antonij (gest. 1072/73) bewohnt, dem sich andere Eremiten anschlossen, deren Leiter noch zu Lebzeiten des Antonij Abt Feodosij (um 1030–74) wurde. Er erweiterte die Klosteranlage, führte die am → Studios-Kloster von Konstantinopel ausgerichtete coenobitische Lebensweise ein, die dann zur Grundlage des russischen Mönchtums wurde.

Kindheit Jesu. Die Frömmigkeit zur K. J. hat spätma. Wurzeln und verbreitete sich in den folgenden Jahrhunderten. Im 19. Jh. v. a. entstanden weibl. Kongregationen mit Namensbezug auf die K. J. (bzw. dazugehörende Ausdrücke). Etwa 20 Kongregationen päpstl. oder bischöfl. Rechts gibt es davon. Im deutschen Sprachraum sind am bekanntesten die *Schwestern vom Armen Kinde Jesu.* Die weitverbreitete und in 4 Provinzen gegliederte Kongregation mit derzeit noch fast 700 Schwestern entstand aus einer 1837 in Aachen von Klara Fey (gest. 1894) begonnenen Schule für Mädchen armer Leute; 1848 wurde daraus eine von ihr geleitete Kongregation, die 1888 die definitive päpstl. Approbation erhielt. Durch Vertreibung im → Kulturkampf weitere Verbreitung. Damals auch Verlegung des Mutterhauses in die benachbarten Niederlande (heute Roermond). – *Dienerinnen der heiligen Kindheit Jesu* nennen sich die »Zeller Schwestern« (benannt nach dem Mutterhaus Würzburg/Oberzell) 1857 gegr. und 1888 bischöfl.

approbiert, tätig in Mädchenerziehung und Krankenpflege. – Zu den ausländischen größeren Kongregationen gehören in Frankreich die 1667 gegr. und 1846 revitalisierten *Sœurs de l'Enfant Jésus*, tätig in Schulen und Krankenpflege; die im angloamerikanischen Raum verbreiteten 1846 in Birmingham gegr. *Sisters of the Holy Child Jesus*; die 1937 in Nigeria gegr. *Handmaids of the Holy Child Jesus* mit derzeit etwa 670 in verschiedenen sozialen und pastoralen Diensten (v. a. Nigerias) tätigen Schwestern. – In einem weiteren Sinne kann man zur Gruppe der »Kindheit Jesu«-Kongregationen die 12 Schwesternkongregationen zählen, die nach der hl. Theresia vom Kinde Jesu (gest. 1897, kanonisiert 1925) benannt sind.

Klara von Assisi, geb. um 1193/94 in Assisi aus der vornehmen Familie der Offreduccio; begeistert von der evangelischen Lebensweise des hl. → Franziskus, verließ sie heimlich die Familie, um sich von Franziskus in Portiuncula am 18./19. 3. 1212 Tonsur und Schleier geben zu lassen. Zunächst bei Benediktinerinnen untergebracht, dann in S. Damiano/Assisi, wo sich um K. rasch eine Gemeinschaft bildete, der 1215/16 Innozenz III. ein *Privilegium pauperitatis* zugestand, d. h. wie Franziskus und seine Brüder ohne Besitz und Einkünfte zu leben. Für diese franziskanische Lebensweise kämpfte K. zeitlebens, die darauf bauende, von ihr ausgearbeitete Regel erhielt erst kurz vor ihrem Tod von Innozenz IV. am 9. 8. 1253 die päpstl. Approbation als Richtschnur für das Kloster S. Damiano. Als Vorsteherin dieser Frauenkommunität mit dem Titel Äbtissin verstarb K. am 11. 8. 1253 in diesem Kloster.

Klarissen (*Ordo Sanctae Clarae, OSCl*). Als Zweig (II. Orden) der → Franziskaner sind für Entstehung, Verbreitung und Institutionalisierung des klausurierten kontemplativen Frauenordens zwei Komponenten zu beachten. Zunächst die hl. → Klara von Assisi mit ihrer Kommunität, die anfänglich (1215) eine von → Franziskus gegebene *Formula vitae* befolgte (nicht erhalten). Kardinalprotektor Hugolino (später Papst Gregor IX., 1227–1241) verpflichtete 1218/19 die in S. Damiano lebende Kommunität und andere mittelital. Frauenkonvente auf eine an der BR ausgerichtete Regel, Innozenz IV. 1247 auf eine neue. Klaras Widerstand galt beiden aufoktroyierten Regeln. Am Ende erhielt ihre Regel die päpstliche Approbation. Die Regel wurde wahrscheinlich zunächst nur in S. Damiano befolgt. Die zweite Komponente hat wie bei den → Dominikanerinnen mit der breiten religiösen Frauenbewegung der Zeit zu tun. Denn in rascher Folge und weiter Verbreitung kam es zu Anschluss von Frauengemeinschaften an die Franziskaner bzw. zu von diesen initiierten Neugründungen. Diese → Franziskanerinnen befolgten anfangs wohl die Hugolino-Regel, ab 1247 die neue von Innozenz IV. Daneben gab es wahrscheinlich weitere Regelvarianten (so bestätigte 1259 Alexander IV. für französ. K. eine Regel). Um die Multiformität der Regeln zu vereinheitlichen, erließ 1263 Urban IV. eine neue Regel (genannt Urban-Regel). Wie die vorausgehenden betonte auch sie das klausurierte kontemplative Leben. Im Gegensatz zur Klara-Regel von 1253 waren jedoch Besitz und feste Einkünfte vorgesehen. Auf dieser Regelbasis erfolgte weitere Verbreitung und Inkulturation der Kl., auch → Urbanistinnen genannt, als religiös-soziale Institution bes. der städtischen Mittel- und Oberschichten. Im Zuge der Reformbewegungen in SpätMA und NZ kam es vielfach auch zur Rezeption der Klara-Regel in den Reformklöstern; im Volksmund hießen diese Klöster oft »Armen-Klara« im Unterschied zu »Reichen-Klara« mit der Urban-Regel. Der Bezug zum I. Orden (→ Franziskaner bzw. später zu den verschiedenen Zweigen) war ähnlich geregelt wie bei den → Dominikanern/Dominikanerinnen. Die K. erlitten durch die Reformation starke Einbußen, starken Zuwachs dagegen in der NZ in den romanischen Ländern und Lateinamerika. Erneut starke Verluste durch die verschiedenen Säkularisationswellen im 18./19. Jh. Im Verlaufe des 19. Jh.s kam es zu einer beachtlichen Restauration. 2002 gab es in über 550 Niederlassungen etwa 8000 K. Die selbständigen und von einer Äbtissin geleiteten Klöster sind neuerdings meist in regionalen Konföderationen zusammengefasst. Im Blick auf die neben den K. bestehenden weiteren Verbände gilt für die K. Multiformität; denn es gibt auch → Colettinen, → Kapuzinerinnen, Franziskanerinnen der Ewigen Anbetung, klausurierte → Franziskanerterziarinnen. Zählt man alle zusammen, kommt man auf über 17 000 Nonnen in über 1100 Klöstern.

Klausur (von lat. *claudere* »einschließen, absperren«; mlat. *clausura* »Sperre, Verschluss«) ist ein Grundbegriff des monast. Lebens, um die Abgeschiedenheit von der Welt zu betonen und die »Gottsuche« in Stille und monast. Disziplin zu gewährleisten. Die äußeren Formen und Vorschriften der Klausur variierten im Laufe der Geschichte; erheblich waren die Unterschiede zwischen K. für Männer- und Frauenklöster. Im FrühMA ist der Begriff K. mehrdeutig; er kann bezogen werden auf die gesamte Klosteranlage, nur auf den → Kreuzgang, auf die Mönchen/Nonnen vorbehaltenen Räumlichkeiten. Im Kirchen- und Ordensrecht unterscheidet man zwischen aktiver und passiver K.; diese meint das Zutritts-, jene das Ausgangsverbot; beide in Frauenklöstern viel strenger gehandhabt, bes. rigorose Vorschriften vom Konzil von → Trient: kein Zutritt von Männern, kein Ausgang der Nonnen u. a. Nach Verpflichtungsgrad wird unterschieden zwischen bischöfl. und päpstl. K., die für alle kontemplativen Frauenorden mit feierlichen Gelübden gilt. Nach CIC 1983 can. 667 generell Milderung der K.-Vorschriften; zudem unterschiedliche Regelungen in den einzelnen Ordenssatzungen.

Kleidung → Ordenskleidung.

Kleine Brüder Jesu / Kleine Schwestern Jesu (*Petits Frères de Jésus / Petites Sœurs de Jésus*); zu Religiosen-Gemeinschaften formten sich diese 1964, jene 1968; inspiriert sind beide von Spiritualität und Lebensstil von Charles de → Foucauld. In weltweiter Verbreitung leben sie in kleinen Kommunitäten und dienen auf ihre Art der »Präevangelisation«. 2002 gab es 266 Brüder in 76 Fraternitäten, 1258 Schwestern in 316 Kleinkommunitäten. Die Bezeichnung »klein« bezieht sich bei ihnen sowohl auf die Lebensweise in einer Kleingruppe als auch auf Lebensstil und Spiritualität. – Männl. und weibl. Religiosen-Vereinigungen mit dem Namenszusatz »klein« gibt es etwa 70. Die meisten entstanden erst nach 1945; einige Kongregationen (alten Stils) reichen jedoch ins 19. Jh. zurück. Sie beziehen den Namen auf ihre Tätigkeit unter Kleinen und Armen und auf die Nachfolge Jesu. Die größten Verbände sind die 1839 gegr. *Petites Sœurs des Pauvres* von Rennes (Frankreich) mit über 3200 Schwestern; und die spanischen *Hermanitas de los Ancianos Desamparados* mit über 2600 Schwestern (neben Spanien bes. in Lateinamerika); beide Kongregationen sind im sozial-karitativen Bereich tätig.

Klerikalisierung des Mönchtums → Priestermönch.

Kleriker → Priestermönch, → Kanoniker, → Regularkleriker.

Kloster (von lat. *claustrum* »abgeschlossen, verriegelt«). Im deutschen Sprachraum bei → Monasterium Bezug auf die Bewohner, bei K. Bezug auf die »Abgeschlossenheit« der Anlage. K. ist daher im eigentl. Wortsinn der ausgesonderte Lebensraum von Mitgliedern monastischer und kanonikaler Orden; in einem weiten Sinn jede Niederlassung einer Ordensgemeinschaft. Die Anfänge des K.s waren mit der Herausbildung des → Koinobion gegeben. Man brauchte aufeinander bezogene Funktionsräume. In der BR sind die wichtigsten bereits genannt. Im abendl. Mönchtum mit seiner Einbindung in die sozioökonomischen und religiös-kulturellen gesellschaftlichen Bedürfnisse und Aufgaben des Karolingerreiches ergab sich die

Notwendigkeit für ein weitläufiges Agglomerat von Bauten als Mittelpunkt einer klösterlichen Grundherrschaft. Der St. Gallener Klosterplan von um 820 ist für ein solches karolingisches Großkloster ein herausragendes Zeugnis. Generell bildet den Kernraum eines K.s der den quadratischen Binnenhof umschließende → Kreuzgang mit den wichtigsten Funktionsräumen, wozu seit dem 12. Jh. neben der Kirche (= Oratorium) gehören: → Kapitelsaal, Refektorium, (Küche), Vorratsräume, Armarium (= Bibliothek), Arbeitsraum, Parlatorium (und Calefactorium); im 1. Stock des Osttraktes das → Dormitorium. Dieses Geviert bildet den Bereich strenger Klausur. Um diesen Kernraum herum sind die anderen Funktionsbauten gelagert (Pfortenhaus, Hospiz, Infirmarie, Abtshaus u. a.) sowie die für die Klosterökonomie nötigen Bauten und Anlagen. Dieser »monastische Zubehör«, im Reformmönchtum (bes. bei den → Zisterziensern) bereits stark reduziert, richtete sich in Bezug auf die Anordnung nach den lokalen Gegebenheiten. Der Gesamtkomplex des K.s als »gebaute Ordnung« war ummauert, im MA ins Wehrhafte gesteigert. Bei den → Bettelorden war das K. reduziert auf den vereinfachten Kernbereich mit Kreuzgang. Während im 17./18. Jh. die alten Orden (bes. im deutschen Sprachraum) dem K. als Großanlage in barocker Pracht ein neues Gepräge gaben (z. B. Weingarten, Ottobeuren, Einsiedeln, Melk), verzichteten die in der NZ entstandenen Ordensgemeinschaften auf den überlieferten Bautyp K.; man begnügte sich mit Zweckbauten. Zum K. wurden diese Häuser durch ihre Bewohner (oder man verzichtete überhaupt auf den Namen K.). In der Gegenwart herrscht generell die Tendenz zum unauffälligen und einfachen K. vor. In zahlreichen neuen Kleingemeinschaften verzichtet man überhaupt auf das eigene Haus und wohnt in Etagen in Miete.

Klosterhöfe in den Städten dienten in MA und NZ den wirtschaftl. und politischen Bedürfnissen der grundherrschaftl. Klöster auf dem Land. Mit den Säkularisationen verschwanden sie. Straßen- und Gebäudenamen – wie z. B. in Mainz: Arnsberger Hof, Erbacher Hof – bewahren noch die Erinnerung an diese Einrichtungen.

Klosterstrafen → Bußpraxis.

Koadjutor (von lat. *coadiuvare* »mithelfen«) heißt generell im Kirchenrecht der einem Amtsträger (Bischof) aus bes. Gründen zugewiesene Helfer; im Ordenswesen gibt es die Einrichtung in Orden mit auf Lebenszeit gewählten

---

Schematisierte Wiedergabe. Bei mehrgeschossigen Gebäuden ist nur ein Geschoss berücksichtigt (ausgenommen Nr. 6).

1 Kirche
2 Schreibstube und Bibliothek
3 Sakristeien
4 Zubereitungsraum für Oblaten und Öl
5 Kreuzgang
6 Schlafsaal (o.) Wärmeraum (u.)
7 Bad
8 Latrinen
9 Refektorium
10 Küche
11 Keller
12 Sprechraum
13 Stube des Armenverwalters
14 Pilgerherberge
15 Brauerei und Bäckerei der Pilgerherberge
16 Pförtnerwohnung
17 Wohnung des Schulvorstehers
18 Gastzimmer für durchreisende Brüder
19 Brauerei und Bäckerei des Gästehauses
20 Gästehaus
21 Äußere Schule
22 Äbtehaus
23 Aderlasshaus
24 Ärztehaus
25 Kräutergärtlein
26 Hospital
27 Küche und Bad des Hospitals
28 Doppelkapelle für Hospital und Noviziat
29 Noviziat
30 Küche und Bad des Noviziats
31 Friedhof und Obstgarten
32 Gemüsegarten
33 Gärtnerwohnung
34 Gänsezwinger
35 Wärterwohnung
36 Hühnerzwinger
37 Kornscheune
38 Werkstätten
39 Brauerei und Bäckerei der Mönche
40 Mühle
41 Stampfe
42 Darre
43 Kornhaus und Küferei
44 Stier- und Pferdestall
45 Schafstall
46 Ziegenstall
47 Kuhstall
48 Stuterei
49 Schweinestall
50 Unterkunft für die Diener des Herrschers bei seiner Gastung im Kloster
51 Stallungen?

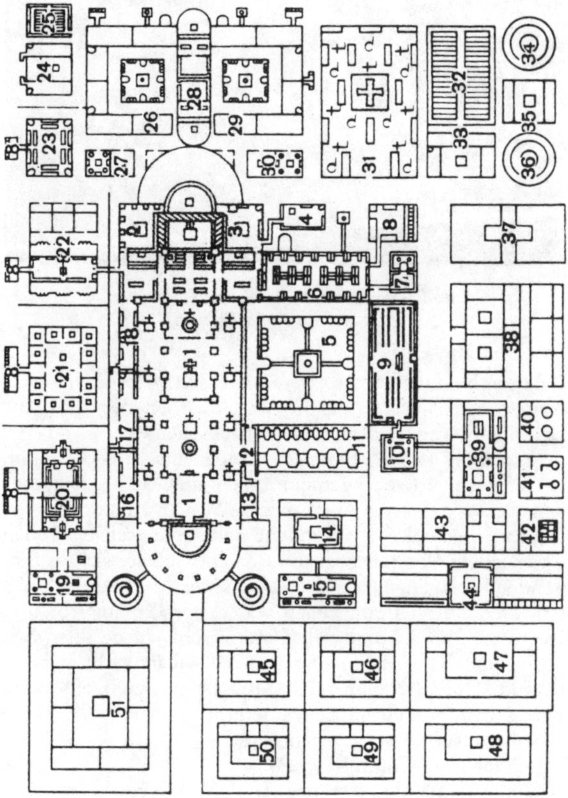

Der Klosterplan von St. Gallen

Modell nach dem St. Gallener Klosterplan (von W. Horn und E. Born)

Oberen. Bei einzelnen Orden – wie den → Jesuiten – sind K.en von der Verfassung her als »Ressortleiter« und zur Beratung in der Ordensleitung vorgesehen.

Koinobion (lat. *coenobium*, eingedeutscht Zönobium; vom griech. κοινός »gemeinsam« und βίος »Leben, Lebensweise«); Bezeichnung für eine Mönchssiedlung, deren Kennzeichen das ortsgebundene und gemeinschaftl. Leben unter einem Vorsteher ist. Das K. entwickelte sich in fließenden Übergängen aus der Lebensweise der → Anachoreten. Der Überlieferung nach war erster Organisator und Regulator → Pachomius; im lat. Westen wurde über verschiedene »Regelungen« das K. nach AR und BR vorherrschend. Die in K. lebenden Mönche heißen Koinobiten bzw. Coenobiten bzw. Zönobiten.

Kollegialstift → Säkularkanoniker.

Kolumban → Columban(us).

Kommendatarabt war der Titel für einen Laien oder Weltkleriker (auch Bischof oder gar Papst), dem die vom allgemeinen Klostervermögen ausgeschiedenen äbtlichen

Einkünfte (→ Mensal-Gut) als Pfründe (ohne dazugehörende Amtspflichten) übertragen wurden. K. kann man die → Laienäbte des FrühMA nennen. Meist zum Schaden der Klöster waren K.e im SpätMA sehr verbreitet, zuerst von der Röm. Kurie ins »Besoldungssystem« eingebracht, dann von Landesfürsten (bes. in Frankreich und Spanien) praktiziert. Gegen die Ausbeutung durch K.e gab es immer wieder klösterliche Widerstände. Beseitigt wurden die K.e erst durch die → Säkularisationen, wobei schon die Einsetzung von K.en einer partiellen → Säkularisation gleichkam.

Kommende (von lat. *commendare* »anvertrauen, übergeben«). **1.** Einkünfte eines kirchl. Amtes ohne die damit verbundenen Pflichten (reine Versorgungsbezüge wie z. B. → Kommendatarabt). **2.** Sitz der untersten Verwaltungseinheit bei den → Ritterorden, genannt auch *Komturei*, der Vorsteher *Komtur.*

Kommunität (von lat. *communitas* »Gemeinschaft«), die Gesamtheit der Mönche/Nonnen eines Klosters.

Komplet (von lat. *completorium* »Abschluss, Vollendung«), Bezeichnung für die letzte → Hore des liturgischen → Stundengebets.

Kongregation (von lat. *congregare* »versammeln«), im Ordenswesen Name für verschiedene Zusammenschlüsse. **1.** Monastische K.: Zusammenschluss mehrerer selbständiger Abteien (bzw. Stifte) mit gleicher Regel und gleichen Konstitutionen mit dem → Abtpräses an der Spitze; derzeit bei den → Benediktinern 17 K.en. – Die ma. und nztl. monastischen K.en weichen in Verfassung u. U. erheblich von den K.en des gegenwärtig gültigen Kirchenrechts ab. – **2.** Seit dem 16. Jh. entstandene zentralistisch verfasste Gemeinschaften mit nur einfachen Gelübden, päpstl. bzw. bischöfl. Rechts. – Zu gleichnamigen kurialen Behörden s. → Kardinalskongregationen.

Konstanz, Konzil von (1414–18). Dem Konzil waren drei Aufgaben gestellt: 1. Wiederherstellung der kirchl. Einheit; 2. Klärung der Glaubensfrage; 3. Reform der Kirche an Haupt und Gliedern. Die Wiederherstellung der Einheit setzte generell Kräfte frei für Reform und Erneuerung des Ordenswesens, bes. in Deutschland durch die Konferenz der Benediktineräbte (s. → Melker Reform). Die Verbrennung des böhmischen Reformers Jan Hus in Konstanz (1415) entfachte in Böhmen die hussitische Bewegung, in deren Gefolge zahlreiche Klöster zerstört und das institutionalisierte Religiosentum im Lande schwere Einbußen erlitt.

Konstitutionen (von lat. *constitutio* »Verfassung, Einrichtung«) heißen im Ordenswesen von MA und NZ die von der zuständigen kirchl. Obrigkeit approbierten Statuten als Ergänzung zur Regel (bzw. überhaupt an deren Stelle tretend). Die K. regeln Verfassung, Organisation, Aufgaben und Lebensweise der jeweiligen Ordensgemeinschaften. – Im Gegensatz zur Regel unterliegen die K. ständiger Novellierung durch die oberste Gesetzgebungsinstanz (meist Generalkapitel); → Ordensregel.

Konvent (von lat. *conventus* »Zusammenkunft, Versammlung«), bezeichnet 1. die Versammlung aller stimmberechtigten Mitglieder eines Klosters (→ Konventualen/Konventualinnen); – 2. die gesamte → Kommunität; – 3. das bauliche Anwesen, also das → Kloster als solches.

Konventualen. Im Unterschied zu den Mitgliedern eines Klosters (→ Konvent, 1) in der Ordensgeschichte Bezeichnung für die Angehörigen der Mendikantenorden, die sich im SpätMA nicht den Reformgruppen anschlossen; bei den → Minoriten ist daraus eine Ordensbezeichnung geworden (*Ordo Fratrum Minorum Conventualium*, *OFMCon*).

Konversen (von lat. *conversio* »Umkehr, Bekehrung«), ursprüngl. Erwachsene, die sich der asketisch-monastischen Lebensweise zuwandten, in einem Kloster des sich formenden Mönchtums Stabilität der Konversion gelobten. Vom Ansatz her waren also alle Mönche mit Ausnahme der → Oblaten K. Aus verschiedenen Gründen kam es im 11./12. Jh. zu einer neuen Form von K., die in von den Mönchen abgehobenen Sonderkommunitäten lebten und die für die Existenzsicherung des Klosters nötigen Arbeiten ausführten. Sie wurden auch *fratres barbati* genannt. Die Anfänge der K. dürften bei den reformerischen Eremiten von → Camaldoli und in → Vallombrosa gelegen haben; in → Hirsau scheint die religiöse Laienbewegung der Zeit Männer angetrieben zu haben, K. im Kloster zu werden; seit dem 12. Jh. sind K. auch in → Cluny nachzuweisen. Zur festen Institution wurden die K. bei den → Zisterziensern, die nur mit den K. ihr monastisches Ideal ökonomischer Autarkie verwirklichen konnten. Das Institut der K. wurde von Regularkanonikern, Bettelorden und Klerikerverbänden der NZ übernommen. Im 19. und beginnenden 20. Jh. kam es in verschiedenen europ. Ländern zu einer starken Zunahme der K., inzwischen ist der Trend ins Gegenteil umgeschlagen. Mit der Durchführung der Empfehlung des II. Vaticanum, die K. möglichst vollständig in die jeweilige Gemeinschaft zu integrieren, dürfte sich das Ende des K.-Instituts abzeichnen. Die K. heißen inzwischen meist *fratres cooperatores* und nicht mehr Laienbrüder (*fratres laici*).

Kornelimünster (Inden, *Monasterium ad Indam*, seit 1257 *Monasterium S. Cornelii Indensis*); zwischen 814 und 817 von Kaiser Ludwig dem Frommen an der Inde bei Aachen gegr. als Musterkloster der karolingischen Klosterreform unter Leitung des → Benedikt von Aniane. Nach dessen Tod (821) rasch Bedeutungsverlust, unter Ottonen neue Blüte, seit SpätMA ohne besondere Bedeutung; 1802 aufgehoben. An anderer Stelle seit 1909 wieder klösterl. Leben, seit 1953 Abtei (zur Kongregation von → Subiaco gehörig) und »Ehrennachfolgerin« der karoling. Gründung.

Kostbares Blut (Jesu Christi). Die Verehrung wurzelt in der spätma. Passionsfrömmigkeit, die im Laufe der NZ zur breiten Volksandacht wurde. Etwa 20 Kongregationen päpstl. bzw. bischöfl. Rechts nehmen auf das K. B. Bezug; die meisten sind weibl. und im 19. Jh. gegr. Hauptanreger der Verehrung war Casparo del Bufalo (gest. 1837) mit der von ihm 1815 gegr. *Congregatio Presbyterorum a Pretiosissimo Sanguine* (*Kongregation vom Kostbaren Blut, CPPS*), päpstl. anerkannt 1841; zunächst für Volksmission, Verehrung des K. B.s, Jugenderziehung. Mit Gründungen in den USA (ab 1843) großer Aufschwung und weitere Verbreitung. Die Kongregation – genannt auch Bufalini – zählte um 2000 etwa 700 Mitglieder. Von Bufalo wurde 1834 in Frosinone ein weibl. Zweig gegr., die *Suore adoratrici del sangue de Christo* (*Anbetungsschwestern vom K. B.*), die neben Verehrung des K. B.s auch sozial-karitative und erzieherische Tätigkeiten ausüben. Die weltweit verbreitete Kongregation päpstl. Rechts zählt derzeit noch über 1800 Schwestern. Von ihr abgespalten sind die *Sisters of the Adoration of the Most Precious Blood* in O'Fallon, USA. Aus dem großen Freundeskreis C. del Bufalos kamen Anstöße zur Gründung von *Anbetungsschwestern des K. B.s* in selbständigen Häusern, die sich, soweit sie noch bestehen, inzwischen zu Unionen verbanden. Unabhängig von diesen sind die von der umtriebigen Aurelia Caoutte (gest. 1904) gegr. und in dem *Institut du Precieux Sang au Canada* zusammengeschlossenen streng klausurierten Klöster der Anbetungsschwestern vom K. B. de Saint-Hyacinthe. Von diesen Klöstern bestehen noch 3. – Unabhängig von del Bufalo wurden 1852 die »Preziosine« (*Suore del Preciosissimo Sangue*) in Monza gegr.; die Kongregation mit etwa 500 Schwestern ist im sozial-karitativen Bereich tätig. Auf Franz Pfanner geht die Gründung der *Missionsschwestern vom K. B.* zurück (→ Mariannhiller Missionare).

Kranke → Infirmarius.

Kreuzbrüder → Kreuzherren.

Kreuzgang (lat. *ambitus*, *quadrum*, *claustrum*), in der ma. Klosteranlage der die vier Seiten des quadratischen bzw. rechteckigen Binnenhofes umgebende Gang nördl. oder südl. der Kirche; funktionaler Kern, der die einzelnen Bauteile miteinander verbindet, von diesen jedoch durch Fassade zum Hof und Pultdächern als selbständiger Raumteil herausgehoben (Ort des strikten → Schweigens, Totengedächtnisses, Begräbnisplatzes für Wohltäter, bei Zisterziensern auch Lectorium); wegen der Prozessionen im deutschen Sprachraum K. genannt. Ausgebildet in karolingischer Zeit, perfektioniert bei den Zisterziensern, blieb der K. auf die Klosteranlagen des lat. Ordenswesens beschränkt. In nztl. Anlagen ohne Sonderbedeutung dem Gesamtbau integriert und zum bloßen »Korridor« geschrumpft.

Kreuzherren (-brüder). 1. Allgemein die mit einem Kreuz gekennzeichneten Angehörigen von → Spitals- und → Ritterorden. – **2.** Im 12./13. Jh. voneinander unabhängig entstandene Gemeinschaften zur Kreuzverehrung (im Zusammenhang mit der Kreuzzugsbewegung). Dazu zählen z. B. der 1656 aufgehobene *Ordo Cruciferorum* in Bologna, den Alexander III. 1169 als Spitalsorden bestätigt hatte. Der *Ordo Canonicorum Regularium Ssae. Crucis a stella rubea* (*Kreuzherren mit dem roten Stern*), 1232 in Prag ursprünglich als Laienbruderschaft gegr., von Gregor IX. 1237 als Regularkanoniker bestätigt; Verbreitung in Böhmen, Schlesien, Polen; 1952 unterdrückt, nach 1989 Restituierung einiger Häuser (darunter Prag). – **3.** Die (niederländischen) *Regularkanoniker des Ordens des hl. Kreuzes* (*Ordo S. Crucis, OSC*, genannt auch *Kreuzbrüder, Cruciferi, Crucigeri*); Ursprünge nicht mehr klar erfassbar; vom Bischof von Lüttich 1244 nach dem Vorbild der → Dominikaner für seine Diözese als Regularkanoniker organisiert; von Innozenz IV. bestätigt 1248; stärkere Verbreitung erst zu Beginn des 15. Jh.s unter Einfluss der → Devotio moderna. Die Reformation brachte große Verluste, im 17. Jh. erneute Blüte; 2 Niederlassungen überstanden die Säkularisation in den Niederlanden; neuer Aufschwung in den 30er-Jahren des 20. Jh.s; derzeit noch etwa 500 Mitglieder.

Kukulle (von lat. *cucullus* »Kapuze«), das Übergewand (mit weiten Ärmeln), das zum feierlichen Chor-Offizium von Benediktinern und Zisterziensern getragen wird; Farbe (schwarz bzw. weiß) und Schnitt variieren in den einzelnen Kongregationen. Die K. entwickelte sich aus dem Obergewand bzw. Schulterumhang (*cappa*) mit Kapuze (→ Ordenskleidung).

Kulturkampf, dem engen Verständnis nach Bezeichnung für die heftige Auseinandersetzung, die 1872–80 im neuen Deutschen Reich (gegr. 1871), Preußen und anderen Bundesstaaten, mit der Katholischen Kirche geführt wurden und (bes. in Preußen) zu schweren Beeinträchtigungen des kirchlichen Lebens und des Ordenswesens führten. Bei den Kulturkampfgesetzen ist zu unterscheiden zwischen Reichs- und Ländergesetzen. Reichsgesetz war das Verbot der → Jesuiten und verwandter Orden (auch Frauenorden) 1872 (Aufhebung des Jesuitenverbots erst 1917); nur in Preußen 1875 Aufhebung aller anderen Orden (außer denjenigen für Krankenpflege), ab 1886/87 schrittweise Rücknahme der Verbote.

Kustodie, in MA und NZ bei den franziskanischen Verbänden Name für die territorialen Verwaltungseinheiten, in die die Provinzen des Ordens gegliedert waren. An ihrer Spitze stand der Kustos. – *K. vom Hl. Land* heißt noch ihres Sonderstatus wegen die internationale Franziskanerprovinz (OFM) vom Hl. Land.

Kutte, umgangssprachlicher Name für die → Ordenskleidung. K. leitet sich her von mhd. *kotze* »grobes Wollzeug« bzw. Kleidung daraus; davon: *kütze* und *kutte* »Mönchskutte«; im Mhd. für »Mönch« gelegentlich auch *küttener*.

L

Laienabt, im eigentl. Sinn ein zum Kreis mächtiger Adeliger gehörender Laie, dem weitgehende Verfügung über ein Kloster (bzw. auch mehrere) in personen- und sachenrechtlicher Hinsicht zukam. In einem weiteren Sinne kann man auch Geistliche als → Kommendataräbte L. nennen. Das Institut der L.e (im eigentl. Sinn) war im Fränkischen Reich verbreitet und hielt vor bis ins 10. Jh. (→ Eigenkloster; → Kommendatarabt).

Laienbruder (-schwester) (vom griech. λαός »Volk«, daraus »Laie« im Unterschied zum »Fachspezialisten«, im Kirchenrecht: zum Kleriker), volkstümlicher Name für die → Konversen.

Laisierung, Ausdruck für die Zurückversetzung von Klerikern in den Laienstand; gilt für Ordensleute, soweit sie Kleriker sind; soweit die Gelübde betroffen sind, handelt es sich um eine Säkularisierung (→ Säkularisation) von Personen.

Landständische Klöster → Reichsabtei.

Lateran-Konzil, IV., 11.–30. 11. 1215 unter Innozenz III., größte ma. Kirchenversammlung; für das Ordenswesen wichtig Kanon 12, der nach dem Vorbild der → Zisterzienser Mönchs- und Kanonikergemeinschaften die Abhaltung von → Generalkapiteln auf Landesebene im dreijährigen Turnus vorschreibt; Kanon 13: Verbot neuer Orden; Neugründungen von Klöstern nur auf der Basis einer *regula approbata* (d. h. v. a. der BR oder AR). Kanon 10 (Dom-Diözesanprediger), Kanon 11 (Domschule) mit Folgewirkung, zunächst für die Dominikaner, die subsidiär oder substitutionell diese Funktionen übernahmen; bald auch die anderen Bettelorden.

Lateranensische Chorherren. Gemeinschaftsleben an der Lateranskirche in Rom seit 617 nachweisbar; nach 1059

Umformung zu → Regularkanonikern; Blüte im 12. Jh. mit Ausbreitung und Bildung der Kongregation der L. Ch.; diese zählte um 2000 53 Konvente mit fast 300 Mitgliedern (seit 1473 nicht mehr an der Laterankirche). Sie gehört zu der 1959 gegr. Konföderation der Regularkanoniker.

Laudes (von lat. *laus* »Ehre, Lob«); im → Stundengebet mit der → Vesper die wichtigste Hore; als Morgenlob wird mit den L. in der Morgendämmerung das Tagwerk begonnen.

Laura (Lavra, von griech. λαύρα »Allee, Straße, Gasse«) war im östlichen Mönchtum ein (wohl in Palästina entstandener) coenobitischer Klostertyp: Eremitenwohnstätten (→ Kellia) in einem umhegten Gelände mit gemeinsamer Kirche und anderen nötigen Gemeinschaftsräumen; das ganze Anwesen unter Leitung eines Oberen. Im westl. Mönchtum den L.en ähnlich die Anlagen der → Kamaldulenser. Seit MA Bezeichnung für große Klöster (z. B. auf dem → Athos); inzwischen ist L. zur Ehrenbezeichnung für bes. alte bzw. berühmte Klöster geworden; in Rußland heißen L. die vier Metropolitanklöster → Sergijew Possad (Sagorsk), → Kiew, St. Petersburg, Potschajew.

Laus perennis (aus lat. *laus* und *perennis* »dauernd ohne Unterbrechung«); motiviert von Lk 18,1 und 1 Thess 5,17 gab es nach dem Vorbild der → Akoimeten auch im lat. Mönchtum des FrühMA Versuche, mit sich abwechselnden Gruppen ständig im → Chorgebet zu verharren; in → Cluny wurden dafür auch Zusatzoffizien (für Tote, bes. Anliegen und zu Ehren von Heiligen) eingeschaltet; in der NZ L. p. in neuer Form als → Ewige Anbetung.

Lazaristen (*Vinzentiner, Congregatio Missionis, CM*), eine 1625 vom hl. Vinzenz von Paul (gest. 1660) zur Evangelisierung der Landbevölkerung gegr. Klerikergemeinschaft ohne öffentl. Gelübde, 1633 von Urban VIII. bestätigt. Namengebend für die L. das erste Haus (St. Lazarus / Paris); Ausweitung der Aufgaben auf Priesterausbildung,

Betreuung der → Vinzentinerinnen, Gefangenenseelsorge und -mission. Durch Revolution in Frankreich Aufhebung aller Klöster, im 19. Jh. Restauration und weltweite Ausbreitung. Um 2000 hatten die zu den »Gesellschaften des apostolischen Lebens« zählenden L.en etwa 4000 Mitglieder.

Lazariten, eine Ende des 12. Jh.s in Jerusalem entstandene Gemeinschaft mit AR für Krankenpflege; gefördert durch Päpste und Fürsten, seit Mitte des 13. Jh.s Verbreitung in Europa; durch Intensivierung kommunaler Fürsorge zunehmende Funktionslosigkeit; von Innozenz VIII. 1490 aufgehoben; einzelne Häuser bestanden zunächst noch einige Zeit weiter.

Leander von Sevilla, geb. um 540, älterer Bruder des → Isidor von Sevilla, vor 580 Metropolit von Sevilla, vom König bald darauf verbannt, ging nach Konstantinopel, von wo er 587 zurückkehrte. L. übte großen Einfluss auf den konvertierten König Rekared beim Aufbau der westgotischen Reichskirche aus. Die Schrift *De institutione virginum et de contemptu mundi ad Florentinam* tradiert das alte Jungfräulichkeitsideal (mit Pejorisierung der Ehe); sie ist ein wichtiges Zeugnis für das asketische Leben im Westgotenreich, aber keine Regel.

Lektor (lat. *lector* »Vorleser«); früher Bezeichnung für die Dozenten an den philos.-theologischen Ausbildungsstätten der Orden; Titel (statt. L. auch *doctor* genannt) und Aufgabe entstanden im Gefüge der ma. Studienorganisation der Bettelorden; in der dazugehörenden Gesetzgebung Bestimmungen für Erwerb und Verleihung der Lehrbefugnis in den ordenseigenen Hochschulen (→ Generalstudium).

Lerinum (Lérins), Inselgruppe an der Côte-d'Azur vor Cannes. Auf einer gründete → Honoratus von Arles um 410 eine Mönchssiedlung, die in der Tradition des ägyptischen Mönchtums zu leben vorgab. Zeugnis dafür ist die »Vier-Väter-Regel«, die den Wüstenvätern Macarius, Serapion, Paphnutius und einem weiteren Macarius zugeschrieben wird, wahrscheinlich jedoch von Honoratus und seinem Freundeskreis verfasst wurde. Unklar ist die Rolle von L. als Vermittler der monastischen Tradition an das irische Mönchtum. L. entwickelte sich zu einem für die Festigung des Christentums in Gallien wichtigen Zentrum, aus dem eine Reihe bedeutender Bischöfe kam. In dem sich institutionalisierenden Regelmönchtum von L. kam es zu einer Verbindung von theologischer Bildung und monastischem Leben. In der weiteren monastischen Geschichte spielte L. keine beachtliche Rolle mehr. 1786 aufgehoben, erwarb 1859 der Bischof von Fréjus das halbzerstörte Anwesen und überließ es den Zisterziensern, die L. zum Hauptsitz der *Kongregation von der Unbefleckten Empfängnis* machten.

Lesung (lat. *lectio*), war im altkirchlichen Mönchtum ein konstitutiver Teil der Tagesordnung; dazu gehörten die L.en des Offiziums, die L. bei Tisch und die private L. In der → »monastischen Theologie« bildete die L. die Basis für *meditatio* und *oratio*; primärer Text war die Hl. Schrift (vgl BR 73,3); vgl. auch → Bildung.

Lettner, im SpätMA oft monumentaler Einbau in einer Kirche, der den Mönchen/Kanonikern vorbehaltenen Chor vom Schiff der Laien (bei Zisterziensern: der Konversen) trennte. Weil von diesen Schranken aus Lesungen usw. erfolgten, verbreitete sich im deutschen Sprachraum dafür der Name L. (von lat. *lectorium* »Lesepult«). Das Trienter Konzil verfügte für Seelsorgekirchen die Beseitigung.

Libertas Romana (lat. »Römische Freiheit«); der Begriff kommt im Verlaufe der → Gregorianischen Reform auf und umschreibt den Rechtsstatus eines Klosters als Freiheit von jeder Form laikalen (auch herrscherlichen) Zugriffs auf ein Kloster; dafür Unterstellung unter Rom, das im Namen des hl. Petrus eine Schutzgarantie ausspricht (→ päpstlicher Schutz).

Ligugé (*Logociacum*), der Überlieferung nach eine Einsiedelei, bei Poitiers, in der sich der hl. → Martin von Tours mit Gefährten 10 Jahre lang aufgehalten habe; daraus entstand im 7. Jh. ein blühendes → Coenobium, das 732 die Araber zerstörten. Später wieder besiedelt, 1782 säkularisiert; 1853 von Benediktinern eine Neugründung, 1903 Vertreibung, 1933 Rückkehr der Mönche, die zur Kongregation von → Solesmes gehören.

Lioba (Leoba, Leobgytha). Aus hochgestellter angelsächsischer Familie, in der Bildungstradition des angelsächs. Mönchtums erzogen, folgte sie 732/735 dem Ruf ihres Verwandten → Bonifatius nach Germanien, wo sie Äbtissin von Tauberbischofsheim wurde und ihre Nonnen im Geiste der BR formte. L. starb auf dem ihr von Karl d. Gr. zur privaten Nutzung überlassenen Fiskalgut Schornsheim (bei Kreuznach/Pfalz) 782; zu den *Lioba-Schwestern* s. → Benediktinerinnen.

Loreto. Nach dem »Haus der Hl. Familie«, das im mittelital. Loreto verehrt wird, nennen sich einige in Erziehung und Caritas tätige Schwesterngemeinschaften: **1.** *Sisters of Loreto at the Foot of Cross*, Kongregation päpstl. Rechts, als erste weibl. Kongregation in den USA (Kentucky) 1812 ohne europ. Hilfe entstanden, weite Verbreitung in USA und Lateinamerika, derzeit noch etwa 350 Schwestern. – **2.** Die *Suore di S. Maria di Loreto*, 1891 gegr. in Vercelli. – **3.** Die *Loreto-Sisters*, von Herkunft her selbständige → Englische Fräulein, die aus zwei Kongregationen bestehen: dem irischen Zweig, gegr. 1822 in Rathfarnham (Irland), weltweit verbreitet, in 8 Provinzen gegliedert; er hatte um 2000 noch über 900 Schwestern (→ Mutter Teresa war ursprüngl. Mitglied). – Der kanadische Zweig, aus ersterem als selbständige Kongregation 1847 in Toronto hervorgegangen, zählt noch etwa 200 Schwestern.

Luxeuil (*Luxovium*), eines der drei mit Hilfe der merowingischen Herrscher von → Columban gegr. Vogesenklöster (um 590); unter Abt Walbert (629–670) Blüte, Zentrum der Bildung (Scriptorium), Formung eines fränkischen Mönchtums (fränkischer Adel), das sich vom altgallischen und irischen Mönchtum löste. In diesem Prozess auch verstärkte Ausrichtung der → Mischregel an der BR. L. verlor in der Folgezeit an Bedeutung. 1791 in der Revolution aufgehoben.

Lyon, II. Konzil von, vom 7. 5.–17. 7. 1274 unter Papst Gregor X. (1272–76). Für das Ordenswesen bedeutsam die 23. Konstitution, die, das Ordensneugründungsverbot vom IV. → Laterankonzil aufgreifend, inzwischen ohne päpstl. Zustimmung entstandene und vom Bettel lebende Ordensgemeinschaften aufhob. Ausgenommen wurden vom Verbot ausschließlich Dominikaner und Franziskaner, nur noch zur weiteren Probe Bestandszusicherung den noch im Aufbau begriffenen → Augustinereremiten und → Karmeliten.

M

Magdalenerinnen (*Büßerinnen, Reuerinnen, Ordo S. Mariae Magdalenae de poenitentia, OSMM*, im MA auch *Weißfrauen* genannt). Den Hintergrund der auf den deutschen Sprachraum beschränkten M. bildet die religiöse Bußbewegung der Zeit, die sich auch der Prostituierten annahm und sie nach dem Vorbild der hl. Maria Magdalena zu Bekehrung und Buße anhielt. Ein institutionelles Gefüge gab dem Werk der Kanoniker Rudolf, der 1226 in Worms dafür ein Kloster gründete, dem bald weitere folgten. Zunächst galt die BR mit Zisterzienserinnengewohnheiten, Gregor IX. schrieb 1232 die AR vor mit den Konstitutionen des vom hl. Dominikus reformierten römischen Frauenklosters → San Sisto. Zu jedem von einer Priorin geleiteten Konvent gehörte eine kleine Gruppe von Klerikern und Konversen; an der Spitze des Ordens stand der Generalpropst. Interne Schwierigkeiten des rasch gewachsenen Ordens führten zum Anschluss an den Predigerorden (1286–89); zahlreiche Klöster blieben auch nach der Wiederherstellung der M. bei den Dominikanern (oder waren zu den Minoriten u. a. gegangen). Zudem wandelten sich die Häuser der M. zu von anderen Frauenklöstern nicht mehr zu unterscheidenden klausurierten Versorgungseinrichtungen für fromme Frauen. Reformation und Säkularisation brachten bis auf ein Kloster (Lauban/Lausitz, poln. Lubań) das Ende.

Magister-Regel (*Regula magistri*), die umfangreichste Mönchsregel der Spätantike, entstanden wohl im Umfeld Roms im 1. Viertel des 6. Jh.s. Die in Dialogform abgefasste M.-R. ist eine überaus wichtige Quelle für das spätantike italische Mönchtum. Der Verfasser der → BR hat die M.-R. teils wörtlich rezipiert, insgesamt gekürzt und auf das tägliche Leben hin gestrafft.

Mahlzeiten (Essen und Trinken). Die Angaben in BR 39–41 spiegeln die coenobitische Praxis und bestimmten das abendländ. Mönchtum. Die Anweisungen der BR zielen auf Sparsamkeit und Mäßigkeit, lehnen Rigorismus wie auch Übermaß ab. Dem Ermessen (→ Diskretion) des Abtes ist viel überlassen. Grundsätzlich gibt es nur zwei M.; mittags (*prandium*) und abends (*coena*); an Tagen und Zeiten mit nur einer M. findet diese abends statt. Bei der Haupt-M. sind zwei gekochte Speisen (*pulmenta*) vorgesehen, eine dritte (mit Obst und Gemüse) kann folgen. Die Maße für Brot (etwa 500 g) und Wein (etwa ¼ l) sind nicht mehr genau zu ermitteln; Wasser scheint überhaupt nicht kontingentiert gewesen zu sein; Fleisch (wozu Geflügel nicht zählte) war generell verboten (außer für Kranke). Die M. wurden gemeinsam im Refektorium in einem ritualisierten Rahmen eingenommen (→ Rangfolge, Gebet, Tischlektüre, Schweigen, Tischdiener). Regelungen von Einzelheiten erfolgten in den verschiedenen Orden und Verbänden durch Consuetudines bzw. Konstitutionen und Statuten; dadurch große Vielfalt und Sonderheiten (z. B. in nördl. Ländern Bier). Tendenziell ins SpätMA hinein, trotz häufiger rigoroser Reformansätze, Praxismilderung bzgl. Zahl der Speisen, Zugaben (→ Pitanzen) und Zubereitung. Generell ist in Bezug auf klösterliches »Essen und Trinken« der allgemeine Lebensstandard und dessen Steigerung zu berücksichtigen. Der ständige Streit um Fleischgenuss seit dem SpätMA und in der NZ in den Klöstern ist vor diesem Hintergrund zu sehen.

Mallersdorfer Schwestern (*Arme Franziskanerinnen von der hl. Familie*); gegr. 1855 in Pirmasens (Pfalz) für sozialkaritative und erzieherische Aufgaben; Mutterhaus 1869 verlegt nach Mallersdorf (Niederbayern) ins ehemalige Benediktinerkloster. Die M. wuchsen zu Beginn des 20. Jh.s zu einer der mitgliedstärksten deutschen Frauenkongregationen heran (derzeit noch etwa 1250 Schwestern); vertreten auch in Rumänien und Südafrika.

Malteser → Johanniter.

Mantellatinnen, volkstümliche Bezeichnung im SpätMA bes. in Italien für semireligiose Frauengemeinschaften und Terziarinnen der Bettelorden; wegen ihres langen Mantels M. genannt. Eine der bekanntesten M. war die Dominikanerterziarin Katharina von Siena (gest. 1380). Im Verlaufe des 16. Jh.s scheint sich die Bezeichnung M. auf die → Servitinnen beschränkt zu haben.

Maria, Mutter Jesu. Ausdrücklichen Niederschlag im kathol. Ordenswesen fand die ma. und nachreformatorische Marienfrömmigkeit, wie im ostkirchl. Mönchtum zunächst in einer allgemeinen Verehrung (Kirchenpatrozinien, Ikonen; Anrufung als Patronin und Helferin); seit dem MA dann auch marianischer Bezug im Ordensnamen (→ Serviten, → Karmeliten, → Deutscher Orden, → Mercedarier, → Piaristen; direkter bei → Marianisten, → Maristen usw.). Die Spezifizierung des Bezuges auf einzelne Aspekte dann breit und vielfältig in der NZ, bes. seit dem 19. Jh. Im A. P. sind mehr als 250 Institute von Frauengemeinschaften aufgeführt mit speziellen Bezügen; am häufigsten ist der Namensbezug auf die Unbefleckte Empfängnis (→ Immaculata) mit etwa 90 Nennungen, etwa 40 gelten dem → Herzen Mariae, → 30 dem → Rosenkranz usw.; 12 Kongregationen beziehen sich auf Maria als Tempeljungfrau (Praesentatio); die beiden größten Verbände sind: die *Sœurs de Charité* (*Dominicaines de la Présentation de la Sainte Vierge de Tours*), 1696 in Frankreich zur Mädchenerziehung und Krankenpflege gegr.; großer Aufschwung im 19. Jh. mit weltweiter Verbreitung; zählen heute noch über 3000 Schwestern. Die irischen *Sisters of the Presentation of the Blessed Virgin Mary*, gegr. 1775 in Cork für Mädchenerziehung, breiteten sich weltweit aus nach dem Filiationsprinzip mit selbständigen Häusern; in Unionen zusammengeschlossen, zählen sie derzeit noch etwa 4200 Mitglieder; zu Mariae Verkündigung → Annunciatinnen, zu Mariae Himmelfahrt → Assumptionisten/innen. Neben weiteren Einzelbezügen (wie Schmerzen Mariens) sehr häufig der generelle Titel »Unsere liebe → Frau; 10 davon folgen dem Titel *Compagnia di nostra signora*; die stärkste Gruppe davon ist die *Societas Mariae Dominae nostrae*, gegr. 1606 in Lyon zur Mädchenerziehung, im 19. Jh. revitalisiert und großer Aufschwung mit weltweiter Verbreitung. Um 2000 hatte der Verband noch über 1800 Schwestern. Dem marianischen Bezug gelten häufig auch Selbstbezeichnungen wie → Oblaten, Diener/innen, Mägde, Kleine Schwestern, Helferinnen usw.; seltener mit Titel »Marienschwestern« (ohne besonderen Bezug); z. B. bei → Schönstatt.

Marianer (*Congregatio Clericorum Regularium Marianorum sub titulo Immaculatae Conceptionis*, *MIC*), klerikale Kongregation gegr. 1673 in Polen von Stanisław Papczyński für Jugenderziehung; päpstl. Anerkennung definitiv erst 1930. In Russisch-Polen zeitweise unterdrückt, verbreitet in Osteuropa und Übersee. Die M. haben derzeit in 60 Niederlassungen über 500 Mitglieder.

Marianisten (*Societas Mariae*, *SM*, *Frères de la société de Marie*), gegr. 1817 in Bordeaux von Guillaume-Joseph Chaminade (gest. 1850), zwar eine Klerikerkongregation, aber mit Laien als gleichberechtigten Mitgliedern, die sich rasch in Frankreich, dann in Europa und Übersee verbreitete, 1869 von Pius IX. bestätigt. Aus dezidierter Marienfrömmigkeit heraus Verpflichtung zur tägl. Marienweihe. Tätig sind die M. in Erziehung und apostolischen Werken; um 2000 hatten sie über 1500 Mitglieder in 217 Häusern. – Chaminade gründete 1816 auch eine Frauengemeinschaft zur Unterstützung der M. (*Filles de Marie Immaculée*, *Marianistinnen*). Die Kongregation ist päpstl. Rechts und zählt derzeit etwa 400 Schwestern.

Marianitinnen vom hl. Kreuz (*Marianites de Sainte Croix*); gegr. 1841 in Le Mans; die 18 Niederlassungen in USA verselbständigten sich 1869, in Kanada entstand 1883 ebenfalls eine autonome Kongregation. 1969 Union aller drei Verbände mit zusammen noch etwa 300 Schwestern.

Mariannhiller Missionare (*Congregatio Missionariorum de Mariannhill, CMM*); entstanden aus der von dem Österreicher Franz Pfanner (gest. 1909) gegründeten Trappistenabtei Mariannhill in Natal (Südafrika). Diese entwickelte sich zu einem erfolgreichen Missionszentrum. Aus diesem Grund 1909 Umwandlung in die Kongregation der M. M. Missionsarbeit bzw. Präsenz neben Südafrika in Europa (auch in Deutschland) und Übersee (derzeit noch etwa 350 Mitglieder). Zur Unterstützung der Missionsarbeit gründete Pfanner 1885 in Mariannhill eine Schwesterngemeinschaft, die *Missionsschwestern vom Kostbaren Blut*, 1906 von Pius X. als selbständige Kongregation päpstl. Rechts anerkannt. Diese ist inzwischen weltweit verbreitet, bes. in »Missionsländern« und zählt etwa 950 Schwestern.

Maristen (*Societas Mariae, SM*), 1816 gegr. von Jean-Claude-Marie Colin (gest. 1873) in Lyon. Die klerikale Kongregation wirkte zunächst in verschiedenen Diözesen, 1836 päpstl. Anerkennung; daraufhin Ausbreitung in Frankreich und Übersee. Die M. zählen derzeit noch etwa 1250 Mitglieder. – Der weibliche Zweig, die *Maristinnen*, entwickelten sich zu einer selbständigen und weltweit verbreiteten Kongregation (1884 päpstl. anerkannt), die derzeit ungefähr 600 Schwestern zählt.

Maristen-Schulbrüder (*Institutum Fratrum Maristarum a Scholis, FMS*), laikale Kongregation, 1817 durch Verselbständigung von den → Maristen entstanden, in Erziehung und Unterricht tätig; zunächst stark verbreitet in Frankreich; mit der Unterdrückung in Frankreich 1903 weltweite Ausbreitung. Die M. hatten 1965 mit etwa 10 000 Mitgliedern den Höchststand erreicht; derzeit haben sie noch fast 5000 Mitglieder in 832 Niederlassungen.

Marmoutier (aus lat. *maius monasterium* »Großes Kloster«), gegr. 371 (?) von → Martin von Tours in der Nähe seiner Bischofsstadt als eine Art Einsiedelei, in die er sich öfters zurückzog. Durch raschen Zulauf Umformung zu einem → Coenobium, das allerdings missionarisches Zentrum blieb, von dem aus Martin mit seinen Mönchen zu Wanderpredigten auszog. Unsicher ist, ob M. nach Martins Tod weiterbestand oder erst im Zuge der Martinswallfahrt wieder besiedelt wurde. Das spätere Benediktinerkloster spielte im weiteren Verlauf keine besondere Rolle, 1791 wurde es aufgehoben und später völlig zerstört. 1847 richteten die → Sacré-Cœur-Schwestern ein Erziehungsinstitut in M. ein.

Martin von Braga, geb. um 515 (Pannonien), seit 550 missionierend unter den Sueben in Nordspanien, gründete ein Kloster in Dumio, wo er auch Abt-Bischof war. Von seinen Schriften sind auf das Mönchtum nur die *Sententiae Patrum Aegyptiorum* bezogen; M. starb 579.

Martin von Tours, geb. 316/317 in Sabaria (Pannonien), mit 15 Jahren Eintritt in das Heer; war einmal stationiert in Amiens (Mantelteilung mit einem Bettler); nach Abschied vom Heer Wanderleben (zeitweise Eremit); um 360 wieder in Gallien, weilte mit Gefährten fast 10 Jahre im Eremitorium → Ligugé. Nach seiner Wahl zum Bischof von Tours (371?) gründete M. → Marmoutier. Er starb am 8. 11. 397 zu Candes sur Loire. Alle Daten zu Leben und Wirken sind nur überliefert von seinem Schüler Sulpicius Severus. In der von ihm 397 verfassten Vita stellt er M. als Vater des Mönchtums von Gallien heraus, an Rang, Würde und Leistung den großen ägyptischen Wüstenvätern gleich.

Mater (lat., »[ehrwürdige] Mutter«) ist in einigen Frauenorden und -kongregationen Titel und Anredeform für die Chor- bzw. Lehrschwestern. Im Zuge der Neuerungen nach dem II. Vatikanischen Konzil ist die Titulatur meist nicht mehr üblich.

Matutin (von lat. *Matuta*, Göttin der Morgenröte; eingedeutscht als morgendlich); ursprünglich Morgenlob (→ Laudes), entwickelte sich die M. aus dem Gebet der Mönche in den letzten Nachtstunden zu einer eigenen Hore im → Stundengebet, bestehend aus Psalmen und Lesungen. In der NZ wurde die M. meist mit den Laudes zusammen verrichtet; inzwischen als bloße Lesehore an keine bestimmte Tageszeit mehr gebunden.

Mauriner, Kongregation der, nztl. Kongregation französischer Benediktinerklöster, inspiriert von dem lothringischen Reformzentrum → Saint Vanne, in das eine Gruppe französischer Benediktiner eingetreten war, die, zurückgekehrt nach Frankreich, ihre Klöster zum Anschluss an die lothringische Kongregation bewegten. 1618 erfolgte unter Trennung von dieser der Zusammenschluss der französ. Reformklöster zur Kongregation unter dem Patronat des hl. Maurus. Gregor XV. approbierte sie 1621, deren Hauptkloster St. Germain-des-Prés in Paris war und zu der zeitweise etwa 200 Klöster gehörten. Der Verband mit Konstitutionen von 1645 und 1648 war zentralistisch ausgerichtet und in Provinzen gegliedert. Das in dreijährigem Turnus tagende Generalkapitel wählte den General-Superieur und vergab alle wichtigen Ämter. Die M. hatten, um den Einfluss der → Kommendataräbte zu neutralisieren, die Äbteverfassung aufgegeben; eingesetzte Prioren mit dreijähriger Amtszeit leiteten die Konvente. Zentralisiert waren auch die Studien, die v. a. den Ruhm der Mauriner (bes. in der historischen Forschung) ausmachten. Die Revolution brachte auch den M. das Ende.

Mechitaristen (*Ordo Mechitaristarum*, *OMech*), ein mit Rom unierter armenischer Orden, den Mechithar von Sebaste 1701 in Istanbul nach Vorbild des lat. Ordenswesens gründete. Die von Clemens XI. 1711 bestätigten M. ließen sich 1717 in Venedig (Insel S. Lazaro) nieder. Wegen neuer Konstitutionen kam es nach dem Tod des Gründers (1749) zur Spaltung in zwei Kongregationen mit je einem Generalabt. Der eine residierte in Venedig, der andere ab 1810 in Wien. Beide Kongregationen verfolgten die gleichen Ziele: Erhaltung und Förderung der armenischen Kultur, Unterhalt von Schulen, Union mit Rom. In beiden Haupthäusern wertvolle und umfangreiche Bibliotheken armenischer Literatur mit Druckereien. In der Habsburger Monarchie dafür auch staatl. Förderung. Nach beiden Weltkriegen starker Bedeutungsverlust und Nachwuchsmangel. Seit 2000 sind die M. wiedervereinigt unter einem Generalabt, haben zusammen in 12 Häusern nur noch etwa 40 Mitglieder.

Melker Reform; benannt nach dem in Niederösterreich gelegenen Benediktinerstift Melk. Die Anstöße zur Gründung gehen zurück auf die vom → Konstanzer Konzil veranlasste Äbtekonferenz der Benediktinerprovinz Mainz-Bamberg am 27. 11. 1416 im Kloster Petershausen / Konstanz, deren Reformanliegen Herzog Albrecht V. von Österreich aufgriff. Für das landesfürstl. Reformanliegen engagierte sich stark der Wiener Universitätsprofessor Nikolaus von Dinkelsbühl, der Nikolaus Seyringer, früher Professor in Wien, inzwischen Professe im Reformkloster → Subiaco dafür gewinnen konnte. Seyringer wurde Abt von Melk (1418–25), reformierte den Konvent und konnte eine Reihe österreichischer, bayerischer und schwäbischer Klöster für die M. R. gewinnen. Die Reform war meist von nachhaltiger Dauer, zu einer Verbandsbildung kam es jedoch nicht.

Mendikanten-Orden (von lat. *mendicare* »betteln«) → Bettelorden.

Mensal-Gut (von lat. *mensa* »Tisch«, Tafel) ist im monastischen Kontext des MA das aus dem allgemeinen Klostervermögen ausgeschiedene Sondervermögen für den »Tisch« des Abtes; im abendländ. Mönchtum seit dem FrühMA aufgekommene Praxis, deren Nutznießer auch → Kommendatar- und → Laienäbte waren.

Mercedarier (*Ordo Beatae Virginis Mariae de Mercede redemptionis captivorum, Orden der seligen Jungfrau Maria von der Barmherzigkeit zur Erlösung der Gefangenen, OdeM*, auch *Nolasker* genannt). Am Anfang der M. stand die charismatische Gestalt des Südfranzosen Petrus Nolascus (gest. 1247), der, evangelischer Inspiration folgend, dem damals (besonders in Spanien) drängenden Problem der Betreuung und finanziellen Auslösung der von Arabern gefangenen Christen abhelfen wollte. Dafür zog er, unterstützt von König und Adel, mit Gefährten ein Unternehmen auf, das Kontakte mit den Arabern herstellte und Geldsammlungen organisierte. Langsam nahm die laikale Gruppe institutionelle Formen an, 1232 kam es in Barcelona zur ersten Niederlassung; 1235 erfolgt eine Approbation Gregors IX., der die AR vorschrieb. Konstitutionen der M., die zunächst Ritter und in geringerer Zahl Priester waren, sind erst 1270/74 fassbar und gehören in die Auseinandersetzung um die Umformung zu einem Klerikerorden, der allerdings erst mit der Wahl des Priesters Raimund Albert 1317 zum Generalmagister zum Abschluss kam. Die Ritter trennten sich und schlossen sich einem anderen spanischen Ritterorden an. Die daraufhin nach dem Vorbild der Bettelorden organisierten M. verbreiteten sich im SpätMA auch in Süditalien, waren in der NZ stark in Lateinamerika vertreten. Nach den Säkularisationen kam es in Südamerika zu einer langsamen Erneuerung. Nach dem II. Vaticanum mit befreiungstheologischen Vorstellungen Neuformulierung der ursprüngl. Aufgabe der Gefangenenbefreiung. Gegenwärtig haben die M. 730 Mitglieder (1990 waren es etwa 400). Die *Unbeschuhten Mercedarier* gingen aus einer Reform im 17. Jh. als selbständiger Orden hervor; sie bestehen noch in Spanien und haben derzeit etwa 50 Mitglieder. – Ein weiblicher Zweig ist in den Konstitutionen von 1270/74 erwähnt, fasslich werden die *M.innen* als II. Orden erst im 16. Jh. Es existieren noch 10 selbständige Klöster der M. und 5 der Unbeschuhten M. mit zusammen etwa 160 Nonnen. Neben diesen M.innen gibt es im spanischen Sprachraum noch fünf zahlenmäßig starke Frauenkongregationen päpstl. Rechts mit zusammen 3500 Schwestern mit sozial-karitativen und erzieherischen Aufgaben.

Messe (von spätlat. *missa*, im Sinn von *dimissio* »Entlassung«), abgeleitet vom lat. Entlassruf am Ende (*Ite, missa est*, »Geht, [die Versammlung] ist beendet«) Name für die Eucharistiefeier. Ursprüngl. war die M. eine nur der (bischöfl.) Gemeinde zustehende Feier, an der auch die Mönche teilzunehmen hatten. Erst im Laufe des FrühMA wurde die M. fester Bestandteil des → Chordienstes (Konvent-M.) und kam es zur Häufung der Messen (→ Privatmesse, → Priestermönch).

Meteoraklöster (von griech. μετέωρος »hochschwebend«) heißen die Mönchssiedlungen in kühner Lage auf Felsspitzen und Felsspalten in Mittelgriechenland; zunächst in Nachahmung der sketisch-thebaischen Eremitorien (Weltflucht), dann zum Schutz vor Räuberbanden; auch vor den Türken flüchtende Mönche ließen sich in den M.n nieder. Blütezeit der M. war im 15./16. Jh. mit 24 Klöstern; die noch bestehenden sechs sind durch den Tourismus bedroht.

Methodios von Olympos; gesicherte Daten über ihn, der in der Wende 3./4. Jh. lebte und vielleicht Bischof von Olympos (Kleinasien) war, gibt es nicht. M. war schriftstellerisch tätig. Für das Mönchtum bedeutsam das *Symposion*, in dem M. 10 Frauen die → Jungfräulichkeit als eschatologische Erstlingsfrucht lobpreisen lässt.

Mette (von lat. *matutina*, s. → *Matutin*) bezeichnet an sich den Morgengottesdienst; in diesem Sinn nur noch gebräuchlich für die Morgenhoren der 3 letzten Tage der Karwoche (Gründonnerstag, Karfreitag, Karsamstag); gelegentlich auch für die weihnachtl. Mitternachtsmesse.

Metten, Benediktinerabtei in Niederbayern, um 766 gegr., 1803 säkularisiert. 1830 errichtete König Ludwig I. von Bayern in M. das erste Benediktinerkloster in Bayern nach der Säkularisation. M. war beteiligt an der Wiedergründung anderer Benediktinerklöster in Bayern. Ein Mönch aus M. gründete 1846 die erste Benediktinerniederlassung in den USA (später Abtei St. Vincent).

Minimen (*Ordo Minimorum*, *OM*, genannt auch *Mini-*

miten, *Mindeste Brüder*, im deutschen Sprachraum *Paulaner*); entstanden aus einem Eremitorium des hl. Franz von Paula (gest. 1507) in Kalabrien; bestätigt 1474 von Sixtus IV. Die erste Regel folgte der Franziskanerregel (1223) und den Konstitutionen der »Armen Eremiten von Pisa«. 1501 eine neue (und noch strengere) Regelfassung, die Buße und »ewiges Fasten« als Ordensproprium in einem Sondergelübde heraushebt; Regelüberarbeitung (mit jeweils päpstl. Approbation 1502 und 1506. Über Italien hinaus kamen die M. durch den Weggang des Gründers 1482 nach Paris; von hier aus rasche und starke Verbreitung in Frankreich (mit Förderung der französ. Könige); seit 1487 auch einige Klöster in Deutschland (erst 1627 Wien, 1629 München); Verbreitung in der Neuzeit in Amerika. Vor den Säkularisationswellen im 18./19. Jh. gab es über 12 000 M. in 32 Ordensprovinzen. Im 19. Jh. nur zögerliche Restauration, derzeit 44 Niederlassungen mit knapp 200 Mitgliedern. Ein II. Orden der M. entstand zu Beginn des 16. Jh.s in Spanien. Derzeit gibt es in Spanien, Frankreich, Italien noch 11 Klöster der *Minimitinnen* mit etwa 100 Nonnen. Zu der »Familie« der M. gehören drei in Italien gegr. und tätige Frauenkongregationen sowie ein III. Orden weltlicher Terziaren.

Minister (von lat. *minister* »Diener«), in den einzelnen Orden mit der Franziskusregel Name für die höheren Oberen. Bei den → Minimen heißen sie jedoch *corrector*.

Minoriten (*Ordo Fratrum Minorum Conventualium*, *OFMCon*, wegen des schwarzen Habits auch genannt *Schwarze Franziskaner*, *Konventualen*, französ. *Cordeliers*). Bis zur Trennung der Observanten von den Konventualen 1517 war der amtliche und auch volkstümliche Name für die → Franziskaner Minoriten (noch nachwirkend in Straßen-, Platz- und Kirchenbezeichnungen). Seit der Trennung ist die Bezeichnung M. auf die Konventualen beschränkt und mit dem Zusatz Konventualen versehen. Verfassung und Organisation der M. blieb die des

MA. Die Haltung der Päpste gegenüber den M. schwankte im 16./17. Jh. zwischen Förderung und Unterdrückung. In Spanien und Portugal kam es zur völligen Unterdrückung zugunsten der Franziskaner; in Frankreich dagegen noch 1771 die Vereinigung der Franziskaner mit den M. Insgesamt waren in der NZ die M. gegenüber den Franziskanern in der Minderheit. Nach den Aufhebungen durch die Säkularisationen im 19. Jh. zunächst nur zögerliche Restauration, im 20. Jh. dann weltweite Verbreitung mit gleichen Tätigkeitsfeldern wie die Franziskaner. Um 2000 hatten die M. etwa 4500 Mitglieder in 35 Provinzen und über einem Dutzend Regionalverbänden. Die historischen Großkonvente Italiens (Sacro Convento / Assisi, San Antonio / Padua, S. Croce / Florenz, Frari / Venedig u. a.) werden von M. betreut.

Mischregel ist ein Hilfsbegriff der Historiographie und umschreibt die Praxis im lat. Mönchtum des FrühMA, in dem das monastische Leben nach Maßgabe verschiedener Regeln geordnet war. In der Praxis der M. spiegelt sich noch die ursprüngl. Auffassung von Regel (→ Ordensregel), die letztlich vom Abt vorgelebt bzw. aus verschiedenen schriftl. Regeltexten zusammengestellt wurde. Im Frankenreich war es zunächst die Regel von → Columban, mit der man eigene Traditionen »mischte«, im Lauf des 8./9. Jh.s war es dann die BR, bis diese alle anderen monast. Regeln für einige Zeit verdrängte.

Mission (von lat. *missio* »Sendung, Auftrag«). Mit M. im Sinne der Glaubensverbreitung unter den Völkern (vgl. Mt 28,19f.) hatte das Mönchtum von seinem ursprüngl. Ansatz her nur indirekt zu tun durch → Dämonenkampf, Gebet und Askese. Durch seine Existenz wirkte es in die Welt hinein. Allerdings gab es auch eremitische Wandermönche und -prediger. Seit dem 5. Jh. jedoch wurde das »monastische Potential« von den bischöfl. Gemeinden zunehmend für die Glaubensverbreitung in Anspruch genommen.

Die Klerikalisierung des Mönchtums (→ Priestermönch) hatte auch mit dieser Aufgabe zu tun. Die Christianisierung von Kelten, Germanen und Slawen ist zu einem Großteil »Mönchspriestern« zu verdanken. Mit den Bettelorden des 13. Jh.s, die überhaupt Seelsorge als ihre Hauptaufgabe in der Kirche ansahen, kam es zu einer institutionellen Verbindung von Orden und Mission, zu Auftrag und Aussendung zur Mission durch das Papsttum. Die meisten im Verlauf von SpätMA und NZ gegründeten Seelsorgeorden übernahmen zu ihren Seelsorgetätigkeiten in der »inneren Mission« auch solche der »äußeren Mission«; d. h. für die NZ in den neu entdeckten Ländern sowie den neu kontaktierten in Asien. Von der Woge des europäischen imperialen Kolonialismus wurde auch die Missionsbegeisterung des 19. und beginnenden 20. Jh.s getragen. Jetzt entstanden Kongregationen mit der Mission als Hauptaufgabe, von denen heute noch über 230 tätig sind. Sie führen alle den Namen »Mission« (bzw. »Missionare/Missionarinnen«) im Titel, meist in Kombination mit Bezügen zur Frömmigkeit wie → Herz Jesu, → Hl. Blut, → Hl. Familie, → Hl. Geist (→ Steyl), sehr häufig auch zu Maria, meist in Verbindung zu einem Aspekt der Marienverehrung; so z. B. »Missionare Oblaten der Heiligsten und Unbefleckten Jungfrau Maria« (→ Oblaten). Im Zuge der Globalisierung und Vernetzung von Erster, Zweiter und Dritter Welt vermischen sich die Arbeitsteilungen zwischen »innerer« und »äußerer« Mission; Einsatzformen und Gebiete wechseln.

Bei einem Großteil der im 19. Jh. entstandenen Missionskongregationen war nach Form und Inhalt die Verbindung mit dem genuinen Anliegen der Ordensspiritualität weiter gepflegt worden. Als Weltpriestervereinigungen dagegen verstehen sich eine Reihe von im 20. Jh. gegründeten Missionsgesellschaften.

Monasterium; mlat. Begriffsbildung für Zelle bzw. Wohnort eines → Mönches im Sinn von → Anachoret;

dann Begriffsausweitung auf die Gesamtanlage einer umhegten und abgegrenzten Siedlung gemeinschaftlich lebender Eremiten; daraus M. für Wohn- und Lebenswelt einer coenobitischen Gemeinschaft von Mönchen bzw. Nonnen. In dieser Bedeutung vorausgesetzt und beschrieben in der BR. Die weitere bauliche Gestaltung des M. wandelte sich je nach Funktion und Bedeutung (→ Kloster). Neben dieser Bedeutung im FrühMA auch Name für eine monastische bzw. kanonikale Gemeinschaft (so auch in der BR); zuweilen bedeutete M. auch nur Kirche (→ Münster).

Monastische Theologie, ein in der theologiegeschichtl. Forschung geprägter Begriff, der in Abhebung von der sich ausbildenden Schultheologie der Frühscholastik des 12. Jh.s die Eigenheit der M. Th. mit ihrem Sitz im Leben und ihrer Funktion als Theologie von Mönchen für Mönche herausstellt und beschreibt. Die Wurzeln der M. Th. liegen in der monastischen → Bildung seit der Spätantike, in → Bernhard von Clairvaux erreicht sie ihren Höhepunkt. Methode und Ziel sind zusammengefasst im Dreischritt *lectio – meditatio – oratio*. Der Anteil der → Nonnen an der M. Th. bedarf noch eingehender Forschung.

Mönch(e) (von griech. μόνος, latinisiert *monachus* »allein, einsam, verlassen«); seit Ende des 3. Jh.s Name für → Anachoreten (bzw. Eremiten), dann auch für Coenobiten (→ Koinobion). In der BR 1 Beschreibung von 4 Arten von M., wovon nur Eremiten und Coenobiten als wahre M. zu gelten haben. In → Aachener Statuten 816 Unterscheidung zwischen *Ordo canonicus* und *Ordo monasticus*. Infolge dieser Unterscheidung sind M. nur die Angehörigen des *Ordo monasticus*, der sich im Laufe der Zeit in verschiedene → Mönchsorden ausfaltete. Im strengen Sinn des Wortes sind daher die Mitglieder der → Bettelorden keine M. Die weibl. Entsprechung für M. ist → Nonne. – Konstitutiv für M. ist räumliche und soziale Trennung von der »Welt«; eremitische oder coenobitische

Lebensweise, um in Gottsuche und Gottesdienst (→ Opus Dei) Vorzeichen und Hinweis auf die »eschatologische Existenz« zu sein.

Mönchskleidung → Ordenskleidung.

Mönchsorden. Nach dem derzeit gültigen Kirchen- und Ordensrecht gehören dazu → Benediktiner, → Zisterzienser, → Trappisten, → Kamaldulenser, → Vallombrosaner, → Silvestriner, → Olivetaner, → Kartäuser, → Pauliner, → Hieronymiten, → Antonianer und → Basilianer; dazu auch der weibliche Zweig der genannten Orden.

Mönchsregeln → Ordensregeln.

Mönchsweihe. Nach dem Vorbild anderer Personenweihen liturgisch ausgestalteter Aufnahmeritus eines Kandidaten in die Mönchsgemeinde, deren Kern Verpflichtung zur → *Conversatio morum* und *Stabilitas loci* (Ortsbeständigkeit) ausmacht (vgl. BR 58). Seit Deutung der → Profess als Zweite Taufe verstärkte symbolische Ausgestaltung der M. Im lat. Ordenswesen bei Ritter- und Bettelorden keine M., sondern dem Lehnseid entsprechendes Gehorsamsversprechen. Im CIC/1983 ist die M. nicht mehr erwähnt, wird aber partiell weiter praktiziert bzw. Profess nach Art der M. liturgisch gestaltet.

Monialis (Pl. Moniales), mlat. Bezeichnung für → Nonne als Äquivalent für *monacha*.

Monte Cassino, Territorialabtei (→ *Abbatia territorialis*), westl. der unterital. Stadt Cassino, verehrt als Stamm- bzw. Mutterkloster des abendländischen Benediktinertums; gegr. um 529 von → Benedikt von Nursia, der hier für seine Mönche die BR schrieb. M. C. wurde bereits 577 von den Langobarden zerstört; Neuanfang des monast. Lebens erst wieder im beginnenden 8. Jh.; durch Sarazenen 893 erneute Zerstörung, um 950 Wiederbesiedelung und Blüte im 11. Jh. Im 13. Jh. Niedergang, verstärkt durch politische Wirren und Ausbeutung durch Kommendataräbte. 1504 Anschluss an die Reformkongregation von Santa → Giustina (Padua), die sich danach → »Cassinensische Kongregation« nannte. 1866 erklärte die italienische Regierung M. C. zum Nationaldenkmal (mit Weiterbestand des Konventes). 1944 totale Zerstörung durch die Alliierten; 1945–49 Wiederaufbau im alten Stil (d. h. den Neubauten des 18. Jh.s).

Monte Oliveto → Olivetaner.

Montfortaner (*Missionare, Priester der Gesellschaft Marias, Societas Mariae Montfortana, SMM*), von Ludwig M. Grignon von Montfort (gest. 1716) um 1705 gegr. Priesterkongregation mit marianischer Spiritualität; volle kirchliche Anerkennung erst unter dem Generaloberen Gabriel Deshayes (1812–41). Die M. sind international verbreitet (in Deutschland seit 1948); um 2000 hatten sie etwa 1000 Mitglieder.

Münster (von lat. *monasterium*), Begriff mit Bedeutungswandel im Laufe der Zeit: **1.** Bezeichnung für klösterliche Institutionen, Gebäude; fortlebend in Ortsbezeichnungen wie Monastir, Mustair, Moustair, Moutier, Minster, Münsterlingen, Münster usw.); **2.** Bezeichnung ursprünglich nur für Kloster- und Stiftskirchen (Münster von Essen usw.); im schwäbisch-alemannischen Sprachraum auch für größere Pfarrkirchen (z. B. Bern, Überlingen, Ulm, Freiburg); hier auch für Kathedralen bzw. Domkirchen (Basler, Straßburger, Konstanzer M.); **3.** bloßer bischöfl. Titel für Kirchen, im 19./20. Jh. aufgekommen.

Mutter Teresa, Schwestern von (*Missionaries of Charity, Missionarinnen der Nächstenliebe*), gegr. 1948 von M. T. in Kalkutta (Indien), die vorher zu den → Loreto Sisters (Rathfarnham) gehörte und in Kalkutta Schulleiterin war. Die sich der Kranken, Sterbenden und sozial Ausgegrenzten annehmenden Schwestern (dazu in einem 4. Gelübde verpflichtet) hatten raschen Zulauf und sind mit etwa 4700 Mitgliedern inzwischen auch weltweit verbreitet. Sie bilden seit 1950 eine Kongregation päpstl. Rechts; zur Kongregation gehört auch ein kontemplativer Zweig, seit

1976 sind ihr eine Missionsbrüder- und eine Missionspriesterkongregation angegliedert. Die Gründerin, M. T. (Agnes Gonhxa Bojaxhiu), geb. 1910 in Makedonien, 1979 Friedensnobelpreis, leitete die Kongregation bis kurz vor ihrem Tod (1997).

N

Narr (in Christus); im spätantiken byzant. und auch nztl. russischen Mönchtum in wörtlicher Nachahmung des »Narr-seins in Christus« und der »Torheit um Christi willen«: exaltierte asket. Lebensweise (bis zur simulierten Verrücktheit); als erster Exponent gilt Symeon von Emessa (gest. 550).

Natrontal → Nitrische und Sketische Wüste.

Niederbronner Schwestern (*Sœurs du très saint Sauveur, Töchter* bzw. *Schwestern des Göttlichen Erlösers*); Kongregation päpstl. Rechts, gegr. 1849 von Elisabeth Eppinger (gest. 1866) mit Hilfe des Ortspfarrers David Richard für sozial-karitative Aufgaben. Rasche Ausbreitung im Elsass und Deutschland (seit 1852). Bereits 1866/67 Verselbständigung der Niederlassungen in den Diözesen Würzburg, Wien (seit 1999 wiedervereinigt mit N.), Györ (Ungarn) zu (gleichnamigen) selbständigen Kongregationen. Das Generalmutterhaus der N. Sch. ist in Oberbronn (Elsass), in Deutschland haben sie drei Provinzen. 1998 zählte die Kongregation in etwa 200 Niederlassungen etwa 2000 Schwestern.

Nilus von Rossano (Kalabrien), geb. um 910 in R., 940 Basilianer, gründete verschiedene Klöster, zuletzt 1004 → Grottaferrata. N. gilt als repräsentative Gestalt des italogriechischen Mönchtums (gest. 1004).

Nitrische und Sketische Wüste, bedeutende Zentren des frühen ägyptischen Mönchtums; eine Hügellandschaft 70 km südöstlich von Alexandria die Nitrische, 20 km davon südlich die Kellia und 50 km südlich davon die Sketische, eine etwa 30 km lange und 6–7 km breite Talmulde (= Natrontal). Mit N.r W. ist in der monastischen Literatur immer nur der nördliche, mit S.r können alle drei gemeint sein. Besiedlung begann um 330; die N. W. wurde bald zur »dichtbesiedelten« Eremitenkolonie. Die S. W. war klassischer Ort der ägyptischen Anachoreten. Aus diesem Kreis stammen zu einem Großteil die → *Apophthegmata*; → Johannes Cassian hielt sich einige Zeit hier auf. Innere Streitigkeiten und Nomadeneinfälle trugen zum Verfall bei. Einzelne monastische Siedlungen überdauerten die Zeiten und bildeten die Basis für die Erneuerung des koptischen Mönchtums.

Nolasker → Mercedarier.

Non (von lat. *nonus* »neunter«), im → Stundengebet die Hore zur neunten Stunde (nach antiker Tageseinteilung etwa 15 Uhr); nach der bibl. Überlieferung Todesstunde Jesu, schon in der Urgemeinde Gebetszeit (vgl. Apg 3,1).

Nonne (von griech. νόννα), ursprüngl. Ehrentitel älterer weibl. Personen (ehrwürdige Matrone); in gleicher Bedeutung lat. *nonna*; bezogen auch auf gemeinschaftlich lebende, sich Gott weihende Frauen; setzt sich dann anstelle von *monacha* (Mönchin) bzw. → Monialis im deutschen Sprachraum generell durch.

Nonnenchor → Chor.

Nonnenregel → Ordensregel.

Nonnus (vgl. → Nonne); ursprünglich Ehrentitel kindl. Ehrerbietung älteren und vorgesetzten Personen gegenüber; in der BR 63,12 Anrede für einen älteren Mönch im Sinn von »ehrwürdiger Vater«. Die Aachener Synode von 816 nennt den Klostervorsteher N.

Norbert von Xanten (von Magdeburg, von Gennep), aus hochadeliger Familie um 1080/85 in Xanten (bzw. Gennep) geb., schulische Ausbildung, Kanoniker am Viktorsstift Xanten, tätig am Hof Kaiser Heinrichs V. Um 1115 eine Konversion, Diakonats- und Priesterweihe, zeitweise Eremit, dazu auch Wanderpredigt. Als Erweckungsprediger, Wundertäter und Friedensstifter sehr erfolgreich, sammelte N. einen Kreis bekehrter Männer und Frauen um sich. Für diese organisierte er um 1120 im Wald von Prémontré (bei Laôn/Nordfrankreich) nach dem Vorbild der Jerusalemer Urgemeinde ein Gemeinschaftsleben; weitere Gründungen dieser Art (unter N.s persönlicher Leitung) folgten. 1125/26 Romfahrt; durch Honorius II. Gutheißung seiner Gründungen mit ihrer Lebensweise als »Doppelkommunitäten«. Aus nicht mehr ganz durchschaubaren Gründen eine Neukonzeptionierung seines Reformwerkes: von der hierarchischen Spitze her Reform des Klerus und über diesen des Volkes? N. ließ sich daher von Kaiser Lothar zum Erzbischof von Magdeburg ernennen (1126) und wirkte im Dienst der Reform in Erzbistum und Kirchenprovinz bis zu seinem Tod (6. 6. 1134). Seine Grablege seit 1627 im Prämonstratenserstift Strahov/Prag. Durch seine Gemeinschaftsgründungen wurde N. zum Initiator des erst nach seinem Tod sich formierenden Ordens der → Prämonstratenser.

Norbertiner/innen → Prämonstratenser.

Novize/Novizin (lat. *novicius*, aus *novus* »neu, jung, Neuling, Anfänger«), Bezeichnung für eine Person, die in ein Kloster bzw. Orden eintreten will und dafür die vorgeschriebene Probezeit (→ Noviziat) absolviert. Der Begriff N. kommt schon in der BR 58,5 vor, allerdings in der späteren Bedeutung von → Postulant. In Orden mit Ordenstracht erhält diese der N. (bzw. die N.) bei der → Einkleidung.

Noviziat ist die vom Ordensrecht vorgeschriebene Probe- und Einführungszeit zu Beginn des Klosterlebens vor der ersten (zeitlich begrenzten) → Profess, in der die → Novizen/Novizinnen in Regel, Gewohnheiten und Statuten unterwiesen werden. Im übertragenen Sinn heißt N. auch der Teil des Klosters, in dem die Novizen unter Leitung des Novizenmeisters (-meisterin) wohnen. – Die Einzelheiten des Noviziats regeln im Rahmen des allgemeinen Kirchenrechts die jeweiligen Statuten von Kloster- bzw. Religiosenverbänden. – Die Anfänge einer Probezeit reichen ins frühe Mönchtum zurück; allgemeine kirchenrechtliche Regelungen gab es erst im MA. Mit der Reformbewegung im SpätMA und den Vorschriften des → Trienter Konzils wurde die Novizenausbildung zentralisiert; meist wurde in den einzelnen Ordensprovinzen ein Kloster als Noviziatskonvent bestimmt. Im Gefolge der »Neuformierung« der Orden nach dem II. Vaticanum sind die strengen Vorschriften zugunsten größerer Flexibilität (bezüglich Ort und Zeit) aufgegeben worden.

O

Oblaten (*oblati, oblatae*; von lat. *oblatus* »dargebracht, geopfert«). Im Blick auf das Ordenswesen gibt es O. in verschiedener Bedeutung. **1.** *Pueri oblati* (dargebrachte Knaben bzw. Mädchen, *puellae oblatae*). Nach altkirchlicher bis weit ins MA hineinreichender Praxis Übergabe eines Kindes durch Eltern (Vormund) an ein Kloster (vgl. BR 59; 63,18–19); hier als selbstverständliche Praxis angenommen, von Synoden zuweilen abgelehnt und verboten. Die O. (auch *donati/donatae* genannt) lebten als eigene Gruppe im Kloster, galten bis zur Profess nicht als Vollmitglieder. Bei den Reformorden des MA Ablehnung, durch das → Trienter Konzil generell verboten. – **2.** Erwachsene Oblaten. Laien, die sich nach Güterübertragung als *servi* in die Klosterhörigkeit begaben (auch *donati saeculares* genannt); zu einem Großteil wurden diese O. abgelöst von den → Konversen, zu einem geringen Teil gab (gibt) es sie weiter und werden Klaustral-O. genannt. – **3.** Welt-O. In der Welt lebende Laien, die nach Art der → Terziaren ein an der BR ausgerichtetes Leben führen; tun sie das gemeinschaftlich, werden sie auch Regular-O. (bei Frauen: O.innen) genannt. – Eine der ältesten noch bestehenden Gemeinschaften dieser Art ist die der hl. → Franziska von Rom. – **4.** Angehörige von Ordensgemeinschaften mit O. im Namen: → *O. der Heiligsten und Unbefleckten Jungfrau Maria*, → *O. der seligen Jungfrau Maria*, → *O. des hl. Franz von Sales*. – **5.** Weibliche Gemeinschaften mit O. im Titel gibt es etwa zwei Dutzend päpstl. und zahlreiche nur bischöfl. Rechts; dazu viele Säkularinstitute jüngeren Datums.

Oblaten der Heiligsten und Unbefleckten Jungfrau Maria (*Congregatio Missionariorum Oblatorum B. M. Virg. Immaculatae, OMI*); von Charles-Josephe-Eugène de Mazenod (gest. 1861) in Aix-en-Provence gegr. 1816 als Missionaires de Provence, um nach der Revolution das religiöse Leben wieder zu heben, dann auch für Jugend- und Gefangenenseelsorge; 1826 päpstl. anerkannt. Mit Niederlassungen in Kanada Beginn missionarischer Tätigkeit. In Deutschland seit 1895 (zur Ausbildung von Missionaren in den Kolonien des Reiches) zugelassen. Die weltweit verbreiteten O. haben derzeit etwa 4700 Mitglieder. In Deutschland bekannt auch als Hünfelder O., benannt nach dem früheren Hauptkloster in Hessen.

Oblaten der seligen Jungfrau Maria (*Congregatio Oblatorum B. M. V., OMV*); gegr. 1826 in Pinerolo bei Turin, zählten um 2000 etwa 150 Mitglieder.

Oblaten des hl. Franz von Sales (*Institutum Oblatorum S. Francisci Salesii, OSFS*); 1871 zu Troyes gegr. von Louis Brisson als Priestergemeinschaft nach den Vorstellungen des hl. → Franz von Sales; missionarisch und pastoral tätig in Europa und Übersee; zählten um 2000 etwa 650 Mitglieder.

Observanz (von lat. *observare* »beobachten, einhalten«), ein Begriff mit doppelter Bedeutung im Ordenswesen. **1.** Lebensweise nach dem in → Consuetudines (bzw. → Konstitutionen) enthaltenen Ensemble von Vorschriften eines Ordens bzw. bestimmter Verbände, z. B. die Observanz der Cluniazenser von Cluny im Unterschied zu der von Hirsau; O. in diesem Sinn ist an sich ohne Wertung. Um eine solche geht es in **2.** O. als Anspruch, sich an der ursprünglichen (und darum allein richtigen) Lebensweise eines Ordens auszurichten und deren Beobachtung einzufordern; eine Forderung, die meist zur Bildung von Sonderverbänden innerhalb eines Ordens, oft auch zur Abspaltung mit Neugründung führte. Die Verfechter und Anhänger dieser O. nannte man *Observante*.

Odilo von Cluny, fünfter Abt von → Cluny (994–1049), aus mittelfranzös. Adelsfamilie, geb. 961/962, zunächst Kanoniker, um 990 Eintritt in Cluny, 993 Koadjutor von

Abt Majolus, dann dessen Nachfolger; unter O. deutliche Vergrößerung des Verbandes, 998 erreichte O. von Gregor V. die unbeschränkte Exemtion aus der bischöfl. Jurisdiktion des Bischofs von Macôn, formte die Reformgemeinschaft zu einem zentralistischen Verband, zu dem unter seiner Amtsführung bereits 70 Klöster verschiedenen Ranges gehörten; unter O. auch Neufassung der Consuetudines; Förderung des Totengedächtnisses, Einführung des Allerseelentages (2. November), Neubau der Klosterkirche (Cluny II). O. war zu seiner Zeit so etwas wie eine allgemein anerkannte geistliche Autorität und gesuchter Ratgeber.

Odo von Cluny, 2. Abt von C. 927–942, geb. um 878/879, Erziehung am Hof Herzog Wilhelms von Aquitanien, dann Kanoniker, dreißigjährig Mönch in Baume-les-Messieurs. Von Abt → Berno zu seinem Nachfolger in Cluny und zwei damit verbundenen Klöstern bestimmt, formte O. von dieser Basis her den anwachsenden Klosterverband nach den Vorstellungen des → Benedikt von Aniane. Er erreichte 931 von Johannes XI. für Cluny neben anderen Rechten auch das auf freie Abtwahl. O. genoss hohes Ansehen, war von großer Gelehrsamkeit und auch schriftstellerisch tätig. Er starb in Tours 942.

Ökonom (von griech. οἶκος »Haus«; Hauswart, Vorstand); im klösterlichen Bereich der Verwalter und Verantwortliche für die wirtschaftl. und finanziellen Angelegenheiten. In den einzelnen Ordensgemeinschaften gab und gibt es dafür verschiedene Namen (Provisor, Prokurator, Syndicus, → Cellerar).

Olivetaner (*Congregatio S. Mariae Montis Oliveti OSB*; *Ordo S. Benedicti Montis Oliveti, OSBOliv*); von dem früheren Sieneser Ratsherrn Bernardo Tolomei initiiert, der sich 1313 mit zwei Gefährten in den Eremos von Accona (ein Landgut seiner Familie bei Siena) zurückzog. Die eremitische Gemeinschaft fand rasch Zulauf, wurde vom Bischof von Arezzo 1319 approbiert; damals auch

Namenswechsel (*Monte Oliveto*, Ölberg). Die O. übernahmen die BR; allerdings mit Modifikationen (die wichtigste davon: Beschränkung der Amtszeiten, auch der Oberen). Durch Neugründungen und Anschluss anderer Klöster Kongregationsbildung, die 1344 Clemens VI. anerkannte. Haupt der Kongregation war der jeweilige Abt von Monte Oliveto (für ihn bald lebenslängliches Abatiat); wichtigstes Organ das Generalkapitel. Um 1450 gehörten 30 Klöster zur Kongregation, 1525 waren es mehr als 100, davon die meisten in Städten. Die O. hatten einen guten Ruf; um sie bildeten sich auch Humanistenzirkel. Seit dem ausgehenden 18. Jh. Unterdrückung der nur in Italien verbreiteten O.; im 19. Jh. neben Aufhebungen Gründungen außerhalb Italiens, im 20. Jh. auch in Übersee (die 1898 erfolgte Gründung in Tanzenberg/Kärnten wurde 1953 wieder aufgelöst). Seit 1960 gehören die O., die einen weißen Habit tragen, als eigene Kongregation zu den Benediktinern; um 2000 hatten sie 26 Klöster mit etwa 250 Mönchen. – Die päpstl. Bestätigung 1344 bezog sich auch auf einen weibl. Zweig, der aber lange nur aus einem Konvent in Bari bestand; auch später fanden die *Olivetanerinnen* nur geringe Verbreitung. Derzeit gibt es 3 selbständige (klausurierte) Klöster. Einen selbständigen Verband bilden die 1926 in Belgien gegr. O.innen mit derzeit 5 kleinen Klöstern. Auch gibt es einige Schwesternkongregationen mit sozial-karitativen Aufgaben. Die größte und in Korea arbeitende sind die *Olivetane Benedictine Sisters* (*Suore Olivetane*) mit derzeit über 450 Schwestern; die *Olivetaner-Benediktinerinnen in Heiligenkreuz* bei Cham (Schweiz) haben etwas über 100 Schwestern.

Opus Dei (lat. »Dienst für Gott«). **1.** Schlüsselbegriff in der BR 7,63; 22,6.8; 43,1.3–10 u. ö. In der traditionellen Auslegung ist O.D. identisch mit dem liturgischen Gottesdienst; in diesem Sinne BR 43,3: Ergo nihil operi Dei praeponatur (dem Gottesdienst soll nichts vorgezogen werden); Liturgischer Dienst also als vornehmste und wichtigste Aufgabe des Mönchtums nach der BR. – Inzwischen gedeutet auch als »Tagewerk« überhaupt. **2.** Verkürzter Name für die *Praelatura personalis Sanctae Crucis et Operis Dei* (*Personalprälatur vom Hl. Kreuz und dem Werk Gottes*); als solche 1982 errichtet durch Johannes Paul II. Das O. D. wurde 1928 von dem spanischen Priester Jose Maria Escrivá de Balaguer y Albas (gest. 1975) zunächst als Laiengemeinschaft gegr.; dazu kam 1930 ein weiblicher Zweig, 1943 die priesterliche Gemeinschaft vom Hl. Kreuz. 1947 wurde das O. D. von Pius XII. als erstes Säkularinstitut päpstl. Rechts anerkannt; am 28. 11. 1982 als erste Personalprälatur institutionalisiert. Das O. D. ist weltweit verbreitet, zählte um 2000 etwa 80 000 Mitglieder (davon etwa 2 % Priester). Die Mitglieder legen keine Gelübde ab. – Da die im CIC 1983 angeführten Merkmale einer Personalprälatur auf den aus Laien und Priestern gebildeten Verband des O. D. nicht richtig passen, ergeben sich Unklarheiten in Bezug auf Profil, Rechte und Pflichten der Mitglieder gegenüber der bischöfl. Jurisdiktion. Neben seiner (bes. der Priester) Geheimnistuerei liegen hier die Gründe für die Vorbehalte gegenüber dem O. D.

Oratorium (mlat. von *orare* »beten«), im Religiosenwesen gebräuchlich in zweifacher Beziehung: **1.** Bezeichnung für den Betraum (Kapelle) einer klösterlichen Gemeinschaft. Da lange Zeit das mit Kirche (*ecclesia*) bezeichnete Gotteshaus Bischofs- bzw. Pfarrkirchen vorbehalten war, wurden Mönchskirchen zunächst O. genannt; auch wegen der mit Einkünften verbundenen Kirchen nannten z. B. die frühen Zisterzienser ihre Kirchen nur O. – **2.** Die Verbände der *Oratorianer* bzw. deren jeweiligen Niederlassungen (Pl. Oratorien). Es handelt sich bei diesen um Weltpriestervereinigungen, die ohne Gelübde gemeinschaftlich leben und arbeiten. Kirchenrechtlich gehören sie zu den »Gesellschaften des apostolischen Lebens«. Die zwei ältesten und Oratorianer genannten Vereinigungen sind: → *O. vom hl. Philipp Neri*, → *Französisches O.*

Oratorium, Französisches (*Congregatio Oratorii Jesu*); geht auf die Initiative von Pierre Berulle (gest. 1629) zurück, der 1611 in Paris nach dem Vorbild Philipp Neris eine Weltpriestergemeinschaft gründete; gedacht zur Hebung des geistlichen und pastoralen Niveaus des Weltklerus Frankreichs. Da in Frankreich die Reformdekrete des Trienter Konzils für die Klerusausbildung staatlicherseits nicht rezipiert wurden, sollte (neben anderen Orden) das Oratorium diese Aufgabe erfüllen. Berulle beschränkte daher Gründungen auf Frankreich. 1629 gab es bereits 60 Oratorien; in ihren Priesterseminaren waren bekannte Exegeten und Philosophen tätig. In der 2. Hälfte des 18. Jh.s merklicher Rückgang. In der Neuorganisation des Weltklerus durch die → Zivilkonstitution (1790) war für das O. kein Platz mehr. 1852 kam es zu einer Neubelebung, die alte Bedeutung erlangte das O. nicht mehr.

Oratorium vom hl. Philipp Neri (*Confoederatio Oratorii Sancti Philippi Neri*); entstanden 1552 aus den Priesterzusammenkünften im Betsaal (= Oratorium; daher der Name) des römischen Priesterhauses S. Girolamo della Carità, die Philipp Neri (gest. 1595) inspirierte und leitete; bald ging man zum Gemeinschaftsleben über. Gregor XIII. übergab der Gemeinschaft 1575 die neu erbaute Kirche S. Maria in Vallicella/Rom; Philipp Neri errichtete an ihr das erste Oratorium. Die O. breiteten sich in der Folge rasch aus; auch im deutschen Sprachraum entstanden Oratorien. Im Verlaufe des 18. Jh.s Stagnation und Auflösungen. Im 19. Jh. Wiederaufblühen (bes. in England) und Übersee. In Deutschland wurde 1930 ein O. errichtet. 2002 zählte man 76 Oratorien mit über 550 Mitgliedern. Jedes Haus ist autonom und regelt das Gemeinschaftsleben nach den Konstitutionen selbständig. Die Generalkongregation wählt jeweils für drei Jahre den Praepositus. Alle sechs Jahre findet ein Generalkongress statt, der auch den Visitator bestimmt, der als päpstl. Vertreter die einzelnen Oratorien visitiert.

Orden (von lat. *ordo* »Reihe, Grad, Stand« u. a.) ist (in Singular und Plural) im kath. Kirchenrecht ein Klassifizierungsbegriff im Rahmen von Bezeichnung und Unterscheidung der historisch gewordenen und vermittelten vielfältigen Formen einer besonderen Nachfolge Jesu. Das neue Kirchenrecht (1983) gebraucht für die Gesamtheit dieser unterschiedlichen Lebensformen den Gattungsbegriff »Gottgeweihtes Leben« (*Vita Deo consecrata*) bzw. »Institute des gottgeweihten Lebens« (*Instituta vitae consecratae*). Die Lebensform wird gegliedert in *Instituta religiosa* und *Instituta saecularia* (Religiosen- und → Säkularinstitute). Zu den Religiosen-Instituten gehören 1. die Orden (*Ordines*), 2. die Kongregationen der Klerikerreligiosen, 3. die Kongregationen der Laienreligiosen. Zwischen klerikalen und laikalen Gruppierungen wird auch bei den Säkularinstituten unterschieden. – Zu den Orden (*Ordines*) zählen: 1. die → Regularkanoniker, 2. die → Mönchsorden, 3. die → Bettelorden, 4. die → Regularkleriker. Im strengen Sinn fallen also nur diese vier Gruppen unter den Begriff O. Der übliche Sprachgebrauch subsumiert jedoch unter O. (O.s-Stand, O.s-Wesen, O.s-Leben bzw. Kloster und Klosterleben) alle Gruppierungen der *Vita religiosa*, in der die Kongregationen der Laienreligiosen mit ihren mehr als 2000 Verbänden die überwältigende Mehrheit stellen. – Für die O. im strengen Sinn des Begriffes sind konstitutive und integrale Merkmale: auf Dauer angelegte Nachfolge Jesu durch Selbstverpflichtung auf die → Evangelischen Räte in den → Gelübden und der → Profess; Konkretisierung des Lebensstils und des apostolischen Dienstes (durch Kontemplation oder/und Aktion) durch → O.s-Regel (und → Konstitutionen, Satzungen), wozu die verschiedenen Formen gemeinschaftlichen Lebens unter den vorgegebenen Oberen gehören; die päpstl. Approbation des jeweiligen O.s. – Einer groben Statistik nach gibt es noch knapp eine Million Personen des »Gottgeweihten Lebens«, wovon etwa 75 % Frauen sind (die meisten in den Schwesternkongregationen mit sozial-karitativen und erzieherischen Aufgaben). Bei den Orden (im strengen Sinn) stehen den etwa 50 000 O.-Frauen etwa 95 000 O.-Männer gegenüber. Der auffällige Unterschied ist begründet in den meist mit priesterlichen Funktionen verbundenen Aufgaben der Männer-O.

Ordensgründer/innen sind Frauen bzw. Männer, die eine Ordensgemeinschaft gegründet haben (→ Ordensgründung). Da es → Orden im eigentl. Sinn des Wortes erst seit dem 12. Jh. gibt, gab es vorher weder Ordensgründer noch -gründungen. Zu solchen wurden herausragende Persönlichkeiten des älteren Mönchtums literarisch stilisiert. Diese Gestalten unter den → Anachoreten und Coenobiten lebten im Strom ihrer Traditionen, gründeten Klöster, u. U. auch kurzlebige Verbände, schrieben Regeln. Auch die Initiatoren von Reformen in ma. Klöstern waren nur indirekt O., insofern sie einen Ablöse- und Verselbständigungsprozeß von der bisherigen Einbindung in Gang setzten, an deren Ende oft ein neuer Orden entstand. Das gilt auch von den neuen Orden, die aus der spätma. Observanzbewegung entstanden. Exemplarische O. sind dagegen → Franziskus, → Dominikus, → Ignatius. Die Ordensgründungen der NZ haben in der Regel eine(n) O./O.in, wobei zu beachten ist, dass die vielen → Ordensgründungen des 18. und bes. des 19. Jh.s nur als Spezifizierungen und Aktualisierungen der Anliegen der etwa ein Dutzend großen O. anzusehen sind. O. sind in der Spiritualität ihrer Orden wichtige Identitätsfiguren und haben auch normative Bedeutung.

Ordensgründung. Wie bei Ordensgründern kann man von O. in Antike und FrühMA eigentlich nicht reden. Zu solchen kam es im MA zunächst im Zuge von Reformen durch die Formierung eines entsprechenden neuen Verbandes; durch Gruppierungen (Bruderschaften) mit bestimmten Zielen und Aufgaben, die sich im Konsolidierungs- und Institutionalisierungsprozess zu Orden entwickelten (z. B. Ritter-, Spitals-, Bettelorden); durch Gründerpersönlichkeiten initiierte direkte und zielgerichtete O. gab es dann zahlreiche in der NZ, ganz bes. im 19. Jh. Wegen lokaler Rücksichten, Spezifizierung der Aufgaben kam es dabei bei rasch wachsenden und weitverbreiteten Großverbänden zu O. durch Verselbständigung. – Ordensrechtlich erfolgt die O. nach vorgegebenen Regeln. Zunächst in bischöfl. Zuständigkeit: Experimentierphase, Anerkennung als Ordensgemeinschaft bischöfl. Rechts nach vorausgehender päpstl. Erlaubnis dazu. Der Status päpstl. Rechts wird in der Regel über verschiedene Stufen mit kürzerer oder längerer Wartezeit erreicht: Belobigung, vorläufige und schließlich definitive Anerkennung.

Ordenskleidung (*-habit*, *-tracht*, *-kutte*) ist die in den einzelnen Orden nach Regel, Satzung und Gewohnheit einheitliche Kleidung, die meist mit Beginn des → Noviziats getragen wird. Die O. ist äußeres Zeichen der Zugehörigkeit zum Ordensstand, dient der Gruppenidentität sowie der abgrenzenden Unterscheidung von anderen Orden. In dieser Beziehung spielte die O. in MA und NZ eine wichtige Rolle. Dabei gehörte symbolische Deutung der Gewandstücke und deren Farben seit dem MA zum »spirituellen Mehrwert« der O. Am Anfang des monastischen Lebens war die Kleidung von untergeordneter Bedeutung; sie war in erster Linie Ausdruck der Askese, daher einfach, ärmlich und praktisch. In BR 55 ist der Grundbestand der O. bereits angeführt: Die → Tunika mit → Cingulum als Untergewand, als Obergewand die → Kukulle und das → Skapulier als »Arbeitsschürze«. Skapulier und Kukulle wurden im Laufe der Zeit am stärksten verändert. Angaben über Schuhwerk, »Strümpfe«, Unterhosen und dergl. sind spärlich und ungenau (und unterlagen starken Wandlungen). Anfangs spielten Farbe und Stoffbeschaffenheit keine besondere Rolle, erst im MA kam es zu verbindlichen Festlegungen von Farbe, Art und Schnitt des Stoffes. Während die → Bettelorden noch dem monastischen Vorbild eines bes. O.s folgten, verzichteten die → Regularkleriker darauf. Sie kleideten sich wie die Weltpriester ihrer Umgebung (mit schwarzem → Talar und Cingulum); meist so, dass die einmal festgelegte Kleidung verbindlich wurde und damit zur O. mutierte (oft noch versehen mit einem Sonderabzeichen bzw. -merkmal). Die O. von Nonnen und Schwestern folgte – soweit als möglich – in Bestandteilen und Farbe den Vorgaben des zugehörenden Männerordens. Das gilt auch von der Farbe des → Schleiers, dem das weibl. Religiosentum bes. auszeichnenden Kleidungsstück. Die Vielfalt der Frauenkongregationen bes. im 19. Jh. zwang zu Phantasie und Einfällen in der modischen Gestaltung der jeweiligen O. Nach dem II. Vaticanum kam es bei den im erzieherischen und sozial-karitativen Sektor tätigen Schwesternkongregationen zu einschneidenden Änderungen in Richtung praktischer Einfachheit. Bei den Männergemeinschaften wird vielfach außer Haus nur noch Zivil getragen.

Ordensprovinzen sind in den großen zentralistisch verfassten Orden relative Selbstverwaltungskörper mit den dafür nötigen Exekutivorganen (den Einzelheiten nach in Regel bzw. Konstitutionen geregelt).

Ordensregel (von lat. *regula* »Richtschnur, Maßstab, Grundsatz, Regel«) heißt das Ensemble von (meist) vom → Ordensgründer schriftlich verfaßter bzw. veranlaßter und gebilligter Richtlinien für Aufgaben und Lebensordnung der Gemeinschaft, die von der zuständigen kirchl. Autorität approbiert worden sind. Die ältesten monastischen »Regeln« aus Heiliger-Schrift-Zitaten und Vätersprüchen waren Orientierungs-, Wachstums- und Konsenstexte. Sie fassen jeweils schriftlich die tradierten Gewohnheiten zusammen, ergänzend und präzisierend. Die wirkmächtigsten monastischen Grundtexte dieser Art waren → Basiliusregeln, → Augustinus- und Benediktregel.

Im lat. Westen sind etwa 30 bis ins FrühMA hinein geschriebene »Regeln« erhalten geblieben. Gedacht war bei diesen Regulierungstexten nur an die Fixierung der Lebensgewohnheiten des jeweiligen Klosters. Aus der breiten Regulierungsliteratur wurde von den Klostervorstehern selektiv adaptiert oder kombiniert (→ Mischregel). Erst mit → Benedikt von Aniane wird der Regeltext zur O., rechtsverbindlich verstanden und angewendet, verbindlich für Abt und Mönche des einzelnen Klosters wie auch eines Verbandes. Auf der Basis dieses »Una-Regula-Prinzips« setzte sich dann im FrühMA die Zweiteilung in *Ordo monasticus* mit BR und *Ordo canonicus* mit Canones (später dann AR; → Kanoniker, Regularkanoniker) durch. Weil aber in beiden O.n nicht alle Einzelheiten geregelt waren bzw. es neuen Regelungsbedarf gab, entstanden schriftl. Ergänzungstexte, die → Consuetudines (später genannt Institutiones, Constitutiones; → Konstitutionen). – Trotz Verbots neuer Orden (und O.) durch das → IV. Laterankonzil (1215) und das → II. Lyoner Konzil (1274) wurden neue O. verfasst; z. B. die O. des hl. Franziskus, der hl. Klara, der Karmeliten und andere. Vor allem wurden die Konstitutionen der neuen Orden auf der Basis der AR zu den regulativen Haupttexten, die O. zum bloßen »spirituellen Basistext« umgewertet. Die Regularklerikerorden und Kongregationen der NZ verzichteten dann überhaupt auf die überlieferten klassischen Ordensregeln. Die Abfassung neuer Lebensordnungen unter verschiedenen Namen wurde üblich. Zuweilen bestanden diese neuen »O.n« aus mehreren legislativen Texten (z. B. bei den → Jesuiten). In diesen Lebensordnungen sind Regel und Konstitutionen der Orden des MA gleichsam zu einer einheitlichen O. umgearbeitet worden. Jede neue Ordensgemeinschaft kam damit zur eigenen O. So kennzeichnet die Vielfalt von O.n das Ordenswesen seit der NZ. – Die O.n der vielen Frauengemeinschaften seit der NZ wurden meist auch von Frauen verfasst. In Altertum und MA waren die Nonnenregeln nur für Frauen adaptierte Mönchsregeln und Konstitutionen. Nur einige wenige direkt für Frauen geschriebene O.n sind aus Spätantike/FrühMA bekannt (z. B. → Caesarius von Arles, → Donatus von Besançon). Die ersten von Frauen verfassten und überlieferten O.n sind die der hll. → Klara und → Birgitta.

Origenes, geb. um 185 in Alexandrien; bedeutender Exeget und geistlicher Schriftsteller der alexandrinischen Katechetenschule; umstritten zu Lebzeiten und erst recht später seiner theologischen Auffassung wegen. Auf die monastische Spiritualität hatte O. durch sein Schrifttum, das im Westen besonders über → Johannes Cassian vermittelt wurde, großen Einfluss. Er starb in Tyros (Palästina, 254).

Ottilianer, Kurzbezeichnung für die *Congregatio Ottiliensis OSB*. Sie nahm ihren Ausgang in St. Ottilien (bei Weilheim/Obb.). Der Beuroner Benediktiner Andreas Amrhein (gest. 1927) wollte die vom frühen abendländischen Mönchtum partiell geübte Missionstätigkeit im Benediktinerorden neu beleben. Zunächst 1884 in Reichenbach (Oberpfalz), ab 1887 im Gut Emming richtete er ein Missionshaus ein, das unter dem Namen St. Ottilien (so der Name der Schlosskapelle) rasch bekannt wurde und großen Zulauf fand; 1896 von Rom als benediktinische Missionskongregation bestätigt, 1902 zur Abtei erhoben; als Erzabtei Mutterabtei der Kongregation mit den Abteien Schweiklberg (bei Vilshofen), Münsterschwarzach am Main, Königsmünster in Meschede (Nordrhein-Westf.); dazu Gründungen in Amerika und den von O.n betreuten Missionsgebieten (bes. Peramiho/Tansania; bis 1950 auch eines in Nordkorea). Zur Kongregation gehörten 2002 in 21 Niederlassungen mehr als 1000 Mitglieder, davon mehr als 350 Priestermönche. – Zur Unterstützung gründete P. Amrhein 1885 auch eine weibl. Gemeinschaft, die 1904 in Tutzing (Starnberger See / Obb.) ihr Mutterhaus einrichtete und 1924 die selbständige Kongregation der Missionsbenediktinerinnen von → Tutzing wurde.

P

Pachomius, geb. um 290 in Oberägypten, war zwangsrekrutierter Soldat, nach Bekehrung zum Christentum Mönch in der Schule des Anachoreten Palamon. Im verlassenen Dorf Tabennêsi gründete P. um 320/325 ein Kloster nach dem Ideal der Jerusalemer Urgemeinde (vgl. Apg 4,32–37). Damit legte er den Grund für das koinobitische Mönchtum (→ Koinobion). Die nach diesem Vorbild entstandenen weiteren Klöster (2 für Frauen, 9 für Männer) fasste P. in einem Verband zusammen, dessen »Generalabt« er war. Er starb 346 oder 347. – Für Verband und Kloster verfasste P. »Regeln«, die das gemeinsame Leben betrafen. Eine spätere Bearbeitung dieser *Praecepta* (*Vorschriften*) übersetzte 404 → Hieronymus aus einer griechischen Vorlage ins Lateinische. In dieser Fassung sind die *Praecepta* dem lat. Westen als »Pachomius-Regel« bekannt gemacht worden. Von den *Praecepta* gab es auch griechische, arabische und syrische Übersetzungen.

Pallottiner (*Societas Apostolatus Catholici, SAC, Gesellschaft des katholischen Apostolats*), eine Gesellschaft des apostol. Lebens, die 1835 Vinzenz Pallotti (gest. 1850) in Rom gründete als Priester- und Laiengemeinschaft ohne Gelübde; stattdessen ein verbindliches Versprechen zum Leben nach den → Evangelischen Räten. Ursprüngl. Ziel war ein weltumspannendes Netz kleiner Stützpunkte der Evangelisation bes. durch die Laien (Laienapostolat); in institutionalisierter Form stabilisierten sich P. und P.innen. Definitive päpstl. Anerkennung der P. 1903 durch Pius X., weltweite Verbreitung für Mission und verschiedene apostolische Tätigkeiten. In Preußen 1891 zunächst zugelassen zur Ausbildung von Missionaren in »Deutsch-Kamerun« mit Zentrum in Limburg/Lahn. Die in 12 Provinzen gegliederten P. hatten um 2000 in 341 Niederlassungen etwa

2300 Mitglieder. – Die von V. Pallotti 1838 gegr. *Pallottinerinnen* (*Schwestern vom kathol. Apostolat*, *SCAC*), gedacht zum Dienst an der Evangelisation, widmeten sich bald vorwiegend karitativer und pädagogischer Tätigkeit. Die P.innen sind in 4 Provinzen geteilt und weit verbreitet, sie haben derzeit noch über 500 Schwestern. – Ein deutscher Zweig wurde 1891 gegr. zur Unterstützung der P. in Kamerun. Neben dem Einsatz in Afrika inzwischen auch in Indien und Südamerika. Diese *Missionsschwestern vom Kathol. Apostolat* (*CMAC*) hatten 2002 über 600 Schwestern in 80 Häusern. – Alle Zweige sind in einem Internationalen Rat mit einem Generalstatut untereinander verbunden. Die deutschen P. waren bis in die 50er Jahre des 20. Jh.s führend in der 1914 vom Pater Joseph Kentenich 1914 gegr. Bewegung von → Schönstatt tätig.

Päpstlicher Schutz → Schutz, päpstlicher.

Parlatorium (von mlat. *parabolare* »miteinander sprechen, sich unterhalten«); in ma. Klosteranlagen der Sprechraum.

Paruchia, im irischen und westgotischen (galizischen) Mönchtum Bezeichnung für Klosterverbände, die meist mit missionarisch-seelsorgl. Aufgaben verbunden waren (oft auch mit einem »Abtbischof«).

Passionisten (*Congregatio Passionis Jesu Christi, CP*); 1720 gegr. von Paul vom Kreuz (gest. 1775) zur Verehrung des Leidens Christi (dazu verpflichtet in einem 4. Gelübde) und für Mission in Heimat und Übersee; ursprüngl. Name: *Unbeschuhte Kleriker vom Heiligsten Kreuz und dem Leiden unseres Herrn Jesus Christus.* Die vom Gründer mehrfach überarbeitete Regel wurde päpstl. bestätigt 1741, 1746, 1769 und 1785. In der Regel sind Eigenheiten der Bettelorden und Regularkleriker verarbeitet. Ursprüngl. war die eremitische und kontemplative Lebensform gegenüber dem Apostolat stärker betont, das erst in der Restauration der P. im 19. Jh. in Anpassung an die Bedürfnisse der Zeit in den Vordergrund rückte. Im Verlauf des 19. Jh.s dann auch stärkere Verbreitung; heute haben die P. in fast 400 Niederlassungen etwa 2300 Mitglieder. Als kontemplativen Zweig gründete Paul vom Kreuz zur bes. Verehrung des Leidens Christi die *Religiose della SS. Croce e Passione di Gesù Christo*. Das zunächst einzige Kloster wurde 1771 errichtet in Corneto durch die Mitbegründerin Maria Crocifissa di Gesù als Oberin. Das zweite Kloster wurde erst 1872 in Frankreich gegr., dann folgten weitere in verschiedenen Ländern. Die Regel der P.innen orientiert sich an der der → Salesianerinnen und der P. Gegenwärtig gibt es noch 33 selbständige klausurierte Klöster mit mehr als 300 Nonnen. – Unter dem Einfluss der Passionsfrömmigkeit der P. entstanden drei selbständige weibl. Kongregationen; die größte ist die in Italien 1872 gegründete (*Suore Passioniste di S. Paulo della Croce*) mit etwa 1000 Schwestern.

Pater (griech. πατήρ, lat. *pater* »Vater«) im alten Mönchtum Bezeichnung für den »geistlichen Vater«. Erst im SpätMA Anredeform und Würdenamen für Priester in Kloster und Orden; damit wurde P. auch gebräuchlich zur Unterscheidung von Nichtpriestern im Orden (den → Fratres und den → Laienbrüdern).

Paulaner → Minimen.

Pauliner (*Ordo Fratrum S. Pauli primi Eremitae, OSPPE, Eremiten vom hl. Paul dem Eremiten*); auf Anregung des selig. Eusebius, Kanoniker in Esztergom, vereinigten sich um 1250 die zwei Eremitengruppen von Patach und Pilis (in Ungarn) zu einem Verband unter dem Patronat des hl. → Paulus von Theben. 1308 nahmen diese P. die AR an und formierten sich zu einem Orden mit eigenen Konstitutionen. Dichte Verbreitung zunächst im ungarischen Raum, dann darüber hinaus in Polen und vereinzelt bis ins Süddeutsche hinein. Während der Türkenherrschaft gingen die meisten Klöster in Ungarn ein. Im übrigen Mittel- und Osteuropa Aufschwung im 17. Jh. Josephinische Reform und Säkularisationen brachten überall das Ende außer den zwei (bis heute bestehenden) Klöstern in Krakau und Tschenstochau; von diesen aus kam es zu neuer Verbreitung der P. Derzeit gibt es in 60 Niederlassungen knapp 500 P. (v. a. in Polen). In Lebensstil und Tätigkeit haben sich die P. den Bettelorden angeglichen. Ihr Habit gleicht bis auf das Cingulum dem der Dominikaner. Die P. werden öfters mit den → Paulanern verwechselt.

Paulisten (*Paulist Fathers, Societas Sacerdotum Missionariorum a S. Paulo Apostolo, CSP*). Diese Gesellschaft des apostol. Lebens wurde von dem Redemptoristen Isaak Thomas Hecker (gest. 1888) in New York 1858 nach Spannungen mit seinem Orden gegr. Statuten und Ziele folgen denen der → Redemptoristen, zugeschnitten auf die pastoralen Bedürfnisse der USA; päpstl. Anerkennung erfolgte erst 1929 und 1940. Derzeit gibt es noch knapp 200 P.

Paulus, Apostel; Ordensgemeinschaften mit Namensbezug auf den »Völkerapostel« gibt es außer den → Barnabiten und → Paulisten nur einige wenige neuere Kongregationen: Päpstl. Rechts zwei kleinere und die mitgliederstarke *Societas a S. Paulo* (*Pia società di S. Paolo*); 1914 in Alba (Piemont) gegr. zur Evangelisierung durch Presse- und Medienapostolat; zunächst auf Italien beschränkt, ab 1931 auch im Ausland, inzwischen weltweit mit etwa 1120 Mitgliedern. In Italien bekannt v. a. durch die *Edizioni Paoline*. – Fünf Frauenkongregationen päpstl. Rechts; die zwei mitgliederstärksten sind die *Pia societas filiarum S. Pauli*, gegr. 1915 als weibl. Zweig der *Pia società di S. Paolo* mit über 2600 Schwestern; sowie die 1696 in Chartres (Frankreich) gegr. *Congregatio Sororum a S. Paulo* (*Hospitalières de St. Paul*); zunächst für Mädchenerziehung, dann im Zuge des Aufschwungs im 19. Jh. für verschiedene sozial-karitative und pastorale Dienste. Die Kongregation ist weltweit verbreitet und zählte 2002 noch knapp 4000 Schwestern.

Paulus von Theben. Eine Fiktion des hl. → Hieronymus,

der P. als ersten Anachoreten erdichtete, dessen Schüler → Antonius d. Gr. gewesen sei; er habe in einer Höhle am Roten Meer gelebt und sei dort um 351 gestorben. In der ordensgeschichtl. Ikonographie und Historiographie ist dieser P. seit dem MA präsent; zu bes. Verehrung kam er bei den → Paulinern.

Pauper (lat. »arm, schutz- und machtlos«); im soziolog. Sinn ist im FrühMA der Gegensatz zu *pauper* in erster Linie nicht *dives* (»reich an materiellen Gütern«), sondern *potens* (»mächtig«). Wer sich selbst nicht helfen kann und deshalb einen Beschützer braucht (wie Kinder, Waisen, Witwen), ist P. Der Mönch ist deshalb P., weil er sich in der → Profess freiwillig in Abhängigkeit und Gehorsam begibt. Materielle Armut am Rande des Existenzminimums wird erst zum Ausweis echter evangelischer → Armut im Kontext der Armutsbewegung des 11./13. Jh.s. In diesem Verständnis muss der Mönch als P. materiell ein Bedürftiger sein.

Pauperes catholici (lat., »Kathol. Arme«); eine in Südfrankreich aus Laien und Klerikern bestehende Gruppe, die sich zu Beginn des 13. Jh.s von den → Waldensern abwandte. Innozenz III. erlaubte den P. c. 1208, ihre bisherige von evangel. Armut geprägte Lebensweise einschließlich der Bußpredigt fortzusetzen. Wie noch als Waldenser galt auch jetzt ihr Hauptanliegen der Bekehrung der → Katharer. Gregor IX. anerkannte die P. c. 1239 als Orden, der sich auch in Oberitalien verbreitete. Alle bestehenden Häuser wurden jedoch 1256 dem neu gegründeten Orden der → Augustinereremiten eingegliedert.

Pavonianer (*Congregatio Filiorum Mariae Immaculatae, Söhne der Unbefleckten Maria, CFMI*), gegr. 1821 in Brescia von Lodovico Pavoniani (gest. 1849) als Klerikerkongregation für Jugenderziehung; approbiert von Leo XIII. 1893. Die v. a. in Italien verbreiteten P. zählten um 2000 noch etwa 200 Mitglieder.

Peculium (mlat.) heißen im Ordenswesen zuweilen die

einer Ordensperson zu privatem Gebrauch und Verbrauch überlassenen Werte in Geld oder Naturalien. P. kann zugestanden sein im Sinn voller Verfügungsfreiheit oder unter Aufsicht und Rechenschaftspflicht. Im MA war die Grenze zwischen P. und Privateigentum oft verwischt.

Pektorale (von lat. *pectus* »Brust«) heißt das an einer Kette hängende, auf der Brust getragene, meist reich verzierte Kreuz. Es ist Bestandteil der → Pontifikalien und steht im Ordenswesen daher nur infulierten Prälaten zu.

Pelagius, geb. um 350/354 in Britannien; in Rom in monastischen Kreisen engagiert, 410 in Afrika, dann in Jerusalem, gest. 418. P. verstand sich als Herausforderer des hl. → Augustinus, betonte den freien Willen und damit die Entscheidungsfreiheit zwischen Gut und Böse. Seine strenge und fordernde Ethik machte Eindruck auf Asketen und Mönche.

Peregrinatio (von lat. *peregrinare* »umherirren, in der Fremde sein, heimatlos«) war als Ort- und → Heimatlosigkeit ein altmonastisches und eschatologisches Ziel, in dem das asketische Motiv mitschwingt. Im irischen Mönchtum konkretisierte sich die P. in der (zeitweiligen oder dauernden) Sesshaftigkeit in dem in der Fremde errichteten Kloster, verbunden oft mit missionarischer Wanderpredigt.

Petrus Damiani, geb. 1007 in Ravenna, führte nach dem Studium ein eremitisches Leben bei → Romuald, ging 1030/36 zu den Eremiten von → Fonte Avellana; als Prior (seit 1043) organisierte er das eremitische Leben in Fonte Avellano neu. P. war in der kirchl. Reformbewegung der Zeit stark engagiert (vermutlich seit 1057 Kardinal). Seine eremitischen Erfahrungen verarbeitete der Hochgebildete zu einer eremitischen Ekklesiologie in der Schrift *De ordine eremitorum et facultatibus eremi.* P. prägte auch den zeitgenössischen Asketismus mit seinen gesteigerten Bußleistungen (→ Geißelung und freiwilliges Mitleiden mit Christus). P. D. starb 1072 in Faenza.

Petrus Venerabilis, 9. Abt von → Cluny (1122–56), geb.

um 1094, Oblate in einem Kloster, trat 1109 in Cluny ein, war kurz Prior in Vézelay, dann in Domène. Nach der zwiespältigen Wahl 1122 setzte er sich als Abt von Cluny durch. Cluny hatte damals den Zenit überschritten. Es gab gravierende wirtschaftliche Probleme; gegen monastische Neuerer (→ Bernhard von Clairvaux, Zisterzienser) musste man sich verteidigen. P., ein beachtlicher Schriftsteller, in den geistigen Auseinandersetzungen auf Ausgleich und Toleranz bedacht, versuchte das cluniazensische Erbe zusammenzuhalten. Durch Innozenz II. ließ er die neue Klosterkirche (Cluny III) 1132 einweihen. Er verstarb 1156.

Piaristen (*Ordo Clericorum Regularium Pauperum Matris Dei Scholarum Piarum, Piaren, Scolopi, SchP, SP – Orden der regulierten armen Kleriker von der Mutter Gottes für fromme Schüler*) von lat. *pius* »fromm«. Gegr. in Rom 1597 von Joseph von Calasanza (gest. 1648) als Verein frommer Männer zur Unterrichtung armer Kinder. Das Experiment fand großen Zulauf und breite Unterstützung; 1617 von Paul V. anerkannt, 1621 von Gregor XV. zu einem Orden erhoben (mit dem Sondergelübde der Jugenderziehung). Interne und äußere Schwierigkeiten brachten zunächst eine Krise; nach Konsolidierung 1669 stetige Entwicklung und Ausbreitung als Schulorden über Italien hinaus nach Spanien, Deutschland, Böhmen, Ungarn. Größte Ausbreitung um 1760 mit etwa 3000 Mitgliedern in 16 Ordensprovinzen mit 218 Niederlassungen. Durch die Säkularisierungswellen starke Verluste. Einzelne Häuser bestanden weiter; zum Zusammenschluss kam es jedoch erst 1905. Inzwischen wieder starke Verbreitung (235 Niederlassungen und knapp 1500 Mitglieder).

Picpus-Gesellschaft (*Congregatio Sacrorum Cordium Jesu et Mariae necnon adorationis perpetuae Sanctissimi Sacramenti Altaris, SSCC, Kongregation der heiligen Herzen Jesu und Mariae und auch der ewigen Anbetung des allerheiligsten Altarsakramentes*); gegr. in Paris von Marie-

Joseph (Pierre) Coudrin (gest. 1832) mit Henriette Aymer de la Chevalerie als Genossenschaft mit einem männlichen und weiblichen Zweig für Volks- und Heidenmission, Jugendarbeit und der besonderen Andacht, die im Namen der P. zum Ausdruck kommt. Die Anfänge reichen in den »Untergrund« zur Zeit der Französischen Revolution mit privaten Gelübden. Nach 1800 öffentlich tätig, 1817 päpstl. Anerkennung; langsames, aber stetiges Wachstum im 19. Jh.; seit 1826 in der Mission tätig. Derzeit etwas über 1000 Mitglieder. – P. genannt nach ihrem ersten Mutterhaus in der Rue de Picpus in Paris; in Deutschland auch *Arnsteiner Patres* genannt nach der Niederlassung Arnstein bei Koblenz. – Der weibliche Zweig (bis vor kurzem aus Lehr-Chorfrauen und Laienschwestern) verwaltet sich selbständig mit einer Generaloberin und Generalkapitel; der Generalobere des männlichen Zweiges ist Garant der Einheit beider Institute, die sich als Zeichen der vollkommenen Einheit der Herzen Jesu und Mariae verstehen (diese auch im Wappen und im Habit). Der weibl. Zweig, in Gebet und Apostolat den männlichen unterstützend, zählt gegenwärtig noch über 700 Schwestern.

Pirmin, wohl romanischer Herkunft, als Klosterbischof in Alemannien tätig; 724 Schutzbrief Karl Martels zum Aufbau des Klosters → Reichenau. P. gehörte zum Mönchtum der → Mischregel, vertrat noch das Ideal der → Peregrinatio; aus diesen Gründen kam es zu keinem Verband der von ihm gegr. Klöster. P. starb 755 und wurde in dem von ihm gegr. Kloster Hornbach (Pfalz) begraben (Translation im 17. Jh. in die Jesuitenkirche Innsbruck).

Pitanz (mlat. *pitanzia*, *pietantia*; Piktanz, Pietanz); heißen im spätma. Klosterleben die Zusatzspeisen bei Tisch; zu besonderen Anlässen von Wohltätern gestiftet (oft mit Totengedächtnis verbunden). Es gab P. auch als Geldzuwendungen; neben den Mönchen (Nonnen) konnten auch Arme usw. mitbedacht sein.

Pontifikalien (von mlat. *pontifex* »Bischof«) heißen die liturgischen Insignien des Bischofs; dazu gehören Mitra (liturg. Kopfbedeckung; in SpätMA und NZ auch *Infula* genannt – eingedeutscht Infel), Stab, Ring, → Pektorale. Im MA von Päpsten zunächst nur vereinzelt Äbten und Pröpsten verliehen, im SpätMA ziemlich häufig, im Verlaufe der NZ erhielt jeder Abt (bzw. Propst) einer Abtei die → P., die bei der → Abtweihe überreicht wurden. Seit der NZ ist also jeder geweihte Abt (bzw. Propst) ein »infulierter Prälat«, wie man im deutschen Sprachraum diese Auszeichnung umschreibt.

Port-Royal, Zisterzienserinnen-Abtei bei Paris; entwickelte sich zu Beginn des 17. Jh.s zu einem geistigen Zentrum mit starker Ausstrahlung auf die geistige Elite Frankreichs; im Laufe der Zeit in Frömmigkeit und Theologie Hinwendung zu jansenistischen Positionen und Zentrum des französ. Jansenismus. Nach päpstl. Verurteilung des Jansenismus auf königl. Geheiß 1709 Auflösung des Konvents, 1710 Zerstörung von P.-R.

Postulant heißt der das → Postulat absolvierende Kandidat.

Postulat (von lat. *postulatio* »Forderung, Gesuch, Bitte«) heißt im Ordensrecht die dem → Noviziat vorausgehende Probezeit zum gegenseitigen Kennen- und Prüfenlernen. Ort und Dauer des P.s regeln die jeweiligen Ordenssatzungen.

Prälat (von mlat. *praelatus* »Herausgehobener«) nennt man im deutschen Sprachraum, bes. in den Ländern der ehemaligen Donaumonarchie, umgangssprachlich die Äbte (bzw. Pröpste) der Benediktiner-, Zisterzienser-, Prämonstratenser- und Augustinerchorherrenklöster. Die Klöster der genannten Orden werden meist Prälatenklöster (und auch → Stifte) genannt. Im strengen Sinn des Kirchenrechtes sind alle Jurisdiktionsträger der Orden, d. h. vom → Provinzial aufwärts, Prälaten (auch ohne die → Pontifikalien).

Prälatenbank → Reichsabtei.

Prämonstratenser (*Ordo Praemonstratensis, OPraem., Norbertiner*). Die P. entwickelten sich aus der von → Norbert von Xanten seit 1120 im Wald von Prémontré bei Laôn organisierten und geleiteten Gemeinschaft bekehrter Männer und Frauen. Bis 1126 entstanden andernorts mindestens noch 10 weitere solcher eremitisch-asketischer Gemeinschaften. Norberts Charisma und Autorität war in diesem »dislozierten Großkonvent« die ungeschriebene Regel. Am 16. 2. 1126 ließ Norbert diese Lebensform von Honorius II. approbieren. Die Konvente bestanden aus drei Kommunitäten: den Klerikern, den Conversi und den Conversae. Diesen oblag durch Handarbeit in Haus und Hof die Existenzsicherung. Bei seinem Weggang nach Magdeburg 1126 verzichtete Norbert auf die Leitung der inzwischen über 60 Konvente, die so etwas wie seine »Eigenklöster« waren. Als neuen Leiter wählte die durch Norberts Weggang krisengeschüttelte Gemeinschaft dessen langjährigen Gefährten und Vertrauten Hugo von Fosse (1126/28–61). Als Abt von Prémontré formte er den losen Verbund der Konvente zu einem Orden um nach dem Vorbild der → Zisterzienser mit AR, Consuetudines, Generalkapitel, Filiations- und Visitationsprinzip. Alexander III. bestätigte 1177 den neuen Ordo. Bis 1200 war das Visitationssystem mit der raumstrukturierenden Zirkarieeinteilung des Ordens verbunden worden (Ernennung der Visitatoren [= *Circatores*] für die einzelnen Bezirke [→ Zirkarie] durch die Generalkapitel). Bis 1200 war auch die Auflösung der Doppelkommunitäten weithin abgeschlossen (→ Prämonstratenserinnen). Die P. breiteten sich rasch über ganz Europa aus, beschleunigt durch Anschluss vieler Kanonikerstifte. Europaweit soll es im SpätMA bis 500 Klöster gegeben haben (die Zahlenangaben schwanken stark und sind im Einzelnen nicht mehr zu eruieren). Eine Sonderrolle spielten die von Magdeburg ausgehenden Gründungen; sie gehörten juridisch nicht zum Orden der

P., sondern hatten eigene Generalkapitel und Statuten. Überhaupt darf trotz der uniformierenden Verfassungsnormen die lokalisierende Diversität der P. nicht übersehen werden. Die Reformation bereitete in den protestantischen Ländern den P.n ein Ende, die Säkularisationswellen im 18./19. Jh. dem ganzen Orden bis auf einige Konvente in der Donaumonarchie. Von den im beginnenden 19. Jh. bereits wieder revitalisierten Konventen Flanderns ging die Restaurierung der P. aus. Gegenwärtig haben sie 73 Klöster mit gut 1300 Mitgliedern.

Prämonstratenserinnen. Einen Orden der P. gibt es nicht, streng genommen auch nicht als II. Orden, sondern Frauenklöster in Abhängigkeit von einer Prämonstratenser-»Vaterabtei«. Die Anfänge der P. liegen in der Buß- und Erweckungsbewegung des hl. → Norbert von Xanten, der dieser durch die Bildung einer Frauen- und Männergemeinschaft in Prémontré Stabilität verschaffte. Die Einzelheiten der Lebensweise im → »Doppelkloster« Prémontré und den in rascher Folge gegr. weiteren Doppel-Kommunitäten sind nicht mehr genau zu eruieren. Die Entwicklung zu relativ eigenständigen Klöstern erfolgte in zwei parallel verlaufenden Schritten. Im ersten ging es um Auflösung der Doppelklösterstruktur durch Aussiedlung der Frauen (die erste um 1137/38 aus Prémontré); dann durch Verbot von Neuaufnahmen und auch durch Beendigung der Betreuung durch einen Männerkonvent. Entsprechende Erlasse der Generalkapitel gab es gehäuft seit 1170 bis 1200. Gegen örtliche Widerstände kam es überall zur Durchsetzung des Frauenverbotes außer im Rheinland und Westfalen. Hier überlebten etwa 40 bis 50 Frauenkonvente. – Der zweite Schritt betraf die innere Struktur der Klöster von P. und hing mit ihrer Verselbständigung zusammen. Es ging um die Umformung zu einem kontemplativen Klausurkloster mit Chorfrauen und Laienschwestern. Dieser Prozess wurde von den (meist adeligen) Conversae selber vorangetrieben, die regulierte und »singende«

(d. h. Chorgebet haltende) Kanonissen sein wollten. Für die nötigen Hausarbeiten wurden Laienschwestern (Conversae) aufgenommen. Die direkte Leitung einer Kommunität lag bei einer Priorin (bzw. Meisterin), aber in Abhängigkeit von einem Prior, den entweder die Frauen selbst wählten oder der vom Propst der »Vaterabtei« eingesetzt wurde. Über diesen, der auf den Generalkapiteln ihre Belange zu vertreten hatte, gehörten die P. zum Orden der Prämonstratenser. – Durch Reformation und Säkularisationen wurden alle Klöster der P. beseitigt bis auf je zwei in Polen und Spanien. Gegenwärtig gibt es sechs P.-Klöster mit gut 100 Nonnen. – Im Verlauf des 19. und 20. Jh.s entstanden sechs Kongregationen von »Norbertschwestern« bischöfl. Rechts mit etwa 200 Mitgliedern. Eine davon wurde 1950 im ehemaligen Prämonstratenserstift Roth (Kr. Biberach, Baden-Württ.) gegr. Die kleine Gemeinschaft dieser *Norbertusschwestern vom Dritten Orden des hl. Norbert* widmet sich pastoralen Aufgaben.

Prandium → Mahlzeiten.

Predigerorden → Dominikaner.

Priestermönch(e). Das Mönchtum war vom Ursprung her Sache von Laien und für Laien, was einzelne Priester, die an sich zur bischöfl. Gemeinde gehörten, nicht ausschloss. Verschiedene Ursachen und Motive führten im abendländ. Mönchtum in einem langen Prozess zur Klerikalisierung und wandelte damit die Mönchs- zu Priesterorden (mit → Laienbrüdern als »Anhängsel«). Wichtig für diese Umwandlung waren: Das ekklesiologische Ideal der AR (bischöfl. Klerus mit Vita communis, → Augustinus); Klerikergemeinschaften an → Basilikalklöstern mit ihren Kultdiensten; missionarische Seelsorge durch Mönche (Wandermönche, Wanderbischöfe), irisches und angelsächs. missionarisches Mönchtum; der von den Laien (Adel) erwartete kultische Dienst in den Klöstern (bes. als → Totengedächtnis durch Messen, → Privatmessen); Hochschätzung des asketischen Lebensstils als angemessen für Priester und deren sakramentale Heilsvermittlung; die Predigt als Ausdruck der Sorge um das »Heil der Seelen«, zu der man eine bischöfl. bzw. päpstl. Beauftragung brauchte (*missio canonica*) und die in den Klerikerstand eingliederte. – Die an das Priestertum gebundenen Kult- und pastoralen Dienste führten also zum P. Am Ende der Entwicklung stehen die Priesterorden des MA und der NZ.

Prim (von lat. *hora prima* »erste Stunde«) war im monastischen → Stundengebet die Morgenhore vor Beginn der Arbeit, später wurde sie meist mit den → Laudes verbunden. Durch die Liturgiereform 1964 wurde die P. abgeschafft.

Prior (lat. »Vorderster, Erster«) hat im alten Mönchtum verschiedene Bedeutungen: Höhergestellter, Rangältester, Hausoberer (also Abt); erst im 9. Jh. in der Bedeutung des Zweitoberen (= Stellvertreter des Abtes), in der BR 65,7–20 *praepositus* genannt. P. heißt auch der Leiter eines Mönchsklosters, das den Abttitel nicht kennt (z. B. Kartäuser); ebenso der Obere eines (noch) nicht zur Abtei erhobenen Mönchs- oder Kanonikerkonvents. Bei den Bettelorden (außer den franziskanischen) ist der Obere eines Konvents im Rechtssinn Prior (und heißt auch so). In den Frauenorden entspricht die Priorin dem P. Bei einigen → Ritterorden gab es für höhere Ränge den Großprior.

Priscillianismus, eine radikal weltverneinende asketische und antihierarchische Bewegung, benannt nach dem aus spanischer Oberschicht stammenden Priscillian, der trotz Anfeindungen um 380/381 zum Bischof von Avila geweiht worden war. Von seinen Gegnern bekämpft, mehrfach von Synoden (auch auf staatlichen Druck hin) als Häretiker verurteilt, schließlich in Trier 384/385 hingerichtet. Die Hinrichtung löste in Nordspanien den bis ins 7. Jh. hinein umtriebigen P. aus. Dieser ist – wie andere radikal asketische Bewegungen – als Symptom zu deuten für die weit verbreiteten asketischen Strömungen im Christentum der Spätantike, aus dem sich auch das Mönchtum speiste.

Privatmessen (mlat. *missae privatae*, *peculiares*, *speciales*) wurden Messen ohne Öffentlichkeit und Gemeindebeteiligung genannt; meist »gelesen« als Votivmessen in besonderen Anliegen, am häufigsten für Verstorbene. Aufkommen und Verbreitung im FrühMA war ein wichtiger Grund für die Zunahme der → Priestermönche seit dem FrühMA.

Profess (von lat. *professio* »Bekenntnis, Geständnis«), klösterliche P. ist das feierliche und öffentliche Versprechen in einem Orden oder einer kirchlich approbierten Religiosengemeinschaft nach Regel und Satzungen des betreffenden Instituts zu leben. Kernpunkt der P. sind die → Gelübde (bzw. der Gehorsam). Ursprünglich gab es nur die nach einer Erprobungszeit (→ Noviziat) auf Lebenszeit abgelegte P. Erst jüngeren Datums ist die zur weiteren Erprobung vorgeschaltete zeitliche P. (mit Jahresangabe), die auch wiederholt werden kann. Seit der NZ gibt es Institute, die nur eine zeitliche, also periodisch wiederholte P. kennen. – Die Formen der P. wechselten im Lauf der Zeit. Vorbildhaft wurde der in BR 58 beschriebene Vollzug, der zur → Mönchsweihe ausgestaltet wurde. In den Orden des MA war für die P. die Kommendation des Lehnswesens Vorbild. – Bedingungen für die Zulassung zur P. regeln Kirchen- und Ordensrecht sowie die Satzungen der einzelnen Religiosengemeinschaften.

Propst (lat. *praepositus* »Vorsteher«); im Ordenswesen ein mehrdeutiger Begriff. In der BR der Stellvertreter des Abtes (→ Prior); im MA und NZ Vorsteher kleinerer Klöster oder auch nur eines Wirtschafts- bzw. Verwaltungshofes einer Abtei. Bei den → Regularkanonikern heißt der Abt meist P. In verschiedenen Frauenklöstern des MA hieß der mit Leitungsaufgaben betraute Mönch der Mutterabtei öfters P. Bei → Domkapiteln ist der P. der erste Dignitär. Neueren Datums ist der bloße Titel P. für Pfarrer an städtischen Hauptkirchen.

Provinzial wird in zahlreichen zentralistischen Orden und Kongregationen der Obere (bzw. die Oberin) der territorialen Untergliederungen (= Provinzen) genannt. Modalitäten der Einsetzung, Amtsdauer und Vollmachten werden im jeweiligen Eigenrecht geregelt (→ Obere).

Psallieren (von griech. ψαλλεῖν »Zither spielen«; mlat. *psallere*) ist die Kurzformel für das → Stundengebet (Chorgebet), das zum größten Teil aus Psalmen besteht, die gesungen bzw. rezitiert werden. Zuweilen wird der Ort des P.s auch Psallierchor genannt (→ Chor).

Pulsaner, eine von Johannes von Matera (gest. 1139) 1129 gegr. coenobitisch ausgerichtete Eremitengruppe mit der BR, benannt nach der Mutterabtei Pulsano am Monte Gargano. Die P. lebten von Handarbeit und Bettel. Dem Abt von P. unterstanden alle anderen Niederlassungen; größte Ausbreitung im 12. Jh. unter Schutz und Förderung der Normannenkönige; approbiert von mehreren Päpsten im 12. Jh. Im Verlaufe des 13. Jh.s Zerfall und Auflösung durch Anschluss an andere monastisch-eremitische Gruppierungen.

Q

Quadragesima (von lat. *quadragesimus* »der Vierzigste« = 40. Tag); Bezeichnung für die 40-tägige Fastenzeit vor Ostern; wie in der Alten Kirche, so auch im Mönchtum herausgehobene Zeit des → Fastens.

Quatember (mlat. Kurzformel aus *ieiunia quattuor temporum* »Fasten der vier Zeiten«); Bezeichnung für die drei Fasttage Mittwoch, Freitag, Samstag jeweils in vier bestimmten Wochen des Kirchenjahres. Nach römischem Brauch (seit 1078 vorgeschrieben) 1. in der ersten Woche der Fastenzeit; 2. in der zweiten Pfingstwoche; 3. in der Woche nach Kreuzerhöhung (14. 9.); 4. im Advent, Woche nach Lucia (13. 12.).

R

Rangordnung im Kloster. Dafür entscheidend war (und ist) der Eintritt ins Kloster, d. h. die → Profess; daher R. nach dem Professalter; danach richtet sich die Präzedenz in einer Kommunität; auf den General- bzw. Provinzkapiteln richtet sich die R. nach dem Alter des repräsentierten Klosters; R. bei öffentl. Prozessionen usw. mit mehreren Ordensvertretungen nach deren vom Kirchenrecht festgelegten Rang und Alter.

Raudnitz (Roudnice nad Labem / Tschechien), 1333 vom Prager Bischof gestiftetes Augustinerchorherrenstift. R. war Ausgangspunkt der nach R. benannten Reform, die im 14. und beginnenden 15. Jh. zahlreiche Kanonien gründete (z. B. Dürnstein an der Donau); fast alle Augustinerchorherrenstifte Süddeutschlands und Österreichs nahmen die Statuten von R. an. Neben klösterlicher Disziplin Pflege der Wissenschaft im Sinne von → Devotio moderna und Humanismus. Nach Zerstörung von R. durch die Hussiten 1421 waren Wittingau (Třeboň/Südböhmen) und St. Dorothea / Wien Träger der Reform.

Redemptoristen (*Congregatio Sanctissimi Redemptoris, CSsR, Kongregation des Allerheiligsten Erlösers*), Priesterkongregation. Gegr. 1732 in Scala bei Amalfi (Süditalien) von Alphons von Liguori (gest. 1787) mit zwei Gefährten zur religiösen Aktivierung der Landbevölkerung durch Volksmissionen. Die Institutionalisierung der Kongregration mit präziserer Aufgabendefinition zog sich hin. Approbation der vom Gründer ausgearbeiteten Regel erst 1749 durch Benedikt XIV. Trotz Betonung kontemplativen Lebens in Wirklichkeit Ausrichtung auf Apostolat. Der straff organisierte Verband mit einem Rector maior an der Spitze breitete sich zunächst unter den Widrigkeiten des Staatskirchentums und beginnender Klöstersäkularisationen nur langsam aus; zudem gab es interne Kontroversen über Zielsetzung und Lebensstil, die zur vorübergehenden Spaltung in den neapolitanischen Haupt- und den römischen Nebenzweig führten (1780–93). In diesen war 1784 Clemens Maria Hofbauer (gest. 1820) mit einem Gefährten eingetreten. Als »transalpiner Generalvikar« (1787) sollte er im nördlichen Europa die R. verbreiten. Erster stabiler Stützpunkt wurde Warschau (1787 bis zur Vertreibung 1808); dann wurde Wien mit Sitz des Generalvikars neues Zentrum. Von Wien aus Verbreitung nach Bayern (Altötting), Belgien und USA. Neue Arbeitsfelder und anderes Milieu führten erneut zu Richtungsstreitigkeiten zwischen Trans- und Cisalpinen R., die erst 1850 durch päpstl. Eingriff beigelegt werden konnten. Ausweisung der R. aus Österreich (1844/53), Deutschem Reich (1873/95) führten zur weiteren Ausbreitung, getragen durch starken Zuwachs. Profil und Anerkennung (bzw. Ablehnung) brachte den R. ihre theologische und frömmigkeitliche »römische« Ausrichtung. Die globale Verbreitung setzte sich ins 20. Jh. hinein fort. Eingeteilt in 14 Verwaltungsbezirke zählten die R. um 2000 noch 5700 Mitglieder.

Redemptoristinnen (*Ordo Sanctissimi Redemptoris, OCSsR, Orden vom Heiligsten Erlöser*), ein über den »Ordensgeneral« der Redemptoristen mit diesen verbundener Frauenorden. Gegr. 1731 von Alphons von Liguori, in Verbindung mit dem Bischof von Scala und Marie Crostarosa durch Umwandlung eines Salesianerinnenklosters mit entsprechender neuer Regel, die 1750 Benedikt XIV. bestätigte. Die zweite Gründung erst 1831 in Wien, dann Gründungen in weiteren Ländern. Die R. sind ein kontemplativer Orden mit strenger Klausur, durch Pius XI. in Stil und Observanz etwas modernisiert. Gegenwärtig gibt es noch 35 selbständige Konvente mit zusammen etwa 400 Nonnen.

Refektorium (von lat. *reficere* »erfrischen, erholen«), Bezeichnung für den klösterlichen Speisesaal; in Zisterzienserklöstern des MA ein herausgehobener Bau, zu dem meist ein im Kreuzganggarten liegendes Brunnenhaus gehörte. Dieses den Mönchen vorbehaltene R. wird im Deutschen oft Herren-R. genannt im Unterschied zu dem im Westflügel der Klosteranlage gelegenen Brüder-R. In den großen Barockklöstern gab es entsprechend der Jahreszeit oft ein Sommer- und ein Winter-R. In Nord- und Mitteldeutschland ist für R. als Lehnwort *Remter* (und ähnlich) gebräuchlich.

Reformaten (*Ordo Fratrum Reformatorum*, *OFMRef*) hießen die Angehörigen einer Verbandsbildung mit weitgehender Selbständigkeit im Rahmen der 1517 im Orden der → Franziskaner zusammengefassten verschiedenen Observanzrichtungen. Sie formierten sich in Oberitalien, wurden von Päpsten und Fürsten gefördert, erreichten um 1600 Sonderstatuten und eigenen Generalvikar. Sie verbreiteten sich im 17. Jh. über Oberitalien nach Süddeutschland, Österreich und Polen, zählten um 1770 über 15 000 Mitglieder. Den nach den schweren Verlusten durch die verschiedenen Säkularisationen revitalisierten R. wurde 1897 der Sonderstatus genommen; Pius X. erlaubte den »Vereinigungsgegnern« 1910 die Wiederherstellung der R., Pius XII. hob sie wieder auf und band sie definitiv den Franziskanern ein.

Regelhäuser, in SpätMA und NZ 1. Wohnstatt der nach Statuten gemeinschaftl. lebenden → Semireligiosen; v. a. die R., in denen die Drittordensregel der Franziskaner galt. – 2. Bes. bei BO einzelne Konvente einer Provinz, in denen die strenge Observanz gelebt wurde. Man nannte diese Häuser auch Rekollektenhäuser.

Regula Augustini → Augustinus-Regel.

Regula Benedicti → Benedikt-Regel.

Regula Magistri → Magister-Regel.

Regularkanoniker. Entstehung und Entwicklung der R. ist im Zusammenhang mit der → Gregorianischen Reform zu sehen. Im Bezug auf die Klerusreform ist dafür wichtig die Laterансynode 1059 mit der Forderung nach Vita communis, Armut und asketischem Lebensstil entsprechend den »kanonischen Vorschriften« der Urkirche, der Autorität der »Kirchenväter«. Unter diesen kam der → Augustinus-Regel in einem langsamen Rezeptionsvorgang schließlich rechtlich ein ähnliches Gewicht zu wie bei den Mönchen der BR. In einem wichtigen Schreiben Urbans II. von 1095 wurden die R. den Mönchen in Lebensstil und Nachfolge Jesu gleichgestellt; im Verlauf des 12. Jh.s wurden zwischen Mönchen und R.n literarische Kontroversen über den »besseren Weg« ausgetragen. Das Spektrum der Lebensweise der R. reichte vom ärmlichen Coenobium im Eremos bis zu Seelsorge und Kultdiensten in städtischen Gründungen. Den verschiedenen Zielvorgaben und landschaftl. Prägungen entsprechend wurde die → AR mit dem Text des *Praeceptum* als *Ordo antiquus* oder mit dem *Ordo Monasterii* als strengerer *Ordo novus* rezipiert. Dieser Ausrichtung entsprechend waren auch die verschiedenen Consuetudines der von einzelnen Zentren ausgehenden »Regulierungsbewegungen« geprägt. Wichtige Zentren im 12. Jh. waren St. Rufus (Avignon), St. Viktor (Paris), Arrouaise (Flandern), im deutschen Sprachraum Klosterrath, → Springiersbach, Marbach, Rottenbuch. Einen zentralistischen Ordensverband bildeten nur die → Prämonstratenser, die anderen R. bildeten jeweils unterschiedlich strukturierte lose Verbände, deren Zusammenhalt sich im SpätMA meist wieder auflöste. Der Einfluss auf Theologie und Frömmigkeit der R. war im 12. Jh. beachtlich; im Laufe des 13. Jh.s wurden sie darin von den Bettelorden überholt. Verschiedene Reformansätze im 14./15. Jh. suchten den Verfall zu hindern; in Süddeutschland mit einigem Erfolg die von → Raudnitz ausgehende Reform. Im süddeutsch-österreichischen Raum spielten die Stifte der R. im 17./18. Jh. noch einmal eine beachtliche Rolle. Die Säkularisationswellen im

18./19. Jh. bereitete ihnen in den katholischen Ländern das Ende, das in protestantischen schon im 16. Jh. gekommen war. In Österreich blieben 6, in der Schweiz 2 Stifte bestehen; dazu kam es im Verlauf des 19./20. Jh.s zu einer bescheidenen Restauration in anderen Ländern. Derzeit gibt es 95 Häuser mit etwa 750 R., die in 8 Kongregationen erfasst sind und sich 1959 zur Conföderation des *Sacer et apostolicus Ordo Canonicorum Regularium S. Augustini* zusammenschlossen mit einem Abtprimas an der Spitze. Neben diesen Augustinerchorherren gehören kirchenrechtlich zu den R. die → Prämonstratenser und der erst 1979 wieder gegr. *Ordo Canonicorum Sanctae Crucis* (*ORC*) mit 14 Häusern und gut 100 Kanonikern. Zu den R. werden (seit der Reform 1929) der → Deutsche Orden und die → Kreuzherren gezählt.

Regular-Kanonissen gibt es derzeit noch etwa 1000 in 55 selbständigen Häusern, die zu 6 verschiedenen Ordensgemeinschaften gehören.

Regularkleriker (*Clerici regulares*), in einem allgemeinen Sinn Bezeichnung für klerikale Mitglieder eines Ordens bzw. einer Kongregation im Unterschied zu Säkularklerikern, d. h. den Welt- bzw. Diözesanklerikern; im eigentlichen Sinn sind R. die Angehörigen der neuen klerikalen Ordensgemeinschaften des 16./17. Jh.s (→ Orden). Deren gemeinsame Merkmale sind: Gemeinschaftsleben nach den → Evangelischen Räten, feierliche → Profess, eigene Konstitutionen; meist ohne gemeinsames Chorgebet (private Breviergebetspflicht) und Ordenskleid (dafür standesübliche Weltkleruskleidung, eventuell mit Sonderabzeichen), apostolische Tätigkeiten verschiedenster Art. Zu den R.n gehören → Theatiner, → Barnabiten, → Jesuiten, → Somasker, → Kamillianer, → Piaristen sowie zwei Kleinverbände: *Clerici regulares Matris Dei* (*Regularkleriker von der Mutter Gottes*), in Lucca gegr. 1574 von Johannes Leonardi (gest. 1609) zur Unterrichtung armer Kinder und persönlicher Heiligung, 1621 von Gregor XV. als Orden anerkannt, mit derzeit nur noch etwa 60 Mitgliedern; mit 75 die *Clerici regulares minores* (*mindere R.*), 1588 gegr. von Agostino Caracciolo und anderen in Neapel und von Sixtus V. (1588 schon) anerkannt. Neben Apostolat zeichneten sie sich durch einen starken Zug zum kontemplativen Leben aus und waren in Süditalien und Spanien verbreitet. Nach den Säkularisierungswellen praktisch verschwunden, im 19./20. Jh. wenig erfolgreiche Revitalisierungsversuche.

Reichenau, ein von → Pirmin auf der Bodensee-Insel 724 gegr. Kloster der → Mischregel-Observanz. Blütezeit als benediktinisches Großkloster im Karolingerreich und stark eingebunden in v. a. kulturelle und reichsdienstliche Aufgaben; zählte über 100 Mönche, nahm Neugründungen vor; wichtige Zeugnisse: St. Gallener Klosterplan, Verbrüderungsbuch. Erneute Glanzzeit im 10./11. Jh. (Schreibschule, Buchmalerei, literarische Produktion); Hermann der Lahme (gest. 1054) letzter großer Wissenschaftler. Durch die neuen Reformzentren im 11./12. Jh. geriet R. ins Hintertreffen (mit langsamem Abstieg in die Bedeutungslosigkeit). 1540 Inkorporation in das Hochstift Konstanz; die noch bestehende kleine Mönchskommunität unter einem Prior 1757 durch päpstl. Breve aufgehoben, bis 1791 eine »Mönchsmission«, dann Seelsorge durch Weltpriester. Die in R. erhalten gebliebene wertvolle Bibliothek kam nach der Säkularisation des Hochstifts Konstanz nach Karlsruhe.

Reichsabtei (Reichsstift), Bezeichnung für fundierte Herrschaftsklöster von Männer- bzw. Frauenkonventen mit unmittelbarem Bezug zu Kaiser und Reich im Unterschied zu den »landständischen«, die in einem »Land« zu den Landständen gehörten und auf dem Landtag die Prälatenbank bildeten. Die Prälaten/innen der R.en gehörten zu den Reichsständen; im Reichstag zur Fürstenbank oder (mehrheitlich) zur Schwäbischen oder Rheinischen Prälatenbank. Am Vorabend der Säkularisation (1803) gab es etwa 40 R.en. – Zuweilen tituliert man deren Kirchen (auch heute noch) als »Reichsgotteshaus« (z. B. St. Ulrich und Afra in Augsburg).

Reklusen → Inklusen.

Rekollekten (von lat. *recolligere* »wieder einsammeln = sich sammeln«).

1. Reformzweig innerhalb der neuzeitl. → Franziskaner, entstanden in Frankreich nach den Reformen in Spanien und bei den Kapuzinern. Anfänge der R. in Rekollektionshäusern (→ Regelhäuser); mit Beruhigung der innenpolitischen Lage in Frankreich Konsolidierung und Ausbreitung ab 1592; ab 1614 bereits drei Provinzen, 1637 eigener Generalvikar. Im Zuge der Ausbreitung nach Flandern und die Rheinlande schlossen sich dort alle Franziskaner den R. an. Mit Revolution und Säkularisationen Untergang der R.

2. In einem weiteren Sinn nennt man R. die im Gefolge des Trienter Konzils bzw. der kath. Erneuerung entstandenen Reformzweige der älteren Orden. Die franziskanischen R. als größter und vitalster Verband sind dieser gesamtkirchl. Bewegung zuzuordnen. – *Rekollektinnen* hießen die Schwestern jener Klöster, die sich einem der männlichen Rekollektenverbände anschlossen.

Rekreation (von lat. *recreare* »sich erholen, erneuern«). In den strenger Lebensweise verpflichteten Klöstern des MA gab es Zeiten (u. U. auch Räume) zur Erholung durch Gespräche, Spaziergänge, → Pitanzen usw. – Auch in neueren Ordensgemeinschaften gibt es die in die Hausordnung einbezogene R. als geselliges Beisammensein zur Entspannung und Pflege der Gemeinschaft.

Religio ist im Kirchen- und Ordensrecht vom FrühMA bis in die NZ Oberbegriff für den Ordensstand (bzw. für → Orden); zugrunde liegt die Vorstellung von besonderer Gottesverehrung durch asketisches Leben und kultischen Dienst der Mönche und Nonnen.

Religiose bezeichnet entsprechend dem Verständnis von → Religio in Kirchen- und Ordensrecht das Mitglied eines

Ordens; ist in den meisten Sprachen in gleicher Bedeutung als Lehnwort übernommen; im Deutschen dagegen ungebräuchlich.

Resurrektionisten (*Congregatio a Resurrectione Domini Nostri Jesu Christi*, *CR*, *Kongregation von der Auferstehung unseres Herrn Jesus Christus*), gegr. 1836 in Paris von den polnischen Emigranten Piotr Semenenko (gest. 1886) und Bogdan Jánski (gest. 1840) für Jugenderziehung und Pastoral gegenüber dem aufkommenden sozialistischen Materialismus. Erste Professablegung in Rom Ostern 1842 (daher der Name R.). Neben Paris wurde Rom ein zweiter Stützpunkt; seit 1880 auch in Polen tätig und Verbreitung in Nord- und Südamerika (bes. unter Polen). Die R., 1902 definitiv päpstl. approbiert, haben derzeit über 400 Mitglieder. – Es gibt auch einen weibl. Zweig, der 1882 in Rom von Celina Borzecka (gest. 1913) und deren Tochter Jadwiga (gest. 1906) auf Veranlassung von Piotr Semenenko gegründet worden war (*Schwestern von der Auferstehung unseres Herrn Jesus Christus*). Die R.innen, seit 1923 eine Kongregation päpstl. Rechts, haben derzeit über 500 Mitglieder und sind in Polen, Italien, USA und anderen Ländern apostolisch tätig.

Reuerinnen → Magdalenerinnen.

Ritterorden. Nur vor dem Hintergrund der → Gregorianischen Reform mit ihrem Sendungsbewusstsein, für die Christenheit auch in weltlichen Dingen Verantwortung zu tragen, wird die Verbindung von Militärischem und Monastischem in den R. verständlich. Direkter Anlass zur Entstehung waren die mit dem ersten Kreuzzug entstandenen Bedürfnisse der Kreuzfahrerstaaten im Hl. Land: Betreuung und Pflege von Pilgern und Kranken, militärischer Schutz der neuen »Staaten« sowie deren Expansion. Dafür entstanden in Jerusalem 1120/21 die → Templer, nach 1135 die → Johanniter, 1198 der → Deutsche Orden. Karitative Aufgaben, v. a. die Verteidigung der »Heiligen Stätten« vor den »Ungläubigen«, ließen die Tätigkeit der

R. als qualifizierten Kirchendienst erscheinen, für den → Bernhard von Clairvaux mit seiner Schrift *De laude novae militiae* (*Lob des neuen Ritterdienstes*) Propaganda machte, in der die Ordensritter zu »neuen Mönchen« stilisiert wurden. In Wirklichkeit waren die R. semireligiöse Gebilde, die das Gemeinschaftsleben nach dem Vorbild von Ordensregeln und -statuten gestalteten, allerdings mit den »Drei Gelübden« und militärischem Dienst als viertem. Meist bestanden sie aus 3 Gruppen: Rittern, Kaplänen, dienenden Brüdern (dazu oft Pflegepersonal sowie Schwestern für die angegliederten Hospize). Die militärischen Aufgaben und der sich rasch mehrende und über ganz Europa verstreute Besitz wie auch die Finanzierung der Unternehmungen verlangten eine straffe und zentralisierte Verfassung. An der Spitze steht der Groß- bzw. Hochmeister mit einem Konvent hoher Würdenträger und dem Generalkapitel. Die weiteren Verwaltungseinheiten waren Provinzen (Zungen, Nationes), an der Basis die Priorate und → Kommenden. Die R. waren dadurch in der Lage, über eine längere Zeit hinweg den Kreuzfahrerstaaten eine Art von stehendem Heer zu stellen. Das Ende dieser Staaten beendete auch die ursprüngl. Funktion der R. Johanniter und Deutscher Orden sicherten sich mit Aufbau eines eigenen Territoriums den Fortbestand. – Im Dienste der Reconquista entstanden in den Königreichen der iberischen Halbinsel im 12. Jh. ebenfalls R.: *Evora-Avis* 1145/1212, *Calatrava* 1157, *Santiago de Compostela* 1161/70, *Alcantara* 1176. Einige waren anfangs mit monastischen bzw. kanonikalen Zentren verbunden, lösten sich jedoch bald aus diesen Bindungen und gerieten dafür mehr und mehr unter königl. Einfluss. Mit der frühneuzeitl. Verdichtung von Staatlichkeit überflüssig geworden, existierten einige R. weiter als bloße Verdienstorden von Monarchen und Staaten. Um den gleichen Status ging es bei den zahlreichen Verdienst- und Hausorden des SpätMA, landesfürstl. Stiftungen mit meist bloß lokaler und kurzzeitiger Bedeutung. Sie dienten der Hebung des adeligen Standesbewusstseins und waren von diesem Ziel her von vornherein »weltl. R.«, wenn auch satzungsgemäß von der Verteidigung des Glaubens und der Christenheit gegen die Türken die Rede war. Der bekannteste davon ist der 1430 gestiftete burgundisch-habsburgische Hausorden vom »Goldenen Vließ«.

Ritterstift, im Deutschen oft verwendete Bezeichnung für nur Adeligen (»Rittern«) zugängliche religiöse Kommunitäten. Oft formierten sich dazu Regularkanoniker und Benediktinerklöster im Zusammenhang mit Reformverweigerung im SpätMA (z. B. Ritterstifte Wimpfen, Comburg bei Schwäbisch Hall, Propstei Ellwangen).

Robert von Molesme, geb. um 1028, Mönch, dann Prior in Montier-la-Celle, 1068 Abt von St. Michel de Tonerre; war Ratgeber der Einsiedler im Forst von Collan; leitete 1075 deren Übersiedlung nach Molesme; R. war erster Abt dieses benediktinischen Reformklosters; zog sich zeitweise als Einsiedler zurück und verließ mit Gleichgesinnten 1098 Molesme, um in → Cîteaux ein Novum Monasterium (Neu-Kloster) in treuer Befolgung der BR zu gründen; gezwungenermaßen kehrte er nach zwei Jahren nach Molesme zurück, wo er 1116 starb. R. kann mit einigem Recht Gründer von Cîteaux und Inspirator der frühen Zisterzienserspiritualität genannt werden.

Romuald von Camaldoli, Sohn des Herzogs von Ravenna, geb. Mitte 10. Jh. in Ravenna; nach einer Privatfehde Konversion und Mönch in Apollinare in Classe, ging dann zu Eremiten und führte zunächst ein unstetes Eremitenleben; bald sammelte sich um ihn eine große Anhängerschaft, für die R. kleine Einsiedeleien einrichtete, darunter auch Camaldoli (→ Kamaldulenser), wo er selber einige Zeit lebte. Zuletzt war R. Inkluse bei einem Kloster in den Marken, wo er vermutlich 1027 starb. Der asketische und unruhige Einsiedler R. stand in Kontakt mit hochrangigen Persönlichkeiten, darunter Kaiser Otto III. und Heinrich II., hatte Einfluss auch auf → Petrus Damiani. R. verkörperte in seiner Lebensgeschichte das verunsicherte Mönchtum der Zeit auf der Suche nach neuer Gestalt.

Rosenkranz, (im engen Wortverständnis) eine im SpätMA aufgekommene Gebetsform, zunächst durch die im Kölner Dominikanerkloster 1475 gegr. R.-Bruderschaft verbreitet, im Zuge der kath. Erneuerung nach der Reformation eine – besonders von den Dominikanern propagierte – mit der Marienverehrung verbundene beliebte Andachtsform (»Stundengebet der Laien«). Den marianischen Zusammenhang unterstrich Pius V. durch Einführung des R.-Festes 1572 sowie die später aufgekommene Preisung Mariens als »Königin des hl. R.«. Niederschlag fand diese Frömmigkeit auch durch zahlreiche Kongregationen weibl. Ordensgemeinschaften, meist unter dominikanischer Inspiration und Patronanz im 19. und 20. Jh. gegr. Derzeit gibt es noch 13 Dominikanerinnen-Kongregationen (unterschiedlicher Größe) päpstl. Rechts (neben zahlreichen bischöfl. Rechts). Die zwei größten sind in den USA: die 1878 gegr. *Dominican Sisters of the Congregation of the Most Holy Rosary* mit über 1000, eine gleichnamige 1847 gegr. mit 800 Schwestern; beide sind im Unterrichtswesen tätig. Den R.-Titel führen die für Mädchenunterricht gegr. Dominikanerinnen von Wettenhausen (Bayr. Schwaben) und Wien-Hacking.

S

Sabas, geb. 439 in Kappadokien, trat in jungen Jahren in ein Kloster ein, 18-jährig ging er nach Palästina, war Schüler des → Euthymios d. Gr., seit 469 Eremit am Toten Meer und Gründer verschiedener Lauren (→ Laura). Ab 483 entstand bei seiner Einsiedelei im Kidrontal das älteste bis heute erhaltene Kloster Palästinas, die »Große Laura« (Mar Saba), wo er 532 verstarb. S. forderte als monastischer Lehrer von den Anachoreten eine vorausgehende Bewährung im koinobitischen Leben.

Sabas d. Jüngere, geb. in Sizilien, Sohn einer byzant. Emigrantenfamilie, bedeutender Vertreter des italo-griechischen Wandermönchtums, gründete in Kalabrien mehrere Klosterzellen; gest. 989/991 in Rom.

Sackbrüder (*Saccati, Ordo de poenitentia Jesu Christi, Orden von der Buße Jesu Christi*); volkstümlich nach dem sackähnlichen Gewand benannter Bettelorden; gegr. vor 1240 von dem Adeligen Raymond d'Attanulfi in Hyères bei Marseille, zunächst als ein am frühen Franziskanertum ausgerichtetes asketisches Eremitorium, bald jedoch nach dem Vorbild der Dominikaner umgeformt zu einem apostolisch tätigen Bettelorden. Seit 1250 rasche Verbreitung über Südfrankreich hinaus, seit 1260 erste Gründungen auch in Deutschland (Straßburg, Esslingen, Köln, Erfurt). Trotz weiter Verbreitung und zahlenmäßiger Stärke fielen die S. unter die vom II. Lyoner Konzil 1274 verfügte Aufhebung (vielleicht wegen Häresieverdacht?).

Sacré-Cœur-Schwestern (*Réligieuses du Sacré-Cœur*), entstanden aus der bereits 1800 in Paris von Sophie Barat (gest. 1825) gegr. Société du Sacré-Cœur zur Mädchenerziehung. Das Institut richtete sich in Struktur und Spiritualität am Vorbild der → Jesuiten aus und entwickelte sich rasch zu einem wichtigen Schulorden mit weltweiter

Verbreitung. 1964 gab es etwa 6600 Schwestern, inzwischen ist die Mitgliederzahl auf 3400 gesunken.

Säkularinstitute sind klerikale und laikale Gemeinschaften mit der Verpflichtung, nach Vollkommenheit zu streben und zur Heiligung des weltlichen Lebens beizutragen. Merkmale der S. sind: 1. Weihe an Gott durch die → Evangelischen Räte (durch Versprechen, Eid); 2. Bindung an eine Gemeinschaft; 3. Apostolische Dienste in der Welt unter Verzicht auf ordensspezifische Merkmale. Der Entstehung der S. liegen zugrunde: die unaufhebbare Dialektik von christlicher Weltab- und -zukehr; die seit dem 16. Jh. sich verstärkende Tendenz der neuen Ordensgemeinschaften, um des Apostolats willen auf ordensspezifische Merkmale zu verzichten; die Erfahrung der Religiosen im Frankreich der Revolution, nur unter Verzicht auf alle äußeren Merkmale noch existieren und wirken zu können; die Aktivierung der Laien im 20. Jh. – S. entstanden im 19. Jh., kirchliche Anerkennung erst durch die Konstitution *Provida mater* Pius' XII. (2. 2. 1947). Seither Neugründungen und Wachstum. 2002 gab es an päpstl. anerkannten S. 60 weibliche, 16 männliche (11 von Priestern, 5 von Laien); dazu die wohl noch zahlreicheren mit bischöfl. Anerkennung bzw. jene, die noch im Stadium von Experiment und Erprobung stehen.

Säkularisation (von spät- und mlat. *saeculum* »Zeitalter, irdische Welt«) ist ein mehrschichtiger Begriff mit einer geistesgeschichtl., einer kirchenpolitischen und -rechtlichen Komponente. Im Blick auf das Ordenswesen geht es nur um den kirchenpolitischen Aspekt, bei dem allerdings seit der NZ der geistesgeschichtl. Bezug mitzudenken ist. – Im ursprüngl. Sinn bedeutet S. den von der kirchl. Obrigkeit (in der Regel vom Papst) erlaubten und approbierten Wechsel vom Stand des → Regular- in den des Säkularkanonikers (bzw. des Regular- in den des Weltpriesters) bzw. die Umwandlung einer Institution (bzw. eines Vermögens) des Ordensstandes in den des Weltpriesterstandes (z. B. Umwandlung eines Klosters in ein → Ritterstift; dessen Eingliederung in ein Spital oder Schule). Solche S. innerkirchlicher Art handhabten die Päpste oft großzügig. Personenstandsänderungen und Entzug von kirchl. (klösterlichen) Vermögen und Institutionen auf Dauer ohne päpstliche Genehmigung durch die »weltl. Gewalt« fallen nach kirchenrechtl. Verständnis unter »Kirchenraub« und nicht unter S. Bedingt durch die geistesgeschichtlichen Wandlungen des Begriffs S. hat sich auch der kirchenpolitische Begriff gewandelt und wird auf alle Statusänderungen kirchlicher Personen und Institutionen (samt Vermögen) auch ohne Zustimmung bzw. Erlaubnis der kirchl. Obrigkeit angewandt. Begründet wurde diese Begriffsausweitung theologisch mit einem anderen Kirchenbegriff; so bei den fast vollständigen Klosteraufhebungen im Zuge der Reformation, den Klosteraufhebungen des → Josephinismus und noch der Nationalisierung des gesamten Kirchen- und Klostergutes sowie der damit verbundenen Aufhebung des Standes der Kleriker und der Religiosen und deren Eingliederung in den »Zivilstand« (→ Zivilkonstitution) in der ersten Phase der Französ. Revolution (1789/90). Beim Reichsdeputationshauptschluss vom 25. 2. 1803 war es zunächst nur um die »Verweltlichung« geistlicher Territorien gegangen, also Entzug weltlicher Herrschaft von Bischöfen und Äbten von → Reichsabteien. Dass nach § 35 dieses letzten Verfassungsgesetzes des »Alten Reiches« auch sämtliche Klöster den Landesfürsten zur Disposition, d. h. zur S. freigegeben wurden, hängt auch mit den Vorstellungen der Aufklärung über Staat und Kirche zusammen. Die zahlreichen Differenzen, die es darüber im Verlauf des 19. Jh.s insbesondere mit der kath. Kirche gab, führten zu »kulturkämpferischen« Spannungen, die sich in den antiklösterlichen Gesetzen verschiedener Staaten niederschlugen (→ Kulturkampf). Die Klosteraufhebungen im nationalsozialistischen Deutschland und die bes. brutalen in der Sowjetunion und in einigen ihrer Satellitenstaaten waren S.en aus dem Geist totalitärer Ideologien.

Säkularkanoniker werden kirchenrechtlich jene → Kanoniker genannt, die die Regulierungswellen zu → Regularkanonikern im 11./12. Jh. nicht mitmachten und von diesen als irregulär, unkanonisch und weltlich angesehen wurden. Im weiteren Verlaufe nannte man sie dann S. Im sozioökonomischen Kontext städtischer Bedürfnisse wurden im SpätMA zahlreiche Stiftungen für (meist kleinere) S.-Gemeinschaften gegründet; einige entstanden auch durch reformverweigernde Statusänderung (→ Ritterstifte). Reformation und Säkularisationen brachten bis auf einige Reste (z. B. Alte Kapelle/Regensburg, Beromünster/Luzern) das Ende der S., die korporativ in selbständigen Kollegiatkapiteln (-stiften) organisiert waren.

Saint-Vanne (Verdun), ehem. Benediktinerabtei, gegr. 952; im 17. Jh. das »zweite goldene Zeitalter«, eingeleitet 1604 durch Gründung der Reformkongregation von St.-V., 1605 päpstl. bestätigt. Sie erfasste über die lothringischen Klöster auch französische. Durch Verselbständigung dieser wurde 1618 die Kongregation der → Mauriner gegründet.

Salesianer Don Boscos (*Societas S. Francisci Salesii, SDB*), gegenwärtig eine der größten Ordensgemeinschaften der kath. Kirche, gegr. 1859 in Turin von dem Priester Giovanni Bosco (gest. 1888) und unter den Schutz des hl. Franz von Sales gestellt zur Erziehung und Förderung bes. der Jugend ärmerer Schichten. Ab 1841/42 baute G. Bosco ein neuartiges und Oratorium genanntes Jugendzentrum auf mit Schulen, Lehr- und Freizeitstätten. Der an sich klosterfeindl. Staat förderte den begnadeten Jugendapostel und riet zur Institutionalisierung des Unternehmens. Dafür verfasste Don Bosco eine Regel, die Pius IX., der das Werk ebenfalls förderte, 1869 bestätigte. Das Oratorium wurde zu einer Gesellschaft von Priestern und Laien (Lehrer, Handwerksmeister) mit einfachen Gelübden. Das zeitgemäße Unternehmen entwickelte sich rasch weiter und breitete sich weltweit aus; seit 1903 auch in Österreich, seit 1916 in Deutschland. Unter den vielen apostolischen Tätigkeiten der S. bildet die Jugendarbeit nach wie vor den Schwerpunkt. 2002 zählten die S. in 66 Provinzen fast 17 000 Mitglieder in über 1800 Niederlassungen. – Gemeinsam mit Maria Mazarello (gest. 1881) gründete Don Bosco 1872 die *Kongregation der Töchter Mariae, Hilfe der Christen* (*FMA*; in Deutschland genannt *Don-Bosco-Schwestern*) für das Mädchenapostolat mit derzeit etwa 16 000 Schwestern. Zur »Don-Bosco-Familie« gehören auch ein Säkularinstitut sowie verschiedene andere religiöse und apostolische Vereinigungen.

Salesianer vom hl. Franz von Sales → Oblaten des hl. Franz von Sales.

Salesianerinnen (*Ordo Visitationis Beatae Mariae Virginis, OVM*), am 6. 6. 1610 zu Annecy von → Franz von Sales und Johanna Francisca de Chantal (gest. 1641) zum Dienst an Kranken und Bedürftigen gegr., dann auf Drängen des Erzbischofs von Lyon Umformung zu einem kontemplativen Orden mit strenger Klausur und auf Führung von Mädchenpensionaten (einbezogen in den Klosterbau) eingeschränktes Apostolat. Paul V. bestätigte 1618 die von Johanna Francisca ausgearbeiteten Konstitutionen in Verbindung mit der AR. Rasche Ausbreitung in Frankreich, gefördert auch durch die Herz-Jesu-Verehrung, die durch Visionen der im Kloster Paray-le-Monial lebenden Salesianerin Marguerite-Marie Alacoque (gest. 1647) starken Auftrieb erhalten hatte; Gründungen auch in Italien, Wien (1717), Polen, USA (1799), starke Verluste durch Revolution und Säkularisationen; im 19. und 20. Jh. auch wieder Neugründungen. Jedes Kloster der S. ist selbständig; inzwischen gibt es auch Föderationen auf nationaler Ebene. In 146 Klöstern zählten die S. um 2000 fast 2500 Mitglieder.

Saloi → Narren in Christus.

Salvatorianer (*Societas Divini Salvatoris*, *SDS*, *Gesellschaft des Göttlichen Heilandes*), Gründungsimpuls unter dem Eindruck des Kulturkampfes in Deutschland durch Johann Baptist Jordan (1848–1918), einem zum Studium nach Rom geschickten Freiburger Diözesanpriester, in Rom; gedacht war an ein weit gespanntes apostolisches Werk, konkretisiert wurden nur die Institute für Frauen und für Männer; dieses 1881 zunächst als »Apostolische Lehrgesellschaft« mit Priestern und Laien zu Erziehung und Seelsorge. Die 1894 gewählte jetzige Bezeichnung weist auf die Spiritualität hin: Heil und Heilung durch den Heiland, verbunden mit Verehrung Mariens als Mutter des Heilands. Bestätigung 1905 durch Pius X., erneut 1922 durch Benedikt XV.; rasche Ausbreitung in Europa und Übersee; in Deutschland wegen bestehender Klosterfeindlichkeit erst 1915 eine Niederlassung; dafür in Österreich an der Grenze (Lochau bei Bregenz) bereits 1892. Derzeit gibt es etwa 1200 S. – Der »weibliche Zweig«, die *Salvatorianerinnen* (*Sorores Divini Salvatoris*, *SDS*, *Schwestern vom Göttlichen Heiland*), gegr. von J. B. Jordan und Theodora von Wüllenweber (gest. 1907), durch Anschluss des von ihr 1876 in Mönchengladbach gegr. Missionsinstituts. Die S.innen teilen mit den S.n zwar Spiritualität und apostolische Arbeit, sind aber eine von diesen unabhängige Gemeinschaft. 1911 von Pius XI. vorläufig, 1926 definitiv anerkannt und inzwischen weltweit verbreitet, zählte die Kongregation um 2000 in über 200 Niederlassungen etwa 1300 Schwestern.

San Sisto, stadtrömisches Nonnenkloster, das auf Geheiß von Honorius III. 1220/21 durch den hl. → Dominikus reformiert wurde. Die dort eingeführten Konstitutionen (mit der AR) waren wahrscheinlich eine Überarbeitung der von ihm für das zuvor von ihm gegründete Frauenkloster Prouille (bei Toulouse) verfassten. Als Konstitutionen von S. Sisto (S. Sixto de Urbe) wurden sie von den → Magdalenerinnen übernommen, ebenso von zahlreichen Frauenklöstern; bei diesen meist als erster Schritt zum Anschluss an die → Dominikanerinnen.

Sankt Gallen, ehemalige Benediktinerabtei; von dem alemannischen Priester Otmar 719 über dem Grab des um 640 verstorbenen Einsiedlers Gallus, einem irischen Gefährten des hl. → Columban, gegr. Kloster. Unter den Karolingern starke Förderung, Entwicklung zu einem Großkloster, Zentrum eines weitgestreuten Wirtschaftskomplexes und karolingischer Kultur. Eine zweite Blüte im 11./12. Jh. St. G. bestand als Reichsabtei von einiger Bedeutung bis zur Säkularisation; 1805 vom Kanton St. Gallen Aufhebung des Konvents. Im prächtigen barocken Bibliothekssaal wird noch die erhalten gebliebene Klosterbibliothek mit ihren kostbaren ma. Handschriften verwahrt.

Sarabait(en) (von koptisch *sar* »zerstreut« und *abet* »Kloster«) nannte man in loser Verbindung untereinander lebende Eremiten; vom coenobitischen Mönchtum wie die → Gyrovagen als Verfallsform verleumdet. Klassischer Niederschlag davon BR 1,6–9: »Eine dritte, ganz abscheuliche Art von Mönchen ist die der S. Diesen fehlt die Schule der Erfahrung; sie haben sich nicht in der Zucht einer Regel bewährt ... Zu zweit oder zu dritt oder auch allein leben sie ohne Hirten ... betrachten ihr eigenes Begehren und Behagen als ihr Gesetz.«

Säulenheilige → Styliten.

Scalabriniani (*Congregatio Scalabriniana, CS*; *Missionare vom hl. Karl Borromaeus*); 1887 von Bischof Giovanni B. Scalabrini gegr.; Tätigkeit bald auf Betreuung italienischer Auswanderer eingeschränkt; sie zählen in weiter Verbreitung etwa 800 Mitglieder. Zur Unterstützung ihres Apostolats gründete Scalabrini 1895 die *Missionarinnen des hl. Karl Borromaeus* (*Scalabrinianerinnen*), die um 2000 über 800 Schwestern zählten.

Schema → (griech. σχῆμα), in der Ostkirche Bezeichnung für das Gewand, das der Mönch bei der → Profess empfängt, zugleich (meist) mit einem neuen Namen.

Schenute von Atripe (kopt. *Kind Gottes*), Erneuerer des Pachomianischen Mönchtums im 5. Jh.; geb. um 333/334. Sch. war seit etwa 388 zweiter Abt des »weißen Klosters« bei Atripe am westlichen Rand des Nildeltas; regierte das große Kloster mit Mönchs- und Nonnenkommunitäten nach einer (nicht erhaltenen) modifizierten Pachomiusregel, verschärft durch eigene Klostergesetze. Sch. prägte mit seinem Schrifttum Frömmigkeit und Mönchtum der Kopten; er verstarb 465 (oder 451/452).

Scheutvelder Missionare (*Congregatio Immaculati Cordis Mariae*, *CICM*, *Missionare von Scheut*), gegr. 1862 in Scheut bei Brüssel zum Missionsapostolat v. a. in China von dem Priester Theophile Verbiest; in der damaligen Missionsbegeisterung günstige Entwicklung und großer Zulauf. Der Gründer starb 1868 als Missionar in der Mongolei. Durch die politischen Folgen nach 1945 Zusammenbruch der Mission in China. Die Sch. M. zählen derzeit noch etwas über 1000 Mitglieder.

Schisma, Großes Abendländisches (von griech. σχίσμα »Teilung, Trennung«); von 1378 bis 1417 war die abendländische Christenheit in zwei Obödienzen geteilt, in die römische (mit einem Papst in Rom) und die avignonesische (mit einem in Avignon). Von der Spaltung waren die meisten Orden betroffen, auch sie zerfielen in zwei Obödienzen, was meistens auch die Reformbemühungen blockierte.

Schleier; in der Antike wichtigste weibl. Kopfbedeckung. Durch die paulinische Deutung 1 Kor 11,2–16 gehört der Schleier überhaupt zur Frau, nicht nur beim Gebet. Früh wurde der Sch. herausragendes Zeichen der gottgeweihten Jungfrauen und bei der → Jungfrauenweihe die Verschleierung vollzogen. Bis in die jüngste Vergangenheit gehörte der Sch. zur Ordenskleidung des weibl. Religiosentums. Die Vielfalt der Ordensgemeinschaften führte zu variations- und einfallsreichen Formen.

Schönstatt-Bewegung, benannt nach Sch., einem Ortsteil von Vallendar a. Rh. (bei Koblenz), seit 1901 Niederlassung der → Pallottiner mit einem Studentenheim; in diesem gründete 1914 der Pallottinerpater Joseph Kentenich (gest. 1968) eine Marianische Kongregation, aus der nach 1918/20 der »Apostolische Bund« entstand, eine von marianischer Frömmigkeit geprägte, auf Selbstheiligung und Apostolat ausgerichtete Bewegung. Im Laufe der Zeit Gründung von ständisch ausgerichteten Gemeinschaften mit weltweiter Verbreitung. Bis 1964 wurde die Sch.-B. von den Pallottinern geleitet, dann föderativer Zusammenschluss der inzwischen auf 25 eigenständige Gesellschaften angewachsenen Sch.-B. mit einem Präsidium. Von den 6 Säkularinstituten der Sch.-B. ist das größte das der *Marienschwestern von Sch.* mit derzeit über 2800 Mitgliedern in 27 Provinzen.

Scholastica, bekannt nur durch die Dialoge Papst → Gregors d. Gr., danach Schwester des hl. Benedikt von Nursia, geb. um 480, lebte in der Nähe ihres Bruders, zuerst in Subiaco, dann in Monte Cassino als Asketin und fromme Matrone; Nonne war Sch. nicht.

Scholastikat (von mlat. *schola* »Schule«), Name in verschiedenen Ordensgemeinschaften für die reguläre Ausbildungszeit des klerikalen Nachwuchses; dann auch Name für das Kloster (bzw. Kolleg), in dem die philosophisch-theologische Ausbildung stattfindet; in manchen Orden Klerikat oder Studentat genannt.

Schottenklöster. Im strengen Sinn des Wortes heißen Sch. die von Papst Lucius III. 1185 zu einer eigenen Kongregation zusammengeschlossenen Benediktinerklöster mit ausschließlich irischen Mitgliedern (fälschlich *Schotten* genannt, da lat. *scoti* = Iren). Die Anfänge lagen in Regensburg, wo sich um einen irischen Pilger 1170/80 irische Mönche niederließen (Hauptkloster St. Jakob); Neugründungen folgten in Erfurt (1136), Würzburg (1138), Nürnberg (1140), Konstanz (1142), Eichstätt (1148), Wien

(1156/61) u. a., darunter zeitweise Kiew. Die Sch. waren zunächst Stützpunkte des regen Austausches kultureller und wirtschaftl. Art zwischen Festland und britischen Inseln im 10./13. Jh. Im Verlaufe des 13. Jh.s Lockerung des Verbandes. Mangelnder Zuzug aus der Heimat führte zum Anschluss einzelner Klöster (wie Wien und Nürnberg) ans Benediktinertum des Landes; Verluste auch durch die Reformation. Übrig blieben Regensburg, Erfurt und Würzburg; zeitweise im 17. Jh. Ausbildungszentren für Missionare in Schottland. Durch die katholischen Emigranten wurden die Klöster zu schottischen. In der Säkularisation wurden Erfurt und Würzburg aufgehoben. Seines internationalen Status wegen bestand Regensburg fort; da aus Schottland kein Nachwuchs mehr kam, hob Pius IX. 1862 auf Bitten des Regensburger Bischofs das Kloster auf.

Schulbrüder (*Institutum Fratrum Scholarum Christianorum*, *FSC*, *Frères des Ecoles Chrétiennes*, *Brüder der Christlichen Schulen*, *De La Salle Brothers*). Johann Baptist de La Salle (gest. 1719) widmete sich seit 1679 in Reims der Erziehung Jugendlicher. Seit 1682 bildete er mit Gefährten eine religiöse Genossenschaft, die sich langsam zu einer Ordenskongregation entwickelte, die 1725 königliche und päpstliche Anerkennung fand. Ihre Hauptaufgabe war christliche Erziehung durch Schulen sowie Ausbildung von Lehrern. Die Regeln für Lebensweise und Schule wurden erst nach 1700 publiziert (1987 durch neue ersetzt). Rasche Ausbreitung in Frankreich mit dichtem Schulnetz. Die Revolution unterdrückte die Sch. 1792; bereits ab 1801 waren sie wieder tätig. Der ihre Tätigkeit einschränkenden staatlichen Gesetze wegen bauten die Sch. in der 2. Hälfte des 19. Jh.s in Frankreich ein Privatschulwesen auf. Seit der Mitte des Jh.s auch in anderen europäischen Ländern und Übersee verbreitet. Erste Niederlassung in Deutschland 1850; nach Ausweisung im Kulturkampf erneute Gründungen ab 1919, die durch das

nationalsozialistische Regime aufgehoben wurden; nach 1945 neue Gründungen, von denen noch zwei bestehen. 1966 hatte die internationale Kongregation der Sch. über 16 000 Mitglieder, 1500 Schulen und 750 000 Schüler. Gegenwärtig gibt es noch etwa 1000 Niederlassungen mit über 6000 Mitgliedern. Damit sind die Sch. immer noch die größte Kongregation für Schulen und Lehrerausbildung. Im deutschen Sprachraum werden zuweilen auch die → Maristen Schulbrüder genannt.
Weitere Schulbrüdergemeinschaften: *Christian Brothers* (*Congregatio Fratrum Christianorum*, *CFC*); in Irland 1802 gegr., weltwelt verbreitet mit etwa 1600 Mitgliedern. – *Brüder von Ploërmel* (*Frères de l'instruction chrétienne de P.*, *Institutum instructionis Christianae de P.*, *FICP*), gegr. 1821 in Lyon zur Jugenderziehung, verbreitet in Frankreich und Übersee, zählten um 2000 noch etwa 1100 Brüder. – Dazu noch eine Reihe kleinerer Kongregationen päpstl. Rechts sowie zahlreiche bischöfl. Rechts bes. in Missionsgebieten.

Schuldkapitel (*Capitulum culparum*) heißt die Versammlung der Mönche, bei dem sie sich der Verfehlungen vor dem zuständigen Oberen anklagen bzw. von andern angeklagt werden und dafür eine Bußauflage erbitten. Diese institutionalisierte Form von Selbst- und Gemeinschaftskontrolle war schon im alten Mönchtum im Rahmen des Bußverfahrens (→ Bußpraxis) üblich. Von diesem als sakramentales Bußverfahren (= Beichte) getrennt, wurde das Sch. in der angegebenen Weise fortgeführt und noch von den Bettelorden weiter praktiziert. Die Einzelheiten (Häufigkeit, Listen für Verfehlungen und Strafen usw.) regelten die Konstitutionen der einzelnen Orden. Ort des Sch.s war meistens der Kapitelsaal. Der Name Sch. ist seit der scholastischen Unterscheidung von Schuld (*culpa*) und Strafe (*poena*) an sich irreführend, da Gegenstand des Sch. nur äußere Klosterdisziplin mit ihren Strafen (*poenae*) sind. Durch die Umbrüche im Gefolge des II. Vaticanum kam das Sch. außer Übung; es wird wohl nirgends mehr gehalten.

Schutz, päpstlicher; bezieht sich im Blick auf Klöster/Kanonien im endigenden 11. und im 12. Jh. auf einen Rechtsstatus: Das betreffende Kloster ist ins Eigentum des hl. Petrus (= Römische Kirche) übertragen und hat daher Anteil an der Freiheit der Römischen Kirche, d. h. ist frei von eigenkirchlichen Ansprüchen der weltl. oder geistl. Gründer (→ Eigenklöster). Der p. Sch. ist Ausdruck des im Verlaufe der → Gregorianischen Reform neugewonnenen päpstl. Selbstbewusstseins der weltl. Gewalt gegenüber. Der p. Sch. war in der Realität jedoch nur eine Schutzgarantie ideeller Art; er bedurfte der Schutzbereitschaft des laikalen Inhabers der → Vogtei über das Kloster.

Schutzengel-Verehrung. Im Zusammenhang mit pädagogischen Bemühungen erlebte im 19. Jh. die volkskirchliche Sch.-Frömmigkeit einen Aufschwung. Ausdruck dafür sind auch einige Ordensgemeinschaften, die Sch. im Namen führen. Päpstl. Rechts sind: die *Dominikanerinnen von den Sch.*, 1905 in Kroatien gegr. (mit derzeit knapp 150 Schwestern) – *Schwestern vom Hl. Schutzengel*, 1839 in Frankreich gegr. (derzeit 600 Schwestern) – *Schwestern von den hl. Schutzengeln*, 1894 in Spanien gegr. (220 Schwestern).

Schweigen (lat. *silentium*) war im antiken und ma. Mönchtum eine Grundhaltung der → *conversatio morum*. Als *lex silentii* war es Bestandteil aller monastischen Lebensstile, oft gesteigert zur Verständigung durch Zeichen statt Worten (Zeichensprache). Im Laufe der Zeit viele Wandlungen des Schweigegebotes in Bezug auf Zeiten und Orte mit striktem Sch. Zugunsten vermeintlich besserer Gemeinschaftspflege und unbefangener Natürlichkeit ist im Zuge nachkonziliärer Änderungen das Sch. in den im Apostolat tätigen Orden vielfach aufgegeben worden.

Schwertbrüderorden (*Fratres militiae Christi de Livonia*); hervorgegangen aus einer Rittergruppe, gegr. 1202 zum Schutz der Getauften Livlands vom Zisterzienser Dietrich und dem Bischof von Riga. Dem Sch. gelang es, ein eigenes Territorium zu errichten. Nach der Niederlage von Saule (1236) gegen die Litauer nicht mehr lebensfähig, wurde der Sch. auf Geheiß Gregors IX. dem → Deutschen Orden inkorporiert. Organisiert war der Sch. nach dem Vorbild der → Templer.

Semireligiosentum wird in Frömmigkeits- und Ordensgeschichte jene im Zusammenhang der verschiedenen ma. Buß- und Erweckungsbewegungen entstandene Lebensform gemeinschaftl. Zusammenschlüsse von Männern bzw. Frauen genannt, die zwar den → Religiosen ähnliche Bindungen eingingen, ohne jedoch formell Religiosen sein zu wollen bzw. von der kirchl. Autorität als solche anerkannt zu werden. Kirchenrechtl. Anerkennung fand das S. im Anschluss an die → Terziaren; in SpätMA und NZ auch als neue und kirchl. anerkannte ordensähnliche Gemeinschaften (→ Säkularinstitute).

Sergij von Radonesch, bedeutendste Gestalt des russischen Mönchtums im SpätMA; geb. 1314, seit etwa 1330 Eremit; als Mönch gründete er 1337 das Dreifaltigkeitskloster, dessen Abt er 1342 wurde und das er zum polit., kulturell-religiösen und monastischen Zentrum des sich stabilisierenden Großfürstentum Moskau ausbaute. S. führte im Kloster das Typikon des → Studios-Klosters von Konstantinopel ein, nach dem sich fortan das coenobitische Mönchtum Russlands richtete. Gest. 1392, begraben in seiner Klosterkirche (Laura der hl. Dreifaltigkeit des hl. Sergij) in Sergijew Possad (früher Sagorsk) etwa 80 km nördl. von Moskau.

Serviten (*Fratres Servi Mariae*, *Ordo Servorum Mariae*, *OSM*, *Orden der Diener Mariens*). Entstanden aus der von sieben Florentiner Patriziern 1233 gegr. Marienbruderschaft mit stark eremitischem Einschlag. Ab 1249 urkundlich belegt als *Mariendiener*, die nach der AR und eigenen Konstitutionen lebten; 1249 vom päpstl. Legaten,

1252 von Innozenz IV. anerkannt. In Verfassung und Zielsetzung glichen sich die S. den Bettelorden an. Vom II. Lyoner Konzil (1274) an sich aufgehoben, 1280 aber wieder aktiv, 1290 von Nikolaus IV. anerkannt, definitiv bestätigt 1304 von Benedikt XI. Langsame Ausbreitung in Italien und darüber hinaus (in Deutschland nur wenige Häuser, darunter Nordhausen und Erfurt). Durch die Observanzbewegung vorübergehende Spaltung; erst 1570 Wiedereingliederung der Observanten. In der Reformationszeit gingen alle deutschen Konvente verloren. Erst im 17. Jh. kamen die S. nach Österreich (Innsbruck 1613, Wien 1638); von da aus weitere Verbreitung nach Böhmen, Ungarn. Von den die Säkularisationen überlebenden wenigen Konventen in Österreich und Italien ging der Neuaufschwung im 19. Jh. aus, der zu überseeischen Gründungen führte. Die zu den Bettelorden zählenden S. haben derzeit etwas über 900 Mitglieder. – Die seelsorgliche Betreuung von Frauen ist seit der Angleichung der S. an die Bettelorden anzunehmen. Zur Gründung eines Frauenklosters kam es jedoch erst um 1322 in Siena; weitere Gründungen bzw. Anschlüsse bestehender Klöster an die S. folgten.

Servitinnen sind (wie die Frauenklöster der Dominikaner usw.) klausuriert und kontemplativ. Im Zuge jüngster Neuerungen sind sie teilweise auch apostolisch tätig. Nach 2000 gab es 16 selbständige Klöster mit über 150 Nonnen. Von diesen S. zu unterscheiden sind die Schwestern des regulierten III. Ordens (auch → Mantellatinnen genannt), entstanden im SpätMA. Die Verbreitung erfolgte im Anschluss an die Serviten. Die einzelnen Häuser sind selbständig und im sozial-karitativen Bereich tätig. Im 19. Jh. formierten sich auch bei den S. zentralistische Frauenkongregationen in Italien, England, Amerika, Indien. Von den bestehenden 21 sind 13 päpstl. Rechts; eine davon in Indien mit über 1000, eine italienische mit über 500 Schwestern; eine nach 1945 aus Böhmen nach Österreich geflüchtete (bischöfl. Rechts) mit nur noch etwa 40 Schwestern.

Sext (von lat. *sextus* »der sechste«) ist der Name der zweiten Kleinen Hore des → Stundengebetes zur 6. Stunde (Mittag), motiviert durch die Passion Christi (vgl. Mk 15,33 par.) und die Berufung der Heiden (vgl. Apg 10,9).

Sießener Franziskanerinnen, Kongregation päpstl. Rechts, gegr. 1846 auf lokale und private Initiative hin für Mädchenerziehung; seit 1860 das Mutterhaus im ehemaligen Dominikanerinnenkloster Sießen bei Saulgau (Baden-Württ.). Rascher Aufstieg mit breiter Tätigkeit in Schulen und Behindertenpflege, seit den 30er-Jahren auch in Übersee; Höchststand 1960 mit etwa 860 Schwestern; um 2000 gab es noch etwa 450; inzwischen Umorientierung von schulischen auf pastorale Dienste.

Silvestriner (*Congregatio Silvestrina*, *OSBSilv*); entstanden 1231 an dem von Silvestrino Guzzolini (gest. 1267) gegr. Kloster Montefano bei Fabriano (Marken). Trotz starker Prägung durch die franziskanische Armutsbewegung band der Gründer die mehrheitlich aus Laien bestehende Gemeinschaft an die BR mit eremitisch-pauperistischer Interpretation (neben Handarbeit auch Bettel). Der rege Zulauf ermöglichte Neugründungen, die mit bestehenden anschlusswilligen Eremitorien zu einem Verband unter Leitung des Generalpriors von Montefano zusammengeschlossen wurden. Innozenz IV. anerkannte 1248 den Verband als *Ordo s. Benedicti de Montefano* an. Seit dem 14. Jh. langsame Umwandlung in einen klerikalisierten und urbanisierten Verband, der sich seit dem SpätMA *Ordo s. Silvestri* nannte. Zunächst nur in Italien, im 18./19. Jh. vereinzelt in anderen Ländern und Übersee. Über diese Weiterbestand trotz der Säkularisation der italienischen Klöster im Verlaufe des 19. Jh.s. Gegenwärtig haben die S. 23 Klöster mit noch 200 Mitgliedern. Sie bilden seit 1973 eine eigene Kongregation in der Benediktinerföderation. – Die charismatische Führergestalt des

Gründers zog auch Frauen an. Ein erstes klausuriertes Kloster entstand 1238; einige weitere folgten, jeweils jenem S.-Kloster zugeordnet, von dem die Gründung ausging. 1822 wurde das letzte aufgehoben.

Simeon Stylites (der Ältere), bekanntester und hochverehrter Säulensteher (→ Stylite); geb. um 390 in Kilikien, zunächst Mönch; wegen äußerst harter Askese zum Verlassen des Klosters gezwungen, lebte S. als Eremit in der Nähe von Aleppo. Wegen Belästigung durch die vielen zu ihm pilgernden Menschen stieg er auf eine im Laufe der Jahre immer wieder erhöhte Säule, auf der er mehr als 30 Jahre verbrachte. Nach seinem Tod (2. 9. 459) setzte eine breite Wallfahrtsbewegung zu seinem Grab ein.

Skapulier (von lat. *scapulae* »Schultern, Schulterblätter«) ist ein über die Schultern herabfallendes, Vorder- und Rückseite des Körpers bedeckendes und gleich langes Stück Tuch, das ursprünglich wohl nur eine Arbeitsschürze war (vgl. BR 55,6), im Laufe der Zeit stilisiert und bei verschiedenen männl. und weibl. Orden Teil der → Ordenskleidung wurde. Terziaren und Oblaten trugen seit SpätMA/NZ oft als Devotionszeichen ein stilisiertes S. (zwei kleine textile Streifen über die Schultern gelegt und mit Bändern zusammengehalten); am bekanntesten davon wurde das des Karmeliten-Ordens.

Sketische Wüste → Nitrische und Sketische Wüste.

Skiten (griech. σκήτις bzw. σκίτις), Mönchsdörfer aus einer Anzahl von → Kellien. Sie unterschieden sich von den → Lauren durch größere Entfernung der Kellien voneinander. Als später die großen Lauren → Koinobien genannt wurden, verschwand der Unterschied zwischen Lauren und S.

Skriptorium (von lat. *scribere* »schreiben«, mlat. *scriptorium* »Schreibstätte«) wurde der Schreibraum ma. Klöster (auch noch bei den Bettelorden) genannt, in denen Mönche (bzw. Fratres) Handschriften produzierten, rubrizierten sowie illuminierten. Berühmte S.en (auch im Sinne von »Schreibschule«) gab es in Klöstern der karolingischen und ottonischen Kulturblüte. In Frauenklöstern gab es bis weit ins SpätMA hinein S. (v. a. zur Abschrift von asketisch-erbaulichem Schrifttum; teilweise auch gewerbsmäßig betrieben zum Lebensunterhalt); ebenso bei den → Schwestern und → Brüdern vom gemeinsamen Leben.

Solesmes, französische Benediktiner-Abtei (Diöz. Le Mans), gegr. 1010, in der Revolution 1791 aufgehoben. 1832 von dem Priester Prosper Louis-Pascal Guéranger erworben zur Neuerrichtung der Abtei. Guéranger (seit 1837 Benediktiner) machte aus S. eine Musterabtei streng monastischen Zuschnitts mit Betonung der Liturgie (Gregorianischer → Choral); S. wurde Mutterabtei der *Congregatio Solesmensis OSB*. Im Verlaufe der antiklösterlichen Gesetzgebung mehrfach vertrieben (1880, 1882, 1901), Weiterbestand im Exil (1908–22 auf der Insel Wight), 1922 Rückkehr nach S. Die Abtei hatte 1998 etwa 90 Mönche (60 davon Priester); zur Kongregation gehörten (2002) 23 Klöster mit über 700 Mönchen.

Somasker (*Ordo Clericorum Regularium a Somasca, CRS*); gegr. 1534 von Hieronymus Aemiliani (gest. 1537) in Somasca (Lombardei) im Geiste der Katholischen Reform zu pastoralem und sozial-karitativem Apostolat; trotz päpstl. Bestätigung 1540 schwierige Anfangsphase mit mehrmaligem Anschluss an bestehende Gemeinschaften. Karl Borromaeus, Erzb. von Mailand, war ihr Förderer, übergab ihnen die Kirche S. Majolo in Pavia; danach 1568 von Pius V. als offizieller Name *Clerici Regulares Sancti Maioli Papiae Congregationis Somascae* (im Volksmund daher auch *Majoliten* genannt). Gegenwärtig zählen die S. etwas über 500 Mitglieder. Derzeit bestehen auch noch zwei Frauenkongregationen, die mit den S.n verbunden sind. Die eine wurde 1680 in Genua gegr., die andere 1975 in Mittelamerika durch Abspaltung von den genuesischen *Somaskerinnen*. Diese ist päpstl. Rechts und hatte um 2000 über 160 Mitglieder.

Soutane (von ital. *sottana* »Untergewand, -kleid«) ist ein bis zu den Knöcheln reichendes schwarzes Obergewand mit Kragen und (meist) 33 Knöpfen. Die S. ist (bzw. war bis vor kurzem) außer im deutschen Sprachraum die Kleidung von Weltpriestern, die von Ordenskongregationen und Gesellschaften übernommen wurde. Für S. ist auch der Name → Talar gebräuchlich. Seit der Zeit nach dem II. Vaticanum sind → Habit und auch S. als Straßenkleid weithin außer Übung gekommen. Das unauffällige Zivilkleid ist an die Stelle der S. getreten.

Spiritaner (*Congregatio Sancti Spiritus sub tutela Immaculati Cordis Beatissimae Virginis Mariae*, *CSSp*, *Kongregation vom Heiligen Geist*, *Väter vom Heiligen Geist*), in Paris gegr. 1703 von Claude-François Poullart-des-Places (gest. 1709) für Priesterausbildung und missionarische Aufgaben, durch Französ. Revolution weithin aufgerieben, 1806 bzw. 1819 Wiederbegründung und 1824 päpstl. approbiert; 1841 vereinigt mit der von François-Marie-Paul Libermann (gest. 1852) gegr. *Genossenschaft vom Unbefleckten Herzen Mariens*. In Deutschland sind die S. seit 1861, in Knechtsteden (Nordrh.-Westf.) seit 1895. Die S. haben ihren Schwerpunkt in der Mission in Schwarzafrika, sind inzwischen weltweit verbreitet und zählten um 2000 über 3000 Mitglieder.

Spiritual (eigentl. *magister spiritualis*, von lat. *spiritualis* »geistlich«) ist in den Ausbildungsstätten (→ Scholastikat) verschiedener Orden (und den Priesterseminaren der Diözesen) Bezeichnung für den Priester, der für die geistliche Unterweisung sowie Führung und Beratung im Gewissensbereich (Beichte) zuständig ist.

Spiritualen. Mit dem Begriff S. wird eine breite und mehrschichtige Bewegung im → Franziskanerorden seit Ende des 13. bis weit ins 14. Jh. hinein zusammengefasst. Gegenüber der von der Mehrheit vertretenen »päpstl. Interpretation« des Ordens ging es den S. um Treue zur »authentischen« Franziskusnachfolge. Bedeutendste Gestalt war zunächst in der Provence Petrus Johannes Olivi (gest. 1298), der in seinem Schrifttum die Geschichtstheologie des → Joachim von Fiore rezipierte und auf Franziskus hin aktualisierte. Die sich in Italien um Angelus Clarenus (gest. 1337) und Ubertino von Casale (gest. nach 1328) sowie die → Coelestiner (2) sammelnden Gruppierungen waren davon beeinflusst. Den S. ging es v. a. um die wahre Nachfolge des hl. Franziskus als *alter Christus* (»zweiter Christus«), die für Orden und auch Kirche verbindlich sein sollte. Damit wurden Fragen nach dem franziskanischen Lebensstil mit christologisch-ekklesiologischen vermengt. Darüber kam es zum Konflikt in Orden und Kirche, den Johannes XXII. 1317 und 1323 mit der Verurteilung der S. entschied. Als Verfolgte im Untergrund bildeten sich Gruppen von → Fratizellen, andere fanden später Anschluss an die → Observanten.

Springiersbach (Kr. Bernkastel-Wittlich), ehemaliges 1100/02 gegr. Regularkanonikerstift. Propst Richard (1115–58) erhielt auf Anfrage hin von Gelasius II. 1118 die Erlaubnis, die → AR mit dem *Ordo monasterii* (also die strengere Observanz des *Ordo novus*) einzuführen. S. beeinflusste damit Teile der → Regularkanoniker in Deutschland. Eine Verbandsbildung scheiterte jedoch am Widerstand der Trierer Erzbischöfe und der Pfalzgrafen. Nach Richards Tod verfiel die Reform bald wieder. S. versank in Bedeutungslosigkeit; kurz vor dem Ende wurde S. 1791 in ein Stift von → Säkularkanonikern umgewandelt.

Stabilitas (lat. »Standfestigkeit, Beständigkeit«), bezieht sich im monastischen Selbstverständnis auf die → *Conversatio morum.* Da diese jedoch im → Coenobium eingeübt und gehalten wird, konnotiert der Begriff S. auch die Ortsbeständigkeit, d. h. das Verbleiben in der Gemeinschaft, in die der Novize eingetreten und deren Abt er in der Profess Beständigkeit in der monastischen Lebensweise versprochen hat (vgl. BR 58,17). Bei den zentralistischen Orden gilt die S. dem ortsunabhängigen Personenverband.

Starez (Starze, Starzentum; slaw., in Anlehnung an das griech. γέρων »der Alte«) entspricht der Bedeutung nach ursprüngl. dem → Abbas im Sinn des alten und erfahrenen Mönchsvaters. Im neuzeitl. russischen Mönchtum zeichnet sich der S. durch Alter und Erfahrung, d. h. spirituelle Reife aus, die ihn befähigt, ein richtiger Mönch und Lehrer zu sein (= russ. *starčestvo*). Im 18. Jh. kam es über berühmte S.en zur Erneuerung des S.tums mit starker Ausstrahlung auf das russische Mönchtum und das Volk. S.en gab es auch außerhalb der Klöster als Seelenführer und Beichtväter.

Statuten (Satzungen) → Konstitutionen.

Stephan Harding, 3. Abt von Cîteaux, geb. um 1060 in England, erwarb sich umfassende Bildung (Paris, Reims, Laôn), lernte in Italien die neuen benediktinischen Reformtendenzen, trat 1085 in Molesme ein und nahm an der Gründung von Cîteaux mit → Robert von Molesme teil. Nach dem Tod von Abt Alberich (1109) wurde S. Abt. Er entwickelte die Verfassungsprinzipien der → Zisterzienser. Er starb in Cîteaux am 28. 3. 1134.

Steyler Anbetungsschwestern; gegr. von Arnold Janssen 1896 mit der speziellen Aufgabe durch die »Ewige Anbetung« die missionarische Arbeit der → Steyler Missionare und der Kirche zu begleiten. Als Anbetungsschwestern leben sie klausuriert. Um 2000 gab es 20 Klöster mit zusammen fast 400 Schwestern.

Steyler Missionare (eigtl. *Gesellschaft des Göttlichen Wortes*, *Societas Verbi Divini*, *SVD*); im Zuge der allgemeinen Missionsbegeisterung gründete Arnold Janssen (gest. 1909) eine Bildungsstätte für Missionare, die sich bald zu einer Genossenschaft mit einfachen Gelübden entwickelte, die bischöfl. Bestätigung der Statuten erfolgte 1889, die päpstl. 1901 und 1910. Gegr. wurde die Niederlassung in Steyl (Niederlande) wegen der damaligen klosterfeindlichen Gesetzgebung in Preußen; dort auch Ordensleitung bis 1928, dann in Rom. Die S. M. bestehen aus Priestern und Laienbrüdern, die spezielle Aufgabe ist Missionsarbeit (zunächst war China Schwerpunkt), inzwischen weltweites Tätigkeitsfeld, wozu auch Schulen und Wissenschaftspflege gehören. Mitglieder zählen die S. M. gegenwärtig über 6000, davon fast 50 % aus Asien und dem pazifischen Raum.

Steyler Missionsschwestern (*Dienerinnen des Heiligen Geistes, Congregatio Missionalis Servarum Spiritus Sancti, CMSSpS*); von Arnold Janssen 1887 gegr. zur Unterstützung der → Steyler Missionare durch Gebet und Mitarbeit; 1893 bischöfl., 1923 päpstl. Anerkennung. Die Schwestern decken ein weites Arbeitsfeld ab und sind international tätig (derzeit etwa 3700 Schwestern).

Stift nennt man umgangssprachlich im deutschen Sprachraum (bes. in Österreich) ein im MA gegründetes und ehemals grundherrschaftlich fundiertes männl. Kloster; seine Mitglieder (unabhängig von der Ordenszugehörigkeit) Stiftsherren.

Studios-Kloster, vom Konsul Studios 463 in Konstantinopel gegr. Kloster, das im 8./9. Jh. unter → Theodoros Studites eine wichtige Rolle als Zentrum der Bilderverehrung spielte. Die von Theodoros schriftlich verfasste reformierte Liturgie des S.-K. wurde vorbildlich für den → Athos, das byzantinische und russische Mönchtum; Gleiches gilt von seinem → Typikon. Die Mönche des S.-K. wurden oft *Studiten* genannt. – Zu unterscheiden ist davon die vom unierten Erzbischof von Lemberg 1901 gegr. griechisch-katholische Mönchsgemeinschaft, deren Typikon sich eng an das des S.-K. anschloss. 1921 wurde dazu ein weibl. Zweig gegr. Nach 1945 bedrängt und zwangsuniert mit der russischen Orthodoxie, überlebten Reste im Exil; neuerdings auch wieder in der Ukraine tätig.

Stundengebet, Sammelbegriff für die öffentlichen und gemeinsam gehaltenen Gebetsgottesdienste im Verlauf des Tages, zu denen Religiosengemeinschaften kraft Regel bzw. Satzungen (auch im Auftrag der Kirche) verpflichtet sind. Das coenobitische Mönchtum folgte beim S. zunächst den Vorgaben der Gemeindeliturgie, mit den Eckdaten des Morgen- und Abendlobes; dazu kamen bald weitere, → Horen genannte Gebetszeiten; zuletzt noch → Prim und → Komplet. Damit gab es, entsprechend Ps 118,164 (*Septies in die laudem tibi dixi*, »Siebenmal am Tag sing ich dir Lob«) 7 Gebetszeiten am Tag (→ Laudes, Prim, Terz, Sext, Non, Vesper, Komplet), dazu den »Nachtgottesdienst« → Matutin. Ausführliche Beschreibung des S. bereits BR 8–18 (normgebend für das abendl. Mönchtum). Vom Verpflichtungscharakter her wird das S. *Officium divinum* (→ Opus Dei) genannt; vom Ort der gemeinsamen Verrichtung → Chorgebet. Kleriker von Orden (bzw. Kongregationen) ohne gemeinsames S. sind – wie die Weltpriester – zur privaten Verrichtung verpflichtet und verwenden dafür das → Brevier. Bis 1964 war dieses wie das S. in Latein zu verrichten; seither ist weitgehend die jeweilige Landessprache in Gebrauch; auch kam es im Blick auf Vereinfachung und Verkürzung zu schwerwiegenden Eingriffen in die geschichtlich gewachsene Struktur.

Styliten (von griech. στύλος »Säule, Pfeiler«) nannte man eremitische Asketen des orientalischen Mönchtums, die über lange Zeit ihr Leben auf Säulen verbrachten; Motive dafür waren Ortsbindung und zugleich Unbehaustheit sowie Schutzlosigkeit, Getrenntheit vom Menschengedränge und zugleich »Nähe« zum Himmel. Als Asketen und Fürbitter waren die S. beim Volk hoch verehrt. – Statt Säulen wurden auch Felsspitzen, Mauern usw. als Standort gewählt. Dendriten (von griech. δένδϱον »Baum«) nannte man die Asketen, die sich auf Bäumen aufhielten.

Subiaco, Benediktinerabtei in Latium (aus lat. *Sublaqueum* »am See«). Nach den Dialogen → Gregors d. Gr. lebte → Benedikt von Nursia nach seiner Konversion als Einsiedler in einer Höhle bei S. und gründete in der Umgebung weitere coenobitische Einsiedeleien. Um 529 verließ er S. Im 9./10. Jh. monastische Wiederbelebung mit Blüte bis ins 13. Jh.; im 14. unter Abt Bartholomaeus III. (1363–79) mit Hilfe deutscher Mönche Reform. Die *Consuetudines Sublacenses* hatten Einfluss auf andere Reformzentren (z. B. → Melker Reform). Von 1276 bis 1456 Ernennung der Äbte durch die Röm. Kurie, 1456–1915 wurden → Kommendataräbte eingesetzt. Nach S. ist die 1872 gegr. Benediktinerkongregation benannt, zu der gegenwärtig 63 Klöster mit über 1200 Mönchen gehören.

Sulpizianer (*Societas Presbyterorum a S. Sulpitio*, *PSS*). Diese Gemeinschaft des apostol. Lebens wurde 1641 von Jean-Jaques Olier, damals Pfarrer an St. Sulpice / Paris, gegr. zu Ausbildung und spiritueller Formung des Diözesanklerus. Olier verfasste dafür ein *Directorium*, das stark vom → Oratorium des Pierre Berulle beeinflusst ist. Die S., in Frankreich rasch verbreitet und bekannt, leiteten zahlreiche Priesterseminare. Die Revolution beendete die Tätigkeit in Frankreich, dafür Einsatz in Kanada und USA; nach 1814 Wiederherstellung, Ausbau der Seminarerziehung und Ausbreitung in frankophonen Ländern. Nach dem II. Vaticanum Neuausrichtung von Spiritualität und Ausbildungskonzeption. Derzeit haben die S. noch gut 350 Priester in 33 Häusern.

Syneisaktentum (von griech. συνεισάκτοι, vom Verb συνεισάγειν »zusammenführen, zusammenleben«), eine volkstümliche und pejorative Bezeichnung von miteinander lebenden Asketen und Asketinnen; Nachweis seit 4. Jh. Motiviert durch gnostische Vorstellungen (»geistliche Ehe«, Versuchung aufsuchen, um ihr Herr zu werden)? Ursprünglich wohl aus praktischen Gründen (Arbeitsteilung usw.) praktiziert. Das S. wurde öfters von

Synoden als Verstoß gegen die kirchliche Ordnung verboten. Im Westen zuweilen im frühen irischen Mönchtum, verbreiteter in den Männer und Frauen erfassenden Bußbewegungen des 12. Jh.s (z. B. → Fontevrault, → Norbert von Xanten); → Doppelklöster jener Zeit sind zu deuten als Mittel der Disziplinierung und Legalisierung?

T

Tabbennêsi (koptisch »Palmengarten der Isis«); Name des der Überlieferung nach um 320/323 von → Pachomius gegr. ersten koinobitischen Klosters; es wurde, wie der Name sagt, an der einer heidnischen Gottheit geweihten Stätte errichtet.

Tafelgut → Mensalgut.

Tagesordnung Die Notwendigkeit, den Tagesablauf zu strukturieren, ergab sich mit dem Übergang des Mönchtums zur coenobitischen Lebensweise; sie erfolgte im Dreiklang von Gebet–Arbeit–Ruhe, geregelt durch die zeitlichen Vorgaben des → Stundengebetes und der → Mahlzeiten. Die genauere Festlegung der T. war (ist) variabel nach Jahreszeit, klimat. Verhältnissen, geograph. Gegebenheiten. Bei den Bettelorden und nztl. Orden wurden zudem die pastoralen Aufgaben berücksichtigt. Für das alte Mönchtum, das der BR folgte, kann man errechnen 6–8 Stunden Ruhe und Schlaf, 6–8 Stunden händische Arbeit, 6–8 Stunden Gebet (davon bei 3–4 Stunden der Lektüre). – Mittels mechanischer Geräte (Wasser-, Sanduhren u. a.) sowie Naturzeichen (Sonnenstand) näherte man sich dem Zeitmaß. Erst in der 2. Hälfte des 13. Jh.s kamen die Schlagglocken mit festen Intervallen auf. Von dieser Erfindung her war dann der Weg zur »Uhr« mit Zifferblatt nicht mehr weit.

Talar (von lat. *talaris* »zu den Knöcheln gehörig«, Subst.: *talaris* »langes Gewand«) → Soutane.

Templer (*Tempel-Ritter*, *-Herren*; *Fratres militiae Templi*), geistl. → Ritterorden, gegr. 1120/29 in Jerusalem von Hugo von Payens (gest. 1136) zum Schutz der Pilger; Haupthaus war in Jerusalem beim (angenommenen) Tempel Salomons; Verteidigung der Kreuzfahrerstaaten wurde bald wichtigste Aufgabe. Die auf einer Synode zu Troyes neu gefasste Regel erhielt 1139 die päpstl. Approbation. Im Orient und Abendland in breiter Streuung großer Besitz, effizient verwaltet durch ein dichtes Netz von Stützpunkten. Über diese wurde auch der Geldverkehr abgewickelt, wobei in wichtigen Städten die Häuser der T. (genannt Temple) die Funktion von Banken hatten. Nach Verlust des Heiligen Landes an sich funktionslos geworden, versuchten die T. gegenüber dem französ. Königtum Unabhängigkeit zu bewahren (mit Territorialbildung?). Auf jeden Fall wurde ihnen ihr Reichtum zum Verhängnis. In einer raschen Aktion ließ der französ. König am 13. 10. 1307 die Güter in Frankreich konfiszieren und 2000 T. verhaften, um ihnen den Prozess zu machen. Papst Clemens V. setzte dem »Schauprozess« keinen Widerstand entgegen, machte sich vielmehr durch Dissimulierung an den Justizmorden des Inquisitionsprozesses mitschuldig. Verbrennung des letzten Großmeisters Jacobus von Molay u. a. in Paris am 19. 3. 1314. Durch das Konzil von Vienne ließ der Papst die T. aufheben (22. 3. 1312). – Mit den historischen Templern nichts zu tun haben neuzeitliche (neureligiöse bzw. esoterische) Tempelorden, die seit dem 18. Jh. immer wieder gegründet wurden.

Teresa von Avila (T. d. Gr., T. von Jesus, T. von Spanien), geb. 28. 3. 1515 in Avila (väterlicherseits aus einer jüdischen, mütterlicherseits aus altchristl. Familie stammend), trat 1535 in Avila in das Karmelitinnenkloster ein. Eine wachsende geistliche Krise endete 1554 mit einer tiefgreifenden geistigen Bekehrung. Ihre früheren und neuen Erfahrungen drängten sie, das klösterliche Leben konsequent zu führen. Sie gründete 1562 ein ihren Vorstellungen entsprechendes Kloster, dem ab 1567 bis zu ihrem Tode 15 weitere Gründungen folgten. Ab 1568 war sie an der Gründung reformierter Karmelitenklöster durch → Johannes vom Kreuz beteiligt. Die neuen Männer- und Frauenklöster bildeten ab 1593 den Orden der → Unbeschuhten Karmeliten. – T. war nicht nur eine Frau von außergewöhnlicher Tatkraft, sondern auch als Mystikerin begnadet. Ihr umfangreiches geistliches Schrifttum prägte sowohl den neuzeitlichen Karmel als auch die kathol. Frömmigkeit. T. starb am 4. 10. 1582.

Termin (von lat. *terminus* »Bezirk, Gebiet«), meint ursprüngl. den seelsorglichen Wirkungsbezirk eines Mendikantenklosters (*terminus praedicationis*, Predigtbezirk bei den Dominikanern). Da mit pastoralen Aktivitäten auch Almosenbitten verbunden waren bzw. sich diese in den Vordergrund schoben, gewann T. die Bedeutung von Bettelbezirk eines Klosters; die entsprechende Tätigkeit wurde mit »terminieren« umschrieben.

Terz (von lat. *tertia hora* »dritte Stunde«), Name für die zur dritten Stunde des Tages, d. h. etwa 9 Uhr vormittags zu haltende Hore des → Stundengebets, das an Pfingsten erinnern sollte (s. Apg 2,15).

Terziaren (Terziarinnen, geschrieben auch Tertiaren/innen). Im Zuge der Neukonzeptionen des Ordenswesens nach dem II. Vaticanum eine obsolet gewordene Bezeichnung für eine Sache, die das Ordenswesen seit dem SpätMA tief prägte. T. sind Mitglieder eines »Dritten Ordens« (lat. *Tertius ordo*), der sich zuerst bei den → Franziskanern und → Dominikanern im Anschluss an den männlichen Ersten und den weiblichen Zweiten Orden bildete. Entstanden aus den religiösen Bußbewegungen des 12./ 13. Jh.s, in denen es neben der Zukehr zum monastischen Leben auch um Formen christl. Lebensgestalt in der Welt ging, kam es im Laufe des SpätMA zu Gemeinschaftsformen von → Beginen bzw. → Mantellatinnen, die gemeinschaftlich und im Anschluss an einen Bettelorden ein semireligioses Leben führten. In den Reformbewegungen des 15. und 16./17. Jh.s kam es unter den weibl. T. zu einer breiten »Verklösterlichung«. Seither muss man unterscheiden zwischen Klöstern des Zweiten und des Dritten Ordens, bzw. zwischen in Ordensgemeinschaften lebenden T. und den »weltlichen« T.

Auch diese – meist verheiratet – haben eine Regel und verpflichten sich zu einem mit ihrem Leben in der Welt vereinbaren »regelgemäßen« Lebenswandel. Die im Zusammenhang mit einem der drei franziskanischen Orden entstandenen »Dritten Orden« bilden zahlenmäßig die größte Gruppe von T., wozu auch die vielen franziskanischen Frauenkongregationen mit sozial-karitativen und erzieherischen Aufgaben gehören. T. bildeten sich außer um die Bettelorden auch um → Prämonstratenser, → Benediktiner und andere Orden.

Terziat; bei den → Jesuiten das dritte Prüfungsjahr nach Abschluss des regulären Studiums; einige Ordenskongregationen übernahmen das T.

Theatiner (auch *Cajetiner* genannt, *Ordo Clericorum Regularium*, *Ordo Theatinorum*, *CR*), ältester → Regularkleriker-Orden, gegr. 1524 von Cajetan von Thiene – damals Bischof von Chieti (lat. *Theatine*; namengebend) – und Gefährten, darunter Gianpietro Caraffa (später Papst Paul IV., 1555–59). Zielsetzung von der Reformbewegung vor dem Trienter Konzil geprägt: Erneuerung der Kirche durch Klerusreform. Ausbreitung zunächst in Italien mit Zentren in Rom, Neapel und Venedig, dann auch in Spanien, anderswo nur vereinzelt (München 1602). Durch die Säkularisationen bis auf Reste beseitigt, erst zu Beginn des 20. Jh.s Revitalisierung. Derzeit gibt es etwa 200 Th., die in Italien und Amerika tätig sind. – Von Italien aus ging 1875 die Gründung der *Theatinerinnen* (*Teatine dell'Immaculata Concezione di Maria Vergine*), in Nachfolge der von Orsola Benincasa (gest. 1618) im 17. Jh. gegr. Ordensgemeinschaft, die untergegangen war. Die Neugründung ist päpstl. Rechts, den Th. affiliiert, in Italien, Spanien, Amerika mit über 200 Schwestern verbreitet und in der Mädchenerziehung tätig.

Theodoretos von Kyros, geb. um 393 in Antiochien, wurde Mönch und profilierte sich im christologischen Streit. Er hinterließ ein breites theologisches Schrifttum, darunter die für die Geschichte des syrischen Mönchtums wichtige *Historia religiosa*. Th. verstarb 460.

Theodoros Studites, geb. 759 in Konstantinopel, 780 Mönch, ab 782 in einem anderen Kloster und dort 794 Abt; 798 in Konstantinopel Abt des → Studios-Klosters. Th. war führender Exponent des bilderfreundl. Mönchtums und deshalb öfters verbannt; er starb 826. Th. setzte sich energisch für das koinobitische Mönchsideal ein. Die von ihm initiierte Reform des Studios-Klosters mit dem dafür verfassten → Typikon hatte große Breiten- und Nachwirkung; ebenso die von ihm reformierte Liturgie.

Thomas von Aquin, geb. 1225, 1245 Dominikaner, gest. 1274; wohl der bedeutendste Theologe der Hochscholastik mit überragender Nachwirkung im Thomismus des SpätMA und der NZ, vertreten besonders von Dominikanern, Augustinereremiten, Karmeliten und Jesuiten (mit jeweils besonderem Profil). Für die theologische Begründung des Ordenslebens ist wichtig die klassische Darstellung in der *Summa Theologiae* II-II, qu. 178–189; zur zeitgenössischen Kontroverse um die Bettelorden die Opuscula: *Contra impugnantes Dei cultum et religionem*; *De perfectione spiritualis vitae*; *Contra doctrinam retrahentium a religione*.

Thuine (Kr. Emsland), Mutterhaus der *Franziskanerinnen vom hl. Märtyrer Georg*, Kongregation päpstl. Rechts; 1857 gegr. als Niederlassung der Straßburger Hl. Kreuzschwestern; 1869 Verselbständigung zu einer franziskanischen Kongregation mit rasch steigendem Zulauf, was zu weiter Verbreitung führte. Die Schwestern von Th. sind im sozial-karitativen und erzieherischen Bereich tätig; nach 2000 zählte die Kongregation noch über 1550 Mitglieder.

Tischlesung. Dem Gebot des Schweigens und der Lektüre entsprach die altmonastische Praxis der T. BR 38 verlangt sie und regelt Einzelheiten dazu; auch AR 4 setzt sie voraus. Die T. galt bis zu den Neuerungen nach dem

II. Vaticanum bei den meisten Ordensgemeinschaften; Lesestoff waren an sich nur Hl. Schrift, Erbauungs- und ordensgeschichtliche Literatur, Ausweitung aufs »Profane« erst in den 1950er-Jahren.

Tonsur (von lat. *tonsura* »Schur, das Scheren«) bezeichnet die in verschiedenen Formen vollzogene Rasur des Haupthaares. Sie gehörte – verstanden als Akt der Buße und Ausdruck des Verzichts auf Freiheit – zum alten Mönchtum und wurde von den Orden des MA fortgeführt; erst die neueren Klerikerkongregationen verzichteten auf eine eigene T. und übernahmen die der Weltkleriker. Diese wurde 1973 abgeschafft. Auch in den meisten Orden der kath. Kirche wird die Tonsur nicht mehr getragen.

Totengedächtnis. Erbe des gemeindlichen T. wurde seit dem FrühMA mehr und mehr das coenobitische Mönchtum, bes. im lat. Abendland. T. wurde zu einem wichtigen Motiv für Gründung und Bestiftung von Klöstern; führte zu Totenbünden, zu Messstiftungen für Verstorbene in Klöstern. Bes. ausgeprägtes T. gab es in → Cluny (Allerseelengedenktag 2.11.; Verbindung von T. und Armenpflege). Mit der Präzisierung der Lehre des »Zwischenzustandes« der Seele und den Vorstellungen des Purgatoriums (Reinigungsort, → Fegfeuer) und der Auffassung von strafzeitverkürzender Fürbitte für die »Armen Seelen« wurde das T. zu einem signifikanten Merkmal ma. Frömmigkeit, die auch von den Bettelorden bedient wurde und zu den zahllosen Messstiftungen an ihren Kirchen führte.

Trappisten (*Ordo Cisterciensium strictioris observantiae*, *OCSO*, *Zisterzienser von der strengeren Observanz*). Namengebend für die T. ist die Abtei La Trappe (Normandie). Ihr Kommendatarabt Armand-Jean Le Bouthillier de Rancé (gest. 1700) führte nach seiner »Konversion« die ursprüngliche Lebensweise von → Cîteaux, gedeutet allerdings im Licht zeitgenössischer asketischer Strenge, wieder ein. Dafür verfasste er 1664 ein Reglement, das 1678 Innozenz IX. bestätigte. Rezipiert wurde diese strenge

Observanz nur von wenigen Klöstern. Die weitere Verbreitung erfolgte durch den vom Novizenmeister Augustin de Lestrange angeführten Exilkonvent, der sich 1791 in Valsainte (Kanton Fribourg/Schweiz) niederließ und 1794 zur Abtei erhoben wurde. Als Abt setzte hier Lestrange das Reformwerk Rancés fort und verschärfte es. 1798 von Valsainte vertrieben, als Flüchtlingskommunität quer durch Europa unterwegs, konnten die T. 1815 wieder nach La Trappe zurückkehren. In rascher Folge kam es zu 10 Neugründungen für Männer und 4 für Frauen. Damit waren die T. in Frankreich wieder präsent und zu wichtigen Trägern der monastischen Restauration geworden. Nominell gehörten die T. noch zum Zisterzienserorden, untereinander waren sie jedoch in zwei Observanzen gespalten. Die eine hielt sich an das Reglement Rancés, die andere an die überarbeitete und verschärfte Fassung von Lestrange. Dazu kam noch der Verband des belgischen Klosters Westmalle mit eigenen Observanzen. Alle drei Richtungen bildeten Kongregationen mit eigenen Generalvikaren. Zwischen diesen Verbänden gab es Spannungen, erst recht mit dem Zisterzienserorden, den die T. an Mitgliedern weit überflügelt hatten. 1892 erfolgte schließlich die Trennung der 3 Kongregationen von den Zisterziensern und ihre Zusammenfassung in einem eigenen Orden. 1898 wurde von den T. Cîteaux wieder besiedelt, über Frankreich hinaus im 19. und 20. Jh. weltweit neue Klöster gegr. (in den USA zwischen 1944 und 1948 zehn!). Inzwischen merklicher Rückgang der Mitgliederzahl. Um 2000 gab es 98 Klöster mit mehr als 2300 Mönchen. In Deutschland gibt es nur die Abtei Maria Wald (Eifel), in Österreich Engelhardszell (bei Linz). – Die Verfassung der T. folgt der der Zisterzienser (aber ohne Kongregationsbildungen). Die strenge Observanz ist im Zuge nachkonziliarer Neuorientierung stark modifiziert worden. – Die Anfänge der *Trappistinnen* liegen in der Schweiz. Lestrange formte 1794/96 mit aus Frankreich geflohenen Klosterfrauen mit seinem Reglement eine Kommunität. Mit den T. teilte diese das weitere Exulantengeschick. 1800 kam es zu einer kurzzeitigen Gründung in Darfeld (Westfalen), bald verlegt in andere Orte, ab 1818 in die Nähe von Angers (Frankreich). Seither mit Unterstützung der T. weitere Gründungen in weltweiter Streuung. Derzeit gibt es in 65 Klöstern etwa 1650 T.innen. Sie leben kontemplativ in strenger Klausur und unterstehen jeweils einem »Vaterabt«, über den sie dem Orden der T. eingebunden sind.

Trient, Konzil von (Tridentinum, 1545–63). Für die Orden war T. durch eine Reihe von Reformdekreten von großer Bedeutung. Verpflichtung zur Kongregationsbildung aller exemten Klöster mit Generalkapiteln im dreijährigen Turnus; dazu Visitationspflicht der Oberen. Ganz aus konservativem Geist heraus erfolgten die strengen Klausurvorschriften für die Frauenklöster, wodurch ein fälliger Modernisierungsschub in Richtung aktiver Tätigkeit blockiert wurde. Für den Ordenseintritt wurde ein Mindestalter festgelegt (16 Jahre, womit das → Oblatenwesen beseitigt wurde), ein mindestens einjähriges Noviziat generell für verbindlich vorgeschrieben; danach Profess oder Entlassung. In nachfolgenden päpstl. Ausführungsbestimmungen die Tendenz zur Errichtung zentralisierter Novizen- und Studentenausbildung.

Trinitarier (*Ordo Sanctissimae Trinitatis*, *OSST*; bzw. *Ordo Trinitatis et redemptionis captivorum*). Den Hintergrund für die T. bildet die Kreuzzugsbewegung mit den damit verbundenen Problemen von Geiseln, Entführten und Gefangenen. Um deren Loskauf ging es der Bruderschaft von Klerikern und Laien, die Ende des 12. Jh.s Johannes von Matha (gest. 1213) in Cerfroid bei Soisson (Frankreich) gründete, verbunden mit Spitaldiensten und besonderer Verehrung der Trinität. Eine später öfters revidierte Regel approbierte 1198 Innozenz III. Im 13. Jh. Verbreitung über Frankreich hinaus nach Spanien, besonders in Kastilien, dessen Könige die rasch erstarkten T. für ihre Interessen einzuspannen verstanden. Im SpätMA soll es in 12 Ordensprovinzen 150 Klöster gegeben haben. In der NZ waren die T. missionarisch in Lateinamerika tätig, auch noch im Gefangenenloskauf sowie dem von Sklaven. Durch den hl. Giovanni Baptista Rico (1561–1631) kam es zur Gründung einer selbständigen Reformkongregation (Hauptsitz in Rom an S. Carlo alle Quattro Fontane). Die Säkularisationswellen überstanden nur wenige Klöster der Observanz, die bis 1900 in eine spanische und eine italienische Obödienz geteilt war. Im 20. Jh. Ausweitung nach Amerika und einige europäische Länder (erneute Gründung in Wien 1901; erste Niederlassung 1689–1784). Seit 1609 zählen die T. zu den → Bettelorden. Sie tragen einen Habit wie die Dominikaner, auf der Brustseite des Skapuliers ein blau-rotes Balkenkreuz. Gegenwärtig gibt es etwa 550 T. in 102 Niederlassungen. – Im Hospitaldienst der T. waren im 13. Jh. auch Frauen tätig, die *Sorores Ordinis Ss. Trinitatis*. Sie scheinen jedoch nach einiger Zeit eingegangen zu sein. Klausurierte T.innen gibt es in größerer Zahl seit dem 16. Jh. in Spanien und Lateinamerika, die den verschiedenen Richtungen der T. angehörten; seit 1972 vereint, seit 1986 auch mit gemeinsamen Konstitutionen, zählen sie in 20 Klöstern 230 Nonnen. – Neueren Datums sind die 5 weiblichen Kongregationen mit apostolischen Tätigkeiten in Spanien und Italien.

Tunika (semit. Ursprungs »Gewand«), ein gegürteter Leibrock, historisch weit zurückreichendes Grundgewand; Vorder- und Rückseite an Schultern und seitlich zusammengenäht mit Öffnungen für Kopf und Arme, zusammengehalten durch Gürtel (Strick, Band), von Frauen und Männern in gleicher Weise getragen. Von dieser Basis her erfolgten vielfältige Variationen; als Untergewand dann T. genannt. Im Mönchtum ist die mit Ärmeln versehene T. das Grundgewand; als Accessoirs kommen (je nach Orden verschieden) Skapulier, Kapuze, Mantel usw. dazu (→ Ordenskleidung).

Tutzing (Starnberger See / Obb.), Kongregation der Missionsbenediktinerinnen; sie entstand 1885 im Zusammenhang mit den → Ottilianern, seit 1904 Mutterhaus in T., 1924 päpstl. Rechts, ist v. a. tätig in der Dritten Welt; um 2000 gehörten zur Kongregation etwa 1500 Schwestern.

Typikon (plur. Typika; von griech. τυπικός »bildlich, vorbildlich«), im griechischen Mönchtum das Regelwerk über Lebensordnung, wirtschaftl. und rechtl. Grundlage, das bei der Gründung eines Klosters (meist vom Stifter) schriftlich niedergelegt wurde. Im westl. Mönchtum des MA kann man ein T. mit einer Stiftungsurkunde (auch einem päpstl. Bestätigungsprivileg) vergleichen. Etwa 50 Typika sind erhalten geblieben.

U

Übertritt von Orden zu Orden. Trotz Verbot im MA (durch Synoden und Päpste) eine häufige Praxis, die dann langsam von Kirchen- und Ordensrecht geregelt wurde; zunächst nur als Erlaubnis zum Ü. in einen strengeren Orden, inzwischen generelle Erlaubnis. Allgemein gilt eine dreijährige Probezeit im neuen Institut vor der definitiven Übernahme. Einfachere Prozeduren gelten beim Wechsel von einem selbständigen Kloster in ein anderes des gleichen Ordens.

Ulrich von Zell (U. von Cluny), geb. 1029 in Regensburg, kurze Zeit Kanoniker, 1061/63 Mönch in Cluny und in verschiedenen auswärtigen Filialen von Cluny. Nach 1079 für Abt → Wilhelm von Hirsau Abfassung der Consuetudines von Cluny, die die umfassendste überlieferte Aufzeichnung der Gebräuche von Cluny ist. U. starb in der später nach ihm benannten Zelle St. Ulrich (Schwarzwald) 1093.

Untermarchtal, Vinzentinerinnen von → Vinzentinerinnen (2).

Urbanistinnen (*Ordo Sanctae Clarae regulae Urbani IV, OSClUrb*) werden in der Ordensgeschichte zunächst die Nonnen jener Klarissen-Klöster genannt, die ihren Lebensstil an der von Urban IV. den franziskanischen Frauenklöstern 1263 vorgeschriebenen Regel ausrichteten. Gegenüber der 1253 päpstl. approbierten Clara-Regel (→ Klarissen) war die Urban-Regel gemäßigt, v. a. erlaubte sie den Klöstern Besitz und feste Einkünfte. In Deutschland befolgten im MA die meisten Klarissen-Klöster die Urban-Regel, einige sogar bis zur Säkularisation, ebenso in anderen Ländern. Einige dieser Klöster von U. überstanden die Säkularisationswellen. Sie zählen als eigener Orden derzeit noch 88 Klöster mit etwa 1200 Nonnen.

Ursulinen (*Ordo Sanctae Ursulae, OSU, Gesellschaft der* *hl. Ursula*), 1535 in Brescia (Oberitalien) von Angela Merici (gest. 1540) gegr. als Vereinigung von Frauen, die sich (ohne Gelübde) auf die Evangelischen Räte verpflichteten und durch ein geregeltes Leben nach dem Vorbild der hl. Ursula in der Welt das Evangelium bezeugen wollten. Als Compagnia di S. Orsola wurden sie 1536 bischöfl., 1544 päpstl. bestätigt und Angela 1537 zur »Mutter« der Compagnia gewählt. Der Mädchenkatechese widmete man sich seit etwa 1550. Wie in verschiedenen oberitalienischen Städten erfolgte auch in Mailand (1566) eine Gründung, der sich Karl Borromäus als Erzb. von Mailand annahm. Er überarbeitete die Regel (1582 von Gregor XIII. approbiert), verpflichtete zum Gemeinschaftsleben, fasste alle Niederlassungen in der Kirchenprovinz zur »Gesellschaft der hl. Ursula« zusammen. Nach diesem Vorbild erfolgten Gründungen seit Ende des 16. Jh.s in Frankreich. Hier übernahmen die U. die AR, feierliche Gelübde und Klausur, verbunden allerdings mit Schulen und Internaten zur Mädchenerziehung. Im 17. Jh. dann auch Gründungen im deutschen Sprachraum (1639 die erste in Köln). Die größte Dichte gab es in Frankreich (etwa 350 Häuser mit etwa 10 000 U.). Einen einheitlichen Ordensverband bildeten die U. nicht. Nach dem Filiationsprinzip ordneten sich die einzelnen Häuser um ein »Haupt- und Gründungskloster«. Durch die Säkularisationen im Bestand stark dezimiert (in Frankreich völlige Aufhebung), kam es im Verlaufe des 19. Jh.s wieder zu einem starken Anwachsen. Päpstl. Versuche, die U. auch juristisch in einem Verband zusammenzufassen, scheiterten. Derzeit gibt es noch 30 selbständige »Einheiten« päpstl. Rechts. Manche davon zählen allerdings weniger als 50 Mitglieder. Den größten Zusammenschluss bildet die Römische Union (aus ital. und französ. Häusern) mit derzeit etwa 2600 Schwestern. Die meisten selbständigen deutschen U.-Klöster sind in einer Föderation zusammengefasst. Alle U.-Klöster zusammen hatten 2002 noch etwa 10 000 Mitglieder.

V

Vallombrosaner (*Congregatio Vallis Umbrosae S. Benedicti, OSBVall.*), gegr. von Johannes Gualbertus, der sich in einem Wald in 1000 m Höhe (etwa 25 km östlich von Florenz) mit einigen Gefährten um 1037 als Einsiedler niedergelassen hatte. Der Ort wurde später Vallombrosa (»schattenreiches Tal«) genannt; danach auch der Name des Verbandes. Die Gründerkommunität nahm die BR als Grundlage, interpretierte sie eremitisch-asketisch, mit Betonung von Armut und Handarbeit. Für schwerere Arbeiten waren → Konversen zuständig. 1058 wurde die Kirche geweiht. Der Lebensstil der eremitischen Gemeinschaft fand Nachahmung in anderen Klöstern, die sich dem Abt von Vallombrosa unterstellten. Beim Tode des Gründers (1073) gehörten 8 Klöster zu dem sich bildenden Verband, dessen Consuetudines Urban II. 1090 bestätigte und der sich rasch zu einem zentralistischen Orden entwickelte mit dem Abt von Vallombrosa als Generalabt. Um 1250 gehörten zu ihm über 150 Klöster. 1545 erfolgte eine Verfassungsreform, die den Generalabt durch einen Präsidenten mit beschränkter Amtszeit ersetzte. Besondere Regenerationskraft scheint damit nicht verbunden gewesen zu sein, denn wie im SpätMA waren auch in der Neuzeit die V. mit anderen Verbänden zusammengelegt worden. Zu Beginn des 19. Jh.s mit → Grottaferrata, von dem sich die V. jedoch bereits 1819 wieder lösten und sich um Restauration des Verbandes bemühten. Nach der Aufhebung des Hauptklosters 1866 durch den italienischen Staat bestand die Kongregation fort; 1949 konnte Vallombrosa wieder besiedelt werden. Derzeit gibt es noch 8 Klöster mit etwa 70 Mönchen, die, in einer Kongregation zusammengefasst, seit 1966 der Benediktinerkonföderation angehören. – Wie bei anderen Orden übernahmen auch *Frauenkonvente* die

Lebensweise der V. und unterstellten sich deren Leitung bzw. Aufsicht. Bis auf zwei verfielen alle der Säkularisation. Gegenwärtig gibt es 4 Klöster mit zusammen knapp 50 Nonnen.

Vesper (von lat. *vesperae* »abends, Abendzeit«) bezeichnet den liturgischen Abendgottesdienst, der zu den ältesten und wichtigsten Teilen des kirchl. → Stundengebetes gehört. Das Mönchtum übernahm die V. von der Gemeindeliturgie. Vom Ursprung her war die V. Teil der → Vigilien; daran erinnert der liturgische Brauch, die (erste) V. von Sonn- und Feiertagen am Vorabend zu halten.

Vestitiar (von lat. *vestitiarius* »zu den Kleidern gehörig, Kämmerer«), in den Klöstern früher Bezeichnung für den für die Kleidung zuständigen Mönch. Nach der BR war für die Zuteilung der Kleider der Abt selber zuständig; im Zuge der Arbeitsteilung ging die Aufgabe an den V. über. Der Aufbewahrungsort (Kleider- und Wäschekammer) hieß *Vestitiarium*.

Vienne, Konzil von (16. 10. 1311 – 6. 5. 1312), ist in ordensgeschichtlicher Hinsicht bedeutsam durch die Aufhebung des → Templer-Ordens; die Erklärung, dass → Begarden und → Beginen wegen häretischer Umtriebe aufzuheben sind; den Versuch, den → Armutsstreit im Franziskaner-Orden zu schlichten.

Vigil (von lat. *vigilia* »Das Wachen, Nachtwache, durchwachte Nacht«) heißt in der altkirchlichen Gebetsordnung die mit Gebeten usw. ausgefüllte »Nachtwache« vor hohen Feiertagen; letzter Rest davon ist die »Ostervigil«. Die V. wurde zunächst vom Mönchtum übernommen, dann umgeformt zur → Vesper, bes. aber zu → Matutin und Laudes des → Stundengebetes. Zur V. als Festtagsvorbereitung gehört auch das → Fasten vor Vigiltagen.

Vinzentiner → Lazaristen.

Vinzentinerinnen. Im deutschen Sprachraum ein Sammelbegriff für verschiedene Verbände von → Barmherzigen Schwestern, die in Tätigkeit und Spiritualität an den vom hl. Vinzenz von Paul (1581–1660) gegründeten V. ausgerichtet sind. Bis heute bilden diese den größten Verband von V.

1. Es handelt sich dabei um die *Filles de la Charité de Saint Vincent de Paul* (*Töchter der Liebe des hl. Vinzenz von Paul*). Aus seelsorgl. Eifer gründete der Heilige 1617 die *Confrérie des Dames de la Charité*, eine Vereinigung meist von Dienstmägden zur Linderung der Not der Armen und zur Krankenpflege, woraus ab 1633 mit Hilfe von Louise de Marillac (gest. 1660) die *Filles de la Charité* entstanden. Um frei und flexibel für die sozial-karitativen Aufgaben zu sein, verzichtete man auf den Ordensstatus, d. h., die Gelübde wurden nur privat und auf Zeit abgelegt. Als Tracht diente die der in Paris tätigen Landmädchen, die zunächst auch den Großteil der V. stellten (die weiße Flügelhaube kam erst 1750 dazu). Kirchliche und staatliche Anerkennung für die rasch wachsende und von breiter Akzeptanz in der Bevölkerung getragenen V. folgten 1635 und 1668 bzw. 1657/58. Die Revolution hob auch die V. auf (1792). Doch als »Privatpersonen« blieben V. teilweise weiterhin tätig (auch in kommunalen Spitälern); von Napoleon bereits 1800 wieder geduldet und bald auch gefördert (unter der Patronanz seiner Mutter!). Im 19. Jh. globale Ausbreitung (ab 1849 in den USA), um 1960 ein Höchststand mit etwa 45 000 Schwestern in etwa 4200 Häusern und Stationen. Inzwischen starker Mitgliederschwund (2002: gut 23 200 Schwestern). Kirchenrechtlich sind die V. eine »Gesellschaft des apostolischen Lebens«, von einer Generaloberin geleitet, unter Aufsicht des Generalsuperiors der → Lazaristen.

2. *Sœurs de la Charité* (*Schwestern der Liebe*; *Straßburger Kongregation der V.*). Die Gründung veranlasste 1734 der Straßburger Bischof mit einer Schwesterngemeinschaft aus Chartres, aber ausgerichtet an den V. Die Kongregation überstand die Revolution und wurde im 19. Jh. dank großen Zulaufs Ausgangspunkt von insgesamt 13 noch bestehenden selbständigen Kongregationen päpstl. Rechts (nicht mitgezählt die bischöfl. Rechts) in Italien, Kroatien, USA und Deutschland. Hier kam es zur Gründung von 5 Kongregationen päpstl. Rechts (Freiburg, Fulda, Hildesheim, Mainz, Paderborn sowie Wien und Innsbruck mit zusammen z. Z. etwa 1500 Schwestern). Unter den Kongregationen bischöfl. Rechts ist in Deutschland die größte die der *Barmherzigen Schwestern vom hl. Vinzenz von Paul* (gegr. 1858) mit dem Mutterhaus in Untermarchtal (Alb-Donau-Kreis). Sie hat gegenwärtig noch etwa 700 Schwestern.

Virginität → Jungfräulichkeit.

Visitantinnen → Salesianerinnen.

Visitation (von lat. *visitare* »besuchen«). Im Bezug auf das Ordenswesen versteht man unter V. die von Kirchen- und Ordensrecht geregelte Aufsichtspflicht der höheren Ordensoberen gegenüber den ihnen zugeordneten Institutionen und Personen. Es gibt dabei die ordentliche (d. h. periodisch vorgeschriebene) und die außerordentliche V. (aufgrund besonderer Vorkommnisse). Geschichtlich wichtig geworden ist das Visitationsprinzip, das die Zuständigkeit für die V. genau umschrieb, bei → Zisterziensern und → Prämonstratensern und ähnlichen exemten und zentralistischen Verbänden. Ziel des V.s-Prinzips war, Einheit (Uniformität) des Ordens und die Observanz zu gewährleisten. Im Laufe der Zeit verkam die V. oft zur ineffizienten Routine; oft gab es auch Streit um Kompetenz und Reichweite zwischen Bischöfen und Ordensvisitatoren.

Vitae Patrum (urspr. lat. *Vitas Patrum* »Väterleben«) heißt die Sammlung von Lebensgeschichten von Gestalten der monastischen Frühzeit, die vorbildhaft und normativ wirken sollten. In den *Vitas Fratrum* der Bettelorden fanden die V. P. nachahmende Fortsetzung. Bis in die NZ hinein gehörten die V. P. zur wichtigen Lektüre in den Klöstern, deren verschiedene Überlieferungsstränge auch in die Volkssprachen übersetzt waren (bes. für Nonnenklöster).

Vivarium → Cassiodorus.

Vogtei (Lehnwort aus lat. *advocatus* »Herbeigerufener, Sachwalter«; mlat. Subst. *advocatia*). Wie Kirchengut grundsätzlich des staatlichen Schutzes bedurfte, so auch und erst recht die Klöster. So verfügte Karl d. Gr. (768–814) die Einrichtung der V. für alle Königsklöster. Da die königl. V. sich jedoch im 9./10. Jh. verselbständigte, indem die adeligen Vögte die Kirchen- und Klostervogtei zum Ausbau eigener Herrschaft instrumentalisierten, verstärkte sich im Reformmönchtum des 11./12. Jh.s der Widerstand gegen die V. (verbunden mit dem gegen adelige → Eigenköster), zunächst durch den → päpstlichen Schutz, dann durch Erlangung von Schutzgarantien direkt von den Königen bzw. von mächtigen Territorialherren. Im SpätMA wurde daraus die landesfürstl. Schirm-V., im Gegenzug das Kloster zu einem landständischen. Die V. der → Reichsabteien lag beim König (Kaiser) als oberstem Vogt des Reichskirchenwesens; er gab Vogteien über Klöster als Reichslehen aus.

W

Waldenser hießen die Anhänger einer in Südfrankreich und Oberitalien dicht, in Mitteleuropa in weiter Streuung verbreiteten asketisch-evangelikalen Erweckungsbewegung, die nach ihrer kirchl. Verurteilung (seit Ende des 12. Jh.s) in Verfassung und Lehre gegenkirchl. Positionen einnahm. Vom Ursprung her gehörten die nach ihrem Initiator, (Petrus) Waldes (gest. wahrscheinl. zwischen 1205 und 1207), einem bekehrten Lyoner Kaufmann, benannten W. zu der breiten evangelikalen, gesellschafts- und kirchenkritischen Armutsbewegung seit der 2. Hälfte des 12. Jh.s, in der auch die Bettelorden (partiell) verwurzelt waren.

Wandermönche → Peregrinatio, → Xeniteia, → Gyrovagen.

Weisheit, Töchter der (*Filles de la Sagesse*), eine von Ludwig Maria Grignon, dem Gründer der → Montfortaner 1703 gegr. Schwesternkongregation; ursprüngl. (im Dienst der göttl. Weisheit) in Katechese und Frömmigkeitsvertiefung tätig, mit Marie Louise Trichet (gest. 1753) erfolgreich in Behinderten- und Krankenpflege; von Ludwig XV. an die Militärlazarette berufen. Nach der Revolution in dieser Funktion von Napoleon kräftig gefördert; in der Folgezeit weltweite Verbreitung und tätig in verschiedenen Sparten der Kranken- und Behindertenpflege. Um 2000 hatte die Kongregation in 16 Provinzen noch etwa 2250 Schwestern.

Weiße Väter (*Pères Blancs*, *Missionarii Africae*, *MAF*, *Patres Albi*, *PA*); 1868 gegr. vom Erzb. Charles-Martin-Allemand Lavigerie in Algier für Mission unter den Muslimen Nordafrikas; W. V. genannt wegen der der landesüblichen Kleidung angepassten Gewandung. In Spiritualität und Organisation ist bei der klerikalen Gemeinschaft der

W. V. der Einfluss der Jesuiten erkennbar. Bis 1974 wurden keine Einheimischen aufgenommen, sondern deren Ausbildung zur späteren ortskirchlichen Tätigkeit betrieben. Da Nordafrika das erste Arbeitsfeld war, gehört der Dialog mit den Muslimen zur Aufgabe der W.V. Ursprüngl. eine französ. Gemeinschaft, setzte seit Ende des 19. Jh.s die Internationalität der Mitglieder und Ausweitung des Tätigkeitsfeldes ein (um 2000 zählten die W. V. gut 2000 Mitglieder). – Zur Unterstützung der Missionsarbeit der W. V. gründete Lavigerie 1869 die *Missionsschwestern Unserer Lieben Frau von Africa* (genannt auch *Sœurs blanches, Weiße Schwestern*). Aus der Kongregation gingen 17 weitere selbständige Kongregationen mit einheimischen Schwestern in verschiedenen (v. a. schwarzafrikanischen) Ländern hervor; zusammen zählen sie an die 1500 Schwestern.

Weißfrauen → Magdalenerinnen.

Westminster, ehemalige Benediktinerabtei in London; Entstehung unsicher, 1059 wiedererrichtet, seit 1066 Krönungskirche der Könige sowie wichtige Grablege. W. war im 11./12. Jh. eine der bedeutendsten Abteien Englands; 1540 aufgehoben und durch ein (heute noch bestehendes) anglikanisches Säkularkapitel ersetzt. W. ist eine königl. Eigenkirche (*Royal Peculiar*).

Wilhelm von Hirsau, als *puer oblatus* der Abtei St. Emmeran / Regensburg übergeben, war hier Lehrer und Leiter der Klosterschule, 1069 wurde er als Abt nach → Hirsau berufen, das er zu einem monastischen Reformzentrum auf- und ausbaute. Anfangs an → Gorze orientiert, richtete sich W. ab 1079 (über → Ulrich von Zell) nach Cluny aus. In der kirchenpolitischen Auseinandersetzung stand W. auf der päpstlichen Seite. Er starb 1091.

Wilhelm I. von Aquitanien. Als Herzog von A. war W. auch Laienabt des Klosters St. Julien de Brioude, eines geistlichen Zentrums in A. Bei der Gründung von → Cluny (909/910) verzichtete W. auf die eigenklösterlichen

Rechte, die er dem Hl. Petrus (= Apostolischer Stuhl) übertrug und damit als Stifter die Rechtsgrundlage für das werdende Reformzentrum Cluny schuf. W. starb 918, begraben in St. Julien.

Wilhelmiten. Unter diesem Namen laufen zwei Verbände.

1. Die benediktinische *Kongregation von Monte Vergine* (bei Avellino/Südit.). Die Anfänge gehen auf Wilhelm von Vercelli zurück, der um 1120 als wandernder Bußprediger in der Art des → Norbert von Xanten bekehrte Frauen und Männer um sich sammelte, für die er (1125/26) auf dem Monte Vergine ein Hospiz errichtete. Bald kam es zum Streit zwischen den Klerikern und der Laiengruppe. Erstere wollten ein an der BR ausgerichtetes eremitisches Coenobium. Wilhelm verließ nach 1126 mit den Laien die Eremitensiedlung, gründete für seinen Anhang verschiedene Niederlassungen, darunter San Salvatore (bei Avellino) für Frauen, wo er 1142 starb. Die Kleriker-Eremiten nahmen die BR an; unterstützt von den Normannenfürsten kam es als Gegengewicht gegen das byzant. ausgerichtete heimische Mönchtum zu Neugründungen und zu einem Klosterverband (mit dem Generalprior von Monte Vergine an der Spitze). In der Neuzeit wurden den W. mehrere kleine Klostergruppierungen eingegliedert, dieKongregation jedoch 1807 aufgehoben. Eine kleine Gruppe, die den Wallfahrtsort Monte Vergine betreute, überlebte als Kommunität, die sich 1879 der Sublazenser Benediktinerkongregation (→ Subiaco) anschloss. Die Reliquien des hl. Wilhelm – inzwischen in der Verbandsgeschichte zum Gründer der W. stilisiert – kamen erst 1807 auf den Monte Vergine.

2. Der eremitische Verband der *Wilhelmiten* (*Ordo Fratrum Eremitarum Sancti Guielmi*). Am Anfang stand eine Eremitenvereinigung am Grabe des hochverehrten, 1157 gestorbenen Eremiten Wilhelm von Maravalle bei Grosseto (Toscana); Gregor IX. drängte 1237/38 zur Annahme der BR und von Consuetudines nach dem Vorbild der Zisterzienser. Die benediktinisch sich formierende Institutionalisierung scheint zum Anschluss verschiedener (auch nördlich der Alpen gelegenen) Eremitorien geführt zu haben. Der schon weitverbreitete und vitale Verband wurde jedoch 1256 von Alexander IV. mit anderen Verbänden zum Orden der → Augustinereremiten zusammengeschlossen. 1266 erlangten die W. wieder ihre Selbständigkeit und konnten diese für die Zukunft bewahren. Eine bedeutsame Rolle konnten die meist in ländlicher Abgeschiedenheit gelegenen kleinen Klöster nicht spielen. Durch die Reformation und die verschiedenen Säkularisationswellen im 18./19. Jh. gingen die meisten unter. Nur in den Niederlanden konnten sich einige bis ins 19. Jh. hinein halten; das letzte W.-Kloster starb 1879 aus.

Windenschwestern werden (wurden) im Deutschen jene Frauen genannt, die in Frauenklöstern mit strenger Klausur den unerlässlichen Verkehr mit der Außenwelt abwickelten. Dazu gehörte nicht nur die Klausurpforte mit der Drehwinde (daher der Name) zum Austausch von Gegenständen, sondern auch Besorgungen außerhalb des Klosterbereichs. Die W. bildeten früher eine eigene Gruppe mit besonderer Kleidung und ohne Profess (bzw. einem bloßen Versprechen). Mit den Klausurneuordnungen der jüngeren Vergangenheit erübrigten sich die W.; sie leben fort in für den »Außendienst« angestellten Personen.

Windesheimer Kongregation. Sie bildet den monastischen Zweig der Ende des 14. Jh.s in den Niederlanden entstandenen → Devotio moderna. Anregung zur Gründung der regulierten Augustinerchorherren in W. bei Zwolle gab wohl Geert → Groote; dessen Schüler Florens Radewijns realisierte sie; Weihe von Kirche und Kloster sowie Annahme der AR mit eigenen Konstitutionen 1387, 1395 Bestätigung durch Bonifaz IX. zusammen mit den ersten zwei Filialgründungen. Im weiteren Verlauf des 15. Jh.s Expansion durch Neugründungen und Anschluss bestehender Kanonikerstifte an die W. K. 1503 gab es 83 Männer- und 13 Frauenklöster. Durch die Reformation kam es zu starken Verlusten in den Niederlanden und Norddeutschland, was zu einer Schwerpunktverlagerung nach Nordwestdeutschland mit Köln als Zentrum führte. Durch Anschluss an die Kongregation der → Lateranensischen Chorherren im 17. Jh. ein partieller Aufschwung; mit der Säkularisation kam jedoch das Ende. Der letzte Kanoniker der W. K. starb 1865. Seit 1960 erfolgt eine Wiederbelebung; 1961 kam es zur Wiedererrichtung der Kongregation mit derzeit 25 Mitgliedern in 3 Häusern (eines in Paring bei Regensburg). – Viel geringer war die Zahl der Frauenklöster der W. K., die zur Gründungskonzeption gehört hatten, bald aber Widerspruch fanden. Einige Konvente überstanden Reformation und Säkularisation. Derzeit gibt es in 4 Klöstern etwa 50 Kanonissen.

Wüstenväter ist die Bezeichnung für jene → Eremiten (Anachoreten), die am Anfang der monastischen Lebensweise in der Wüste ihre geistlichen Erfahrungen, asketisches Selbstverständnis usw. in Spruchweisheiten (→ Apophthegmata) zum Ausdruck brachten, die dann von Schülern gesammelt und überliefert wurden. Da in späteren Texten der Überlieferungsstränge einzelne Sprüche vier Frauen (Amma, Sara, Synthetica, Theodora) zugeschrieben werden (reale oder allegorische Figuren?), redet man (wohl zu Unrecht) auch von »Wüstenmüttern«.

X

Xeniteia (von griech. ξένος »Fremder, Fremde«), griechischer Name für asketische → Heimatlosigkeit.

Xerophagie (von griech. ξήρος »trocken, dürr« und φαγεῖν »essen«), Bezeichnung für extravagantes asketisches Fasten, in dem nur trockene Speisen (Brot, Gemüse, Früchte) verzehrt wurden und auf Trinken (bei Tag?) verzichtet wurde. *Monophagen* nannte man Asketen, die täglich nur eine Sättigung kannten. Zu weiteren asketischen Extravaganzen s. → Styliten.

Z

Zelle (lat. *cella* von griech. κέλλιον) war im Mönchtum ursprünglich der Aufenthaltsort (bzw. Behausung) eines → Anachoreten (s. → Kellion); erst im coenobitischen Mönchtum Bezug auf Räume der Gemeinschaft und (in Sonderfällen) für Einzelne. Reaktivierung der Einzelzelle als Einzelbehausung bei den Eremitenverbänden des 11./12. Jh.s; Einzelzellen ins → Dormitorium eingebaut gab es als Regelfall erst bei den Dominikanern; im SpätMA verbreitet auch im Mönchtum. In der NZ wird die Einzelzelle generell üblich.

Zirkarie (von lat. *circumire* »herumgehen«) heißt bei den → Prämonstratensern der Visitations- und Verwaltungsbezirk, in dem mehrere Abteien eines geographisch umgrenzten Raumes zusammengefasst sind. Erstmals werden die vom Generalkapitel 1154 ernannten Visitatoren *Circatores* genannt. Von der Landschaft her ist dann der Name für die Z. gebräuchlich geworden. Im MA gab es in Deutschland 6 Z.; ihre Leiter waren Vikare des Generalabtes.

Zisterzienser sind Angehörige einer von → Cîteaux ausgegangenen und nach diesem Ort benannten benediktinischen »Ordensfamilie«. Sie besteht aus dem Ordo Cisterciensis, den → Trappisten, den Zisterzienserinnen. Allen ist gemeinsam der Habit (weiße Tunika, schwarzes Skapulier, schwarzes Zingulum bzw. Gürtel, weiße Kukulle); vom Habit her wurden im MA die Z. auch graue bzw. weiße Mönche genannt.

Zisterzienser-Orden (*Ordo Cisterciensis, OCist*). Die Anfänge sind eingebettet in die im Verlauf des 11. Jh.s verstärkten Bemühungen um ein authentisches Leben nach der BR; den direkten Anstoß gab → Robert von Molesme mit seinem Auszug ins »Neu-Kloster« (Cistercium = Cîteaux) 1098. Die Konsolidierung des Neuanfangs erfolgte unter Abt Alberich (1099–1108), v. a. unter → Stephan Harding (1109–34). Durch den Eintritt des hl. → Bernhard von Clairvaux mit Gefährten um 1112 kam es zu einem raschen Anwachsen der Eintritte und damit zu Neugründungen. Um auch in diesen den in Cîteaux erprobten Lebensstil zu bewahren, kam es zur Bildung des *Ordo Cistercii*, schriftlich niedergelegt in der *Carta Caritatis*. Erste Fassung wohl 1116, dann wegen des rasanten Wachstums mehrfache Überarbeitungen des Textes (über *Summa carta caritatis* zur *Carta caritatis posterior*) bis in die 60er-Jahre des 12. Jh.s hinein. Dieses Verfassungsdokument ist ein wichtiges Zeugnis des Selbstbewusstseins des neuen benediktinischen Ordo. Die Zisterzienser haben mit diesem Verfassungsdokument den ersten zentralisierten Mönchsorden geschaffen, in dem hierarchische und korporative Strukturen verbunden sind: Jedes Kloster ist eine selbständige Abtei, verpflichtet jedoch auf die gleichen Consuetudines und Statuten. Auf dem jährlichen Generalkapitel in Cîteaux unter Vorsitz des Abtes von Cîteaux sind alle Äbte vertreten und repräsentieren den Gesamtorden, für den das Generalkapitel oberste legislative und administrative Instanz ist. → Visitationen und → Filiation sind die wichtigsten Mittel des uniformierenden Zusammenhalts und der Kontrolle, wobei den vier Primarabteien (La Ferté, Pontigny, Clairvaux, Morimond) Vorrang zukommt. Deren Äbte sind die Visitatoren von Cîteaux sowie der von ihren Abteien jeweils vorgenommenen Neugründungen. So ergab sich das vierfache Filiationsgefüge, das in den jeweiligen Neugründungen seine Fortsetzung und Ausweitung fand. Aufsicht und Visitation waren im Rahmen dieses Gefüges festgelegt. Innovativ war der Z.-O. auch im weiteren Ausbau des Konverseninstituts (→ Konversen). Über dieses wurden sie durch Selbstversorgung und Selbstbewirtschaftung (→ Grangien) ökonomisch effizient. In → Bernhard von Clairvaux fanden die

Zisterzienser einen überragenden Vertreter und Verbreiter der → monastischen Theologie. Rationalität und Einfachheit bestimmten ihren Kloster- und Kirchenbau im 12. und beginnenden 13. Jh. – Der riesige Verband war trotz Zentralisierung und Kontrolle gegen Niedergang und Zerfall nicht gefeit. Mangel an Konversen und andere Faktoren führten im 14. Jh. zur wirtschaftl. Schwächung, lokale Interessen lockerten den Zusammenhalt. Durch die Reformation kam es zu starken Verlusten. In Frankreich führte die Reformbewegung zur Verselbständigung der → Feuillanten. Partielle Blüte gab es im 17./18. Jh. bes. in Süddeutschland, Österreich. Mit der Säkularisation im 18./19. Jh. verschwand der Z.-O. bis auf minimale Reste. In der Restauration des 19. Jh.s waren die → Trappisten zur neuen und expansiven Kraft des Zisterziensertums geworden. Der Wiederaufstieg des Z.-O.s erfolgte langsamer. Die derzeit bestehenden 88 Niederlassungen (nicht alle sind Abteien) mit zusammen etwa 1500 Mitgliedern sind in 13 (zum Teil sehr kleinen) Kongregationen zusammengefasst.

Zisterzienserinnen. Das erste Kloster war Tart (in der Nähe von Cîteaux), das 1120/25 mit Hilfe von Stephan Harding gegr. wurde; von Tart aus kam es zu 18 Neugründungen, die zusammen mit Tart eine dem Abt von Cîteaux unterstellte Kongregation bildeten. Mit dem Anschluss von Männerklöster-Verbänden an den Zisterzienser-Orden wurden auch die von ihnen abhängigen Frauenkonvente übernommen. Gegen Ende des 12. und weit ins 13. Jh. hinein drängten viele Gemeinschaften frommer Frauen und → Beginen in den Orden, der mit selektiven Eingliederungsmaßnahmen den Andrang zu drosseln versuchte. Bis zum Ende des MA soll es europaweit bis zu 800 Konvente gegeben haben, deren Status jedoch in vielen Fällen unklar blieb. Die voll in den Orden inkorporierten Z. unterstanden dem ihnen vom Generalkapitel zugewiesenen »Vaterabt«. Sie lebten nach den Satzungen und Gebräuchen des Zisterzienser-Ordens. In der Reformationszeit kam es zu großen Verlusten; im Zuge von Reformen zu Sonderungen wie → Port-Royal, → Feuillantinnen). Einige Klöster überstanden die Säkularisation (in Deutschland z. B. Lichtenthal/Baden-Baden, Seligenthal/ Landshut, Marienthal und Maria-Stern in der Lausitz) und lebten unter bischöfl. Jurisdiktion weiter. Im 19. Jh. kam es auch wieder zu Neugründungen mit Inkorporation in den Zisterzienser-Orden. Derzeit bestehen 65 Niederlassungen mit etwas mehr als 1000 Nonnen (nicht mitgezählt die wenigen Z. bischöfl. Rechts). Auf dem Generalkapitel 2000 in Rom nahmen zum ersten Mal die Äbtissinnen (bzw. Priorinnen) und Delegierte mit Sitz und Stimme teil. – Die selbständige Kongregation der → Bernhardinerinnen zählt 7 Konvente mit etwa 130 Nonnen.

Zivilkonstitution (*Constitution civile du Clergé*), erlassen von der Französischen Nationalversammlung am 12. 7. 1790 zur Neuordnung der »Kultausübung«. Die Z. sieht nur noch den auf die Verfassung vereidigten bischöfl. Weltklerus vor, der allein zur Kultausübung in den von der Nation zur Verfügung gestellten Kulthäusern verpflichtet und berechtigt ist. In diesem System der Monopolisierung von Seelsorge in der Hand des bischöfl. Klerus und ausgeübt in Pfarrkirchen ist grundsätzlich kein Platz mehr für Klosterkirchen als Kultzentren und Ordenspriester als Seelsorger.

Zölibat (von lat. *caelebs* »alleinlebend, ehelos; Subst. *caelibatus* »Ehelosigkeit«) bezieht sich in der kath. Kirche des lat. Ritus auf Ehelosigkeit und sexuelle Enthaltsamkeit und gilt kraft Kirchenrechts für alle höheren Weihegrade (früher ab Subdiakonat, inzwischen ab Diakonat). Forderungen nach dem Z. für den Klerus gab es in Spätantike und FrühMA immer wieder – v. a. in asketischen und enthusiastischen Bewegungen –, durchgesetzt jedoch als kirchenrechtl. Gesetz erst seit dem 11./12. Jh. und nur in der lat. Kirche. Die Ostkirchen verbieten nach Empfang der

Diakonatsweihe die Heirat und verpflichten nur die Bischöfe auf den Z. Aus diesem Grunde werden die Bischöfe meist aus dem Mönchtum genommen. Im Mönchtum und Ordenswesen galt von Anfang an der Z. als konstitutiver und integraler Teil der freiwilligen Nachfolge Jesu; motiviert durch christologische, ekklesiologische und eschatologische Gedanken (→ Gelübde, → Jungfräulichkeit, → Keuschheit), wozu bei den im Apostolat tätigen Priesterorden der Gedanke größerer Verfügbarkeit und stärkerer Einsatzfähigkeit trat. Bei der seit dem FrühMA zunehmenden → Klerikalisierung des Mönchtums (→ Priestermönch) spielte dieses Motivbündel eine große Rolle; im Gegenzug kam es zu einer Art »Vermönchung« des Weltklerus, wovon die Bindung der Priesterweihe an den Z. der auffälligste Ausdruck geworden ist.

Zwölfzahl (lat. *duodenarium*) gilt nach dem Vorbild der 12 Apostel und anderer bibl. Hinweise im antiken und ma. Mönchtum und Ordenswesen als Normzahl für die Errichtung einer klösterlichen Kommunität; so z. B. in → Magister-Regel, BR, in der Gesetzgebung der Zisterzienser, den Konstitutionen der Dominikaner. Die Z. spielte auch eine Rolle bei der Zusammenstellung von Psalmreihen für bes. Anlässe und im Chorgebet.

Abkürzungen der Ordensgemeinschaften

Sigel (Kurzformeln) für Orden und deren Mitglieder sind im SpätMA aufgekommen und im Verlaufe der NZ üblich geworden. Offiziell festgelegt wurden die Kurzformeln jedoch nie. Öfters wurden sie auch abgeändert. Die mit Männerorden verbundenen Frauengemeinschaften gebrauchen in der Regel deren Sigel. Die meisten der vielen Kongregationen von Dominikanerinnen und Franziskanerinnen kennzeichnen sich mit OSD bzw. OSF. – Aufgelistet sind nur die Sigel der im Lexikon behandelten Gemeinschaften – soweit eine Sigel eruierbar ist. Für Männergemeinschaften sind diese angeführt in A.P., bei vielen Frauengemeinschaften fehlen entsprechende Angaben. In der Liste folgt auf das Sigel die lateinische bzw. volkssprachliche Auflösung; dann der Verweis auf das Stichwort im Lexikon, wo weitere Benennungen angeführt sind.

AA	Augustini ab Assumptione → Assumptionisten
AD (ADM)	Ancillae Domini → Arme Dienstmägde Jesu Christi
ASP	Angelicae Sancti Pauli → Angeliken
CanA	Ordo Canonicorum Regularium Sancti Augustini → Augustiner-Chorherren
CanReg	Canonici Regulares → Regularkanoniker
CCRRMM	Ordo Clericorum Regularium Minorum → Regularkleriker
CFA	Congregatio Fratrum Alexianorum → Alexianer
CFC	Congregatio Fratrum Christianorum → Schulbrüder
CFIC	Congregatio Filiorum Immaculatae Conceptionis → Konzeptionisten
CFMI	Congregatio Filiorum Mariae Immaculatae → Pavonianer
CHF	Congregation of the Holy Family → Heilige Familie
CICM	Congregatio Immaculati Cordis Mariae → Scheutvelder Missionare
CJ	Congregatio Jesu → Englische Fräulein
CJM	Congregatio Jesu et Mariae → Eudisten
CM	Congregatio Missionis → Lazaristen
CMF	Congregatio Missionarium Filiorum Immaculati Cordis Beatae Mariae Virginis → Claretiner

CMI	Congregatio Fratrum Carmelitarum Beatae Mariae Virginis Immaculatae → Karmeliten – Dritter Orden
CMM	Congregatio Missionarium de Marianhill → Marianhiller Missionare
COp	Congregatio pro Operariis Christianis → Kalasantiner
CP	Congregatio Passionis Jesu Christi → Passionisten
CPPS	Congregatio Presbyterorum a Pretiosissimo Sanguine → Kostbares Blut (Jesu Christi)
CR	Congregatio a Resurrectione Domini Nostri Jesu Christi → Resurrektionisten
CR	Ordo Clericorum Regularium vulgo Theatinorum → Theatiner
CRB	Canonici Regulares Congregationis Sancti Bernardi → Bernhardiner
CRL	Canonici Regulares Congregationis Lateranensis → Lateranensische Chorherren
CRS	Ordo Clericorum Regularium a Somasca → Somasker
CRSA	Canonici Regulares Sancti Augustini → Regularkanoniker
CRSP	Congregatio Clericorum Regularium Sancti Pauli → Barnabiten
CS	Congregatio Missionariorum a Sancto Carlo → Scalabriniani
CSAC	Congregatio Sororum Apostolatus Catholici → Pallottiner
CSC	Congregatio a Sancta Cruce → Heilig Kreuz
CSP	Societas Sacerdotum Missionariorum a Sancto Paulo → Paulisten
CSSE	Congregatio Sororum Sanctae Elisabethae → Elisabethinnen
CSSF	Congregatio Sororum Sancti Felicis → Felicianerinnen
CSSp	Congregatio Sancti Spiritus → Spiritaner
CSsR	Congregatio Sanctissimi Redemptoris → Redemptoristen
CV	Congregatio Vincentinarum → Vinzentinerinnen
DC	Congregatio Patrum Doctrinae Christianae → Doktrinarier
ECMC	Congregatio Eremitarum Camaldulensium Montis Coronae → Kamaldulenser

FdC	Filles de la Charité de Saint Vincent de Paul → Vinzentinerinnen 1
FdlS	Filles de la Sagesse → Weisheit
FDS	Filiae divini Salvatoris → Niederbronner Schwestern
FICP	Institutum Fratrum instructionis Christianae de Ploërmel → Schulbrüder
FMA	Filiae Mariae Auxiliatricis → Salesianer Don Boscos
FMI	Filiae Mariae Immaculatae → Marienschwestern
FMI	Congregatio Filiorum Mariae Immaculatae → Pavonianer
FMM	Fratres Misericordiae de Montabaur → Barmherzige Brüder
FMMA	Fratres Misericordiae Mariae Auxiliatricis (Trier) → Barmherzige Brüder
FMS	Institutum Fratrum Maristarum a Scholis → Maristen-Schulbrüder
FSC	Institutum Fratrum Scholarum Christianorum → Schulbrüder
HHCJ	Handmaids of the Holy Child Jesus → Kindheit Jesu
IBMV	Institutum Beatae Mariae Virginis → Englische Fräulein
MAfr	Missionarii Africae → Weiße Väter
MC	Missionaries of Charity → Mutter Teresa
MCCJ	Missionarii Comboniani Cordis Jesu → Herz Jesu
MI	Ordo Clericorum Regularium Ministrantium Infirmis → Kamillianer
MIC	Congregatio Clericorum Regularium Marianorum sub Titulo Immaculatae Conceptionis Beatissimae Virginis Mariae → Marianer
MSC	Missionarii Sacratissimi Cordis Jesu → Herz Jesu
MSF	Congregatio Missionariorum a Sancta Familia → Heilige Familie
MSSC	Missionariae Sorores Sancti Caroli Borromai → Scalabriniani
NDS	Notre-Dame de Sion → Frau, Unsere Liebe
OAD	Ordo Augustiniensium Discalceatorum → Augustiner-Barfüßer
OAR	Ordo Augustinianorum Recollectorum → Augustiner-Rekollekten
OCarm	Ordo Fratrum Beatae Mariae Virginis de Monte Carmelo → Karmeliten

OCart.	Ordo Cartusiensis → Kartäuser
OCD	Ordo Fratrum Discalceatorum (Sororum Discalceatarum) Beatae Mariae Virginis de Monte Carmelo → Unbeschuhte Karmeliten
OCist	Ordo Cisterciensis → Zisterzienser-Orden
OCon	Ordo de Conceptione Immaculatae Beatae Mariae Virginis Moniales → Konzeptionistinnen
OCSO	Ordo Cisterciensium Reformatorum seu strictioris Observantiae → Trappisten
ODN	Ordo Mariae Dominae Nostrae → Maria
OdeM	Ordo Beatae Mariae Virginis de Mercede → Mercedarier
OESA	Ordo Fratrum Eremitarum Sancti Augustini → Augustinereremiten
OFM	Ordo Fratrum Minorum → Franziskaner
OFMCap	Ordo Fratrum Minorum Capuccinorum → Kapuziner
OFMCon	Ordo Fratrum Minorum Conventualium → Minoriten
OFS	Ordo Franciscanus Saecularis → Franziskaner-Terziaren/innen
OH	Ordo Hospitalis S. Joannis de Deo → Barmherzige Brüder 1
OLM	Ordo Libanensis Maronitarum → Baladiten
OM	Ordo Minimorum → Minimen (Paulaner)
OMD	Ordo Clericorum Regularium Matris Dei → Regularkleriker
OMech	Ordo Mechitaristarum → Mechitaristen
OMEL	Ordo Melitensis → Johanniter (Malteser)
OMI	Congregatio Missionariorum Oblatorum Beatae Mariae Virginis Immaculatae → Oblaten
OMV	Congregatio Oblatorum Beatae Mariae Virginis → Oblaten
OP	Ordo Fratrum Praedicatorum → Dominikaner-Orden
OPraem	Candidus et Canonicus Ordo Praemonstratensis → Prämonstratenser
Or	Institutum Sancti Philippi Neri → Oratorium (Philippi N.)
ORC	Ordo Canonicorum Regularium Sanctae Crucis → Heiliges Kreuz
OSA	→ OESA
OSB	Ordo Sancti Benedicti

OSBI	Ordo S. Basilii Italicus → Basilianer 3
OSBirg.	Ordo Sanctae Birgittae → Birgitten-Orden
OSBCam	Ordo Sancti Benedicti Eremitarum Camaldulensium → Kamaldulenser
OSBM	Ordo S. Basilii Magni → Basilianer 5
OSBOliv	Ordo Sancti Benedicti Montis Oliveti → Olivetaner
OSBSSacr	Orde S. Benedicti Sanctissimi Sacramenti → Ewige Anbetung
OSC	Ordo Sanctae Crucis → Kreuzherren 3
OSCL	Ordo Sanctae Clarae → Klarissen
OSCLUrb	Ordo Sanctae Clarae Urbani IV → Urbanistinnen
OSD	Ordo Sancti Dominici → Dominikanerinnen 2–4
OSE	Ordo Sanctae Elisabeth → Elisabethinnen
OSF	Ordo Sancti Francisci → Franziskanerinnen, → Franziskaner-Terziaren/innen, → TOF, → TOR
OSFC	Institutum Oblatorum Sancti Francisci Salesii → Oblaten
OSJD	Ordo Sancti Johannis a Deo (auch OH) → Barmherzige Brüder 1
OSM	Ordo Servorum Mariae → Serviten
OSPPE	Ordo Sancti Pauli Primi Eremitae → Pauliner
OSsS	Ordo Sanctissimi Salvatoris → Birgitten-Orden
OSST	Ordo Sanctissimae Trinitatis → Trinitarier
OSU	Ordo Sanctae Ursulae → Ursulinen
OT	Ordo Teutonicus → Deutscher Orden
OVM	Ordo de Visitatione Beatae Mariae Virginis → Salesianerinnen
PA	Patres Albi → Weiße Väter
PBVM	Sisters of the Presentation of the Blessed Virgin Mary → Maria (Praesentatio)
PFM	Institutum Parvulorum Fratrum Mariae → Maristenschulbrüder
PIJ	Sorores Pauperis Infantis Jesu → Kindheit Jesu
PSS	Societas Presbyterorum a Sancto Sulpicio → Sulpizianer
RBP	Religieuses du Bon Pasteur → Gute Hirtinnen
RSCJ	Religieuses du Sacré-Cœur de Jésus → Sacré-Cœur-Schwestern
SA	Sorores Auxiliatrices Animarum Purgatorii → Arme Seelen
SABS	Sisters of the Blessed Sacrament → Ewige Anbetung

SAC	Societas Apostolatus Catholici → Pallottiner
SC	Societas Religiosarum Sanctissimi Cordis Jesu → Sacré-Cœur-Schwestern
SCCG	Sorores Caritatis Bartolomeae Capistanii et Vincenzae Gerosae → Caritas
SCSC	Sorores Congregationis de S. Cruce → Ingenbohler Schwestern
SDB	Salesiani di Don Bosco → Salesianer des hl. Johannes Don Bosco
SDS	Societas Divini Salvatores → Salvatorianer
SFB	Sœurs de la Sainte Famille de Bordeaux → Heilige Familie
SJ	Societas Jesu → Jesuiten
SJC	Sœurs de Saint Joseph de Cluny → Joseph
SL	Sisters of Loreto → Loreto 1
SM	Societas Mariae → Marianisten, → Maristen
SMB	Societas Missionum Exterarum de Bethlehem → Bethlehemiten (Schweiz)
SMM	Societas Mariae Montfortana → Montfortaner
SP	Ordo Clericorum Regularium Pauperum Matris Dei Scholarum Piarum → Piaristen
SPC	Sœurs Hospitalières de Saint Paul de Chartres
SSCC	Congregatio Sacrorum Cordium Jesu et Mariae → Picpus-Gesellschaft
SSND	Congregatio Pauperum Sororum Scholarum Nostrae Dominae → Frau, Unsere Liebe
SSP	Societas a Sancto Paulo Apostolo → Paulus
SSpS	Congregatio Missionalis Servarum Spiritus Sancti → Steyler Missionarsschwestern
SSS	Societas Sanctissimi Sacramenti → Eucharistiner
SVD	Societas Verbi Divini → Steyler Missionare
TOF	Tertius Ordo Franciscanus → Franziskaner-Terziaren
TOR	Tertius Ordo Regularis Sancti Francisci → Franziskanerinnen

Literaturhinweise

Im Blick auf die unübersehbar gewordene Literatur zum Ordenswesen ist jede knappe Auswahl riskant. Wegen der allgemeinen Wichtigkeit des Mönchtums in Antike und Mittelalter ist die Bibliographie dafür umfangreicher als die für das neuzeitliche Ordenswesen. Zur Information über die vielen Kongregationen des 17.–20. Jh.s sind die angegebenen Nachschlagewerke einzusehen bzw. entsprechende Auskünfte im Internet abzurufen. Berücksichtigt ist nur deutsche Literatur; die wenigen fremdsprachlichen Titel nur, wenn von besonderer Wichtigkeit und deutsch nichts Vergleichbares vorliegt. Gleiches gilt von Beiträgen in Zeitschriften und Sammelbänden. Die alphabetisch gereihten Titel sind themenbezogen und folgen in etwa der in der Einleitung skizzierten Verlaufsgeschichte des Ordenswesens.

1. Nachschlagewerke

Annuario Pontificio per l'anno 2003. Citta del Vaticano 2003. [Verzeichnis aller Orden päpstl. Rechts mit statistischen Angaben; erscheint jährlich.]

Dizionario degli Istituti di Perfezione. Diretto da Guerrino Pelliccia e da Giancarlo Rocco. Bd. 1 ff. [Bisher 9 Bde., bis »Vezelay«.] Roma 1974 ff. [Als umfangreichstes Lexikon zu allen Ordensgemeinschaften und -themen mit ausführlichen Bibliographien für nähere Informationen unerlässlich.]

Lexikon des Mittelalters. Hrsg. von Norbert Angermann [u. a.]. 9 Bde. Zürich/München 1977–1998. Registerband. Stuttgart 1999. [Mit Beiträgen zum ma. Ordenswesen.]

Lexikon für Theologie und Kirche. Hrsg. von Walter Kasper [u. a.]. 11 Bde. 3., völlig neu bearb. Auflage. Freiburg i. Br. 1993–2001. [Breite Berücksichtigung auch des nztl. Ordenswesens.]

Theologische Realenzyklopädie. Hrsg. von Gerhard Müller und Gerhard Krause. 37 Bde. Berlin / New York 1977–2004. [Ausführliche Beiträge zu den klassischen und großen Orden und Ordensstiftern.]

Hans Urs von Balthasar (Hrsg.): Die großen Ordensregeln. Zürich/Köln ^{6}1988. [Jeweils Einführung u. deutscher Text zu AR, BR, Franziskus, Ignatius.]

Peter Dinzelbacher / James Lester Hogg (Hrsg.): Kulturgeschichte der christlichen Orden in Einzeldarstellungen. Stuttgart 1997.

Karl Suso Frank: Geschichte des christlichen Mönchtums. 5., verb. und erg. Aufl. Darmstadt 1993. [1.–4. Aufl. u. d. T.: Grundzüge der Geschichte des christlichen Mönchtums.]

Max Heimbucher: Die Orden und Kongregationen der katholischen Kirche. 2 Bde. Paderborn [3]1933. – ND 1987. [Standardwerk und für Details immer noch unerlässlich; historische Deutungen und Zuordnungen z. T. überholt.]

Leonhard Holtz: Geschichte des christlichen Ordenslebens. Zürich [2]1991.

Juan Maria Laboa (Hrsg.): Mönchtum in Ost und West. Historischer Atlas. Regensburg 2002. [Reich illustrierte Kurzberichte zu den verschiedenen Formen des morgen- und abendländischen Mönchtums. Behandelt nur Mönchtum im strengen Wortsinn.]

Das Mönchtum. Edith Stein Jahrbuch. Bd. 8. Würzburg 2002. [Beiträge verschiedener Autoren zu Ordensgeschichte und einzelnen Orden.]

Georg Schwaiger (Hrsg.): Mönchtum, Orden, Klöster. Von den Anfängen bis zur Gegenwart. Ein Lexikon. München 1993. – ND 1998. [Stichworte mit knappen Angaben zu Orden, Ordensleben und -wesen.]

Josef Weismayer (Hrsg.): Mönchsväter und Ordensgründer. Männer und Frauen in der Nachfolge Jesu. Würzburg 1991. [Lebensskizzen zu Gestalten des Mönchtums u. Ordensgründern in MA und NZ.]

Klosterbücher. – In letzter Zeit erschienene lexikonartige Beschreibungen von Klöstern in einzelnen Landschaften; z. B.:

Westfälisches Klosterbuch. Lexikon der vor 1815 errichteten Stifte und Klöster von ihrer Gründung bis zur Aufhebung. 3 Bde. Hrsg. von Karl Hengst. Münster 1992–2004.

Württembergisches Klosterbuch. Klöster, Stifte und Ordensgemeinschaften von den Anfängen bis in die Gegenwart. Hrsg. von Wolfgang Zimmermann und Nicole Priesching. Ostfildern 2003.

2. Frühes Mönchtum

Rudolph Arbesmann: Augustinus der Vater des nordafrikanischen Mönchtums. Würzburg 1930.

Heinrich Bacht: Die Rolle des orientalischen Mönchtums in der kirchenpolitischen Auseinandersetzung von Chalkedon. In: Aloys Grillmeier / Heinrich Bacht: Das Konzil von Chalkedon. Bd. 2. Würzburg 1953. S. 431–519.

– Das Vermächtnis des Ursprungs. Studien zum frühen Mönchtum. Würzburg ^{2}1984.

– Pachomius. Der Mann und sein Werk. Würzburg 1983.

Wilhelm Bousset: Apophthegmata. Studien zur Geschichte des ältesten Mönchtums. Hrsg. von Theodor Hermann und Gustav Krüger. Tübingen 1923.

Peter Brown: Die Keuschheit der Engel. Sexuelle Entsagung, Askese und Körperlichkeit am Anfang des Christentums. Übers. aus dem Englischen. München 1991.

Hans Freiherr von Campenhausen: Die asketische Heimatlosigkeit im altkirchlichen und frühmittelalterlichen Mönchtum. Tübingen 1932.

Barbara Feichtinger: Apostola Apostolorum. Frauenaskese als Befreiung und Zwang bei Hieronymus. Frankfurt a. M. 1995.

André-Jean Festugiere: Ursprünge christlicher Frömmigkeit. Bildung oder Heiligkeit im Mönchtum des altchristlichen Orients. Übers. aus dem Französischen. Freiburg i. Br. 1963.

Karl Suso Frank: Angelikos Bios. Begriffsanalytische und begriffsgeschichtliche Untersuchung zum »engelgleichen« Leben im frühen Mönchtum. Münster 1964.

– Mönche im frühchristlichen Ägypten (Historia monachorum in Aegypto). Aus dem Griech. übers., eingel. und erl. Düsseldorf 1967.

– (Hrsg.), Askese und Mönchtum in der Alten Kirche. Darmstadt 1975.

– Basilius von Caesarea. Die Mönchsregeln. Hinführung und Übersetzung. St. Ottilien 1989.

Alfons Fürst: Hieronymus. Askese und Wissenschaft in der Spätantike. Freiburg i. Br. 2003.

Peter Grossmann: Die Unterkunftbauten der Mönche in den frühchristlichen Klöstern und Eremitagen Ägyptens. In: Das Mönchtum [s. o. 1.]. S. 65–85.

Karl Heussi: Der Ursprung des Mönchtums. Tübingen 1936. – ND 1981. [Zusammenfassung des Forschungsstandes; inzwischen Neuansätze; siehe Joest.]
Franziskus Christoph Joest: Vom Ursprung des Mönchtums. In: Das Mönchtum [s. o. 1.]. S. 21–33.
Bernhard Lohse: Askese und Mönchtum in der Antike und in der Alten Kirche. München/Wien 1969.
Peter Nagel: Die Motivierung der Askese in der Alten Kirche und der Ursprung des Mönchtums. Berlin 1966.
Fidelis Ruppert: Das pachomianische Mönchtum und die Anfänge des klösterlichen Gehorsams. Münsterschwarzach 1971.
Stephan Schiwitz: Das morgenländische Mönchtum. 3 Bde. Mainz 1904–13. – ND St. Gabriel / Mödling 1938. [Immer noch unentbehrlich.]
Basilius Steidle (Hrsg.): Antonius Magnus Eremita. Rom 1956.
– Beiträge zum alten Mönchtum und zur Benediktregel. Hrsg. von Ursmar Engelmann. Sigmaringen 1986.
Marcel Viller / Karl Rahner (Hrsg.): Askese und Mystik in der Väterzeit. Freiburg i. Br. 1939.
Adolar Zumkeller: Das Mönchtum des hl. Augustinus. Würzburg ^{2}1968.

3. Abendländisches Mönchtum im Frühmittelalter

Arnold Angenendt: Das Frühmittelalter. Die abendländische Christenheit von 400 bis 900. Stuttgart 1990.
– Monachi peregrini. Studien zu Pirmin und den monastischen Vorstellungen des frühen Mittelalters. München 1972.
Arno Borst: Mönchtum – Episkopat und Adel zur Gründungszeit des Klosters Reichenau. Sigmaringen 1974.
Maria-Elisabeth Brunert: Das Ideal der Wüstenaskese und seine Rezeption in Gallien bis zum Ende des 6. Jh.s. Münster 1994.
Karl Suso Frank: Frühes Mönchtum im Abendland. Lebensformen, Lebensgeschichten. 2 Bde. Eingel., übers. und erkl. Zürich/München 1975.
– Die Magisterregel. Einführung und Übersetzung. St. Ottilien 1989.
Andreas E. J. Grote: Anachorese und Zönobium. Der Rekurs des westlichen Mönchtums auf monastische Konzepte des Ostens. Stuttgart 2001.

Clemens M. Kasper: Theologie und Askese. Die Spiritualität des Inselmönchtums von Lérins im 5. Jh. Münster 1991.

Dorothee König: Amt und Askese. Priesteramt und Mönchtum bei den lateinischen Kirchenvätern in vorbenediktinischer Zeit. St. Ottilien 1985.

Rudolf Lorenz: Die Anfänge des abendländischen Mönchtums im 4. Jh. In: Zeitschrift für Kirchengeschichte 77 (1966) S. 1–61.

Gisela Muschiol: Famula Dei. Zur Liturgie in merowingischen Frauenklöstern. Münster 1994.

Friedrich Prinz: Askese und Kultur. Vor- und frühbenediktinisches Mönchtum an der Wiege Europas. München 1980.

– Frühes Mönchtum im Frankenreich. Kultur und Gesellschaft in Gallien, den Rheinlanden und Bayern am Beispiel monastischer Entwicklungen (4. bis 8. Jh.). München/Wien 1965. – Darmstadt ^{2}1988.

Michaela Puzicha: Die Regeln der Väter. Vorbenediktinische lateinische Regeltradition. Münsterschwarzach 1990.

John Ryan: Irish Monasticism. Origins and Early Development. Dublin 1992.

Die Benediktusregel. Lat./dt. Hrsg. im Auftrag der Salzburger Äbtekonferenz. Beuron 1992.

Ildefons Herwegen: Der hl. Benedikt. 5. Aufl. Bearb. von Emmanuel von Severus. Düsseldorf 1980.

Stephan Hilpisch: Geschichte des benediktinischen Mönchtums in den Grundzügen dargestellt. Freiburg i. Br. 1929.

Philibert Schmitz: Histoire de l'Ordre de St. Benoît. 7 Bde. Maredsous 1942–1956. – Deutsche Übers.: Geschichte des Benediktinerordens. Übers. von Ludwig Räber und Raimund Tschudi. Einsiedeln 1947–1960.

Adalbert de Vogüé: Die Regula Benedicti. Theologisch-spiritueller Kommentar. Übers. von Emmanuela Meilwes OSB. St. Ottilien 1986. [Originaltitel: La règle de Saint Benoît. Bd. 7. Paris 1977. – Das siebenbändige Werk ist derzeit der umfangreichste und wichtigste Kommentar zur BR.]

Johannes Fried: Die Formierung Europas. 840–1046. München 1991.

Dieter R. Bauer / Rudolf Hiestand [u. a.] (Hrsg.): Mönchtum – Kirche – Herrschaft 750–1000. Sigmaringen 1998.

Franz-Josef Felten: Äbte und Laienäbte im Frankenreich. Studien

zum Verhältnis von Staat und Kirche im Frankenreich. Stuttgart 1980.
Dieter Geuenich: Kritische Anmerkungen zur sogenannten »anianischen Reform«. In: Das Mönchtum [s. o. 1.]. S. 99–113.
Konrad Hecht: Der St. Gallener Klosterplan. Sigmaringen 1983.
Walter W. Horn / Ernest Born: The plan of St. Gall. A study of architecture and economy of, and life in a paradigmatic Carolingian monastery. 3 Bde. Berkeley 1979.
Helmut Maurer (Hrsg.): Abtei Reichenau. Sigmaringen 1974.
Otto Gerhard Oexle: Forschungen zu monastischen und geistlichen Gemeinschaften im Westfränkischen. München 1978.
Friedrich Prinz (Hrsg.): Herrschaft und Kirche. Beiträge zur Entstehung und Wirkungsweise episkopaler und monastischer Organisationsformen. Stuttgart 1988.
Thomas Schilp: Norm und Wirklichkeit religiöser Frauengemeinschaften im Frühmittelalter. Die Institutio sanctimonialium Aquisgranensis des Jahres 816 und die Problematik der Verfassung von Frauenkommunitäten. Göttingen 1998.
Hans Peter Wehlt: Reichsabtei und König. Dargestellt am Beispiel der Abtei Lorsch mit Ausblicken auf Hersfeld, Stablo und Fulda. Göttingen 1976.

4. Monastische Differenzierung im Hochmittelalter

Gerd Tellenbach: Das Reformmönchtum und die Laien im 11. und 12. Jh. In: Ders.: Ausgewählte Aufsätze III. Stuttgart 1988. S. 1067–1096.
David Knowles: Geschichte des christlichen Mönchtums. Benediktiner, Zisterzienser, Kartäuser. München 1969.
Kassius Hallinger: Gorze – Kluny. Studien zu den monastischen Lebensformen und Gegensätzen im Hochmittelalter. 2 Bde. Rom 1950/51.
Rudolf Hiestand: Einige Überlegungen zu den Anfängen von Cluny. In: Dieter R. Bauer / Rudolf Hiestand [u. a.] (Hrsg.): Mönchtum – Kirche – Herrschaft 750–1000. Sigmaringen 1998. S. 287–309.
Hirsau. St. Peter und Paul 1091–1991. Geschichte, Lebens- und Verfassungsformen eines Reformklosters. Bearb. von Klaus Schreiner. Stuttgart 1991.

Hermann Jakobs: Der Adel in der Klosterreform von St. Blasien. Köln 1968.
Achim Köhnle: Abt Hugo von Cluny (1040–1109). Sigmaringen 1991.
Dietrich N. Poeck: Cluniacensis ecclesia. Der cluniazensische Klosterverband (10. bis 12. Jh.). München 1987.
Helmut Richter (Hrsg.): Cluny. Beiträge zu Gestalt und Wirkung der cluniazensischen Reform. Darmstadt 1975.
Josef Semmler: Die Klosterreform von Siegburg. Ihre Ausbreitung und ihr Reformprogramm im 11. und 12. Jh. Bonn 1959.
Joachim Wollasch: Mönchtum des Mittelalters zwischen Kirche und Welt. München 1973.
– Cluny. Licht der Welt. Aufstieg und Untergang der klösterlichen Gemeinschaft. Zürich/Düsseldorf 1996.

Die Zisterzienser. Ordensleben zwischen Ideal und Wirklichkeit. Eine Ausstellung des Landschaftsverbandes Rheinland. Aachen/Bonn 1980.
Die Zisterzienser. Ordensleben zwischen Ideal und Wirklichkeit. Ergänzungsband. Hrsg. von Kaspar Elm unter Mitarbeit von Peter Joerißen. Köln 1982.
Die Cistercienser. Geschichte – Geist – Kunst. Hrsg. von Ambrosius Schneider [u. a.]. Köln ²1977.
Dieter Bauer / Gotthard Fuchs (Hrsg.): Bernhard von Clairvaux und der Beginn der Moderne. Innsbruck/Wien 1996.
Peter Dinzelbacher: Bernhard von Clairvaux. Darmstadt 1998.
Edmond Mikkers: Die Charta Caritatis und die Gründung von Cîteaux. In: Rottenburger Jahrbuch für Kirchengeschichte 4 (1985) S. 13–32. [Zur Forschungssituation um die Ch. C.]
Michael Töpfer: Die Konversen der Zisterzienser. Untersuchungen über ihren Beitrag zur mittelalterlichen Blüte des Ordens. Berlin 1983.

L'Eremitismo in Occidente nei secoli XI e XII. Atti della seconda semana internazionale di Studi Mendola, 30 agosto – 6 settembre 1962. Milano 1965.
Gerardo Posada (Hrsg.): Der heilige Bruno. Vater der Kartäuser. Ein Sohn der Stadt Köln. Köln 1987.
Bruno Rieder: Deus locum dabit. Studien zur Theologie des Kartäuserpriors Guigo I. (1083–1136). Paderborn 1997.

Marian Zadnikar / Martin Wienand (Hrsg.): Die Kartäuser. Der Orden der schweigenden Mönche. Köln 1983.

Karl Bosl: Regularkanoniker und Seelsorge in Kirche und Gesellschaft des 12. Jh.s. München 1979.
Charles Dereine: Vie Commune, Règle de S. Augustin et Chanoines réguliers au XII.s. In: Revue d'Histoire Ecclésiastique 41 (1946) S. 365–406. [Grundlegend für Kanoniker-Forschungsgeschichte.]
Peter Classen: Gerhoch von Reichersberg. Wiesbaden 1960.
Irene Crusius: Studien zum weltlichen Kollegiatsstift in Deutschland. Göttingen 1995.
Jakob Mois: Das Stift Rottenbuch in der Kirchenreform des XI.–XII. Jh.s. München/Freising 1953.
Gert Melville / Anna Müller (Hrsg.): Regula Sancti Augustini. Normative Grundlage differenter Verbände im Mittelalter. Paring 2002.
Peter Moraw: Über Typologie, Chronologie und Geographie der Stiftskirche im Mittelalter. In: Untersuchungen zu Kloster und Stift. Hrsg. vom Max-Planck-Institut für Geschichte. Göttingen 1980. S. 9–37. [Grundlegend und informativ.]
Schieffer Rudolf: Die Entstehung der Domkapitel in Deutschland. Bonn 1976.
Klaus Schreiner: Ein Herz und eine Seele. Eine urchristliche Lebensform und ihre Institutionalisierung im augustinisch geprägten Mönchtum des hohen und späten Mittelalters. In: Gert Melville / Anna Müller (Hrsg.): Regula S. Augustini. Normative Grundlage differenter Verbände im Mittelalter. Paring 2002. S. 1–47.
Josef Siegwarth: Die Chorherren- und Chorfrauen-Gemeinschaften in der deutschsprachigen Schweiz vom 6. Jh. bis 1160. Fribourg 1962.
Stefan Weinfurter: Neue Forschungen zu den Regularkanonikern im deutschen Reich des 11. und 12. Jh.s. In: Historische Zeitschrift 224 (1974) S. 379–397.
Alfred Wendehorst / Stephan Benz: Verzeichnis der Säkularkanonikerstifte der Reichskirche. SD vom Jahrbuch für fränkische Landesforschung Bd. 54 (1974).

Norbert Backmund: Monasticon Praemonstratense. Berlin ^{2}1983. [Verzeichnis aller ma. Prämonstratenserklöster, geordnet nach Circarien mit Kurzangaben.]

Norbert Backmund: Geschichte des Prämonstratenserordens. Grafenau 1986.

Irene Crusius / Helmut Flachenecker (Hrsg.): Studien zum Prämonstratenserorden. Göttingen 2003.

Kaspar Elm (Hrsg.): Norbert von Xanten. Adeliger, Ordensstifter, Kirchenfürst. Köln 1984.

Helmut Flachenecker: Das Zirkariensystem der Prämonstratenser am Beispiel Schwabens. In: Rottenburger Jahrbuch für Kirchengeschichte 22 (2003) S. 13–29. [Im Bd. 9 weitere Beiträge zu den Prämonstratensern.]

Ludger Horstkötter: Der hl. Norbert und die Prämonstratenser. Duisburg-Hamborn [6]1984.

Stefan Weinfurter: Norbert von Xanten – Ordensstifter und Eigenkirchherr. In: Archiv für Kulturgeschichte 59 (1977) S. 66–98.

Jacques Delarun: Erotik und Enthaltsamkeit. Das Kloster des Robert von Arbrissel. Frankfurt a. M. 1987.

Julius Dirnbeck: Der Orden der Pauliner OSPE. Seine Geschichte – Seine Aufgaben – Seine Stellung. Eisenstadt 1984.

Kaspar Elm (Hrsg.): Beiträge zur Geschichte des Paulinerordens. Berlin 2000.

– Beiträge zur Geschichte des Wilhelmitenordens. Köln/Graz 1962.

– Fratres et Sorores Sanctissimi Sepulcri. Beiträge zu fraternitas, familia und weiblichem Religiosentum im Umkreis des Kapitels vom Hl. Grab. In: Frühmittelalterliche Studien 9 (1975) S. 287–333.

Gert Melville: Von der Regula monachorum zur Stephansregel. Der monastische Sonderweg der Grandmontenser bei der Auffächerung der vita religiosa. In: Hagen Keller / Franz Neiske (Hrsg.): Vom Kloster zum Klosterverband. Münster 1974. S. 342–363.

Adalbert Mischlewski: Grundzüge der Geschichte des Antoniterordens bis zum Ausgang des 15. Jh.s. Köln/Wien 1976.

Martin Armgart: Deutscher Orden 1190–1990. Lüneburg 1997. [Gesamtgeschichte.]

Hartmut Bookmann: Der Deutsche Orden. Zwölf Kapitel aus seiner Geschichte. München 1981. [Einzelaspekterörterung.]

Josef Fleckenstein / Manfred Hellmann (Hrsg.): Die geistlichen Ritterorden Europas. Sigmaringen 1980.
Willy Lorenz: Die Kreuzherren mit dem roten Stern. Königstein 1964.
Anne Müller: Gefangenenloskauf unter der Augustinusregel. Aspekte institutioneller Entwicklung im Mercedarierorden von den Anfängen bis 1317. In: Gert Melville / Anna Müller (Hrsg.): Regula Sancti Augustini. Normative Grundlage differenter Verbände im Mittelalter. Paring 2002. S. 477–514. [Neuer Forschungsansatz zur Entstehung des M.]
Jürgen Sarnowsky: Macht und Herrschaft im Johanniterorden des 15. Jh.s. Münster 2001.
Adam Wienand [u. a.] (Hrsg.): Der Johanniter-Orden. Der ritterliche Orden des hl. Johannes vom Spital in Jerusalem. Seine Geschichte und seine Aufgabe. Köln [3]1988.

5. Bettelorden

Gabriel Audisio: Die Waldenser. Geschichte einer religiösen Bewegung. Übersetzung aus dem Französischen. München 1996.
Arno Borst: Die Katharer. Stuttgart 1953. – ND Freiburg i. Br. [2]1991.
Brigitte Degler-Spengler: Die religiöse Frauenbewegung des Mittelalters. Konversen – Nonnen – Beginen. In: Rottenburger Jahrbuch für Kirchengeschichte 3 (1984) S. 75–88.
– »Zahlreich wie die Sterne des Himmels«. Zisterzienser, Dominikaner und Franziskaner vor dem Problem der Inkorporation von Frauenklöstern. In: Rottenburger Jahrbuch für Kirchengeschichte 4 (1985) S. 37–50.
Kaspar Elm: Die Stellung der Frau in Ordenswesen. Semireligiosentum und Häresie zur Zeit der hl. Elisabeth. In: Sankt Elisabeth. Fürstin – Dienerin – Heilige. Hrsg. von der Philipps-Universität Marburg in Verbindung mit dem Hessischen Landesamt für geschichtliche Landeskunde. Sigmaringen 1982. S. 7–28.
– (Hrsg.): Stellung und Wirksamkeit der Bettelorden in der städtischen Gesellschaft. Berlin 1981.
– Ausbreitung, Wirksamkeit und Ende der provençalischen Sackbrüder (Fratres de poenitentia Jesu Christi) in Deutschland, Belgien und den Niederlanden. Ein Beitrag zur kurialen und konzi-

liaren Ordenspolitik des 13. Jahrhunderts. In: Francia 1 (1972) S. 257–324.

Isabel Grübel: Bettelorden und Frauenfrömmigkeit im 13. Jh. München 1987.

Herbert Grundmann: Religiöse Bewegungen im Mittelalter. Darmstadt [4]1977.

Ulrich Horst: Evangelische Armut und Kirche. Thomas von Aquin und die Armutskontroversen des 13. und beginnenden 14. Jh.s. Berlin 1992.

Gert Melville / Jörg Oberste (Hrsg.): Die Bettelorden im Aufbau. Beiträge zu Institutionalisierungsprozessen im mittelalterlichen Religiosentum. Münster 1999.

– (Hrsg.): In proposito pauperitatis. Studien zum Armutsverständnis bei den mittelalterlichen Bettelorden. Münster 2001.

Sankt Elisabeth. Fürstin – Dienerin – Heilige. Hrsg. von der Philipps-Universität Marburg in Verbindung mit dem Hessischen Landesamt für geschichtliche Landeskunde. Sigmaringen 1982. [Ausstellungskatalog.]

Hans Joachim Schmidt: Legitimität von Innovation. Geschichte, Kirche und neue Orden im 13. Jh. In: Vita Religiosa im Mittelalter. FS für Kaspar Elm zum 70. Geburtstag. Hrsg. von Franz I. Felten und Nikolaus Jaspert. Berlin 1999. S. 371–391. [In der FS Beiträge zum Mönchtum, Reformkanoniker, Ritterorden, Bettelorden; Schriftenverzeichnis von Kaspar Elm S. 961–979.]

Kurt Viktor Selge: Die ersten Waldenser. 2 Bde. Berlin 1967.

Martina Wehrli-Johns: Das mittelalterliche Beginentum – religiöse Frauenbewegung oder Sozialidee der Scholastik? Ein Beitrag zur Revision des Begriffs »religiöse Bewegungen«. In: »Zahlreich wie die Sterne des Himmels«. Beginen am Niederrhein zwischen Mythos und Wirklichkeit. Red. von Peter Modler und Stephan Lennartz. Bergisch Gladbach 1992. S. 9–39. [Wichtiger neuer Forschungsansatz.]

Ute Weinmann: Mittelalterliche Frauenbewegungen. Ihre Beziehungen zu Orthodoxie und Häresie. Pfaffenweiler 1990.

David Gutierrez: Geschichte des Augustinerordens. 4 Bde. Rom 1975–1988.

Adolar Kunzelmann: Geschichte der deutschen Augustiner-Eremiten. 7 Bde. Würzburg 1969–1976.

Guy Bedouelle: Dominikus. Von der Kraft des Wortes. Aus dem Franz. übers. und bearb. von Hilarius Barth. Graz 1984.

Marie-Luise Ehrenschwendtner: Die Bildung der Dominikanerinnen in Süddeutschland vom 13. bis 15. Jh. Stuttgart 2004.

Isnard W. Frank: Die Grundlegung des intellektuellen Profils des Predigerordens in seinen Anfängen. In: Rottenburger Jahrbuch für Kirchengeschichte 17 (1998) S. 13–34.

– Zur Gründung der »Dominikanerinnen« im 13. Jh. In: Werner Schiedermair (Hrsg.): Das Dominikanerinnenkloster zu Bad Wörishofen. Weißenhorn 1998. S. 36–49, 329–335.

William A. Hinnebusch: Kleine Geschichte des Dominikanerordens. Leipzig 2004.

– The History of the Dominican Order. Bd. 1. Staten Island (N. Y.) 1965. Bd. 2. New York 1973.

Wolfram Hoyer (Hrsg.): Jordan von Sachsen – Ordensmeister, Geschichtsschreiber, Beter. Eine Textsammlung. Leipzig 2002.

Meinolf Lohrum: Die Wiederanfänge des Dominikanerordens in Deutschland nach der Säkularisation. 1856–1875. Mainz 1971.

Daniele Penone: I Domenicani nei secoli. Panorama storico dell'Ordine dei Frati Predicatori. Bologna 1998.

Marie Humbert Vicarie: Geschichte des hl. Dominikus. 2. Bde. Freiburg i. Br. 1961–63.

800 Jahre Franz von Assisi. Franziskanische Kunst und Kultur des Mittelalters. Niederösterreichische Landesausstellung Krems-Stein. Wien 1982. (Katalog des Niederösterreichischen Landesmuseums. NF 122.)

Marco Bartolini: Klara von Assisi. Werl 1993.

Kajetan Esser: Anfänge und ursprüngliche Zielsetzungen des Ordens der Minderbrüder. Leiden 1966.

Isnard W. Frank: Franz von Assisi. Frage auf eine Antwort. Düsseldorf 1982. – ND Mainz 1992.

Lázaro Iriarte: Der Franziskus-Orden. Handbuch der franziskanischen Ordensgeschichte. Altötting 1984.

Martina Kreidler-Kos: Klara von Assisi. Schattenfrau und Lichtgestalt. Tübingen/Basel 2000.

Duane V. Lapsanski: Perfectio evangelica. Eine begriffsgeschichtliche Untersuchung im frühfranziskanischen Schrifttum. München/Paderborn 1973.

Raoul Manselli: Franziskus. Der solidarische Bruder. Übersetzung aus dem Italienischen. Zürich/Einsiedeln 1984.

Günter Benker: Die Gemeinschaften des Karmels. Mainz 1994.
Adalbert Deckert: Die oberdeutsche Provinz der Karmeliten nach den Akten ihrer Kapitel von 1421 bis 1529. Rom 1961.
– / Otho Merl: Karmel – Gesetz und Geheimnis. Köln 1959.
Joachim Smet / Ulrich Dobhan, Die Karmeliten. Eine Geschichte der Brüder U. L. Frau vom Berge Karmel. Von den Anfängen bis zum Konzil von Trient. Freiburg i. Br. 1981. [= Übersetzung von Bd. 1 des folgenden Werks.]
– The Carmelites. 4 Bde. Revised Edition. Darien/Illinois ^{2}1988.

6. Ordenswesen im Spätmittelalter

Jan Ballweg: Konziliare oder päpstliche Ordensreform. Benedikt XII. und die Reformdiskussion im frühen 14. Jh. Tübingen 2001. [Ausführliches Quellen- und Literaturverzeichnis.]
Kaspar Elm (Hrsg.): Reformbemühungen und Observanzbestrebungen im spätmittelalterlichen Ordenswesen. Berlin 1989. [Mit Beiträgen zu den einzelnen Orden.]
Ulrich Faust / Franz Quarthal (Hrsg.): Die Reformverbände und Kongregationen der Benediktiner im deutschen Sprachraum. St. Ottilien 1999.
Gerhard Faix: Gabriel Biel und die Brüder vom gemeinsamen Leben. Tübingen 1999.
Albert Groiß: Spätmittelalterliche Lebensformen der Melker Observanz vor dem Hintergrund ihrer Bräuche. Münster 1999.
Wilhelm Kohl: Die Windesheimer Kongregation. In: Kaspar Elm (Hrsg.): Reformbemühungen und Observanzbestrebungen im spätmittelalterlichen Ordenswesen. Berlin 1989. S. 83–108.
Tore Nyberg: Der Birgittenorden im Zeitalter der Ordensreformen. In: Kaspar Elm (Hrsg.): Reformbemühungen und Observanzbestrebungen im spätmittelalterlichen Ordenswesen. Berlin 1989. S. 373–396.
Lothar Perlitt (Hrsg.): 900 Jahre Kloster Bursfelde. Vorträge und Reden zum Jubiläum 1993. Göttingen 1993.
Gerhard Rehm: Die Schwestern vom Gemeinsamen Leben im nordwestlichen Deutschland. Berlin 1985.
Günther Schiwy: Brigitta von Schweden. Mystikerin und Visionärin des späten Mittelalters. München 2003.
Klaus Schreiner: Dauer, Niedergang und Erneuerung klösterlicher Observanz im hoch- und spätmittelalterlichen Mönchtum. In:

Gerd Melville (Hrsg.): Institution und Geschichte. Münster 1992. S. 295–341.
Dieter Stievermann: Landesherrschaft und Klosterwesen im spätmittelalterlichen Württemberg. Sigmaringen 1989. [Exemplarisch für das zeitgenössische landesfürstliche Kirchenregiment.]
Andreas Wilts: Beginen im Bodenseeraum. Sigmaringen 1994. [Exemplarisch für spätmittelalterliches Beginentum und dessen Regulierung.]

7. Einzelaspekte im Ordenswesen

Jutta Maria Berger: Die Geschichte der Gastfreundschaft im hochmittelalterlichen Mönchtum. Die Zisterzienser. Berlin 1999.
Kaspar Elm (Hrsg.): Beiträge zur Geschichte der Konversen im Mittelalter. Berlin 1980.
– / Michel Parisse (Hrsg.): Doppelklöster und andere Formen der Symbiose männlicher und weiblicher Religiosen im Mittelalter. Berlin 1992.
– (Hrsg.): Erwerbspolitik und Wirtschaftsweise mittelalterlicher Orden und Klöster. Berlin 1992.
Johannes Fried (Hrsg.): Schulen und Studium im sozialen Wandel des hohen und späten Mittelalters. Sigmaringen 1986.
Thomas Füser: Mönche im Konflikt. Zum Spannungsfeld von Norm, Devianz und Sanktion bei den Cisterziensern und Cluniazensern (12. bis frühes 14. Jahrhundert). Münster 2000.
Angelus Albert Häußling: Mönchskonvent und Eucharistiefeier. Eine Studie über die Messe in der abendländischen Klosterliturgie des frühen Mittelalters und zur Geschichte der Meßhäufigkeit. Münster 1973.
Jean Leclercq: L'amour des lettres et le désir de Dieu. 3., verb. Aufl. Paris 1990. – Dt. Übers. der 1. Aufl. 1957 u. d. T.: Wissenschaft und Gottverlangen. Düsseldorf 1963.
Hubertus Lutterbach: Monachus factus est. Die Mönchwerdung im frühen Mittelalter. Münster 1993.
Otto Nussbaum: Kloster, Priestermönch und Privatmesse. Bonn 1961.
Philippus Oppenheim: Symbolik und religiöse Wertung des Mönchskleides im christlichen Altertum vornehmlich der christlichen Schriftsteller der Ostkirche. Münster 1932.

Joseph Pascher: Das Stundengebet der Römischen Kirche. München 1954.
Steffen Patzold: Konflikte im Kloster. Studien zu Auseinandersetzungen in monastischen Gemeinschaften des Ottonisch-Salischen Reichs. Husum 2000.
Reinhard Schneider: Vom Klosterhaushalt zum Stadt- und Staatshaushalt. Der zisterziensische Beitrag. Stuttgart 1994.
Georg Schreiber: Gemeinschaften des Mittelalters. Recht, Verfassung, Kult und Frömmigkeit. 2 Bde. Münster 1948.
Augustin Thiele: Laienbrüder – Mönchspriester – eine Entwicklung. In: Studien und Mitteilungen zur Geschichte des Benediktinerordens und seiner Zweige 89 (1978) S. 301–345.
Louis Trichet: La Tonsure. Vie et mort d'une pratique ecclésiastique. Paris 1990.
Gerd Zimmermann: Ordensleben und Lebensstandard. Die Cura corporis in den Ordensvorschriften des abendländischen Hochmittelalters. Münster 1973.

8. Ordenswesen in Reformation und Neuzeit

Bernhard Lohse: Mönchtum und Reformation. Luthers Auseinandersetzung mit dem Mönchsideal des Mittelalters. Göttingen 1963.
Johannes Kistenich: Bettelmönche im öffentlichen Schulwesen. Ein Handbuch für die Erzdiözese Köln 1680–1850. 2 Bde. Köln 2002.
Wolfgang Seibrich: Gegenreformation als Restauration. Die restaurativen Bemühungen der alten Orden im Deutschen Reich von 1580 bis 1648. Münster 1991.
Klaus-Bernward Springer: Die deutschen Dominikaner in Widerstand und Anpassung während der Reformationszeit. Berlin 1999.
Heinz-Meinolf Stamm: Luthers Stellung zum Ordensleben. Wiesbaden 1980.
Walter Ziegler: Die Bursfelder Kongregation in der Reformationszeit. Münster 1968.

Theophil Graf: Die Kapuziner. Fribourg 1957. [Knapper Abriss der Geschichte.]
Walther Hümmerich: Anfänge des kapuzinischen Klosterbaues.

Untersuchungen zur Kapuzinerarchitektur in der rheinischen Ordensprovinz. Mainz 1987.
Thomas M. Huber / Nikolaus Kuster / Oktavian Schmucki (Hrsg.): Von Wanderbrüdern, Einsiedlern und Volkspredigern. Leben und Wirken der Kapuziner im Zeitalter der katholischen Reform. Kevelaer 2002.

Josef Grisar: »Jesuitinnen«. Ein Beitrag zur Geschichte des weiblichen Ordenswesens von 1550–1650. In: Reformata reformanda. Festschrift für Hubert Jedin. Hrsg. von Erwin Iserloh. Bd. 2. Münster 1965. S. 70–113.
Mathilde Kohler: Maria Ward. Ein Frauenschicksal des 17. Jh.s. München 1984.

William V. Bangert: A History of the Society of Jesus. St. Louis ^{2}1986. [Zur Zeit beste Darstellung der Geschichte des Ordens.]
Diccionario historico de la Compañia de Jesús. 4 Bde. Rom 2001.
Bernhard Duhr: Geschichte der Jesuiten in den Ländern deutscher Zunge. 6 Bde. München/Regensburg 1907–1928.
Stefan Kiechle / Claus Maaß: Der Jesuitenorden heute. Mainz 2000.
Ludwig Koch: Jesuiten-Lexikon. Paderborn 1934.
John W. O'Malley: Die ersten Jesuiten. Würzburg 1995.
André Ravier: Ignatius von Loyola gründet die Gesellschaft Jesu. Würzburg 1982.
Michael Sievernich / Günter Switek (Hrsg.): Ignatianisch. Eigenart und Methode der Gesellschaft Jesu. Freiburg i. Br. 1990.
Josef Sudbrack: Ignatius von Loyola (1491–1556). Erfahrung und Entscheidung. Würzburg 1990.

Marelle Auclair: Vinzenz von Paul. Genie der Nächstenliebe. Freiburg i. Br. 1978.
Henry Bremond: L'Abbé Tempête: Armand de Rancé, Réformateur de La Trappe. Paris 1929.
Giuseppe Lorenzo Moncallero: La fondazione delle Scuole degli Scolopi nell'Europa centrale al tempo della Controriforma. Roma 1972.
Theodule Rey-Mermet: Alfons von Liguori. Der Heilige der Aufklärung. Freiburg i. Br. 1987.
Otto Weiß: Die Redemptoristen in Bayern 1790–1909. Ein Beitrag zur Geschichte des Ultramontanismus. St. Ottilien 1983.

9. Ordenswesen seit dem 19. Jh.

Fritz Bornemann: Arnold Janssen der Gründer des Steyler Missionswerkes 1837–1909. Steyl 1969.

Hubert Brantzen [u. a.]: Schönstatt-Lexikon. Fakten – Ideen – Leben. Vallendar/Schönstatt ²2002.

Basilius Doppelfeld: Mönchtum und kirchlicher Heilsdienst. Entstehung und Entwicklung des nordamerikanischen Benediktinertums im 19. Jh. Münsterschwarzach 1974.

Erwin Gatz: Kirche und Krankenpflege im 19. Jh. Katholische Bewegung und karitativer Aufbruch in den preußischen Provinzen Rheinland und Westfalen. München 1971.

Gisbert Greshake: Charles de Foucauld. In: Josef Weismayer (Hrsg.): Mönchsväter und Ordensgründer. Männer und Frauen in der Nachfolge Jesu. Würzburg 1991. S. 365–383. [Auch Hinweise auf die Gemeinschaften und Literatur.]

Zoe Maria Isenring: Die Frau in den apostolisch tätigen Ordensgemeinschaften. Eine Lebensform am Ende oder an der Wende. Freiburg/Schweiz 1993.

Suso Mayer: Elementa. Die Grundlagen des benediktinischen Mönchtums von Maurus Wolter OSB, Erzabt und Gründer von Beuron. Beuron 1955.

Relinde Meiwes: Arbeiterinnen des Herrn. Katholische Frauenkongregationen im 19. Jh. Frankfurt a. M. 2000. [Grundlegende und instruktive Untersuchung.]

Basilius Senger (Hrsg.): Die Beuroner Benediktiner-Kongregation und ihre Klöster. Beuron 1989.

Alois Kothgasser: Der Geist Don Boscos als Erbe und Auftrag. München 1982.

Jacques Schepens: Das Bild Don Boscos im Wandel. Ein Beitrag zur Don Bosco Forschung. Benediktbeuren 2000.

Pietro Stella: Don Bosco. Leben und Werk. Übersetzung aus dem Italienischen. Wien 2000.

Wolfgang Schaffer: Schulorden im Rheinland. Ein Beitrag zur Geschichte religiöser Genossenschaften im Erzbistum Köln zwischen 1815 und 1875. Köln 1988.

Maria Liobgid Ziegler: Die Armen Schulschwestern von U. L. Frau. Ein Beitrag zur Bayerischen Bildungsgeschichte. München 1935.

10. Baukunst der Orden

Ernst Badstübner: Kirchen der Mönche – Die Baukunst der Reformorden im Mittelalter. Berlin 1980.
Günther Binding / Matthias Untermann: Kleine Kunstgeschichte der mittelalterlichen Ordensbaukunst in Deutschland. Darmstadt [2]1993.
Wolfgang Braunfels: Abendländische Klosterbaukunst. Köln 1969.
Gabriel Le Bras (Hrsg.): Les ordres religieux/actifs. La vie et l'art. 2 Bde. Paris 1979–1980. [Reich illustrierte Dokumentation zu den Kirchen und Bauten der alten Orden und neuzeitlichen Kongregationen in Europa und Übersee.]
Ernst Coester: Die einschiffigen Cistercienserinnenkirchen West- und Süddeutschlands von 1200 bis 1350. Mainz 1984.
Isnard W. Frank: Bettelordenskirchen als multifunktionale Kulträume. Ein Beitrag zur Bettelordenskirchenforschung. In: Wissenschaft und Weisheit 59 (1996) S. 92–112.
Peter Klein (Hrsg.): Der mittelalterliche Kreuzgang. Architektur, Funktion und Programm. Regensburg 2004.
Wolfgang Schenkluhn: Architektur der Bettelorden. Die Baukunst der Dominikaner und Franziskaner in Europa. Darmstadt 2000.
Roland Pieper: Die Kirchen der Bettelorden in Westfalen. Werl 1993.

11. Ostkirchliches Mönchtum – Gemeinschaftsbildungen im Reformatorischen Christentum

Il Monachesimo Orientale. Atti del convegno di Studi Orientali che si tenne a Roma nei giorni 9–12 aprile 1958. Rom 1958.
Demetrios Savramis: Zur Soziologie des byzantinischen Mönchtums. Leiden/Köln 1962.
Igor Smolitsch: Russisches Mönchtum. Entstehung, Entwicklung und Wesen (988–1917). Würzburg 1958.
Tomá Spidlik: Das östliche Mönchtum und das östliche Frömmigkeitsleben. In: Endre von Ivánka [u. a.] (Hrsg.): Handbuch der Ostkirchenkunde. Düsseldorf 1971. S. 543–568.
Hans Vorbach: Licht vom Heiligen Berg – Athos. Lebendige Tradition, Legenden, Mönchische Erfahrungen. Salzburg 1995. [Reich illustrierte Darstellung.]

Rex Brico: Taizé. Frère Roger und die Gemeinschaft. Freiburg i. Br. 1979.

Olivier Clément: Taizé. Einen Sinn fürs Leben finden. Freiburg i. Br. 1999.

Mark Gibbard: Die anglikanischen Ordensgemeinschaften. In: Hans Heinrich Harms (Hrsg.): Die Kirche von England und die anglikanische Kirchengemeinschaft. Stuttgart 1966. S. 130–151.

Johannes Halkenhäuser: Kirche und Kommunität. Geschichte und Auftrag der kommunitären Bewegung in den Kirchen der Reformation. Paderborn 1978. [Umfassende Information zum Komplex Reformation – Ordenswesen, zur kommunitären Bewegung in Neuzeit und Gegenwart, umfangreiche Bibliographie.]

Johannes Heckel: Die evangelischen Dom- und Kollegiatsstifter Preußens. Stuttgart 1924.

Nicolaus Heutger: Evangelische Konvente in den welfischen Landen und der Grafschaft Schaumburg. Hildesheim 1961.

Paul Philippi: Die Vorstufen des modernen Diakonissenamtes (1789–1848) als Elemente für dessen Verständnis und Kritik. Eine motivgeschichtliche Untersuchung zum Wesen der Mutterhausdiakonie. Neukirchen-Vluyn 1966.

Basilea Schlink: Ökumenische Marienschwesternschaft. Darmstadt/Eberstadt ³1959.

Roger Schutz: La règle de Taizé. Taizé 1962. – Wiederabgedr. in: Les Sources de Taizé. Taizé 1984. –Dt.: Die Quellen von Taizé. Freiburg i. Br. 1987. – ND 1998.

Anna Sticker: Friederike Fliedner. Stifterin der Kaiserswerther Diakonissenanstalt. Offenbach 1986.

Andreas Stökl: Taizé. Geschichte und Leben der Brüder von Taizé. Hamburg 1975.

